MINI
MANDARIN
CHINESE
DICTIONARY
CHINESE-ENGLISH
ENGLISH-CHINESE

Compiled by Philip Yungkin Lee

Revised and updated by Crystal Chan and Jiageng Fan

Published by Tuttle Publishing, an imprint of Periplus Editions (HK) Ltd.

www.tuttlepublishing.com

ISBN 978-0-8048-4959-3

Distributed by:

North America, Latin America and Europe
Tuttle Publishing
364 Innovation Drive, North Clarendon, VT 05759-9436 USA.
Tel: 1(802) 773-8930 Fax: 1(802) 773-6993
info@tuttlepublishing.com; www.tuttlepublishing.com

Asia Pacific
Berkeley Books Pte. Ltd.
61 Tai Seng Avenue #02-12, Singapore 534167
Tel: (65) 6280-1330 Fax: (65) 6280-6290
inquiries@periplus.com.sg; www.periplus.com

20 19 18 17   5 4 3 2 1   1709RR

Printed in China

TUTTLE PUBLISHING® is a registered trademark of
Tuttle Publishing, a division of Periplus Editions (HK) Ltd.

Contents

Introduction

This Mini Mandarin Chinese Dictionary is an indispensable companion for visitors to China and for anyone in the early stages of learning Chinese. It contains all the 3,000 or so Chinese words that are most commonly encountered in colloquial, everyday speech.

For the sake of clarity, only the common Chinese equivalents for each English word have been given. When an English word has more than one possible meaning, with different Chinese equivalents, each meaning is listed separately, with a clear explanatory gloss. The layout is clear and accessible, with none of the abbreviations and dense nests of entries typical of many small dictionaries.

The language represented in this dictionary is Modern Standard Chinese, which is also commonly known in English as Mandarin, and in China as **Putonghua** (literally "Modern Standard Chinese") and Taiwan as **Guoyu** (literally "national speech").

The People's Republic of China has a population of over 1.35 billion people, more than 90% of whom are ethnically Han Chinese. They speak a large number of related languages, often collectively referred to as "Chinese dialects." Many of these are mutually unintelligible in their spoken forms, although they are united by a common system of writing (see further below).

The main language groups are Mandarin, spoken in a broad area across the north and west of the country, Kan, Xiang, Wu, Northern Min, Southern Min, Hakka, and Cantonese. Most of these also contain within them a wide range of dialectal variation, especially as regards pronunciation and elements of vocabulary.

Modern Standard Chinese is based on the northern Mandarin dialects of the area surrounding the capital Beijing, and the standard pronunciation is that traditionally used in Beijing. Its use has been widely promoted as an instrument of national unity since the overthrow of the Manchu monarchy by the native Han Chinese in 1912, and especially since the founding of the PRC in 1949. Nowadays most people in China have a good knowledge of it even if they do not commonly speak it in daily life.

The written form of Chinese does not relate directly to the sounds of the language. Instead it makes use of a very large number of characters representing different syllables, to each of which is linked both a meaning and a sound. The meaning attached to each character is the same for each of the Chinese languages and dialects, although the way it is pronounced may well be different. In this way writing can serve as a means of communication between Chinese from geographically separated regions who would not be able to understand each other's everyday speech.

Introduction

The characters derived initially from the stylized representation of concrete objects, to which the abstract meanings needed for the expression of the whole language have been added by processes of combination and metaphor. The earliest written records of Chinese date back to the second millennium BCE, in the form of marks scratched on bones and shells used in a system of divination. The shapes of these characters are very different from the modern forms, but the development of the script from a directly representational system is already well advanced.

Classical Chinese literature dates from around 1500 BCE, and there has been some development of the characters over the succeeding centuries. Since the 1950s the government of the PRC has promoted the simplification of a number of characters that are complex in formation or contain a large number of strokes, and the reform has also been adopted in Singapore. All the Chinese words and phrases in this dictionary are written in these simplified characters. In Taiwan and Hong Kong the traditional forms of the characters are mostly still used, but the simplified forms are also readily understood.

In this dictionary every Chinese word and phrase is also given in the Roman alphabet, following the official system of transcription promulgated in 1958 and known as Hanyu Pinyin. A guide to the pronunciation of the romanized forms is given on the following pages.

Chinese is a tonal language, and it is extremely important to use the correct tone in pronouncing each syllable. In this dictionary the tones are indicated by diacritical marks over the vowels.

The words and phrases in the Chinese–English section of the dictionary are arranged in English alphabetical order using the letters and diacritical marks of the Hanyu Pinyin system of romanization. Words that have the same spelling but different tones are listed in order of their tones: first, second, third, fourth and neutral tone. For example, "**ai** 矮 short" comes before "**ai** 爱 to love." Words that have the same spelling and the same tone are listed according to the complexity of the Chinese characters. For example, "**gān** 干 dry" with three strokes comes before "**gān** 肝 liver" with seven strokes.

Although the writing system and pronunciation of Chinese may be daunting for English speakers, grammatically it is not too problematic. There are no inflections as such (distinctions such as tense and number being indicated by various particles) and the word order is generally the same as in English.

Pronunciation

The imitated pronunciation should be read as if it were English, bearing in mind the following main points:

Consonants
b, d, f, g, h, k, l, m, n, p, s, t, w, y as in English

c	like English **ts** in i**ts**
j	like English **j** in **j**ee
q	like English **ch** in **ch**eer, with a strong puff of air
r	like English **ur** in leis**ur**e, with the tongue rolled back
x	like English **see** (whole word)
z	like English **ds** in ki**ds**
ch	like English **ch** in **ch**urch, with the tongue rolled back and a strong puff of air
sh	like English **sh** in **sh**e, with the tongue rolled back
zh	like English **j**, with the tongue rolled back

Vowels

a	like English **ar** in f**ar**
e	like English **er** in h**er**
i	like English **ee** in f**ee**
o	like English **or** in f**or**
u	like English **ue** in s**ue**
ü	like French **u**

Tones

A tone is a variation in pitch by which a syllable can be pronounced. In Chinese, a variation of pitch or tone changes the meaning of the word. There are four tones each marked by a diacritic. In addition there is a neutral tone which does not carry any tone marks. Below is a tone chart which describes tones using the 5-degree notation. It divides the range of pitches from lowest (1) to highest (5). Note that the neutral tone is not shown on the chart as it is affected by the tone that precedes it.

Tone chart

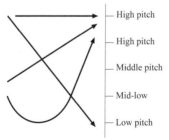

— High pitch

— High pitch

— Middle pitch

— Mid-low

— Low pitch

The first tone is a high-level tone represented by a level tone mark (¯). The second tone is a high-rising tone

Pronunciation

represented by a rising tone mark (´). The third tone is a low-dipping tone represented by a dish-like tone mark (ˇ). The fourth tone is a high-falling tone represented by an falling tone mark (`). The neutral tone is pronounced light and soft in comparison to other tones and is not marked by any tone mark. A syllable is said to take on a neutral tone when it forms part of a word or is placed in various parts of a sentence.

List of Abbreviations

ADJ	adjective	N	noun
ADV	adverb	NUM	numeral
COMMAND	command	PHR	phrase
CONJ	conjunction	PL	plural
EXCLAM	exclamation	PREP	preposition
GR	greeting	V	verb
IDIOM	idiomatic expression		
INTERJ	interjection		

CHINESE–ENGLISH

A

Āfùhàn 阿富汗 N Afghanistan

Āfùhàn zhànzhēng 阿富汗战争 N Afghan War

ǎi 矮 ADJ short (not tall)

ài 爱 V to love

Ài'ěrlán 爱尔兰 N Ireland

Ài'ěrlánde 爱尔兰的 ADJ Irish (in general)

Ài'ěrlánrén 爱尔兰人 N Irish (people)

àiguó zhǔyì 爱国主义 N patriotism

àihào 爱好 N hobby

àihù 爱护 V to care for, to love

Āijí 埃及 N Egypt

àiqíng 爱情 N love

àiren 爱人 N lover, sweetheart

àixīn 爱心 N kindness, compassion, love

áizhèng 癌症 N cancer

àizībìng 艾滋病 N AIDS

àn 岸 N shore

àn 按 V, PREP to press; according to

àn 暗 ADJ dark

àndǐ 案底 N criminal record

āndìng 安定 ADJ stable

ànfàn 案犯 N criminal

ángguì 昂贵 ADJ costly

ānjiāfèi 安家费 N settling-in allowance

ānjiàn 案件 N case

ànjiē dàikuǎn 按揭贷款 N mortgage loan

ànjiē gòufáng 按揭购房 V to mortgage a house

ānjìng 安静 ADJ quiet

ānlèsǐ 安乐死 N euthanasia

ànliàn 暗恋 N unrequited love

ānlǐhuì 安理会 N Security Council

ānlíng 按铃 V to ring a bell

ànmó 按摩 V to massage

ānpái 安排 V to organize, to arrange; arrangements, planning

ānquán 安全 ADJ secure, safe

ānquánqī 安全期 N safe period

ānquántào 安全套 N condom

ànshì 暗示 V to hint

ānwèi 安慰 V to console

ānwèijiǎng 安慰奖 N consolation prize

ānxīn 安心 ADJ to feel relieved

ànzhào 按照 PREP according to

ānzhì 安置 V to help settle or arrange for

ānzhuāng 安装 V, N to install; installment

Àodàlìyà 澳大利亚 N Australia

Àodàlìyàde 澳大利亚的 ADJ Australian (in general)

Àodàlìyàrén 澳大利亚人 N Australian (people)

Àolínpǐkè Yùndònghuì 奥林匹克运动会 N Olympics

Àolínpǐkè jīngshén 奥林匹克精神 N Olympic spirit

Àomén 澳门 N Macau

Àomén tèbié xíngzhèng qū 澳门特别行政区 N the Macau Special Administration Region (MCSAR)

Àosīkǎ 奥斯卡 N Oscar Award

Àowěihuì 奥委会 N Olympic Committee

áoyè 熬夜 V to stay up late

Àoyùnhuì 奥运会 N Olympics

Àozhōu 澳洲 N Australia

Àozhōude 澳洲的 ADJ Australian (in general)

Àozhōurén 澳洲人 N Australian (people)

ĀQ jīngshén 阿Q精神 N self-deception

āsīpǐlín 阿司匹林 N aspirin

āyí 阿姨 N aunt; woman of similar age to one's parents

B

… ba … 吧 PARTICLE let's (suggestion)

bā 八 NUM eight

bá 拔 V to pull out

bǎ 把 V with regard to (object marker)

bǎ … jiāo gěi 把 … 交给 V to leave behind for safe-keeping

bàba 爸爸 N father

bàgōng 罢工 V to go on strike

báhé 拔河 N tug-of-war

bāhén 疤痕 N scar

bǎi 百 NUM hundred

bái jiàngyóu 白酱油 N soy sauce (salty)

bǎi zhuōzi 摆桌子 V to lay the table

bàibǎ xiōngdì 拜把兄弟 N sworn brothers

báibān 白班 N day shift

báicài 白菜 N (Chinese)cabbage

bàifǎng 拜访 V to pay a visit, to call on

bǎifēnbǐ 百分比 N percentage

bǎifēnzhī … 百分之 … ADJ percent

bǎihuò shāngdiàn 百货商店 N department store

Báigōng 白宫 N the White House

bǎihuò gōngsī 百货公司 N department store

báijīn 白金 N platinum

báijīn chàngpiàn 白金唱片 N platinum record

Báijīn hàngōng 白金汉宫 N Buckingham Palace

bàijīn zhǔyì 拜金主义 N money worship

báikāishuǐ 白开水 N plain boiled water

bǎikē quánshū 百科全书 N encyclopedia

báiliǎn 白脸 N villainous

character indicated by white make-up in old Beijing opera

báilǐng 白领 N white-collar

báimǎ wángzǐ 白马王子 N Prince Charming

Bǎimùdà sānjiǎo 百慕大三角 N Bermuda Triangle

bàinián 拜年 v to pay a New Year call

báisè 白色 N white

bǎishè 摆设 N decoration; display

Bǎishìkělè 百事可乐 N Pepsi

báitiān 白天 N daytime

bǎituō 摆脱 v to get rid of; to break away from

bàituō 拜托 v, IDIOM to request someone to do something; Please!

bǎiwàn 百万 N million

bǎiwén bùrú yíjiàn 百闻不如一见 IDIOM Seeing is believing.

báixìng 百姓 N common people

Báixuě gōngzhǔ 白雪公主 N Snow White

báiyè 白页 N white pages

báiyī tiānshǐ 白衣天使 N nurse

báizì 白字 N wrongly written or mispronounced character

Bājīsītǎn 巴基斯坦 N Pakistan

bàkè 罢课 N students'strike

bālěi 芭蕾 N ballet

Bālí 巴黎 N Paris

bān 搬 v to move from one place to another

bǎn 板 N board; plank

bàn 半 ADJ half

bàn 伴 N companion

bàn 瓣 N cloves

bàn juésài 半决赛 N semifinals

bàn shuāiqī 半衰期 N half-life

bǎnběn 版本 N edition

bānbù 颁布 v to proclaim, to announce

bànchàng gēshǒu 伴唱歌手 N backup singer

bānchē 班车 N shuttle bus

bàndǎo 半岛 N peninsula

bǎndèng 板凳 N bench, stool

bānfā 颁发 v to issue; to award

bànfǎ 办法 N way, method

bàng 棒 N, ADJ rod; great

bàn'gōngshì 办公室 N office

bàngdàkuǎn 傍大款 v (of a girl) to find a sugar daddy; to be a mistress for a rich man

bāng dào máng 帮倒忙 v to try to help but causes more trouble in the process

bǎngjià 绑架 v to kidnap

bāngmáng 帮忙 v to help

bàngqiú 棒球 N baseball

bàngwǎn 傍晚 N evening

bǎngyàng 榜样 N model

bǎngyé 膀爷 N topless guy

bāngzhù 帮助 v, N to assist; assistance

bānjī 班机 N flight

bānjí 班级 N class; grade in school

bānjiā 搬家 v to move house

bānjiǎng 颁奖 v to award a prize or a medal

bānjīhào 班机号 N flight number

bànlǐ 办理 v to handle

bànlù 半路 N halfway

bànlǚ 伴侣 N partner (spouse)

bānmǎxiàn 斑马线 N zebra crossing; intersection

bǎnquánfǎ 版权法 N copyright law

bànshì 办事 to handle (affairs), to work

bànshìchù 办事处 N bureau; a local office of an organization

bànshúde 半熟的 ADJ rare (uncooked)

bànsǐ 半死 ADJ half dead; extremely tired

bàntiān 半天 N half of the day; quite a while

bàntuō 半托 N day care (for kids)

bàntú'érfèi 半途而废 IDIOM to give up halfway

bànwénmáng 半文盲 N, ADJ semi-literate

bànxìnbànyí 半信半疑 IDIOM half-believe, half-doubt; sceptical

bànyè 半夜 N midnight

bānzhǎng 班长 N class monitor, work team leader

bānzhǔrèn 班主任 N class teacher

bànzòu 伴奏 N to accompany (with music)

bāo 包 v to pack, to wrap

báo 薄 ADJ thin; weak; light; flimsy

bào 报 N newspaper

bào 抱 v to embrace

bǎo'ān 保安 N security; security guard

bāobì 包庇 v to shield, to cover up

báobǐng 薄饼 N pizza, pancake

bǎobao 宝宝 N baby; darling; term of endearment

bǎobèir 宝贝儿 N darling; term of endearment

bǎobiāo 保镖 N bodyguard

bāochē 包车 v, N to charter a vehicle; chartered vehicle

bǎochí 保持 v to maintain

bàochóu 报酬 N pay, compensation

bǎocún 保存 v to preserve

bàodá 报答 v to repay

bàofāhù 暴发户 N new rich; upstart

bǎofèi 保费 N insurance premium

bàofēngyǔ 暴风雨 N rainstorm

bàofù 报复 v to take revenge

bāofu 包袱 N burden, load

bàogào 报告 N report

bāogōngtóu 包工头 N labor contractor

bǎoguǎn 保管 v to take care of, to safeguard

bàoguān 报关 v to declare (customs)

bàoguāng 曝光 v to make public, to expose

bǎoguì 宝贵 ADJ valuable

bāoguǒ 包裹 N package, parcel

bāohán 包含 v to include

bǎohé 饱和 v to be saturated

bǎohù 保护 v to guard

bǎohù guānshuì 保护关税 N protective duty/tariff

bǎohùsǎn 保护伞 N protective umbrella

bāojī 包机 V, N to charter a plane; chartered plane

bàojià 报价 v to quote a price

bǎojiàn ànmó 保健按摩 N therapeutic massage

bǎojiànpǐn 保健品 N health care products

bǎojiànshì 保健室 N clinic

bǎojiàn shípǐn 保健食品 N health care food

bàojǐng 报警 v to report to the police

bàojǐng 报刊 N newspaper and periodicals

bǎokù 宝库 N treasury

bāokuò 包括 v included, including

bǎolěi 堡垒 N fortress

bàolì piàn 暴力片 N violent movie

bǎolíngqiú 保龄球 N bowling

bǎoliú 保留 N reservation

bǎoliúdì 保留地 N reserve (for animals)

bàolù 暴露 v to reveal

bǎomǎn 饱满 ADJ full, plump

bǎomì 保密 v to keep a secret

bàomíng 报名 v to sign up; to register

bǎomǔ 保姆 N nanny

bāopí 剥皮 v to peel

bàoqiàn 抱歉 EXCLAM sorry!

bāoróng 包容 v to tolerate, to forgive

bǎoshí 宝石 N precious stone, gem

bǎoshì 保释 N bail

bǎoshǒu 保守 V, ADJ to protect; conservative

bāowéi 包围 v to surround

bǎowèi 保卫 v to defend (in war)

bǎowēnbēi 保温杯 N thermos cup

bàoxǐ bú bàoyōu 报喜不报忧 v to report only the good but not the bad

bǎoxiǎn 保险 N insurance

bàoxiāo 报销 v to apply for reimbursement

bàoyìng 报应 N retribution; judgment; nemesis

bàoyǔ 暴雨 N rainstorm

bàoyuàn 抱怨 v to complain

bǎozàng 宝藏 N precious mineral deposits; treasure-trove

bàozhà 爆炸 v to explode

bǎozhàng 保障 v to protect; to safeguard

bǎozhèng 保证 N guarantee

bǎozhèngjīn 保证金 N deposit, caution money; bail

bàozhǐ 报纸 N newspaper

bǎozhì qī 保质期 N shelf (storage) life; guarantee period

bǎozhòng 保重 v to take care of oneself

bāozhuāng 包装 v to pack

bàqì 霸气 N aggressiveness; hegemony

bāshí 八十 NUM eighty

bāshì 巴士 N bus

bǎshǒu 把手 N handle

bātái 吧台 N bar counter

bǎwò 把握 v, N to grasp; certainty

bǎxì 把戏 N jugglery; cheap trick

Bāyuè 八月 N August

bèi 背 N back (part of body)

bèi 被 ADV by (passive voice marker)

bēi'āi 悲哀 N sorrow

běibiān 北边 N north

bēicǎnde 悲惨的 ADJ miserable

bèidòng 被动 ADJ passive

bèidòng xīyān 被动吸烟 N passive smoking, second-hand smoking

bèifèn 备份 v to back up (computer)

bēiguān 悲观 ADJ pessimistic

bēihēiguō 背黑锅 v to become a scapegoat

bèihòu 背后 N behind someone's back, at the back

bèijiàn 备件 N spare parts

Běijí 北极 N the North Pole

Běijí xióng 北极熊 N polar bear

Běijīng 北京 N Beijing

bèijǐng 背景 N background

bèi jìnzhǐ de 被禁止的 ADJ forbidden

bēijù 悲剧 N tragedy

Běiměizhōu 北美洲 N North America

bèimiàn 背面 N the back; the reverse side

bèináng 背囊 N backpack

bèipàn 背叛 v to betray

bèipò 被迫 v to be forced

bèirù 被褥 N bedding

bèi shāohuǐ 被烧毁 burned down, out

bèitóu 背投 N rear projection (TV)

bèiwàng lù 备忘录 N notepad; memorandum

bèiwōr 被窝儿 N bedclothes; bed

bèi xiàzhe 被吓着 ADJ frightened

bèixīn 背心 N vest, undershirt

bèiyòng zījīn 备用资金 N reserve fund

Běiyuē 北约 N NATO (the North Atlantic Treaty Organization)

bēizi 杯子 N cup, glass (for drinking)

bèizi 被子 N quilt

bèn 笨 ADJ stupid

bēn xiǎokāng 奔小康 v to strive for a relatively comfortable life

běndì rén 本地人 N native person (of a place or country)

bèng 泵 N pump

bèngchuáng 蹦床 N trampoline

bēngdài 绷带 N bandage

bèngdí 蹦迪 N disco dancing

bèngjí 蹦极 N bungee jumping

běnkē 本科 N undergraduate

běnkēshēng 本科生 N undergraduate student

běnlěidǎ 本垒打 N home run

běnrén 本人 N the person himself; I (used in a formal speech)

bènshǒubènjiǎo 笨手笨脚 PHR clumsy

běntǔhuà 本土化 N localization

běnxìng 本性 N natural instincts, inherent quality

běnzi 本子 N book, notebook

bī 逼 v to force

bǐ 比 CONJ than

bǐ 笔 N pen, pencil

biānchéng 编程 N programming (computer)

biàndāng 便当 N, ADJ lunch box; handy

biānhào 编号 N number, serial number

biànhǎo 变好 v to get better (improve)

biànhù 辩护 v to defend (with words)

biànhuài 变坏 ADJ spoiled (of food)

biānjí 编辑 N, v to edit; editor, compiler

biānjiè 边界 N boundary, border

biànlùn 辩论 v to argue

biànmì 便秘 N constipation

biānpào 鞭炮 N firecracker

biànsèlóng 变色龙 N chameleon; opportunist

biàntài 变态 ADJ, N abnormal; pervert

biàntiáo 便条 N note (written)

biànwèide 变味的 ADJ spoiled (of food)

biànxiàn 变现 v to liquidate

biānxiě 编写 v to compile, to write

biànxiéshì diànnǎo 便携式电脑 N laptop; notebook computer

biànxìngrén 变性人 N transsexuals

biānyuán 边缘 N border, edge

biānyuán kēxué 边缘科学 N fringe science

biānzào 编造 v to make up, to invent

biǎnzhí 贬值 v, N to devalue, to depreciate; depreciation

biānzhì 编制 v to weave

biǎo 表 N watch (wristwatch)

biǎodá 表达 v to express

biǎogé 表格 N form (to fill out)

biǎomiàn 表面 N surface

biǎoqíng 表情 N (facial) expression

biǎoshì 表示 v to express, to state

biǎoshì bùmǎn 表示不满 v to frown (express dissatisfaction)

biāotí 标题 N title (of book, film)

biǎoxiàn 表现 v to behave

biǎoyǎn 表演 N show (live performance)

biǎoyǎnsài 表演赛 N exhibition match

biǎoyáng 表扬 v to praise

biāoyǔ 标语 N written slogan; placard

biāozhì 标志 N sign, symbol

biāozhǔn 标准 N level (standard)

bìdìng 必定 ADV definitely

biéde 别的 ADJ anything else, other

biérén 别人 N other people

biéshù 别墅 N villa

bié zài zhèyàng 别再这样 COMMAND Stop it!

bìfēnggǎng 避风港 N haven, shelter

bìguān zhèngcè 闭关政策 N closed-door policy

bǐjiào 比较 v, ADV to compare; rather, fairly

bǐjiào hǎo 比较好 ADJ better

bǐjìběn 笔记本 N notebook

bǐjìběn diànnǎo 笔记本电脑 N laptop, notebook

bìjìng 毕竟 ADV after all

bǐjīní 比基尼 N bikini

bìjuàn 闭卷 N closed-book exam

bíkǒng 鼻孔 N nostril

bǐlì 比例 N proportion

bìlù diànshì 闭路电视 N CCTV, close-circuit television

bìmiǎn 避免 v to avoid

bīn'guǎn 宾馆 N guesthouse, hotel

bīng 冰 N ice

bìng 病 N illness

bīngdiāo 冰雕 N ice sculpture

bīngdòng 冰冻 ADJ frozen

bìngdú 病毒 N virus

bǐnggān 饼干 N biscuit

bīnghú 冰壶 N curling (sport)

bīngjīlíng 冰激凌 N ice cream

bìngle 病了 ADJ sick, ill

bīngmǎyǒng 兵马俑 N terra-cotta warriors and horses

bīngqílín 冰淇淋 N ice cream

bīngqiú 冰球 N ice hockey

bìngrén 病人 N patient (sick person)

bīngshàng bālěi 冰上芭蕾 N ice ballet

bīngshàng yùndòng 冰上运动 N ice sports

bīngxiāng 冰箱 N refrigerator

bīngzhèn 冰镇 ADJ chilled

bǐrú 比如 CONJ for example

bǐsài 比赛 N match, game, competition

bīshàng liángshān 逼上梁山 N be driven to drastic alternatives

bìshuì 避税 v to evade tax

bìxián 避嫌 v to avoid doing anything that may arouse suspicion

bìxū 必须 v must, to need

bìxū 必需 v necessary

bìyè shèjì 毕业设计 N graduation design

bìyèshēng 毕业生 N graduate

bǐyì 笔译 v to translate

bìyùn 避孕 N contraceptive

bìyùntào 避孕套 N condom

bìyùnyào 避孕药 N contraceptive pill

bìzhǐ 壁纸 N wall paper

bízi 鼻子 N nose

bóbo 伯伯 N uncle (father's older brother)

bōcài 菠菜 N spinach

bócǎiyè 博彩业 N lottery industry

bódǎo 博导 N Ph.D. supervisor

bō diànhuà 拨电话 v to dial the telephone, to make a phone call

bōfàng 播放 v to play, to broadcast

bófù 伯父 N uncle (father's older brother)

bòhé 薄荷 N mint

bólǎnhuì 博览会 N exposition, fair

bōlàng 波浪 N wave (in sea)

bōli 玻璃 N glass (material)

bólì duōxiāo 薄利多销 PHR small profit with rapid turnover

Bólín 柏林 N Berlin

bōluó 菠萝 N pineapple

bómǔ 伯母 N aunt (wife of father's older brother)

bōpǔ wénhuà 波普文化 N pop culture

bōpǔ yìshù 波普艺术 N pop art

bóruò 薄弱 ADJ weak

bóshì hòu 博士后 N post-doctoral

bóshìshēng 博士生 N Ph.D. candidate

bówù 薄雾 N mist

bówùguǎn 博物馆 N museum

bōzi 脖子 N neck

bù 不 ADV not

bù 步 N step

bù 布 N cloth

bù chāochū qínglǐ zhīwài 不超出情理之外 PHR within reason

bù cuò 不错 ADJ 1 correct, right 2 (response to a question) Yes! 3 pretty good, not bad

bù gāoxìng 不高兴 ADJ unhappy

bù jígé 不及格 v to fail

bù jǐngqì 不景气 ADJ depressed (economically)

bù kěnéng 不可能 ADJ impossible

bù kèqi 不客气 IDIOM don't mention it! You're welcome!

bù kèqi de 不客气的 ADJ impolite

bùkě zàishēngzīyuán 不可再生资源 N non-renewable resources

bù zhèngquè 不正确 ADJ wrong (incorrect)

bù'ān 不安 ADJ uneasy, restless

bùbài jìlù 不败记录 N clean record, spotless record

bǔcháng 补偿 V to compensate

bǔchōng 补充 V to supplement

búdàn ··· érqiě 不但 ··· 而且 CONJ not only ... but also

búdàodéde 不道德的 ADJ wrong (morally)

búduàn 不断 ADV continually

bùduì 部队 N troops

bùfáng 不妨 V there is no harm in, might as well

bùfèn 部分 N part (not whole)

búgù 不顾 V to ignore

bùguì 不贵 ADJ reasonable (price)

búguò 不过 CONJ however

bùhǎoyìsi 不好意思 ADJ, IDIOM embarrassed; Excuse me.

bǔhuò 捕获 V to capture

bújiànle 不见了 ADJ gone, finished

bùjǐn 不仅 ADV not only

bǔjiù 补救 V to remedy

bùjiǔ 不久 ADV soon

bùkān shèxiǎng 不堪设想 ADJ unthinkable, inconceivable, too terrible to think about

bǔkè 补课 V to make up missed lesson; to reschedule a class

bùkě kànglì 不可抗力 N force majeure; sth not anticipated or stoppable

bùkě sīyì 不可思议 ADJ unbelievable

bùlì 不利 ADJ unfavorable, disadvantageous

bùliáng 不良 ADJ bad, harmful, unhealthy

bùliáng dàikuǎn 不良贷款 N non-performing loan

bùliào 布料 N fabric, textile

búlùn 不论 CONJ no matter, regardless of

bùluò 部落 N tribe

bùmǎn 不满 ADJ dissatisfied

bùmén 部门 N department

bùmiàn zhīyè 不眠之夜 N white night (a night without sleep)

bùmíng fēixíngwù 不明飞行物 N UFO

bù pà yīwàn jiù pà wànyī 不怕一万就怕万一 IDIOM It's always wise to play safe

bùrán 不然 CONJ else; or else

bùrě shìfēi 不惹是非 V to stay out of trouble

bǔrǔshì 哺乳室 N nursing room

búshì 不是 ADV no, not (with verbs and adjectives)

bùshuǎng 不爽 ADJ in a bad mood

búsù zhī kè 不速之客 N gate-crasher

bǔtiē 补贴 V, N to subsidize; allowance

bùtóng 不同 N difference (in quality)

bùtóngde 不同的 ADJ another (different)

bǔxí 补习 v to take extra lessons

bùxìng 不幸 n misfortune

bùxíngjiē 步行街 n pedestrian street

bùxíng tiānqiáo 步行天桥 n pedestrian overpass

bùxǔ 不许 v to forbid

bùyào 不要 EXCLAM don't!

bùyàojǐn 不要紧 ADJ, IDIOM unimportant; it doesn't matter

bùyè chéng 不夜城 n sleepless city, ever-bright city

bùyí yúlì 不遗余力 v to do one's best

bùzé shǒuduàn 不择手段 IDIOM unscrupulously

bùzhǐ 不止 ADV more than

bùzhī bùjué 不知不觉 ADV unconsciously

bùzhòu 步骤 n step, procedure

bùzú 不足 ADJ lacking

bùzúde 不足的 ADJ scarce

C

cāi 猜 v to guess

cǎi 踩 v to step on; to put somebody or something down

cáichǎn 财产 n property

càichǎng 菜场 n food market

cáichǎnshuì 财产税 n property tax

càidān 菜单 n menu

cǎifǎng 采访 v to interview

cáifù wǔbǎiqiáng 财富五百强 n Fortune 500

cǎigòu 采购 v to purchase, to procure

cǎiguāng 采光 n day lighting

cǎihóng 彩虹 n rainbow

cáihuá 才华 n talent

cáijiǎn rǒngyuán 裁减冗员 v to lay off redundant staff

cáijīng 财经 n finance and economics

cáijūn 裁军 n disarmament

cǎikuàng 采矿 n mining

cǎikuò 彩扩 n color film processing

cáiliào 材料 n material, ingredient

cáinéng 才能 n ability, talent

càiniǎo 菜鸟 n rookie, green hand

cáinǚ 才女 n talented female scholar

cǎinuǎn 采暖 n heating

cáipàn 裁判 n judge

cǎipiào 彩票 n lottery

cǎisède 彩色的 ADJ colored

cáishén 财神 n the god of wealth

càishìchǎng 菜市场 n food market

cáituán 财团 n financial group

cáiwù bàobiǎo 财务报表 n financial statement

cáiwù 财物 n belongings

cáiyuán 裁员 v to lay off employees

C

cáizhèng chìzì 财政赤字 N financial deficit

cáizhèng niándù 财政年度 N fiscal year

cáizhèng shōurù 财政收入 N fiscal revenue

cáizhèng shuìshōu 财政税收 N revenue tax; fiscal levy

cáizǐ jiārén 才子佳人 N gifted scholars and beautiful ladies

cāliàng 擦亮 v to polish

cān 餐 N meal

Cán'àohuì 残奥会 N the Paralympics Games

cāngbáide 苍白的 ADJ pale

cāngkù 仓库 N warehouse

cángqǐlái 藏起来 v to hide

cānguān 参观 v to go around, visit

cānguǎn 餐馆 N restaurant

cāngyíng 苍蝇 N fly (insect)

cānjiā 参加 v to attend, join, go along

cānjīnzhǐ 餐巾纸 N napkin

cánjírén 残疾人 N handicapped person

cānjù 餐具 N tableware

cǎnjù 惨剧 N tragedy

cānkǎo 参考 v, N to consult; reference

cānkǎoshū 参考书 N reference book

cánkuì 惭愧 ADJ ashamed

cànlànde 灿烂的 ADJ glorious

cánrěn 残忍 ADJ cruel

cānsài 参赛 v to participate in a competition

cānyǐnyè 餐饮业 N catering industry

cānyìyuán 参议员 N senator

cānyìyuàn 参议院 N the Senate

cānyǔ 参与 v to go along, join in

cānzhuō zhuànpán 餐桌转盘 N lazy Susan

cānzhuō 餐桌 N dining table

cǎo 草 N grass

cǎo'àn 草案 N draft

cāobàn 操办 v to make arrangements

cāochǎng 操场 N sports ground

cǎogēn gōngyè 草根工业 N grass root industry

cǎoyào 草药 N herbal medicine

cáozáde 嘈杂的 ADJ noisy

cáozáshēng 嘈杂声 N noise

cāozòng 操纵 v to manipulate, to operate

cāozuò 操作 v to operate

cāozuò xìtǒng 操作系统 N operating system (computer)

cāwǎngqiú 擦网球 N netball

cāxǐ 擦洗 v to scrub

cèjǐ 侧记 N sidelights

cèlüè 策略 N strategy

cèmiàn 侧面 N lateral side, side

céng 层 N story (building), layer, floor

céng 曾 ADV ever, have already

céngjīng 曾经 ADV once

cèshìbǎn 测试版 N beta version (of software/games)

cèsuǒ 厕所 N bathroom, toilet

cèyàn 测验 v to test

chá 查 v to look up (find in book)

chá 茶 N tea

chābié 差别 N difference (discrepancy in figures)

chàbuduō 差不多 ADJ, ADV very similar; almost

chádào 茶道 N sado (tea ceremony)

chádùi 插队 v to cut a line, to jump the queue

cháhú 茶壶 N teapot

chāhuā 插花 N ikebana (Japanese flower arrangements)

cháhuàhuì 茶话会 N tea party

chāi dōngqiáng bǔ xīqiáng 拆东墙补西墙 IDIOM rob Peter to pay Paul

chāidiào 拆掉 v to take down, to tear down

cháiyóu 柴油 N diesel

chán 禅 N Zen

chàndǒu 颤抖 v to shiver

chàng fǎndiào 唱反调 v to express a contrary opinion

cháng 长 ADJ long (size)

cháng 尝 v to taste, to try

chángbǐngsháo 长柄勺 N ladle, dipper

chángcháng 常常 ADV often

Chángchéng 长城 N the Great Wall

chángdí 长笛 N flute

chǎngdì 场地 N site, place

chángdù 长度 N length

chángfāngxíng 长方形 N rectangle

chángfù nénglì 偿付能力 N solvency

chànggē 唱歌 v to sing

chángguī cáijūn 常规裁军 N conventional disarmament

chǎnghé 场合 N occasion

chángjiàn wèntí 常见问题 N FAQ

Chángjiāng 长江 N the Yangtze River

Chángjiāng sānjiǎozhōu 长江三角洲 N the Yangtze River delta

chángkè 常客 N regular guest/customer

chǎngnèi jiāoyìrén 场内交易人 N floor trader

chángpǎo 长跑 N long-distance running

chǎngpéngchē 敞蓬车 N open car, convertible

chàngpiān 唱片 N album (music)

chángqī guózhài 长期国债 N long-term government bonds

chángshè guójì fǎtíng 常设国际法庭 N permanent international tribunal

chángshí 常识 N common sense

chángshì 尝试 v to attempt

chángshòu 长寿 ADJ long-lived

chàngtōng 畅通 ADJ smooth and clear

chángtú 长途 ADJ long-distance

chángtú diànhuà 长途电话 N long-distance call

chángwèi 肠胃 N stomach and intestine; digestive system

chángwèi 尝味 v to taste (salty, spicy)

chángwěihuì 常委会 N standing committee

chángwù dǒngshì 常务董事 N executive director

chángwù lǐshì 常务理事 N executive member of the council

chàngyìshū 倡议书 N written proposal

chángyòngde 常用的 ADJ in common use

chángzhì jiǔān 长治久安 N prolonged political stability

chángzhù dàibiǎo 常驻代表 N permanent representative

chángzhù jìzhě 常驻记者 N resident correspondent

chángzhù Liánhéguó dàibiǎo 常驻联合国代表 N permanent representative to the United Nations

chángzhù shǐjié 常驻使节 N permanent envoy

chǎnjià 产假 N maternity leave

chǎnpǐn jīyā 产品积压 N overstocked products

chǎnshēng 产生 v to produce, to cause

chǎnyè bù jǐngqì 产业不景气 N industrial depression

chǎnyè shēngjí 产业升级 N upgrade of industries

chánzuǐ 馋嘴 ADJ gluttonous, greedy

cháo 朝 PREP to, toward (a place)

cháo 潮 ADJ, N humid, moist; tide

cháobiān rényuán 超编人员 N excess personnel

chǎocài 炒菜 v, N to make dishes; stir-fried dish

chāochē 超车 v to overtake a car

chāochū 超出 v to go beyond

chāodǎo yuánsù 超导元素 N superconducting elements

chāoduǎnbō 超短波 N ultrashort wave

chāoduǎnqún 超短裙 N mini-skirt

chāofùhè yùnzhuǎn 超负荷运转 N overloaded operation

chāoguò 超过 v to exceed, to surpass

chāohuì 汇兑 v to speculate in foreign exchange

chāojí shìchǎng 超级市场 N supermarket

chāojí 超级 ADJ super

chǎojià 吵架 v to argue, to quarrel

chǎolěngfàn 炒冷饭 v to rehash the same story; to serve up the same old product

cháoliú 潮流 N trend; tide

chǎomiàn 炒面 N fried noodles

chāopiào 钞票 N bill, paper money

chāoqián xiāofèi 超前消费 N excessive consumption

chāoqián yìshí 超前意识 N superior consciousness

chāorén 超人 N superman

chāoshì 超市 N supermarket

cháoshī 潮湿 ADJ damp, humid

chāosòng 抄送 v to make a copy for; to send a duplicate to; cc

chāowénběn chuánsòng xiéyì 超文本传送协议 N hypertext transfer protocol (HTTP)

cháoxī diànzhàn 潮汐电站 N tidal power stations

Cháoxiǎn 朝鲜 N North Korea

Cháoxiǎnde 朝鲜的 ADJ North Korean (in general)

Cháoxiǎnyǔ 朝鲜语 N Korean (language)

chāoxiě 抄写 v to copy

chǎoyóuyú 炒鱿鱼 v to fire someone from one's job

chāozài guòmù 超载过牧 v to overgraze

chāozài 超载 v to overload

chāozhí 超值 ADJ of great value, well worthwhile

chāozhīhù 超支户 N household living perpetually in debt

chǎozuò 炒作 v to hype

cháshì 茶室 N teahouse

chātóu 插头 N plug (electric)

cháxún 查询 v to inquire about

cháyè 茶叶 N tea leaves

chāyì 差异 N difference (in quality)

chāzi 叉子 N fork

chāzuò 插座 N socket (electric)

chē 车 N vehicle

chēdào 车道 N lane (of a highway)

chèdǐ 彻底 ADJ complete (thorough)

chēfáng 车房 N garage (for parking)

chēhuò 车祸 N car accident

chējiǎn 车检 N vehicle test

chēkù 车库 N garage (for parking)

chēkuàng 车况 N vehicle conditions

chéncí làndiào 陈词滥调 N cliché

chéng yīzhíxiàn 成一直线 v to line up

chēng 称 v to weigh

chéng 乘 v times (to multiply)

chèng 秤 N scales

chéngbāo 承包 v to contract with

chéngbāoshāng 承包商 N contractor

chéngběn 成本 N cost

chéngběn fèntān 成本分摊 N sharing costs

chéngběn xiàoyì 成本效益 N cost-effectiveness

chéngchē 乘车 V to ride (a vehicle)

chēngchū 称出 V to weigh out

chéngdān 承担 V to bear, to undertake

chéngdù 程度 N degree, level

chéngfá 惩罚 V, N to punish; punishment

chéngfèn 成分 N composition (of materials/ingredients)

chénggōng 成功 N success

chénggōng 成功 V to succeed

chéngguǒ 成果 N outcome

chénghuólǜ 成活率 N survival rate

chéngjì lièchē 成际列车 N inter-city train

Chéngjí sīhán 成吉思汗 N Genghis Khan

chéngjì 成绩 N result

chéngjiā lìyè 成家立业 V to get married and start one's career

chéngjiàn 承建 V to contract to build

chéngjiāo 成教 N adult education

chéngjiù 成就 N achievement

chéngkè 乘客 N passenger

chénglì 成立 V to set up, to establish

chéngpán 称盘 N scales

chéngqiānshàngwàn 成千上万 IDIOM innumerable; thousands upon thousands

chéngqū 城区 N metropolitan area

chéngrén diànyǐng 成人电影 N adult movie

chéngrén 成人 N adult

chéngrèn 承认 V to admit, confess

chéngsè 橙色 N orange (color)

chéngshì 城市 N city

chéngshì guīhuà 城市规划 N urban planning

chéngshì hézuò yínháng 城市合作银行 N urban cooperative bank

chéngshì jiànshè 城市建设 N urban construction

chéngshì jǐngguān 城市景观 N townscape

chéngshì jīngjìxué 城市经济学 N urban economics

chéngshì lājī 城市垃圾 N city refuse

chéngshì lùdì 城市绿地 N urban green land

chéngshì lùhuà 城市绿化 N urban landscaping

chéngshì měiróngshī 城市美容师 N urban environmental worker

chéngshíde 诚实的 ADJ honest

chéngshìde 城市的 ADJ urban

chéngshòu 承受 V to bear, to inherit

chéngshú 成熟 ADJ mature; mature

chéngtào yǐnjìn 成套引进 N package import

chéngwéi 成为 v to become

chéngwùyuán 乘务员 N attendant in a vehicle; conductor

chéngxiào 成效 N effectiveness

chéngxìn 诚信 N integrity

chéngxù 程序 N procedure; program

chéngyào 成药 N patent medicine

chéngyì 诚意 N good faith; sincerity

chéngyuán 成员 N member

chéngzàn 称赞 v to praise

chéngzhèn shèhuì bǎozhàng tǐxì 城镇社会保障体系 N urban social security system

chéngzǔ jìshù 成组技术 N group technology

chénjìn 沉浸 v to immerse

chénjiù 陈旧 ADJ worn out (clothes, machine)

chénliàn 晨练 N morning exercise

chénliè 陈列 v to display

chénlièpǐn 陈列品 N display

chénmènde 沉闷的 ADJ dull (person), oppressive (weather), depressed (spirit, mood)

chénmò chéngběn 沉没成本 N sunk cost

chénmòde 沉默的 ADJ silent

chénmòquán 沉默权 N right of silence

chénnì 沉溺 v to indulge in

chèn-rè-dǎ-tiě 趁热打铁 IDIOM strike while the iron is hot

chènshān 衬衫 N shirt, blouse

chénshù 陈述 v to state

chényī 晨衣 N dressing gown

chényún 尘云 N dust clouds

chénzhòng 沉重 ADJ heavy

chēpái 车牌 N number plate

chēpí 扯皮 v to pass the buck

chēpiào 车票 N train or bus ticket

chēxiǎn 车险 N car insurance

chēxiāng 车厢 N carriage, coach

chèxiāo 撤销 N to cancel, to revoke

chēzhàn 车站 N station, bus stop

chī 吃 v to eat

chī huángliáng 吃皇粮 v to receive salary from the government

chī láobǎo 吃劳保 v to live on labor insurance allowance

chī lǎoběn 吃老本 v to bask in one's past glory

chī piānfàn 吃偏饭 v to enjoy special privileges

chī wǎnfàn 吃晚饭 v to eat dinner

chī wǔfàn 吃午饭 v to eat lunch

chī xiánfàn 吃闲饭 v to stay idle

chī xiǎokuī zhàn dàpiànyí 吃小亏占大便宜 IDIOM take small losses for the sake of big gains

chī zǎofàn 吃早饭 v to eat breakfast

chìbǎng 翅膀 N wing

chībǎo 吃饱 ADJ full, eaten one's fill

chībǎo chuānnuǎn 吃饱穿暖 IDIOM have enough to eat and wear

chíbì dàigòu 持币待购 v to wait to buy with cash in hand

chìcháo 赤潮 N red tides (in the ocean)

chīcù 吃醋 v to get jealous

chǐcùn 尺寸 N measurements

chídào 迟到 ADJ late

chǐdù 尺度 N yardstick, scale

chīhuò 吃货 N foodie; a good-for-nothing

chījīng 吃惊 ADJ astonished

chīkuáng 痴狂 v be crazy about

chīkuī 吃亏 v to lose out; to be at a disadvantage

chìluǒluǒde 赤裸裸地 ADV nakedly, undisguisedly

chīmízhě 痴迷者 N addict (person)

chìpín rénkǒu 赤贫人口 N people living in absolute poverty

chípíng 持平 v to hold the line

chīsùde 吃素的 ADJ vegetarian

chīxiāng 吃香 ADJ very popular

chíxù 持续 v to last (endure)

chízǎo 迟早 ADV sooner or later

chìzì 赤字 N deficit

chóngbài 崇拜 v to worship

chóngbō 重播 v to repeat; to rebroadcast

chōngdiàn 充电 v to recharge batteries; to update one's knowledge

chōngdiànqì 充电器 N charger

chōngdòng 冲动 ADJ, N impulsive; impulse

chōngdòngxìng gòumǎi 冲动性购买 N impulse buying

chōngfènde 充分的 ADJ ample

chóngfù 重复 v to repeat

chónghuàide 宠坏的 ADJ spoiled (of children)

chónghūn 重婚 N bigamy

chōngjì 冲剂 N medicinal granules

chòngjìnr 冲劲儿 N vigor

chōnglàng 冲浪 N surfing

chōnglàng 冲浪 v, N to surf; surfing

chōnglàngbǎn 冲浪板 N surfboard

chōnglàngtǐng 冲浪艇 N surfboat

chōngmǎn 充满 v to fill; to brim with

Chóngqìng 重庆 N Chongqing

chōngshí 充实 ADJ, v rich; to enrich

chǒngwù 宠物 N pet (animal)

chǒngwù shípǐn 宠物食品 N pet food

chǒngwù yīyuàn 宠物医院 N pet clinic

chǒngwùdiàn 宠物店 N pet shop

chǒngwùrè 宠物热 N pet craze

chōngxǐ 冲洗 v to develop film

chóngyáng mèiwài 崇洋媚外 N worship and blind faith in things foreign

chōngzhàng 冲帐 v to strike a balance (accounting)

chōngzhíkǎ 充值卡 N rechargeable card

chóngzi 虫子 N insect

chōngzúde 充足的 ADJ sufficient

chǒu 丑 ADJ ugly

chǒubāguài 丑八怪 N a very ugly person

chóubàn 筹办 v to arrange

chóubèi wěiyuánhuì 筹备委员会 N preparatory committee

chóubèi 筹备 v to arrange; to prepare

chōudòufu 臭豆腐 N stinky tofu

chōujiǎn 抽检 v spot check

chóukuǎn 筹款 v to raise funds

chóuméi kǔliǎn 愁眉苦脸 IDIOM to look anxious and miserable

chòuqì 臭气 N odor, bad smell

chōuqiān 抽签 v to draw lots

chōushuǐ mǎtǒng 抽水马桶 N flush toilet

chōutì 抽屉 N drawer

chòuwèi 臭味 N smell, bad odor

chòuwén 丑闻 N scandal

chōuxiàng 抽象 ADJ abstract

chōuyān 抽烟 v to smoke (tobacco)

chōuyàng diàochá 抽样调查 N sample survey

chòuyǎngcéng kōngdòng 臭氧层空洞 N ozone hole

chòuyǎngcéng 臭氧层 N ozone

chóuzī qúdào 筹资渠道 N fundraising channels

chóuzī 筹资 N, v fundraising; to raise fund

chū fēngtou 出风头 v to show off

chú yú 除于 v divided by

chū zhǔyi 出主意 v to advise

chù 触 v to touch

chuān xiǎoxié 穿小鞋 PHR make trouble for

chuān 穿 v to put on (clothes)

chuán 船 N boat, ship

chuānbàn 穿扮 v to get dressed

chuáng 床 N bed

chuángdān 床单 N bedsheet

chuángdiàn 床垫 N mattress

chuānghóngdēng 闯红灯 v to run a red light

chuānghu 窗户 N window (in house)

chuāngkǒu 窗口 N window (for paying, buying tickets)

chuànglì 创立 v to set up, to establish

chuànglì 创利 v to generate profit

chuānglián 窗帘 N curtain

chuàngshǐrén 创始人 N founder

chuàngxīnde 创新的 ADJ innovative

chuàngyè jīngshén 创业精神 N enterprising spirit

chuàngyè 创业 v to start a business

chuàngyèzhě 创业者 N entrepreneur

chuàngyì 创意 v, N to create new ideas or concepts; new concepts

chuàngzào 创造 v to create

chuàngzuò 创作 v to create

chuánjiàoshì 传教士 N missionary

chuánméi dàhēng 传媒大亨 N media tycoon

chuánméi 传媒 N media

chuánrǎnbìng 传染病 N infectious disease

chuánrǎnde 传染的 ADJ contagious

chuànròuqiān 串肉扦 N skewer

chuánshuō 传说 N legend

chuānsuō wàijiāo 穿梭外交 N shuttle diplomacy

chuántǒng chǎnyè 传统产业 N conventional industries

chuántǒng wénhuà 传统文化 N traditional culture

chuántǒng 传统 N tradition

chuántǒngde 传统的 ADJ traditional

chuánwù gōngsī 船务公司 N shipping service company

chuánxiāo 传销 N pyramid sales; multi-level marketing

chuánxùn 传讯 v to call, to summon

chuānyuè 穿越 v to pass through

chuānzhēn yǐnxiàn 穿针引线 v to act as a go-between

chuánzhēn 传真 N fax (message)

chuánzhēnjī 传真机 N fax (machine)

chuānzhuó 穿着 N outfit

chūbǎn 出版 v to publish

chūbǎnshè 出版社 N publisher

chǔbèi jījīn 储备基金 N reserve funds

chǔbì dàigòu 储币待购 v to save for purchases

chūbù 初步 ADJ fundamental, preliminary

chúcǎo 除草 v to weed

chúcǎojì 除草剂 N weed killer

chūchāi 出差 v to go on a business trip

chūchù 出处 N source

chùdiàn 触电 v to get an electric shock

chūfā 出发 N departure

chūfādiǎn 出发点 N starting point, motive

chùfàn 触犯 v to offend

chǔfāng 处方 N prescription

chúfáng 厨房 N kitchen

chúfēi 除非 CONJ unless

chūgǎo 初稿 N first draft

chūguó 出国 v to go abroad

chūguórè 出国热 N craze for going abroad

chūhàn 出汗 v to perspire

chuī 吹 v to blow

chuīfēngjī 吹风机 N hair dryer

chuīniú 吹牛 v to brag

chuítóu sàngqì 垂头丧气 IDIOM dejected

chuízhí guǎnlǐ 垂直管理 N vertical management

chuízhíde 垂直的 ADJ vertical

chūjí 初级 ADJ elementary

chūjiā 出家 v to become a nun or monk

chūjìng 出境 v to leave the country

chūjìng qiānzhèng 出境签证 N exit visa

chūjìng 处境 N situation

chūkǒu 出口 v, N to export; export, exit

chūkǒu chuànghuì nénglì 出口创汇能力 N capacity to earn foreign exchange through exports

chūkǒu chuànghuìxíng chǎnyè 出口创汇型产业 N export-oriented industry

chūkǒu tuìshuìlǜ 出口退税率 N export rebate rate

chūkǒu zhuǎnnèixiāo 出口转内销 N domestic sales of commodities originally produced for exports

chūkǒujiā gōngqū 出口加工区 N export processing zones

chúle … yǐwài 除了 … 以外 CONJ apart from, besides, except

chǔlǐ cúnhuò 处理存货 N sell-off

chǔlǐ jiàgé 处理价格 N bargain price; reduced price

chǔlǐ 处理 v to handle, to manage

chūlóng 出笼 v to appear

chūlù 出路 N way out

chūmài 出卖 v to betray

chūmíng 出名 ADJ famous

chùmōpíng 触摸屏 N touch screen

chún 唇 N lip

chǔn 蠢 ADJ stupid

chúndé 纯的 ADJ pure

chūnjié 春节 N Chinese New Year

chúnjìngshuǐ 纯净水 N purified water

chúnshōurù 纯收入 N net income, net profit

chūntiān 春天 N spring (season)

chǔnǚ háng 处女航 N maiden voyage

chǔnǚ zuò 处女作 N maiden work, first publication

chūnyùn 春运 N passenger transport around the Chinese Lunar New Year

chuòhào 绰号 N nickname

chūqínlǜ 出勤率 N attendance rate

chūqìtǒng 出气筒 N punching bag

chūqù zǒuzou 出去走走 v to go for a walk/stroll

chūqù 出去 v to go out, to exit

chūrényìliào 出人意料 IDIOM unexpected

chūrù píng'ān 出入平安 PHR Safe trip wherever you go!

chūsè 出色 ADJ outstanding

chūshēng rìqī 出生日期 N date of birth

chūshēng 出生 v to be born

chūshēnglǜ 出生率 N birth rate

chūshì 出事 v to have an accident; to meet with a mishap

chúshī 厨师 N cook (person)

chūshòu 出售 v for sale

chūtái 出台 v to unveil (new policy, etc.)

chūxí 出席 v to attend, to show up

chúxī 除夕 N New Year's Eve

chūxiàn 出现 v to appear, to become visible

chūyuàn 出院 v to leave hospital

chǔyùn 储运 N storage and transport

chǔzáng 储藏 v to store

chùzhǎng 处长 N the head of a department or office

chūzhōng 初中 N junior high school

chūzūchē 出租车 N taxi

cí 词 N word

cìchuān 刺穿 v to pierce, penetrate

cíde 雌的 ADJ female

cídiǎn 词典 N dictionary

cìjīde 刺激的 ADJ exciting

cíjiù yíngxīn 辞旧迎新 IDIOM bid farewell to the old and usher in the new

cíkǎ diànhuà 磁卡电话 N magnetic card telephone

cípán 磁盘 N diskette (computer)

cíqì 瓷器 N porcelain, chinaware, china

cìqīng 刺青 N tattoo

císhàn tuántǐ 慈善团体 N charity

cǐshí 此时 N now, at present, this moment

cìshù 次数 N number of times

cǐwài 此外 CONJ in addition

cìxiù 刺绣 N embroidery

cìxù 次序 N sequence, order

cíxuánfú lièchē 磁悬浮列车 N Maglev train (one that runs by electromagnetic force)

cìyào de 次要的 ADJ minor (not important)

cízhí 辞职 v to resign

cōng 葱 N spring onion

cóng 从 PREP from

cóng líng kāishǐ 从零开始 v to start from scratch

cóng … yàngzi kànlái 从 … 样子看来 ADV by way of

cónglái méiyǒu 从来没有 ADV never

cónglín 丛林 N jungle

cōngmíng 聪明 ADJ clever, smart, wise

cóngróng 从容 ADJ unhurried, calm

cóngshì 从事 v to undertake; to deal with

cóngzhòng xīnlǐ 从众心理 n group psychology

còufènzi 凑份子 v to club together

còurènao 凑热闹 v to join the fun

cù 醋 n vinegar

cūcāo 粗糙 adj rough, crude

cūfàng jīngyíng 粗放经营 n extensive operation

cuīcù 催促 v to urge, push for

cuīhuǐ 摧毁 v destroyed, ruined

cuīlèidàn 催泪弹 n tear gas

cuìruò 脆弱 adj fragile, weak

cūjiāgōng chǎnpǐn 粗加工产品 n low-graded product

cùjìn 促进 v to promote

cūlǔde 粗鲁的 adj rough (not gentle)

cūlüède 粗略地 adv roughly, approximately

cūn 村 n village

cún 存 v to save, to keep

cùn 寸 n inch

cúnchǔ nénglì 存储能力 n storage capacity

cúnfàng 存放 v to deposit (leave behind with someone)

cúnhuò 存货 n stock

cúnkuǎn bǎozhèngjīn 存款保证金 n guaranty money for deposits

cúnkuǎn 存款 v to deposit (put money in the bank)

cúnkuǎndān 存款单 n certificate of deposit

cūnmín 村民 n villager

cúnxīn 存心 n intention

cúnzài 存在 v to exist

cūnzhuāng 村庄 n village

cuòde 错的 adj wrong (mistaken)

cuòguò 错过 v to miss, to overlook

cuòshī 措施 n measure

cuòwù 错误 n error, mistake

cùxiāo 促销 n promotion (sale)

D

dǎ 打 v to hit, strike

dà 大 adj big, large

dǎ bǐfang 打比方 v to take something as an example

dà bùfen 大部分 adv mostly

dà cābiānqiú 打擦边球 phr v to skirt the line legally or morally

dà chūxiě 大出血 v to make a big markdown

dǎ diànhuà 打电话 v to make a phone call

dà ér quán 大而全 n large and comprehensive

dǎ fángyìzhēn 打防疫针 v vaccination

dà hōngdòng 大轰动 n blockbuster

dà huánjìng 大环境 n the overall situation

dà jiǎngsài 大奖赛 N Grand Prix

dà jiǎnjià 大减价 N markdown sales

dà jiànmài 大贱买 N sale (reduced prices)

dà lǎocū 大老粗 N uneducated person

dǎ májiàng 打麻将 V to play mahjong

dà mǎnguàn 大满贯 N grand slam

dǎ pēntì 打喷嚏 V to sneeze

dà shuǐguàn 大水罐 N pitcher, jug

dǎ yóujī 打游击 V to fight a guerrilla warfare; to work as seasonal labor

dǎ zhāohu 打招呼 V to greet

dá'àn 答案 N answer

dà'àn yàoàn 大案要案 N major cases (legal)

dǎbài 打败 V to defeat

dǎbàn 打扮 V to get dressed

dǎbǎo piào 打保票 V to vouch for somebody; to guarantee something

dǎbāo 打包 V to use doggy bags to take food home

dàbiàn 大便 V to defecate

dábiāo 达标 V to be up to the standard

dàbó 大伯 N brother-in-law (husband's older brother)

dǎchà 打岔 V to interrupt

dàcháng 大肠 N large intestine

dàchóubīn 大酬宾 V to give a large discount to one's customers

dǎchū wángpái 打出王牌 V to play one's trump card

dàdǎn 大胆 ADJ bold

dádào 达到 V to attain, to reach

dǎdī 打的 V to take a taxi

dǎdòng 打动 V to move, to arouse

dǎdǔnr 打盹儿 V to dose off; to have a nap

dàduōshù 大多数 ADJ great majority

dǎfān 打翻 ADJ overturned

dàfāng 大方 ADJ generous; tasteful

dǎfānshēnzhàn 打翻身战 V to fight to change for the better

dáfù 答复 V, N to reply; response

dàgài 大概 ADV about (approximately), probably

dàgē 大哥 N big brother (polite address for a man of about the same age as oneself); boss

dǎgōng 打工 V to work for others

dǎgōngmèi 打工妹 N young female worker

dǎgōngzǎi 打工仔 N young male worker

dǎgǔ 打鼓 V to play the drums; to feel nervous

dǎguānsī 打官司 V to file a lawsuit, to sue

dàguīmó shāshāngxìng wǔqì

大规模杀伤性武器 N weapon of mass destruction

dǎhāqian 打哈欠 v to yawn

dǎhēi 打黑 v to crack down on yakuza (organized crime syndicate)

dǎhūlu 打呼噜 v to snore

dǎhuǒjī 打火机 N lighter

dài 带 v to carry

dài wènhǎo 代问好 v to say hello

dàibiǎo 代表 v, N to represent; representative

dàifu 大夫 N doctor

dàigǎng 待岗 ADJ waiting for job/ employment

dàigāomàozi 戴高帽子 v to flatter

dàigōu 代沟 N generation gap

dàijià 代价 N opportunity cost

dàikuǎn 贷款 v, N to lend; loan

dàilǐ 代理 v to act on behalf of somebody in a responsible position; to act as an agent

dàilǐ fúwùqì 代理服务器 N proxy server (Internet)

dàilǐng 带领 v to lead

dàilǐshāng 代理商 N an agent that represents a firm in doing business

dàilǜmàozi 戴绿帽 v to be cuckolded

dàitì 代替 v to replace

dàixīn jiàqī 带薪假期 N paid holidays

dàixuéjīn 贷学金 N student loan

dàiyánrén 代言人 N spokesperson

dàiyè 待业 ADJ job-waiting

dàiyè rényuán 待业人员 N people on job-waiting

dàiyù 待遇 N pay, compensation

dàiyùn mǔqīn 代孕母亲 N surrogate mother

dāizhàng 呆账 N bad debt

dàizi 袋子 N bag

dǎjī 打击 v to strike, to hit

dǎjī bàofù 打击报复 v to retaliate

dǎjiǎ 打假 v to crack down on counterfeit goods

dǎjià 打架 v to fight (physically)

dàjiā 大家 N everyone

dàjiǎng 大奖 N grand prize

dǎjiǎo 打搅 v to bother, to disturb

dǎjiāodào 打交道 v to come into contact with

dàjiě 大姐 N elder sister; older sister (also polite term of address for a girl or woman slightly older than the speaker)

dàjīng xiǎoguàide 大惊小怪的 ADJ fussy

dǎkāi 打开 v to open

dǎkāi tiānchuāng shuōliàng-huà 打开天窗说亮话 v to speak frankly

dàkāi yǎnjiè 大开眼界 IDIOM be an eye-opener

dǎkǎjī 打卡机 N punch machine

dàkuǎn 大款 N rich man, tycoon

Dálài lǎma 达赖喇嘛 N Dalai Lama

dǎléi 打雷 N thunder

dàlì kòushā 大力扣杀 v to smash (a ball)

dàliàng 大量 ADJ large amount of; generous

dàlìshén 大力神 N Hercules

dàlóu 大楼 N building

dàlù 大陆 N continent

dàmá 大麻 N marijuana

dàmén 大门 N gate (main entrance)

dàmǐ 大米 N rice (uncooked grains)

dàmǔzhǐ 大拇指 N thumb

dàn'gāo 蛋糕 N cake, pastry

dān'ge 耽搁 v to delay

dǎnào 打闹 v to quarrel and fight noisily

dànǎo sǐwáng 大脑死亡 N cerebral death

dànǎo 大脑 N brain, cerebrum

dànbáizhì 蛋白质 N protein

dānbǎo 担保 v to guarantee

dānbǎorén 担保人 N guarantor

dānbiān zhǔyì 单边主义 N unilateralism

dānchéngpiào 单程票 N one-way ticket

dānchúnde 单纯的 ADJ plain (not fancy)

dàndào dǎodàn 弹道导弹 N ballistic missile

dāndāo fùhuì 单刀赴会 v to start a solo run

dāndiào 单调 ADJ bland

dāndú 单独 ADJ alone

dàng'àn 档案 N file

dàngāo 蛋糕 N cake

dàngcì 档次 N grade

dǎngjiànpái 挡箭牌 N excuse; pretext

dāngjīn 当今 ADV nowadays

dāngqián yònghù 当前用户 N active user

dāngrán 当然 ADJ of course

dāngrán kěyǐ 当然可以 EXCLAM certainly!

dǎngzhèng jīguān 党政机关 N (political) party and government organizations

dāngzhōng 当中 ADV be in the middle of doing

dàngzuò ěrbiān fēng 当作耳边风 v to turn a deaf ear to something

dànhuáng 蛋黄 N egg yolk

dànjì 淡季 N off season

dānqīn jiātíng 单亲家庭 N single-parent family

dānrèn 担任 v to serve as

dānshēn 单身 ADJ single (not married)

dānshēn guìzú 单身贵族 N single (not married)

dānshēn mǔqīn 单身母亲 N single mother

dànshì 但是 conj but, however

dànshuǐ èhuà 淡水恶化 n freshwater degradation

dāntiāo 单挑 v to fight one-on-one

dānwèi 单位 n unit

dānxiàng shōufèi 单向收费 n one-way charge (fees)

dǎnxiǎo 胆小 adj timid

dǎnxiǎoguǐ 胆小鬼 n coward, craven

dānxīn 担心 v to worry

dānxúnhuánzhì 单循环制 n single round-robin system

dānyī jīngjì 单一经济 n single product economy

dānyī 单一 adj single (only one)

dānyī zhòngzhí 单一种植 n monoculture

dànzi 担子 n burden

dāo 刀 n knife

dǎo 岛 n island

dào 到 v to arrive

dào 倒 v to pour

dào … lǐ dào … 里 prep into

dǎo jiānghú 捣浆糊 v to act restlessly

dàobǎn 盗版 adj pirate (copy illegally)

dàobǎn 盗版 n pirate copy

dǎobì 倒闭 v to go bankrupt

dàobié 道别 v to say goodbye

dàochù 到处 adv everywhere

dàodá 到达 n arrival

dǎodàn 捣蛋 v to make trouble

dǎodàn fāshèchǎng 导弹发射场 n missile launching site

dǎodòu 刀豆 n kidney beans

dǎogào 祷告 v to pray

dǎohuǒxiàn 导火线 n fuse; trigger

Dàojiào 道教 n Taoism

dàojìshí 倒计时 n countdown

dàolù 道路 n road

dǎomǎi dǎomài 倒买倒卖 n profiteering

dǎoméi 倒霉 n bad luck

dǎoméide 倒霉的 adj unlucky

dàoqī 到期 v to expire

dàoqiàn 道歉 v to apologize

dàoqiè 盗窃 v to steal

dǎoshī 导师 n mentor, tutor

dàotián 稻田 n rice fields

dàotuì 倒退 v to reverse; to back up

dàowèi 到位 adj, v precise; to be in place

dǎowèikǒu 倒胃口 v to spoil one's appetite; to get fed up with something

dǎoxiàlái 倒下来 v to fall over

dàoxiè 道谢 to say thank you

dǎoyǎn 导演 n director

dàoyé 倒爷 n profiteer

dàoyòng gōngkuǎn 盗用公款 n embezzlement

dǎoyóu 导游 v to guide someone somewhere

dǎozhuàn 倒转 ADJ upside down

dāozi 刀子 N knife

dàozi 稻子 N rice (plant)

dàpái 大牌 N celebrity

dàpáidàng 大排档 N food stall

dǎpò jiāngjú 打破僵局 v to break the deadlock

dǎpòle 打破了 ADJ broken, shattered

dǎqiú 打球 v to play ball games

dǎrǎo 打扰 v to bother, to disturb

dàrénwù 大人物 N VIP

dàshà 大厦 N building

dāshàn 搭讪 v to strike up a conversation

dàshēng 大声 ADJ loud

dàshèng 大胜 N great victory (sports)

dàshì 大事 N big event

dàshǐ 大使 N ambassador

dàshǐguǎn 大使馆 N embassy

dāshòu 搭售 N tie-in sale

dǎsī 打私 v to crack down on smuggling

dāsòng 搭送 v throw in

dǎsuàn 打算 v to intend, to plan

dǎsuàn 打算 N plan

dàsuàn 大蒜 N garlic

dǎsuàn … yòng de 打算 … 用的 ADV intended for

dǎtīng 打听 v to ask about

dàtóuzhēn 大头针 N pin

dàtuǐ 大腿 N thigh

dàtuìtánggǔ 打退堂鼓 v to fall or draw back, to withdraw

dàwàn 大腕 N big shot

dǎwènhào 打问号 v to have some question or doubt

dàxiàng 大象 N elephant

dǎxiǎo bàogào de rén 打小报告的人 N squealer, whistle-blower

dàxiǎo 大小 N size

dǎxiǎobàogào 打小报告 v to tattle-tale; to rat on somebody

dàxiè yànhuì 答谢宴会 N return banquet

Dàxīyáng 大西洋 N Atlantic Ocean

dàxué 大学 N university

dàxuéshēng 大学生 N university student

dàyī 大衣 N coat, overcoat

dǎyìn 打印 v to print (computer)

dāyìng 答应 v to promise

dǎyìnjī 打印机 N printer

dàyuē 大约 ADV around (approximately)

dǎyùfángzhēn 打预防针 v to have a preventive injection; to take precautions

dǎzhàng 打仗 v to make war

dǎzhāohu 打招呼 v to greet

Dàzhāosì 大昭寺 N Jokhang Temple

dǎzhé 打折 v to give a discount

dǎzhēn 打针 N injection

dàzhòng chuánméi 大众传媒 N mass media

dàzhònghuà 大众化 ADJ popularized, mass-oriented

dàzhuān 大专 N junior college

dàzhuānshēng 大专生 N junior college student

dǎzì 打字 v to type

dàzìrán 大自然 N nature

dàzuò wénzhāng 大做文章 v to make a big fuss about something

… de shíhou … 的时候 ADV when, at the time

dédào 得到 v to get, to receive

Déguó 德国 N Germany

Déguóde 德国的 ADJ German (in general)

Déguórén 德国人 N German (people)

děi 得 v have to, must

déjiǎng 得奖 v to win a prize; to be awarded a prize

dēng 灯 N light (lamp)

děng 等 v to wait for

dèng 凳 N stool

děng yīxià 等一下 ADV in a moment, just a moment

dēnggérè 登革热 N dengue fever

dēngjī 登机 v to board an airplane or gate

dēngjì 登记 v to register

dēnglù 登录 v to log in

dēngshàng 登上 v to go up, to climb

Dèngxiǎopíng lǐlùn 邓小平理论 N Deng Xiaoping Theory

dēngyuècāng 登月舱 N lunar module

dèngzi 凳子 N stool

déshī 得失 N gains and losses

Déwén 德文 N German (language)

déyì 得意 ADJ pleased with oneself

Déyǔ 德语 N German (language)

dézuì 得罪 v to offend

dì 地 N land

dī 低 ADJ low

dǐ 底 N bottom (base)

dì-èr chǎnyè 第二产业 N secondary industry

dì-èr 第二 ADJ second (in sequence) ordinal number

diàn 电 N electricity

diàn 店 N shop

diǎn(zhōng) 点(钟) N o'clock

diǎncài 点菜 v to order (food)

diànchē 电车 N tram

diànchí 电池 N battery

diànchuīfēng 电吹风 N hair dryer

diàncílú 电磁炉 N induction cooker

diāndǎo 颠倒 ADJ upside down

diàndòng lóutī 电动楼梯 N escalator

diànfànguō 电饭锅 N electric cooker

diànfèi 电费 N power bill

diànfēngshàn 电风扇 N fan (electrical)

diànhuà hàomǎ 电话号码 N telephone number

diànhuà huìyì 电话会议 N conference call, tele-conference

diànhuà liúyán 电话留言 N voicemail

diànhuà liúyánjī 电话留言机 N answering machine

diànhuà 电话 N telephone

diǎnjī 点击 v to click on

diǎnlǐ 典礼 N ceremony

diànliú 电流 N electricity

diǎnmíngcè 点名册 N roll book

diànnǎo 电脑 N computer

diànnǎo bìngdú 电脑病毒 N computer virus

diànnǎo kōngjiān 电脑空间 N cyberspace

diànnǎo mí 电脑迷 N mouse potato, computer nerd, techie

diànnǎománg 电脑盲 N computer illiterate

diànpù 店铺 N shop, outlet

diànqì 电器 N electrical appliance

diǎnqiú 点球 N penalty kick

diànshì huìyì 电视会议 N video conference

diànshì zhíxiāo 电视直销 N TV home shopping

diànshì 电视 N television

diànshìjī 电视机 N TV set

diànshìjù 电视剧 N TV play, soap opera

diànshìtái 电视台 N TV station

diàntái 电台 N radio station

diàntī 电梯 N lift, elevator

diànxiàn 电线 N wire, cord

diǎnxin 点心 N snack

diǎnxíngde 典型的 ADJ typical

diànyǐng 电影 N film, movie

diànyǐngyuàn 电影院 N cinema, movie theater

diànyuán 电源 N power supply

diànzhǔ 店主 N shopkeeper

diànzi 垫子 N table mat

diànzǐ 电子 ADJ electronic

diànzǐ chūbǎn 电子出版 N electronic publishing

diànzǐ cídiǎn 电子词典 N electronic dictionary

diànzǐ gōnggàopái 电子公告牌 N bulletin board service (BBS)

diànzǐ gōngsī 点子公司 N consultancy company

diànzǐ shāngwù 电子商务 N e-commerce

diànzǐ yóujiàn 电子邮件 N email (message)

diànzǐbǎn 电子版 N electronic version

diànzǐhuòbì 电子货币 N electronic currency

diāo 雕 v to engrave

diàochá 调查 v to research

diàodàishān 吊带衫 N tank-top

diàojià 掉价 v to fall in price; to degrade oneself

diāokèpǐn 雕刻品 N carving

diàoqiú 吊球 N drop shot (sports)

diāosù 雕塑 N, V sculpture; to sculpt

diàowèikǒu 吊胃口 V to tempt (someone with something), to put someone on tenterhooks

diàoxià 掉下 V to fall

diāoxiàng 雕像 N statue

diàoyú 钓鱼 V to fish

dìcíbào 地磁暴 N geomagnetic storm

dìdi 弟弟 N brother (younger)

dìdiǎn 地点 N location

dìduàn 地段 N area

díduì 敌对 ADJ hostile

díduì shìlì 敌对势力 N hostile forces

dìfāng bǎohù zhǔyì 地方保护主义 N regional protectionism

dìfang 地方 N place, space

dīgū 低估 V to underestimate

dìgǔ 低谷 N trough

dījià 低价 ADJ low-cost

dījià zhùfáng 低价住房 N low-cost housing

dìjiāo 递交 V to submit, to hand in

dīkàng 抵抗 V to resist

dīkōng fēixíng 低空飞行 N low-altitude flying

dìlǐ 地理 N geography

dīlíng 低龄 ADJ juvenile (age)

dìmào 地貌 N terrain features; landforms

dìmèi 弟妹 N sister-in-law (wife of husband's younger brother)

dìmiàn 地面 N ground, earth

dǐmiǎn 抵免 N offset

dìmíng 地名 N place name

dǐng 顶 N top

dìng diàozi 订调子 V to set the tone

dìngdān 订单 N order

dǐngduān 顶端 N end (tip)

dǐngfēng 顶峰 N peak, summit

dìnggòu 订购／定购 V to order (placed for goods)

dìnghūn 订婚／定婚 ADJ engaged (to be married)

dìngjīn 订金 N deposit

dīngkè 丁克 N DINK (Double Income No Kids)

dìnglǜ 定律 N law, rule

dìngpiào 订票 V to book tickets

dìngqī 定期 ADJ regular, normal

dìngwèi 定位 V, N to position; positioning

dìngxiàng péixùn 定向培训 N, V training; to train for specific posts

dìngxīnwán 定心丸 N mind relief (tablets)

dìngyì 定义 V, N to define; definition

dìngyuè 订阅 V to subscribe to a newspaper or periodical

dīngzi 钉子 N nail (spike)

dìqín rényuán 地勤人员 N ground crew

dìqiú 地球 N Earth, the world

dìqiúcūn 地球村 N global village

dìqū 地区 N area, region

dìqū chāyì 地区差异 N regional disparity

díquè 的确 ADV quite (very)

dìrè zīyuán 地热资源 N geothermal resources

dírén 敌人 N enemy

dìsān 第三 N third (in a series) ordinal number

dìsān chǎnyè 第三产业 N tertiary industry; service sector

dìsānzhě 第三者 N third party, third person

dìshuì 地税 N tax on land

Dísīní lèyuán 迪斯尼乐园 N Disneyland

dīsú 低俗 ADJ low and vulgar; tasteless

dìtǎn 地毯 N carpet

dìtiězhàn 地铁站 N subway station

dìtú 地图 N map

diū-jū-bǎo-shuài 丢车保帅 v to sacrifice sth minor to save sth major

diūrén 丢人 ADJ disgraceful, embarrassing

diūshī 丢失 v to lose, to mislay

diūxià 丢下 v to leave behind by accident

dìwèi 地位 N rank, station in life

dìwèi gāo de 地位高的 ADJ high ranking

dìxí 地席 N mat

dìxí 弟媳 N sister-in-law (wife of husband's younger brother)

dìxià 低下 ADJ inferior

dǐxia 底下 PREP below, underneath

dìxià 地下 N underground

dǐyā 抵押 v to put up collateral

dìyī shíjiān 第一时间 ADV at once

dìyīshǒu 第一手 ADJ first-hand

dìyù 地狱 N hell

dìyù 地域 N territory

dìzhèn 地震 N earthquake

dìzhǐ 地址 N address

dǒng 懂 v to understand

dòng 洞 N hole

dōngběi 东北, N, ADJ northeast

dōngběiyà 东北亚 N northeast Asia

dōngbiān 东边 N east

dònggǎn 动感 ADJ dynamic

dònghuà 动画 N animation

dòngjī 动机 N motive

dòngjié 冻结 v to freeze

Dōngjīng 东京 N Tokyo

dònglì 动力 N motivation, driving force

Dōngméng zìyóu màoyìqū 东盟自由贸易区 N ASEAN Free Trade Area

dōngnán 东南, N, ADJ southeast

Dōngnányà guójiā liánméng 东南亚国家联盟 N ASEAN (Association of South-East Asian Nations)

Dōng'ōu 东欧 N Eastern Europe

dòngqiānhù 动迁户 N households to be relocated

dòngrén 动人 ADJ touching

dǒngshìhuì 董事会 N board of directors

dǒngshìzhǎng 董事长 N director (of company)

dōngtiān 冬天 N winter

dòngwù 动物 N animal

dòngwùyuán 动物园 N zoo

dōngxi 东西 N object, thing

dòngyì 动议 N motion

dòngzuò 动作 N movement, motion

dōu 都 ADV all

dòu 豆 N bean

dòuchǐ 豆豉 N black beans

dòufu 豆腐 N tofu, bean curd

dòujiāng 豆浆 N soybean milk

dòuzhēng 斗争 V to struggle, to fight for

dú 毒 N poison

dú 读 V to read, to study

dǔ 堵 V to block, to suffocate

dǔ 赌 V to gamble, to bet

dù 度 N degrees (temperature)

duǎn 短 ADJ short (concise)

duǎnfà 短发 N short hair

duànkāi 断开 ADJ, V broken off

duǎnkù 短裤 N shorts (short trousers)

duànliàn 锻炼 V, N to work out, to train, to toughen; training

duànmǎ 断码 ADJ short in size

duǎnnèikù 短内裤 N shorts (underpants)

duǎnqī zhàiwù 短期债务 N floating debt

duǎnqī 短期 N short-term

duǎnquē 短缺 N shortage

duānwǔjié 端午节 N the Dragon Boat Festival

duǎnxùn 短讯 N SMS, text message

duǎnzàn 短暂 N a short time, a moment

duǎnzànde 短暂的 ADJ brief

dǔbó 赌博 V, N gamble

dǔchē 堵车 N traffic jam

dùchuán 渡船 N ferry

duì 对 ADJ, PREP correct; toward (a person)

duì 队 N team

duì … zhòu méitou 对 … 皱眉头 V to frown

duìbǐ 对比 V, N to contrast; contrast

duìbuqǐ 对不起 EXCLAM sorry!

duìcè 对策 N countermeasure

duìchèn 对称 ADJ symmetrical

duìchōng jījīn 对冲基金 N hedge fund

duìdài 对待 V to treat (behave towards)

duìfāng 对方 N each other; other side

duìfù 对付 V to deal with

duìhuà 对话 v, n to converse, to have dialogue; dialogue

duìhuàn 兑换 v to change, exchange (money)

duìhuànlǜ 兑换率 n exchange rate

duìjiǎngjī 对讲机 n walkie talkie

duìjiǎode 对角度 adj diagonally

duìjiǎoxiàn 对角线 n diagonal

duìkàng 对抗 v to confront, to oppose

duìlide 对立的 adj opposed, in opposition

duìmiàn 对面 n opposite (facing)

duì-niú-tán-qín 对牛弹琴 idiom cast pearls before swine

duìshǒu 对手 n rival, opponent

duìwài zhāoshāng 对外招商 v to attract foreign investment

duìxiàn 兑现 v to cash a check

duìxiàng 对象 n target, partner

duìyú 对于 prep for, to; about; toward

duìyuán 队员 n teammate

duìzhǎng xiùbiāo 队长袖标 n armband on a captain/skipper

dùjì 妒忌 v to be jealous

dùjià 度假 v to go on vacation, to spend one's holidays

dùjué 杜绝 v to put an end to

dúlì 独立 n independence

dúlìde 独立的 adj on one's own

Dūnhuáng shíkū 敦煌石窟 n Dunhuang Grottoes

duō 多 adj much, many

duǒ 躲 v to hide, to avoid

Duō cháng? 多长? how long?

Duō dà niánjì? 多大年纪? How old?

Duō dà suìshù? 多大岁数? How old?

duō yīdiǎnr 多一点儿 adv more (comparative)

Duō yuǎn? 多远? How far?

duōbiān màoyì 多边贸易 n multilateral trade

duóbiāo 夺标 v to win the championship

duōgōngnéngde 多功能的 n multi-functional

duóguàn 夺冠 v to win the championship

duōguó wéichí hépíngbùduì 多国维持和平部队 n multinational peace-keeping force

duōjí shìjiè 多极世界 n multipolar world

duōjíhuà 多极化 n multipolarization

duòluò 堕落 v to go to the bad

duōméitǐ 多媒体 n multimedia

Duōshao qián? 多少钱? How much?

duòtāi 堕胎 v to have an abortion

duōyuán shèhuì 多元社会 n pluralistic society

duōyuánhuà 多元化 adj pluralistic

duōyúde 多余的 ADJ unnecessary

duōyún 多云 ADJ cloudy, overcast

duōzhǒng jīngyíng 多种经营 N diversified economy

dúpǐn 毒品 N drug (recreational)

dúshēng zǐnǚ 独生子女 N only child

dūshì 都市 N metropolis

dúshū 读书 v to read, to study

dúxiāo 毒枭 N drug trafficker

dúyào 毒药 N poison

dúyīwú'èr 独一无二 ADJ unique

dúzhě 读者 N reader

E

é 鹅 N goose

é 蛾 N moth

é 额头 N forehead

è 饿 ADJ hungry

È'ěr nínuò xiànxiàng 厄尔尼诺现象 N El Nino phenomenon

èhuà 恶化 v to deteriorate

èliè 恶劣 ADJ bad

Éluósī 俄罗斯 N Russia

èmèng 恶梦 N nightmare

èpíng 恶评 N unfavorable comments

èr 二 NUM two (numeral)

èr jìngōng 二进宫 v to go to jail/prison the second time

èr jìnzhì 二进制 N binary (computer)

ěrduo 耳朵 N ear

ěrhuán 耳环 N earrings

ěrjī 耳机 N earphones, headphones

érkē yīshēng 儿科医生 N pediatrician

èrnǎi 二奶 N mistress of a married man

érnǚ 儿女 N children

érqiě 而且 CONJ moreover

èrshí 二十 N twenty

èrshǒu shāngpǐn 二手商品 N secondhand goods

èrshǒu yān 二手烟 N secondhand smoking

èrshǒufáng 二手房 N secondhand house

értóng 儿童 N child

èryǎnghuàtàn 二氧化碳 N CO_2 (carbon dioxide)

ěryú wǒzhà 尔虞我诈 N mutual deception and rivalry

èryuè 二月 N February

èrzhàn 二战 N World War II

érzi 儿子 N son

éwàide 额外的 ADJ extra

ěxīnde 恶心的 ADJ disgusting, nauseating

èxìng tōnghuò péngzhàng 恶性通货膨胀 N hyperinflation

èxìng xúnhuán 恶性循环 N vicious circle

Éyǔ 俄语 N Russian

F

fā'ànlǜ 发案率 N incidence (of criminal cases)

fā báirìmèng 发白日梦 v to daydream

fā chuánzhēn 发传真 v to fax

fā diànzǐ yóujiàn 发电子邮件 v to email

fā yīmèir 发依妹儿 v to email

fābiǎo 发表 v to announce, to publish

fābùhuì 发布会 N press conference

fācái 发财 v to make a fortune

fāchòu 发臭 v to stink

fādá guó jiā 发达国家 N developed countries

fǎdìng huòbì 法定货币 N legal tender

fǎdìng 法定 ADJ statutory

fādòng 发动 v to start

fādòngjī 发动机 N engine

fādǒu 发抖 v to shiver

fāfàng 发放 v to release, to issue

Fǎguó 法国 N France

Fǎguóde 法国的 ADJ French (in general)

Fǎguórén 法国人 N French (people)

fāhuī 发挥 v to bring out implicit or innate qualities

fāhuò 发货 v to deliver goods

fājué 发掘 v to discover, to unearth

fákuǎn 罚款 N fine (punishment)

fāliàng 发亮 ADJ shiny

fǎlǜ 法律 N laws, legislation

fāmíng 发明 v, N to invent; invention

fǎn dàndàodǎodàn tiáoyuē 反弹道导弹条约 N Anti-ballistic Missile Treaty(ABM)

fān'guòlái 翻过来 v to turn over

fǎnbài wéi shèng 反败为胜 v to turn the tables

fānbáiyǎn 翻白眼 v to roll one's eyes to show dissatisfaction or illness

fàncài 饭菜 N dish (particular food)

fànchóu 范畴 N area, aspect

fāndào 翻倒 v to turn over

fàndiàn 饭店 N restaurant; hotel

fàndú 贩毒 N drug trafficking

fǎnduì 反对 v to object, to protest

fànfǎ 犯法 v to break the law

fàng 放 v to put, to place

fáng'ài 妨碍 v to obstruct, to hinder

fángbàosǐ xìtǒng 防抱死系统 N ABS (anti-lock braking system)

fāngbiàn 方便 ADJ convenient

fāngbiàn shípǐn 方便食品 N instant food

fāngbiànmiàn 方便面 N instant noodles

fángchǎn gūjiàshī 房产估价师 N real estate evaluator

fángchē 房车 N camper, RV

fàngdà 放大 v to enlarge

fángdào 防盗 ADJ, v anti-theft; burglarproof; to guard against burglary

fángdàomén 防盗门 N security door

fángdìchǎn shìchǎng 房地产市场 N real estate market

fángdìchǎn 房地产 N real estate

fángdōng 房东 N landlord

fángdú miànjù 防毒面具 N gas mask

fāngfǎ 方法 N way, method

fángfàn 防范 v to guard against, to keep a lookout

fànggāoqiú 放高球 v to lob (sports)

fānggéde 方格的 ADJ checked (pattern)

fángguǎn 房管 N real estate management

fánghuǒde 防火的 ADJ fireproof

fàngjià 放假 v to have a holiday

fángjiān 房间 N room (in hotel)

fàngkāi 放开 v to release, to let go

fàngkōng 放空 v to relax completely, to empty one's mind; to travel without any load

fāngmiàn 方面 N aspect, side

fàngpì 放屁 v to fart; to talk nonsense

fàngqíngle 放晴了 ADJ clear (of weather)

fángshàiyóu 防晒油 N sunscreen lotion

fàngshēng 放生 v to free wildlife from captivity

fàngshèxìng fèiliào 放射性废料 N radioactive waste

fàngshèxìng 放射性 ADJ radioactive

fāngshì 方式 N way

fángshǒu fǎnjī 防守反击 N counterattack (sports)

fángshuǐde 防水的 ADJ waterproof

fàngsōng 放松 v to relax

fànguǎn 饭馆 N restaurant

fǎngwèn 访问 v to pay a visit

fángwū 房屋 N building, house

fāngxiàng 方向 N direction

fāngxiàngpán 方向盘 N steering wheel

fàngxīn 放心 ADJ to be at ease, to feel relieved

fāngxíngde 方形的 ADJ square (shape)

fāngyán 方言 N dialect

fǎngzàode 仿造的 ADJ patterned

fángzhǎn 房展 N property exhibition

fángzi 房子 N house

fǎnhé rénshì 反核人士 N anti-nuclear activists

fǎnhé yùndòng 反核运动 N anti-nuclear campaign

fǎnkǒng 反恐 N anti-terrorism

fǎnkǒng zhànzhēng 反恐战争 N anti-terrorist war

fǎnkuì 反馈 N feedback

fānliǎn 翻脸 v to fall out

fānliàngfān 翻两番 v to quadruple

fánmáng 繁忙 ADJ busy

fánmèn 烦闷 ADJ upset, unhappy

fánnǎode 烦恼的 ADJ troublesome

fánrǎo 烦扰 N bother, disturbance

fànrén 犯人 N convict; prisoner

fánróng 繁荣 ADJ flourishing

fánshìlín 凡士林 N vaseline

fǎnsī 反思 N reflection, review

fǎntān zhèngcè 反贪政策 N anti-corruption policy

fántǐzì 繁体字 N traditional character

fànwéi 范围 N area

fǎnwùzhì 反物质 N anti-matter

fǎnxiàngde 反向的 ADJ reversed, backwards

fānyì 翻译 v, N to translate; translator, interpreter

fǎnyìng 反应 v, N to react; reaction, response

fǎnyìng 反映 v to reflect

fǎnzhèng 反正 ADV anyway

fánzhí 繁殖 v to breed

fànzuì 犯罪 v to sin

fāpiào 发票 N invoice

fāpíqi 发脾气 v to lose one's temper

fǎrén dàibiǎo 法人代表 N legal representative

fāshāo 发烧 N fever

fāshāoyǒu 发烧友 N enthusiastic fan

fāshēng 发生 v to happen, to occur

fāshēng shénme shì 发生什么事? what happened?

fāsòng 发送 v to send

fǎtíng 法庭 N court

Fǎwén 法文 N French (language)

fāxiàn 发现 v to discover

fāyánrén 发言人 N spokesperson

fāyīn 发音 v to pronounce

Fǎyǔ 法语 N French (language)

fāzhǎn 发展 N development

fāzhǎnzhōng guójiā 发展中国家 N developing countries

fēi 飞 v to fly

fèi 肺 N lungs

fēicháng 非常 ADV really (very)

fēichǔ fāngyào 非处方药 N OTC medicine

fēidiǎn 非典 N SARS

fèidiànchí 废电池 N used batteries

fēifǎ 非法 ADJ illegal

fèihuà 废话 N nonsense

fēijī 飞机 N aeroplane, airplane

fēijīchǎng 飞机场 N airport

féiliào 肥料 N fertilizer

Fēilǜbīn 菲律宾 N Philippines

Fēilǜbīnde 菲律宾的 N Filipino (in general)

Fēilùbīnrén 菲律宾人 N Filipino (people)

Fēilùbīnyǔ 菲律宾语 N Filipino (language)

fēiqiángzhìde 非强制的 ADJ optional

féiwòde 肥沃的 ADJ fertile

fèiwù 废物 N rubbish

fēixíng 飞行 v to fly

fēixíngyuán 飞行员 N pilot

fèiyán 肺炎 N pneumonia

fèiyòng 费用 N cost (expense)

féizào 肥皂 N soap

fēizhèngtǒng yīnyuè 非正统音乐 N alternative music

Fēizhōu 非洲 N Africa

fēizhǔliú 非主流 ADJ alternative

fēn (zhōng) 分(钟) N minute

fèn 份 N part; portion; a copy of; a set of

fēnbié 分别 ADV, V, N respectively; to part; difference

fēnbù 分布 v to distribute

fēndiàn 分店 N branch store

fèndòu 奋斗 v to fight for

fēnfā 分发 v to hand out

fēnfù 吩咐 v to instruct

féng 缝 v to sew

fēngbào 风暴 N storm

fēngcì 讽刺 ADJ, V sarcastic; to ridicule

fēngfù 丰富 ADJ, V abundant; to enrich

fēnggé 风格 N style

fēngjǐng 风景 N view, panorama

fēngkuángde 疯狂的 ADJ insane, crazy

fēngliánghuà 风凉话 N sarcastic remark

fēngmǎn 丰满 ADJ chubby, well-developed

fēngmào 风貌 N style, scene

fēngmì 蜂蜜 N honey

fēngniúbìng 疯牛病 N mad cow disease

fēngōng 分工 N division of labor

fēngqì 风气 N atmosphere; custom

fēngshōu 风收 v to have a good harvest

fēngshuǐ 风水 N feng shui, geomancy

fēngsú 风俗 N custom

fēngsuǒ 封锁 ADJ closed (road)

fēngwèi fàncài 风味饭菜 N cooking, cuisine

fēngxiǎn fángfàn jīzhì 风险防范机制 N risk prevention mechanism

fēngxiǎn jījīn 风险基金 N VC funds

fēngxiǎn tóuzī 风险投资 N venture capital

fēngyúnrénwù 风云人物 N influential person

fēngzi 疯子 N madman

fēnháng 分行 N branch

fěnhóngsè 粉红色 N, ADJ pink

fēnjī 分机 N extension (telephone)

fēnjú 分局 N sub-bureau

fēnkāi 分开 v to divide, to split up

fēnkāile 分开了 ADJ broken off

fēnlèi 分类 v, N to categorize; category

fènliàng 分量 N weight

fēnlíde 分离的 ADJ separate

fěnlǐng 粉领 N pink-collar

fénmù 坟墓 N grave

fènnù 愤怒 N anger

fènnù de xiǎoniǎo 愤怒的小鸟 N Angry Birds (game)

fēnpèi 分配 v to assign

fēnqī fùkuǎn 分期付款 N installment (pay)

fēnsàn 分散 v to divert; to disperse

fēnshǒu 分手 v to break up

fēnwéi 氛围 N atmosphere

fēnxī 分析 v, N to analyse; analysis

fēnxiǎng 分享 v to share

Fójiào 佛教 N Buddhism

Fójiàode 佛教的 ADJ Buddhist (in general)

Fójiàotú 佛教徒 N Buddhist (people)

fǒuzé 否则 CONJ else; or else

fǔbài 腐败 ADJ corrupt

fùběn 副本 N copy

fùbù 腹部 N abdomen

fùchú 付出 v to pay, to devote

fúcóng 服从 v to obey

fúcóngde 服从的 ADJ obedient

fùdān 负担 N burden

fùdāndeqǐ 负担得起 v to afford

fǔdǎobān 辅导班 N remedial class

fúdòng 浮动 ADJ, v fluctuating; to fluctuate

fúdònggōngzī 浮动工资 N floating wages

fúdù 幅度 N range

fūfù 夫妇 N couple, husband and wife

fùgài 覆盖 v to cover

fùguìbìng 富贵病 N rich man's disease (that needs expensive treatments and long recuperative period)

fùguìde 富贵的 ADJ rich, wealthy

fúhào 符号 N sign

fúhé biāozhǔn 符合标准 ADJ up to standard

Fùhuójié 复活节 N Easter

fùjiāfèi 附加费 N additional charges

fùjiàn 附件 N attachment

fùjìn 附近 ADJ, nearby

fúkuāde 浮夸的 ADJ exaggerating

fǔlànde 腐烂的 ADJ rotten

fúlì cǎipiào 福利彩票 N welfare lotteries

fúlì fēnfáng 福利分房 N welfare-oriented public housing distribution system

fùlù 附录 N appendix

fùmiànde 负面的 ADJ negative

fùmǔ 父母 N parents

fùnǚ 妇女 N woman

fúpín 扶贫 N poverty relief

fúqi 福气 N good fortune

fúqiǎn 肤浅 ADJ shallow

fùqián 付钱 v to pay

fùqīn 父亲 N father

fūren 夫人 N madam (term of address)

fúshè 辐射 V, N to radiate; radiation

fùshì zhùzhái 复式住宅 N duplex apartment

fúshǒu 扶手 N handrail

fúshǒuyǐ 扶手椅 N armchair

fùsū 复苏 V to recover

Fútè 福特 N Ford (car)

fúwù hángyè 服务行业 N service industry

fúwù tèsè 服务特色 N selling point

fúwù 服务 N service

fúwùtái 服务台 N service desk

fúwùyuán 服务员 N waiter, waitress

fùxìn 复信 v to reply (in writing)

fūyǎn 敷衍 v to do something half-heartedly or just for show

fǔyǎng 抚养 v to raise (children)

fùyìn 复印 V, N to photocopy; photocopy

fùyìnjiàn 复印件 N photocopy

fùyǒude 富有的 ADJ wealthy

fùyù 富裕 ADJ well-off, wealthy

fùyùde 富裕的 ADJ rich

fùzá 复杂 ADJ complicated

fùzé 负责 v to take care of, to be responsible

fùzérén 负责人 N person-in-charge

fùzhì 复制 v to make a copy of something

fùzhìpǐn 复制品 N copy, reproduction

fúzhuāng 服装 N costume

fùzuòyòng 副作用 N side effect

G

gài 盖 v to build; to cover

gǎibiàn zhǔyi 改变主意 v to change one's mind

gǎibiàn 改变 v to change (conditions, situations)

gǎigé 改革 V, N to reform; reform

gàiniàn 概念 N concept

gǎishàn 改善 v to improve

gǎizào 改造 v to transform

gàizhāng 盖章 v to stamp (ink)

gǎizhèng 改正 v to correct

gàizi 盖子 N lid

gālí 咖喱 N curry

gān 干 ADJ dry

gān 肝 N liver

gàn 干 v to do

gǎn xìngqù 感兴趣 ADJ interested in

gānbái 干白 N dry white wine

gānbēi 干杯 EXCLAM cheers!

gǎncháoliú 赶潮流 v to follow the trend

gǎnchū 赶出 v to chase away, to chase out

gāncuì 干脆 ADJ, ADV direct; just

gǎndào jīngyà 感到惊讶 ADJ astonished

gǎndào xīngfèn 感到兴奋 ADJ excited

gǎndào yíhàn 感到遗憾 v to regret

gǎndòng 感动 v to move (emotionally)

gǎn'ēnjié 感恩节 N Thanksgiving

Gǎng'àotái 港澳台 N Hong Kong, Macao and Taiwan

gāngà 尴尬 ADJ embarrassing

gāngbǐ 钢笔 N pen

gāngcái 刚才 ADV just now

gānggāng 刚刚 ADV just

gǎngkǒu 港口 N harbor

gāngmén 肛门 N anus

gāngqín 钢琴 N piano

Gǎngtái 港台 N Hong Kong and Taiwan

gāngtiě 钢铁 N steel

gǎngwèi 岗位 N position

gǎngwèi péixùn 岗位培训 N on-the-job training

gānhóng 干红 N dry red wine

gǎnjī 感激 ADJ grateful

gānjìng 干净 ADJ clean

gǎnjué 感觉 N feeling

gānjúshǔde 柑橘属的 ADJ citrus

gǎnkuài! 赶快 COMMAND hurry up!

gǎnmào 感冒 N cold, flu

gānnǚ'ér 干女儿 N goddaughter

gǎnqíng 感情 N emotion

gǎnrǎn 感染 v to infect; to strike a chord

gānrǎo 干扰 v, N to interrupt; interruption

gǎnrénde 感人的 ADJ touching

gānshè 干涉 v, N to intervene; intervention

gānshī 干尸 N mummy (wrapped up corpse)

gānxǐ 干洗 v to dry-clean

gànxìbāo 干细胞 N stem cell

gǎnxiè 感谢 v to thank

gānzào 干燥 ADJ dry (weather)

gānzhe 甘蔗 N sugarcane

gāo 高 ADJ high, tall

gào 告 v to sue

gāo'ěrfūqiú 高尔夫球 N golf

gāocáishēng 高材生 N student with preeminent performance

gāocéng 高层 N a high floor in a building; senior management

gāocháo 高潮 N climax

gāodàde 高大的 ADJ tall and well-built

gāoděng jiàoyù 高等教育 N higher education

gǎodìng 搞定 v to sort something out

gāodù 高度 N level (height)

gāofēn dīnéng 高分低能 N, ADJ high scores and low abilities (students)

gāofēng lùntán 高峰论坛 N summit (forum)

gāofēng 高峰 N peak time

gāogàn 高干 N high-ranking official; senior cadre

gāogēnrxié 高跟儿鞋 N high-heeled shoes

gāoguìde 高贵的 ADJ elegant

gāojià gōnglù 高架公路 N elevated highway

gāojià qīngguǐ 高架轻轨 N elevated railway

gāojíde 高级的 ADJ high-class, superior

gāokǎo 高考 N university entrance examination

gāokējì bǎnkuài 高科技板块 N high-tech sector

gāolíng chǎnfù 高龄产妇 N woman giving birth at a late age

Gāomián 高棉 N Cambodia

Gāomiánde 高棉的 ADJ Cambodian (in general)

Gāomiánrén 高棉人 N Cambodian (people)

Gāomiányǔ 高棉语 N Cambodian (language)

gāonándù dòngzuò 高难度动作 N stunt

gāoqīng xīdù 高清晰度 N high definition

gāoshàng 高尚 ADJ noble; respectable

gāoshǒu 高手 N master, expert

gāosù gōnglù 高速公路 N motorway

gàosu 告诉 v to let someone know

gāowán 睾丸 N testicles

gāowēn 高温 N high temperature

gāoxiàode 高效的 ADJ of high efficiency

gāoxīn 高薪 N high salary

gāoxìng 高兴 ADJ glad, pleased, happy

gāoxuèyā 高血压 N high blood pressure

gāoyǎ 高雅 ADJ elegant

gāoyuán fǎnyìng 高原反应 N altitude sickness

gāozhōng 高中 N senior school, high school

gè jiù gè wèi 各就各位 On your marks! (running)

gē 割 v to cut

gē 歌 N song

gébì 隔壁 N neigbor; next door

gèbié 个别 ADJ different, other

gēbo 胳膊 N arm

gēcí 歌词 N lyrics

gēge 哥哥 N brother (older)

gègǔ 个股 N individual share

gěi 给 v to give

gěi … kàn 给 … 看 v to show

gěi rén shēnkè yìnxiàng 给人深刻印象 v to make an impression

gěi rén shēnkè yìnxiàng de 给人深刻印象的 ADJ impressive

gējù 歌剧 N musical (performance)

gélí 隔离 v to isolate

Gélièfó yóujì 格列佛游记 N Gulliver's Travels

gēmí 歌迷 N music fans

gémìng 革命 N revolution

gēn 根 N root (of plant)

gēn 跟 CONJ with

gēn … bǐjiào 跟 … 比较 v to compared with

gēn … liánxì 跟 … 联系 v to contact, to get in touch with

gēn … shāngliang 跟 … 商量 v to consult, to talk over with

gēnběn 根本 ADJ, ADV, N fundamental; at all; thoroughly; root

gēngdì 耕地 N farmland

gèngduōde 更多的 ADJ more of (things)

gènghǎo 更好 ADJ better

gènghuàile 更坏了 ADJ worse

gèngkuài gènggāo gèngqiáng 更快更高更强 ADJ Citius, Altius, Fortius (= Faster, Higher, Stronger—which may refer to the Olympic motto)

gèngshǎode 更少的 ADJ less (smaller amount)

gēnjù 根据 PREP based on, according to

gēnpíchóng 跟屁虫 N tag-along; flatterer

gēnsuí 跟随 ADJ following

gēnzhe 跟着 v to follow behind

gēnzōng 跟踪 v to tail, to stalk

gèrén 个人 N, PRON individual; oneself

gèrén suǒdé shuì 个人所得税 N personal income tax

gèrén xìnyòng zhìdù 个人信用制度 N credit rating system

gèrén yǎnchànghuì 个人演唱会 N solo concert

gèrén zhǔyì 个人主义 N individualism

géshì 格式 N format, style

gèshì-gèyàng 各式各样 every kind of

gēshǒu 歌手 N singer

gètǐ jīngjì 个体经济 N private economy

gètǐhù 个体户 N self-employed business; private firm

gètóur 个头儿 N build, size

gèwèi 各位 PRON everybody, ladies and gentlemen

gèxìng 个性 N personality

gēzi 鸽子 N dove

gèzi 个子 N stature

gōng'ānjú 公安局 N police station

gōngbǐ 工笔 N traditional Chinese realistic painting

gōngbù 公布 v to announce

gōngbùyìngqiú 供不应求 PHR demand over supply

gōngcè 公厕 N public toilet

gòngchǎndǎng 共产党 N the communist party

gōngchǎng 工厂 N factory

gōngchéng gōngsī 工程公司 N engineering company

gōngchéngshī 工程师 N engineer

gōngchǐ 公尺 N meter (measurement)

gōngdào 公道 ADJ reasonable (price)

gōngdiàn 宫殿 N palace

gōngfèi lǚyóu 公费旅游 N junket (trip)

gōngfèi yīliáo 公费医疗 N free medicare

gōngfu 工夫 N time; effort

gōngfu 功夫 N Chinese boxing (martial art); time; effort

gōnggòng 公共 N public

gōnggòngqìchē 公共汽车 N bus

gǒnggù 巩固 v to strengthen

gōngguān 公关 N public relations (PR)

gōnghuì 工会 N trade union

gōngjī 攻击 v to attack (in war)

gōngjiàng 工匠 N craftsperson

gōngjiāo 公交 N public transportation

gōngjījīn 公积金 N public reserve funds

gōngjīn 公斤 N kilogram

gōngjù 工具 N tool

gōngkāidì 公开地 ADV publicly

gōngkuǎn chīhē 公款吃喝 N recreational activities using public funds

gōnglǐ 公里 N kilometer

gōnglù 公路 N motorway

gōngmín 公民 N citizen

gōngnéng 功能 N function

gōngpíng 公平 ADJ just, fair

gōngqiú 供求 N supply and demand

gōngrén 工人 N worker

gōngshāngjú 工商局 N industrial and commercial bureau

gōngshēng 公升 N liter

gōngshí 工时 N man-hour

gōngshì gōngbàn 公事公办 v to do business according to official principles

gōngsī 公司 N company, firm

gòngtóng 共同 ADJ, ADV common; together

gōngwénbāo 公文包 N briefcase

gōngwùyuán 公务员 N civil servants; governmental employees

gōngxǐ fācái 恭喜发财 PHR May you be prosperous! (said usually in the Lunar New Year period)

gòngxiàn 贡献 v to contribute

gōngxīn jiēcéng 工薪阶层 N salaried group; those who are paid wages

gōngxiū 公休 N public holidays

gōngyèyuán qū 工业园区 N industrial park

gōngyì huódòng 公益活动 N public welfare activities

gōngyìng 供应 v, N to supply; supply

gōngyù 公寓 N apartment, flat

gōngyuán 公园 N garden, park

gōngzhòng 公众 N the public

gōngzī shuì 工资税 N payroll tax

gōngzī xuējiǎn 工资削减 N pay-cut

gōngzī 工资 N wages, salary

gōngzuò rényuán 工作人员 N staff

gōngzuò 工作 N job, work

gōngzuòrì 工作日 N working day of the week

gǒu 狗 N dog

gòumǎilì 购买力 N purchasing power

gōutōng 沟通 v to communicate

gòuwù zhōngxīn 购物中心 N shopping center

gòuwù 购物 v to shop, to go shopping

gǒuzǎiduì 狗仔队 N paparazzi

gǔ shíhòu 古时候 N, ADV (in) olden times

guā húzi 刮胡子 v to shave

guā 瓜 N melon

guà 挂 v to hang (object)

guǎfu 寡妇 N widow

guàhào 挂号 v to register

guàhàoxìn 挂号信 N registered post

guài 怪 ADJ weird, strange

guàibudé 怪不得 PHR no wonder

guàiwu 怪物 N monster, alien

guàkào 挂靠 ADJ be attached to or affiliated to

guānshāng 官商 N state-operated commerce

guān'guāng 观光 N sightseeing

guānbì 关闭 v to shut

guānchá 观察 v to observe

guànfàn 惯犯 N repeated offender

guānfāng de 官方的 ADJ official

guānfu 鳏夫 N widower

guǎngbō 广播 v, N broadcast

guǎngchǎng 广场 N square, town square

guāngdié 光碟 N CD (compact disc)

guǎnggàocí 广告词 N jingle (advertising)

guǎnggàorén 广告人 N advertising man, ad man

guānggǔ 光谷 N optical valley

guǎngjiāohuì 广交会 N Canton Fair, Guangzhou Fair

guàngjiē 逛街 v to shop

guǎngkuòde 广阔的 ADJ broad, spacious

guāngmíng 光明 ADJ, N bright; light

guāngpán yuèdúqì 光盘阅读器 N CD-ROM

guāngpán 光盘 N CD

guāngróngde 光荣的 ADJ glorious

guāngtōngxùn 光通讯 N optical communication

guāngtūde 光秃的 ADJ bald

guānguāng bāshì 观光巴士 N tour bus

guānguāng diàntī 观光电梯 N sightseeing lift

guāngwūrǎn 光污染 N light pollution

guǎngyùwǎng 广域网 N wide area network (WAN)

Guǎngzhōu 广州 N Guangzhou (Canton)

Guǎngzhōuhuà 广州话 N Cantonese

guǎnjiā 管家 N housekeeper

guānjiàn 关键 ADJ, N critical, key; the heart of the matter

guānjūn 冠军 N champion

guānkàn 观看 v to view, to look at, to watch

guānle 关了 ADJ off (turned off)

guǎnlǐ 管理 v to manage, to succeed

guànlì 惯例 N convention

guǎnlǐyuán 管理员 N administrator

guānmén 关门 ADJ closed (door/shop)

guānniàn 观念 N concept, perception

guānshàngle 关上了 ADJ closed

guānshuì bìlěi 关税壁垒 N tariff barrier

guānshuì pèié 关税配额 N tariff quota

guānshuì 关税 N duty (import tax)

guānsī 官司 N lawsuit

guàntóu 罐头 N can, tin

guǎnxiányuè 管弦乐 N orchestral music

guānxīn 关心 v to be concerned about

guānxìwǎng 关系网 N network

guānyú 关于 CONJ concerning

guānyuán 官员 N officials (government)

guānzhòng 观众 N audience

guānzhù 关注 v to pay close attention to

gǔběn 股本 N share capital

gǔchéng 古城 N old town

gǔdài 古代 ADJ ancient

gǔdiǎn 古典 ADJ classical

gùdìngde 固定的 ADJ regular, normal

gùdìng zīchǎn 固定资产 N fixed assets

gǔdǒng 古董 N antique

gǔdōng 股东 N shareholder

gūdú 孤独 ADJ lonely

gū/ér 孤儿 N orphan

gū/éryuàn 孤儿院 N orphanage

gǔfèn 股份 N (company) share, stock

gǔfèn yǒuxiàn gōngsī 股份有限公司 N limited liability company

gǔfènzhì 股份制 N share-holding system; joint-stock system

gǔgàn qǐyè 骨干企业 N key enterprise

Gùgōng 故宫 N the Imperial Museum (in China)

gūgu 姑姑 N aunt (father's younger sister)

guǐ 鬼 N ghost

guì 贵 ADJ costly, expensive

guìbīn 贵宾 N guest of honor, VIP (Very Important Person)

guīdìngde 规定的 ADJ compulsory

guīfàn 规范 ADJ standard

guīgǔ 硅谷 N Silicon Valley

guīhuà 规划 V to plan

guīhuán 归还 V to return, to give back

guījiù 归咎 V to blame

guījǔ 规矩 N rules

guījǔde 规矩的 ADJ well-behaved

guīlǜ 规律 N pattern, routine

guīmó 规模 N scale

guìtái 柜台 N counter (for paying, buying tickets)

guīyī sānbǎo 皈依三宝 V to become a Buddhist

guìzi 柜子 N cupboard

gūjì 估计 V to estimate

gǔjì 古迹 N remains (historical)

gǔlǎo 古老 ADJ ancient

gǔlì 鼓励 V to encourage

gūlìde 孤立的 ADJ isolated

gǔmín 股民 N stockholder

gūmǔ 姑母 N aunt (father's older sister)

gùn 棍 N stick, pole

gūniang 姑娘 N girl

guō 锅 N pan

guò 过 V to cross, to go over

guò yīhuǐr 过一会儿 ADV later

guóbǎo 国宝 N national treasure

guòchéng 过程 N procedure

guòcuò 过错 N fault

guòde kuàihuó 过得快活 V to enjoy oneself

guòdù kāikěn 过度开垦 N excess reclamation

guǒduàn 果断 ADJ resolute, decisive

guòfèn 过分 ADJ too much, excessive

guójí 国籍 N nationality

guójì 国际 ADJ international

guójì àowěihuì 国际奥委会 N International Olympic Committee (IOC)

guójì biāozhǔnhuà zǔzhī 国际标准化组织 N ISO (International Organization for Standardization)

guójì guànlì 国际惯例 N international practice

guójì hǎiyù 国际海域 N international waters

guójì huòbì jījīn zǔzhī 国际货币

基金组织 N IMF (International Monetary Fund)

guójì láogōng zǔzhī 国际劳工组织 N ILO (International Labor Organization)

guójì rìqìbiàn gēngxiàn 国际日期变更线 N International Date Line (IDL)

guójì xiàngqí 国际象棋 N chess

guójì zhǔyì 国际主义 N internationalism

guójiā jí tèshū jīntiē 国家级特殊津贴 N special state allowance

guójiā kònggǔ gōngsī 国家控股公司 N state-controlling company

guójiā pǔtōnghuà shuǐpíng kǎoshì 国家普通话水平考试 N National Proficiency Test of Putonghua

guójiā 国家 N country (nation)

guójiāduì 国家队 N national team

guójiàng 果酱 N jam

guójiǎo 国脚 N player of the national football team

guójìhuà 国际化 v, N to internationalize; internationalization

guókùquàn 国库券 N treasury bonds

guòlái 过来 v to come

guòláosǐ 过劳死 N karoshi, death from overwork

guòlǜ 过滤 v to filter

guòmǐn 过敏 ADJ, N to be allergic to; allergy

guómín jīngjì zhīzhù chǎnyè 国民经济支柱产业 N pillar industries in national economy

guómín shēngchǎn zǒngzhí 国民生产总值 N gross national product (GNP)

guómíndǎng 国民党 N Kuomintang

guónèi shēngchǎn zǒngzhí 国内生产总值 N gross domestic product (GDP)

guònián 过年 v to celebrate the Chinese New Year

guóqǐ 国企 N state-owned enterprise

guóqìng 国庆 N national day

guóqiú 国球 N table tennis (national sport of China)

guòqùde 过去的 ADJ past, former

guǒrán 果然 ADV really, sure enough

guòshānchē 过山车 N roller coaster

guòshī zérèn 过失责任 N liability of fault

guòshí 过时 ADJ outdated

guówài 国外 ADV abroad

guówáng 国王 N king

Guówùyuàn 国务院 N the State Council

guòyè 过夜 v to stay overnight

guóyíng 国营 ADJ state-run

guóyǒu 国有 ADJ state-owned

guóyǒugǔ 国有股 N state-owned shares

Guóyǔ 国语 N Mandarin (language) (Taiwan and Hong Kong)

guǒzhī 果汁 N juice

gǔpiào shìchǎng 股票市场 N stock market

gǔshì 股市 N stock market

gùshi 故事 N story (tale)

gùtǐde 固体的 ADJ solid

gǔtou 骨头 N bone

gǔwán 古玩 N antiques

gùxiāng 故乡 N homeland

gùyìde 故意的 ADJ deliberate

gūzhàng 姑丈 N uncle (husband of father's sister)

gǔzhǎng 鼓掌 V to applaud

gùzhàng 故障 N malfunction; breakdown

H

hǎi 海 N sea

hǎi / lù yóujì 海 / 陆邮寄 N surface mail

hái méiyǒu 还没有 CONJ yet: not yet

hǎibá 海拔 N elevation

hǎibiān 海边 N seaside

hǎidǐ 海底 N bottom of the sea, sea floor

hǎigǎng 海港 N port

hǎiguī 海龟 N turtle (sea)

hǎiluòyīn 海洛因 N heroin

hǎimián 海绵 N sponge

hàipà 害怕 ADJ scared

háishì 还是 ADV, CONJ still; nevertheless; had better; or

hǎishuǐ 海水 N seawater

hǎitān 海滩 N beach

hǎiwān 海湾 N bay

hǎiwài 海外 ADV abroad

hǎixiá 海峡 N strait

hǎixiān 海鲜 N seafood

hǎixiào 海啸 N tsunami

hàixiū 害羞 ADJ shy

hǎiyáng 海洋 N ocean

háiyǒu 还有 CONJ furthermore, in addition, still, also

háizi 孩子 N child (offspring)

hǎn 喊 V to cry out

hàn 汗 N sweat

hànbǎobāo 汉堡包 N hamburger

hángbān 航班 N flight

hángkōng mǔjiàn 航空母舰 N aircraft carrier

hángkōng yóujiàn 航空邮件 N airmail

hángmǔ 航母 N aircraft carrier

hángpāi 航拍 N aerial photograph

hángtiān fēijī 航天飞机 N spacecraft

Hánguó 韩国 N South Korea

Hánguóde 韩国的 ADJ South Korean (in general)

Hánguórén 韩国人 N South Korean (people)

hángxíng 航行 V to sail

hángyè 行业 N industry

hángzhàn 航站 N terminal

hánhúde 含糊的 ADJ vague

hánjiǎ 寒假 N winter holiday

hànkù 汗裤 N shorts (underpants)

hánliàng 含量 N content

hánqiān qìyóu 含铅汽油 N leaded petrol

hànshān 汗衫 N T-shirt

Hánwén 韩文 N Korean (language)

Hányǔ 韩语 N Korean (language)

Hànyǔ 汉语 N Chinese (language)

hànzāi 旱灾 N drought

Hànzì 汉字 N character (Chinese)

háo 蚝 N oyster

hǎo 好 ADJ well (good), nice, fine (okay)

hǎobùróngyì 好不容易 ADV with great difficulty

hǎochī 好吃 ADJ delicious, tasty

hǎochu 好处 N benefit, profit

háodǔ 豪赌 N unrestrained gambling

háohuáde 豪华的 ADJ luxurious

hǎojíle 好极了 ADJ wonderful

hǎokàn 好看 ADJ beautiful (of things)

Hǎoláiwù 好莱坞 N Hollywood

Hǎoláiwù dàpiàn 好莱坞大片 N Hollywood blockbuster

hǎole shāngbā wàngle téng 好了伤疤忘了疼 IDIOM to forget past hurts once the wound has healed (literally, once on shore, one prays no more)

hàomǎ 号码 N number

háomǐ 毫米 N millimeter

hǎopíng 好评 N high praise

hàoqí 好奇 ADJ curious

hǎowánr 好玩儿 N fun

hǎoxiàng 好像 v to resemble

hǎoxiào 好笑 ADJ funny

hǎoxīn 好心 ADV with a good intention, kind, nice

háozhái 豪宅 N luxurious living place or apartment

hǎozhuǎn 好转 v to get better (sickness)

hàozi 耗子 N rat

hē 喝 v to drink

hé 河 N river

hé 和 CONJ and

hé'àn 河岸 N bank (of river)

hébàozhà 核爆炸 N nuclear explosion

héchàngtuán 合唱团 N choir

héchéngde 合成的 ADJ synthetic

hédàntóu 核弹头 N nuclear warhead

hédiànzhàn 核电站 N nuclear power station

héfǎ 合法 ADJ legal

héfǎn yìngduī 核反应堆 N nuclear reactor

héfàn 盒饭 N lunch box

héfú 和服 N kimono

hégé 合格 ADJ qualified

héhuǒrén 合伙人 N partner (in business)

hēi hújiāo 黑胡椒 N pepper (black)

hēi jiàngyóu 黑酱油 N soy sauce (sweet)

hēi shèhuì 黑社会 N Mafia-style organizations

hēi'àn 黑暗 ADJ dark

hēichē 黑车 N illegal taxi

hēidòng 黑洞 N black hole

hēikè 黑客 N hacker

hēimǎ 黑马 N dark horse; unexpected winner

hēimíngdān 黑名单 N blacklist

hēisè 黑色 ADJ black

héjiě 和解 V to reconcile

héjūn huǒkù 核军火库 N nuclear arsenal

hèkǎ 贺卡 N greeting card

Hélán 荷兰 N the Netherlands, Holland

hélándòu 荷兰豆 N snow peas

hélǐ 合理 ADJ reasonable

hěn 很 ADV very, extremely

hèn 恨 V to hate

hěnduō 很多 ADJ a lot, many, much

hénéng 核能 N nuclear energy

héngguò 横过 PREP across

hénjī 痕迹 N trace, imprint

hěnkuàide 很快地 ADV quickly

hěnshǎo 很少 ADV seldom

hépíng 和平 N peace

hépíngde 和平的 ADJ peaceful

héqǐ 合起 V to close

héqì shēngcái 和气生财 IDIOM

Harmony brings wealth

héqiántǐng 核潜艇 N nuclear submarine

héqínglǐde 合情理的 ADJ sensible

hèsè 褐色 N, ADJ brown

héshí 何时 ADV when

héshì cídài 盒式磁带 N cassette

héshìde 合适的 ADJ suitable, fitting, compatible

hésuàn 核算 V to count, to calculate

hèsuìpiàn 贺岁片 N New Year's film/movie

hétong 合同 N contract

héwǔqì 核武器 N nuclear weapon

héxiéde 和谐的 ADJ harmonious

héxīn 核心 N core

héyǐng 合影 V, N group photo; to take a group photo

héyuē 合约 N contract

hézi 盒子 N box (cardboard)

hézī qǐyè 合资企业 N joint venture

hēzuì 喝醉 V to be drunk

hézuò 合作 V, N to cooperate, to collaborate; cooperation, collaboration

hōng 哄 V to cheat; to calm

hóng bái xǐshì 红白喜事 N wedding and funeral

hóng pútaojiǔ 红葡萄酒 N red wine

hóngbāo 红包 N red paper containing money as a gift, bribe

hóngchóugǔ 红筹股 N red chip stocks

hóngdēng 红灯 N red light

hóngdēngqū 红灯区 N red-light district

hōngdòng 轰动 ADJ shocking

hóngguān jīngjì 宏观经济 N macro economy

hōngkǎo 烘烤 ADJ roasted, grilled, toasted

hónglǜdēng 红绿灯 N traffic light

hóngményàn 鸿门宴 N feast or meeting set up as a trap

hóngsè 红色 N, ADJ red

hóngshí zìhuì 红十字会 N the Red Cross

hóngshuǐ 洪水 N flood

hóngshùlín 红树林 N mangrove

hóngwàixiàn 红外线 N infrared rays

hòu 厚 ADJ thick (of things)

hòubèi 后备 N reserve

hòuchēshì 候车室 N waiting room in a railway station or a coach station

hòuguǒ 后果 N consequence

hòuhuǐ 后悔 V to feel regretful/remorseful

hòulái 后来 CONJ afterwards, then

hòulái zhuī shàng 后来追上 V to catch up from behind

hóulóng 喉咙 N throat

hòumén 后门 N back door

hòumiàn 后面 N back, rear, tail

hòumǔ 后母 N stepmother

hóushé 喉舌 N spokesperson

hòutiān 后天 N day after tomorrow

hòuxuǎnrén 候选人 N candidate

hòuyì 后裔 N descendant

hóuzi 猴子 N monkey

hú 壶 N jug, pot

hú 湖 N lake

huā 花 N flower

huà 画 V to draw

huábǎnchē 滑板车 N kick scooter

huábiǎo 华表 N marble pillar (Chinese)

huācài 花菜 N cauliflower

huādiàn 花店 N florist

huàféi 化肥 N chemical fertilizer

huàfèi 话费 N telephone bill

huàgōng 化工 N chemical industry

huàgōngchǎng 化工厂 N chemical plant

huàhuàr 画画儿 V to paint a picture

huái 踝 N ankle

huài 坏 ADJ bad

huàijiùde 怀旧的 ADJ nostalgic

huàile 坏了 ADJ broken, does not work, off (gone bad)

huáiniàn 怀念 V to yearn for

huàirén 坏人 N bad person

huáiyí 怀疑 V to suspect

huáiyùn 怀孕 ADJ pregnant

huàjiā 画家 N painter

huàjù 话剧 N stage play

huálì 华丽 ADJ resplendent

huàn 换 V to change, to switch (clothes)

huánbǎo diànchí 环保电池 N environment-friendly battery

huánbǎo 环保 N environmental protection

huànbìng 患病 V, N to be ill, to suffer from an illness

huǎnchōng 缓冲 V, N to cushion; buffer

huángdì 皇帝 N king, emperor

huángdúdú 黄赌毒 N pornography, gambling, drug abuse and trafficking

huángguā 黄瓜 N cucumber

Huánghé 黄河 N the Yellow River

huánghòu 皇后 N queen

huánghūn 黄昏 N dusk

huángjīn 黄金 N gold

huángjīn shíduàn 黄金时段 N prime time

huāngmiù 荒谬 ADJ ridiculous

huāngmòhuà 荒漠化 N desertification

huángsè 黄色 N, ADJ yellow

huángyóu 黄油 N butter

huǎnhé 缓和 V to ease tension, to alleviate

huánjìng 环境 N surroundings, environment

huánjìng bǎohù 环境保护 N environmental protection

huānlè 欢乐 ADJ happy, joyful

huǎnmànde 缓慢地 ADV slowly

huánqiúde 环球的 ADJ global

huánrào 环绕 V to go round/around

huánrào lìtǐshēng 环绕立体声 N surround (sound)

huànshèn 换肾 N kidney transplantation

huánsú 还俗 V to resume secular life

huántàipíngyáng dìqū 环太平洋地区 N Pacific Rim

huànxiǎng 幻想 V, N to dream; fantasy

huānyíng 欢迎 V to greet; EXCLAM welcome, welcome!

huányóu shìjiè 环游世界 V to travel around the world

huāpíng 花瓶 N vase

Huāqí yínháng 花旗银行 N Citibank

huāqián 花钱 V to spend (money)

huàr 画儿 N painting

huárén 华人 N Chinese

huāshēngmǐ 花生米 N peanut

huàshí 化石 N fossil

huàtí 话题 N topic, subject (of a conversation)

huáxuě 滑雪 V to ski

huàxué fǎnyìng 化学反应 N chemical reaction

huāyàng 花样 N variety; trick

huāyàng yóuyǒng 花样游泳 N synchronized swimming

huāyuán 花园 N garden, yard

huāyuán chéngshì 花园城市 N garden city

huàzhōnghuà 画中画 N picture-in-picture (PIP)

huàzhuāng 化妆 v to put on makeup

huàzhuāngpǐn 化妆品 N cosmetics

húdié 蝴蝶 N butterfly

hùdòng 互动 v to interact

hùdòng guǎnggào 互动广告 N interactive advertisement

hùdòng yǎnshì 互动演示 N interactive demonstration

hūhǎn 呼喊 v to shout

huíbào 回报 v, N to repay, to retaliate; reply, response

huìbào 汇报 v to report

huīchén 灰尘 N dust

huídá 回答 v, N to answer, respond (spoken); reply, response

Huìfēng yínháng 汇丰银行 N Hong Kong and Shanghai Banking Corporation, HSBC

huīfù 恢复 v to recover, to resume

huìhuà 会话 N conversation

huìhuà 绘画 N painting

huíjiā 回家 v to go home

Huíjiào 回教 N Islam

Huíjiàotú 回教徒 N follower of Islam, Muslim

huíkòu 回扣 N kickback, rake-off

huìkuǎn 汇款 v, N to remit money; remittance

huílái 回来 v to come back

huīlǐng 灰领 N gray-collar

huìlǜ 汇率 N exchange rate

huìlù 贿赂 v to bribe

huǐmiè 毁灭 v to exterminate

huíqù 回去 v to return, go back

huīsè 灰色 N, ADJ gray

huīshǒu 挥手 v to wave one's hand

huíshōu 回收 v to recycle, to retrieve

huítóu jiàn 回头见 PHR see you later!

huítóukè 回头客 N regular customer

huīxīn 灰心 ADJ frustrated, dejected

huíyì 回忆 N memories

huìyì 会议 N meeting

huìyuán 会员 N member

huǐyuē 毁约 v to break a promise, to break a contract

huìzhǎng 会长 N chairman, president

hūjiào děngdài 呼叫等待 N call waiting

hūjiào zhuǎnyí 呼叫转移 N call forwarding

hùkǒu 户口 N registered residence; residence permit; bank account

hūlāquān 呼啦圈 N hula hoop

H

hùliánwǎng 互联网 N Internet

hùliánwǎng fúwù tígōng-shāng 互联网服务提供商 N ISP (Internet Service Provider)

hūlüè 忽略 v to overlook

húluóbo 胡萝卜 N carrot

hùnhé 混合 v to mix

hùnhéde 混合的 ADJ mixed

hūnjièsuǒ 婚介所 N dating agency, marriage agency

hūnlǐ 婚礼 N wedding

hùnluàn 混乱 ADJ confused (in a mess)

hūnnèi qiángjiān 婚内强奸 N marital rape

hùnnítǔ 混泥土 N concrete

hūnqián xìngxíngwéi 婚前性行为 N premarital sex

hūnshā shèyǐng 婚纱摄影 N wedding photo

hūnwàiliàn 婚外恋 N extramarital affair

hùnxiáo 混淆 v to confuse

húnxuè'ér 混血儿 N person of mixed blood

hūnyīn zìyóu 婚姻自由 N freedom of marriage

huò duō huò shǎo 或多或少 ADV more or less

huǒ 火 N fire

huǒbàn 伙伴 N partner (spouse)

huòbì 货币 N currency

huǒchái 火柴 N matches

huǒchē 火车 N train

huòchē 货车 N truck, van

huǒchēzhàn 火车站 N train station

huòdé 获得 v to obtain, to receive, to get

huódòng 活动 N activity

huǒjī 火鸡 N turkey

huǒjiàn 火箭 N rocket

huòmiǎn 豁免 v, N to exempt; exemption

huǒshān 火山 N volcano

huòshèngzhě 获胜者 N winner

huóxiàlái 活下来 v to survive

huǒxīng 火星 N Mars

huóyuè 活跃 ADJ active, lively, excited

huózhe 活着 v, ADJ to live (be alive); alive

huòzhě 或者 CONJ or

hūrán 忽然 ADV suddenly

hùshēn fábǎo 护身法宝 N amulet

hūshì 忽视 v to ignore

hùshi 护士 N nurse

húshuōbādào 胡说八道 v to talk rubbish

hútòng chuànzi 胡同串子 N peddler

hútu 糊涂 ADJ confused (mentally)

hūxī 呼吸 v to breathe

húxū 胡须 N beard

hùzhào 护照 N passport

húzi 胡子 N beard, mustache

J

jī 鸡 N chicken

jǐ 几 ADJ several

jì 系 v to tie

jì 寄 v to post, to mail

jì bù … yòu bù 既不 … 又不 CONJ neither … nor

Jǐ ge? 几个? how many?

jǐ shí 几十 N tens of, multiples of ten

jiā 加 v to add

jiā 家 N home, family

jiǎ dòngzuò 假动作 N feint (sports)

jiā xiāngliào de 加香料的 ADJ spicy

jiābān 加班 N, v overtime; to work overtime

jiābīn 嘉宾 N honored guest, VIP

jiǎchàng 假唱 N lip-synch

jiādà 加大 v to enlarge

jiǎde 假的 ADJ false (not true)

jiǎdìng 假定 v to suppose

jiàgé tīngzhènghuì 价格听证会 N public price hearings

jiàgé 价格 N cost (price), tariff

jiāgōng chǔlǐ 加工处理 ADJ processed (food)

jiāgōng 加工 v to process, to polish

jiǎgǔwén 甲骨文 N oracle bone inscriptions

jiāhuo 家伙 N guy; household dish, implement or furniture

jiājù 家具 N furniture

jiǎjí zúqiúduì 甲级足球队 N Division A soccer team

jiǎmào wěiliè chǎnpǐn 假冒伪劣产品 N counterfeit and shoddy products

jiǎmào 假冒 v to pass oneself off as

jiǎmaode 假冒的 ADJ false (imitation)

jiāmì píndào 加密频道 N encoded channel

jiāmì 加密 v, ADJ to encrypt; encrypted

jiān 煎 v to fry

jiǎn 减 v to minus

jiàn 件 N piece, item

jiàn 建 v to build

jiàn 键 N key (computer)

Jiānádà 加拿大 N Canada

jiānbǎng 肩膀 N shoulder

jiǎnbào 简报 N presentation

jiǎncǎi 剪彩 N, v ribbon-cutting ceremony; to cut the ribbon

jiǎnchá 检查 v to inspect, to examine

jiǎnchēng 简称 N abbreviation

jiānchí 坚持 v to stick to

jiǎndān 简单 ADJ simple (uncomplicated, modest)

jiǎndāo 剪刀 N scissors

jiāndìng 坚定 ADJ firm (definite)

jiāndū bùmén 监督部门 N watchdog

jiāndū 监督 v, n to supervise, inspect; supervisor

jiānduān 尖端 n end (tip), point

jiǎnduǎn 简短 adj brief

jiǎnféi 减肥 v to lose weight

jiǎnfù 减负 v to alleviate burdens on sb

jiāng 姜 n ginger

jiǎng 讲 v to speak; to tell (a story)

jiǎng 奖 n prize, award; encouragement

jiàngdī 降低 v to reduce, to lower

jiǎnghuà 讲话 n speech

jiǎngjià 讲价 v to bargain

jiàngjià 降价 v to reduce (price)

jiǎngjīn 奖金 n premium; award money; bonus

jiānglái 将来 adv in future

jiǎnglì 奖励 v, n to reward; reward

jiǎngshī 讲师 n lecturer (at university)

jiàngxī 降息 v to reduce interest (finance)

jiǎngxuéjīn 奖学金 n scholarship

jiāngyào 将要 modal v shall, will

jiàngyóu 酱油 n soy sauce

jiǎngzuò 讲座 n lecture

jiānhùrén 监护人 n guardian

jiānjiànhuá 嘉年华 n carnival

jiànjiànde 渐渐地 adv gradually

jiānjiàode 间接地 adv indirectly

jiànjìn wěishēng 渐近尾声 v to draw to a close

jiānjué 坚决 adj determined, stubborn

jiànkāng 健康 adj healthy

jiānkòng 监控 v to monitor and control

jiǎnlì 简历 n CV, résumé

jiànlì 建立 v to establish, to set up

jiànmài 贱卖 v to sell at a low price

jiànmiàn 见面 v to meet

jiānnán 艰难 adj tough, hard

jiànpán 键盘 n keyboard (of computer)

Jiǎnpǔzhài 柬埔寨 n Cambodia

Jiǎnpǔzhàide 柬埔寨的 adj Cambodian (in general)

Jiǎnpǔzhàirén 柬埔寨人 n Cambodian (people)

Jiǎnpǔzhàiyǔ 柬埔寨语 n Cambodian (language)

jiǎnqǐ 检起 v to pick up; to lift (something)

jiǎnqù 减去 v to subtract, to minus

jiānruì 尖锐 adj sharp

jiǎnruò 减弱 v to decline (get less)

jiǎnshǎo 减少 v to decrease

jiànshēn duànliàn 健身锻炼 fitness training

jiànshēnfáng 健身房 n gym, fitness center

jiǎntǐzì 简体字 n simplified character

jiànyì 建议 v, n to suggest; suggestion

jiānyù 监狱 n jail

jiǎnyuán zēngxiào 减员增效 v to downsize staff and improve efficiency

jiànzhèng 见证 v to witness

jiànzhèngrén 见证人 n witness

jiānzhí 兼职 n part-time job

jiānzhí bù 简直不 adv hardly

jiànzhù 建筑 n architecture

jiànzhù miànjī 建筑面积 n floorage

jiāo 交 v to hand in

jiāo 教 v to teach

jiǎo 脚 n foot

jiào 叫 v, adj to be called, named

jiāo'ào 骄傲 adj proud

jiàobǎn 叫板 v to challenge

jiāodàizhǐ 胶带纸 n tape (adhesive)

jiāodiǎn 焦点 n focus

jiǎodù 角度 n angle

jiàofù 教父 n godfather

jiàohǎn 叫喊 v to yell

jiāohuàn liúxuéshēng 交换留学生 n exchange student

jiāojǐng 交警 n traffic police

jiāojuǎn 胶卷 n film (camera)

jiāoliú 交流 v to exchange (opinions)

jiǎoluò 角落 n corner

jiàomǔ 教母 n godmother

jiǎoqiú 角球 n corner (soccer)

jiāoqū 郊区 n suburbs, outskirts

jiàoshī 教师 n teacher

jiàoshì 教士 n priest

jiàoshòu 教授 n professor

jiǎotà shídì 脚踏实地 adj be down-to-earth

jiàotáng 教堂 n church

jiāotōng 交通 n traffic

jiāotōng dǔsè 交通堵塞 n traffic jam

jiāowǎng 交往 v to hang out with, to date, to have contact with

jiàowùchù 教务处 n dean's office

jiāoxīng 叫醒 v to awaken, to wake someone up

jiàoxuéfǎ 教学法 n pedagogy; teaching method

jiāoyì 交易 v to trade

jiāoyìsuǒ 交易所 n exchange, stock exchange

jiàoyù 教育 v, n to educate; education

jiǎozhèng 矫正 v to correct

jiǎozhǐ 脚趾 n toe

jiāozhíyuán 教职员 n teaching and administrative staff

jiǎozi 饺子 n dumpling

jiàozuò 叫座 adj drawing a large audience

jiàqī 假期 n vacation

jiàqián 价钱 n price

jiāqín 家禽 n poultry

jiǎqiú 假球 n soccer fraud

jiārè 加热 v to heat

jiārén 家人 N family member

jiàrì jīngjì 假日经济 N holiday economy

jiàrì 假日 N holiday (vacation)

jiārù 加入 v to add, to join

jiǎrú 假如 CONJ if

jiāshàng 加上 CONJ in addition

jiāshēn 加深 v to deepen, to reinforce

jiàshǐ zhízhào 驾驶执照 N license (for driving)

jiàshǐ 驾驶 v to steer

jiàshì 假释 N, v parole

jiàshǐyuán 驾驶员 N driver of motor vehicles, ships, planes

jiātíng 家庭 N family

jiātíng yǐngyuàn 家庭影院 N home theater

jiātíng zhǔfù 家庭主妇 N housewife

jiāwù 家务 N housework

jiǎxiǎozi 假小子 N tomboy

jiāyóuzhàn 加油站 N petrol station

jiāzhǎng 家长 N parent or guardian of a child

jiǎzhàng 假账 N accounting fraud

jiāzhèng fúwù 家政服务 N housekeeping service

jiàzhí 价值 N value (cost)

jiǎzhuāng 假装 v to pretend

jiāzú qǐyè 家族企业 N family business

jīběn gōngzī 基本工资 N basic salary

jīběn 基本 ADJ basic

jíbìng 疾病 N disease

jīcéng 基层 N basic level; grass-roots unit; basement layer

jīcéng gōngzuò 基层工作 N grass-roots work

jīchǎng 机场 N airport

jìchéng shìshí 既成事实 N accomplished fact

jìchéng 继承 v to succeed

jìchéngqì 计程器 N meter (in taxi)

jīchì 鸡翅 N chicken wing

jīchǔ 基础 N base, foundation

jīchǔ shèshī 基础设施 N infrastructure

jīdàn 鸡蛋 N egg

jide 记得 v to remember

jīdì zǔzhī 基地组织 N al-Qaeda group

jīdòng 激动 ADJ excited, emotional

jídù 极度 ADV extremely

jídù 嫉妒 v to envy, to hate, to be jealous

jìdu 忌妒 ADJ jealous

jìdù 季度 N season, quarter of a year

jídùde 极度地 ADV extremely

jídúduì 缉毒队 N narcotics squad

Jīdūjiào 基督教 N Christianity

Jīdūjiàode 基督教的 ADJ Christian (in general)

Jīdūtú 基督徒 N Christian (people)

jiē 接 v to pick up (someone)

jiē 街 n street

jiè 借 v to borrow, lend

jiē dàbiàn 解大便 v to defecate

jiē diànhuà 接电话 v to answer the phone

jiě xiǎobiàn 解小便 v to urinate

jiēbānrén 接班人 n successor

jiébīng 结冰 v to freeze

jiéchū 杰出 adj outstanding

jiěchú 解除 v to rid of: to get rid of

jiēdài 接待 v to receive (a visitor)

jièdiào 借调 n temporarily transfer

jiēduàn 阶段 n stage, phase

jiēduànxìng jiùyè 阶段性就业 n periodic employment

jièdúsuǒ 戒毒所 n drug rehabilitation center

jiěfū 姐夫 n brother-in-law (wife's older sister's husband)

jiégòu 结构 n composition

jiěgù 解雇 v to fire someone

jièguāng 借光 exclam excuse me! (getting past)

jiéguǒ 结果 adv, n resulting from, as a result; result

jiéhé 结合 v to combine, to link

jiéhūn 结婚 v to marry, to get married

jiějie 姐姐 n sister (older)

jièjìkǎ 借记卡 n debit card

jiējìn 接近 v to approach (in space)

jiějué 解决 v to resolve (a problem)

jiēkǒu 接口 n interface

jièkǒu 借口 n excuse

jiélùn 结论 n conclusion

jiémáo 睫毛 n eyelash

jiémù 节目 n program, schedule

jiénéng 节能 adj, v energy-saving; to save energy

jiérì 节日 n holiday (festival)

jièshào 介绍 v to introduce sb

jiēshì 揭示 v to reveal

jiěshì 解释 v to explain

jiēshōu 接收 v to receive, to take over

jiēshòu 接受 v to accept

jiéshù 结束 v to complete, to end

jiéshuǐ lóngtóu 节水龙头 n water-saving taps

jiētī jiàoshì 阶梯教室 n lecture theater

jièxiàn 界线 n line (mark)

jiēxīn huāyuán 街心花园 n garden in the city center

jièyì 介意 v to mind, to be displeased

jièzhǐ 戒指 n ring (jewelry)

jiézòu bùlǔsī 节奏布鲁斯 n rhythm and blues (R&B)

jiézòu 节奏 n rhythm

jígé 及格 v to pass (exam)

jǐge 几个 adj several, some

jìgōng 技工 n skilled worker, technician, artisan

jīgòu 机构 N organization

jīgòu yōngzhǒng 机构臃肿 N overstaffing in organizations

jīguān 机关 N office, department; mechanism; plot, trick

jīguāng 激光 N laser

jīguāng dǎyìnjī 激光打印机 N laser printer

jīguāng shǒushù 激光手术 N laser surgery

jìhao 记号 N mark

jíhé 集合 V to assemble, to gather

jīhū 几乎 ADV nearly, almost

jìhuà 计划 N plan

jìhuà jīngjì 计划经济 N planned economy

jìhuà shēngyù zérènzhì 计划生育责任制 N responsibility system of family planning

jìhuà shēngyù 计划生育 N birth control

jīhuāng 饥荒 N famine

jīhuì 机会 N chance, opportunity

jíhuì 集会 N assembly

jīhuó 激活 V to activate

jījí 积极 ADJ positive; active

jījiàn 基建 N infrastructure

jìjiàqì 计价器 N taximeter

jìjié 季节 N season

jījīn 基金 N fund

jījīnhuì 基金会 N foundation

jíjiùbāo 急救包 N first-aid kit

jīlěi 积累 V to accumulate

jǐliánggǔ 脊梁骨 N spine

jīliè jìngzhēng 激烈竞争 N fierce competition

jìlù 记录 V, N to record, to take notes; record; score; recorder

jìlǜ 纪律 N discipline

jìlùpiàn 纪录片 N documentary

jìmò 寂寞 ADJ lonely

jīn 金 N, ADJ gold

jīn 筋 N tendon

jǐn 紧 ADJ tight

jìn 浸 V to soak

jìn 近 ADJ close to, nearby

jìn suǒ néng 尽所能 V to do one's best

jīnběnwèi 金本位 N gold standard

jǐnbiāosài 锦标赛 N championship contest

jìnbùle hěnduō 进步了很多 V to get better, to improve

jìnchūkǒu 进出口 N import and export

jìndù 进度 N pace, work schedule

jīngāngjīng 金刚经 N Diamond Sutra

jīngcǎi 精彩 ADJ wonderful, marvelous, brilliant

jǐngchá 警察 N police officer

jǐngchájú 警察局 N police station

jīngcháng 经常 ADV frequent, often

jīngdiǎn yǐngpiàn 经典影片 N classic movie

jīngdiǎn 经典 N, ADJ classic

jǐngdiǎn 景点 N scenic spot

jīngdū yìdìng shū 京都议定书 N the Kyoto protocol

jīngfèi 经费 N funds, funding

jǐnggào 警告 V, N to warn; warning

jǐngguān 景观 N landscape

jìngguó shénshè 靖国神社 N Yasukuni Shrine

jīngguò 经过 V to undergo; to go back

jīnghuá 精华 N essence

jīngjì 经济 N economy

jīngjì fánróng 经济繁荣 N economic boom

jīngjì fùsū 经济复苏 N economic resurgence

jīngjì gǎigé 经济改革 N economic reform

jīngjì quánqiúhuà 经济全球化 N economic globalization

jīngjì shìyòngfáng 经济适用房 N affordable housing (welfare in China)

jīngjì tiáozhěng 经济调整 N economic restructure

jīngjì tóunǎo 经济头脑 N business sense

jīngjì zǒngliàng 经济总量 N economic aggregate

jīngjìcāng 经济舱 N economy class

jīngjìfáng 经济房 N low-cost housing

jīngjìxué 经济学 N economics

jīngjù 京剧 N Peking Opera

jìnglǎoyuàn 敬老院 N retirement home

jīnglǐ 经理 N manager

jīnglì 经历 V to experience

jīnglì 精力 N energy

jìnglìrùn 净利润 N net profit

jīngmào 经贸 N economy and trade

jīngmíng 精明 ADJ astute, shrewd

jīngpǐndiàn 精品店 N boutique

jīngqí 惊奇 ADJ surprised

jīngquède 精确的 ADJ, ADV exact; exactly

jìngrán 竟然 ADV unexpectedly

jìngsài 竞赛 N competition

jìngshè 劲射 N power shot (soccer)

jǐngtàilán 景泰蓝 N cloisonné

jīngtiāndòngdì 惊天动地 IDIOM world-shaking, shocking

jìngtóu 镜头 N camera lens; shot

jǐn'guǎn 尽管 CONJ despite, although

jìngwài jiùyè 境外就业 V, N to work overseas; overseas work

jīngxǐ 惊喜 ADJ pleasantly surprised; nice surprise

jīngxiāoshāng 经销商 N dealer; seller; distributor; retail outlet

jīngyà 惊讶 ADJ astonished

jīngyàn 经验 N experience

jìngyè jīngshén 敬业精神 N professional dedication

jīngyíng 经营 V to run, to operate, to engage in a business

jīngyīng 精英 N elite

jīngyóu 经由 CONJ via

jìngzhēng 竞争 V to compete

jìngzhēnglì 竞争力 N competitiveness

jīngzhì 精致 ADJ delicate

jìngzi 镜子 N mirror

jìnhuà 进化 V to evolve

jìnhuàlùn 进化论 N evolution

jìniàn 纪念 V, N to commemorate; memento

jìniànbēi 纪念碑 N monument

jìniànguǎn 纪念馆 N memorial hall, monument

jìniànpǐn 纪念品 N souvenir

Jínísī shìjiè jìlù 吉尼斯世界纪录 N the Guinness (Book of Records)

jǐnjí 紧急 ADJ urgent

jǐnjǐn 仅仅 ADV barely, merely

jìnkǒu 进口 N, V import; to import

jǐnkuài 尽快 ADV as soon as possible

jìnlái 进来 V to come in

jìnlì 尽力 V to strive one's hardest

jìnlù 进路 N way in

jǐnmì 紧密 ADJ inseparably close

jīnnián 今年 N this year

jīnpái 金牌 N gold medal

jìnpào 浸泡 V to soak; to immerse

jīnqǔ 金曲 N hit song

jìnqū 禁区 N restricted area

jìnqǔ 进取 ADJ aggressive

jīnróng wēijī 金融危机 N financial crisis

jīnróng zìyóuhuà 金融自由化 N financial liberalization

jìnrù 进入 V to enter

jǐnshèn 谨慎 ADJ careful, cautious

jǐnshēn duǎnchènkù 紧身短衬裤 N panties

jìnshì 近视 ADJ short-sighted

jīnshǔ 金属 N metal

jìnshuǐ lóutái xiān dé yuè 近水楼台先得月 IDIOM First come, first served

jīnshǔxiàn 金属线 N wire

jīntiān 今天 N today

jīntiē 津贴 N allowance

jìnǚ 妓女 N prostitute

jīnwǎn 今晚 N tonight

jīnwúzúchì rénwúwánrén 金无足赤人无完人 IDIOM Gold can't be pure and man can't be perfect

jìnxiūbān 进修班 N class for further studies

jìnyíbùde 进一步的 ADJ further, additional

jìnyúqī 禁渔期 N fishing ban period

jìnzhǎn 进展 V, N to make progress; progress

jǐnzhāngde 紧张的 ADJ tense

jìnzhǐ 禁止 V to prohibit

jǐnzhuī 紧追 V to cling to

jīpiào 机票 N air ticket

jìpǐn 祭品 N sacrifice

jīqì 机器 N machine

jìqiǎo 技巧 N technique

jīqìrén 机器人 N robot

jīròu 肌肉 N muscle

jíshǎo 极少 ADJ few

jíshí 及时 ADV timely, without delay

jíshǐ 即使 CONJ even if

jǐshí 几时 ADV when

jìshù 技术 N skill, technology

jìshù gōngrén 技术工人 N technician

jíshù zhàdàn 集束炸弹 N cluster bomb

jìshù zhuǎnràng 技术转让 N technology transfer

jìshùyuán 技术员 N technician

jìsuàn 计算 v to calculate

jìsuànjī 计算机 N computer

jìsuànjī zhōngyāng chǔlǐqì 计算机中央处理器 N central processing unit (CPU)

jìsuànqì 计算器 N calculator

jítǐ guānniàn 集体观念 N groupism

jítǐ hūnlǐ 集体婚礼 N group wedding

jítǐ jīngjì 集体经济 N collective economy

jítuán 集团 N group

jiǔ 九 NUM nine

jiǔ 久 ADJ long (time)

jiǔ 酒 N liquor, alcohol

jiù 旧 ADJ old (of things)

jiù lái 就来 ADV on the way

jiǔ ròu péngyǒu 酒肉朋友 N fair-weather friend

jiǔbā 酒吧 N bar (serving drinks)

jiǔdiàn 酒店 N hotel

jiūfēn 纠纷 v to dispute, to argue

jiùfù 舅父 N uncle (mother's brother)

jiùhùchē 救护车 N ambulance

jiǔjīng 酒精 N alcohol

jiùjiu 舅舅 N uncle (mother's brother)

jiǔliàng 酒量 N capacity for liquor, how much one can drink

Jiùmìng a 救命啊 EXCLAM Help!

jiùmǔ 舅母 N aunt (wife of mother's younger/older brother)

jiùsǎo 舅嫂 N sister-in-law (wife of one's older/younger brother)

jiùshēngyuán 救生员 N lifeguard

jiǔshí 九十 NUM ninety

jiùyào 就要 v to be about to

jiùyè 就业 v to look for employment, to start a career

jiùyè qián péixùn 就业前培训 N pre-job training

jiùyuán 救援 v to save, to help, to rescue

jiùyuán rényuán 救援人员 N rescue worker

Jiǔyuè 九月 N September

jiùzhěn 就诊 N consultation (by doctor)

jì-wǎng-bù-jiù 既往不咎 IDIOM let bygones be bygones

jīwěijiǔ 鸡尾酒 N cocktail

jīwěi jiǔhuì 鸡尾酒会 N cocktail party

jìxiàlái 记下来 v to note down

jíxiàn 极限 N limit

jíxiàn yùndòng 极限运动 N X-game

jíxiáng rú yì 吉祥如意 IDIOM Everything goes well

jíxiángwù 吉祥物 N mascot

jíxiǎode 极小的 ADJ tiny

jīxiè 机械 N machine, machinery

jíxíngde 即兴的 ADJ impromptu

jīxù 积蓄 v, N to save; savings

jìxù 继续 v to continue

jìyì 记忆 v, N to remember, to recall; memory

jīyīn 基因 N gene

jīyīn gōngchéng 基因工程 N genetic engineering

jīyīn kù 基因库 N gene banks

jīyīn tūbiàn 基因突变 N genetic mutation

jíyú qiúchéng 急于求成 ADJ overanxious for success

jìzhě 记者 N reporter, journalist

jìzhěhuì 记者会 N press conference

jìzhěn 急诊 N emergency

jìzhěxí 记者席 N press box

jīzhì 机制 N mechanism

jízhōng 集中 v to concentrate

jízī 集资 v to raise funds

juānkuǎn 捐款 v, N to donate money; donation

juǎnrù jiūfēn 卷入纠纷 ADJ involved

juǎnxīncài 卷心菜 N cabbage

jǔbàn 举办 v to hold

jǔbàn chéngshì 举办城市 N host city

jǔbēi 举杯 v to propose a toast

jùbù 局部 N part; local

jùdàde 巨大的 ADJ huge

jué 嚼 v to chew

juéde 觉得 v to feel

juédìng 决定 v, N to decide; decision

juéduì 绝对 ADJ, ADV absolute; absolutely

juésè 角色 N role

juéwàng 绝望 ADJ desperate, hopeless

juéxīn 决心 N determination

juézhàn shíkè 决战时刻 N zero hour

juézhèng 绝症 N terminal illness

jūgōng 鞠躬 v to bow

jùhào 句号 N period (end of a sentence)

júhuā 菊花 N chrysanthemum

jùhuì 聚会 N party (event)

jǔjué 咀嚼 v to chew

jùjué 拒绝 v to refuse; refusal

jùlèbù 俱乐部 N club

jùlí 距离 N distance

jūliúquán 居留权 N right of abode

jūmín 居民 N resident, inhabitant

jūnduì 军队 N army

jùngōngshì 竣工式 N completion ceremony

jūnmǎ 均码 N one-size-fits-all

jūnrén 军人 N soldier

jūnsǎo 军嫂 N soldier's wife

jūnyòng fēijī 军用飞机 N military aircraft

jūnyún 均匀 ADJ balanced, even

jūnzǐ zhī jiāo dàn rú shuǐ 君子之交淡如水 IDIOM gentlemen's friendship (= insipid as water)

jūrán 居然 ADV unexpectedly

jǔshǒu 举手 V to raise one's hand

jùshuō 据说 CONJ it is said that

jùtǐ 具体 ADJ detailed, particular

jūwěihuì 居委会 N neighborhood committee

jùxīng 巨星 N super star

jùyuàn 剧院 N theater (drama)

júyùwǎng 局域网 N local area network (LAN)

jùzài 拒载 V to refuse to take passengers (taxi)

júzi 桔子 N orange (citrus)

jùzi 句子 N sentence

júzizhī 桔子汁 N orange juice

K

kǎ 卡 N card

kǎchē 卡车 N truck

kǎdīngchē 卡丁车 N karting

kāfēi 咖啡 N coffee

kāfēitīng 咖啡厅 N café

kāi 开 V to turn on, to switch on; to open

kāi wánxiào 开玩笑 V to joke

kāi xiǎozào 开小灶 V to give special favor

kāi yèchē 开夜车 V to work overnight

kāichē 开车 V to drive (a car), to leave (train/bus)

kāichuán 开船 V to sail

kāiduān 开端 N beginning

kāifàng 开放 ADJ, V open-minded; unconstrained in one's sexuality; to open, to open up to the outside

kāigān 揩干 V to wipe

kāigōng diǎnlǐ 开工典礼 N commencement ceremony

kāiguān 开关 N switch

kāihuā 开花 V to blossom

kāihuì 开会 V to have meeting

kāile 开了 ADJ on (turned on)

kāimén hóng 开门红 V to make a good start

kāimén 开门 V to open the door; to start a day's business

kāimùcí 开幕词 N opening speech

kāimùshì 开幕式 N opening ceremony

kāipíng fèi 开瓶费 N corkage

kāiqiāng 开枪 V to shoot

kāishǐ 开始 V, N to begin, start; beginning

kāishuǐ 开水 N boiled water

kāití bàogào 开题报告 N opening speech

kāitóu 开头 N beginning

kāixīn 开心 ADJ happy

kāixué 开学 v to start school

kāizhǎn 开展 v to develop

kāizhī 开支 N expenses

kāizuì 开罪 v to offend

kǎlāOK 卡拉OK N karaoke

kǎn 砍 v to chop, to cut

kàn 看 v to look, see; to watch (movie)

kǎn'érjǐng 坎儿井 N karez (water system in the desert)

kànbìng 看病 N consultation (by doctor)

kànbudǒng 看不懂 not able to understand (by reading)

kànbujiàn 看不见 can't see

kànbuqǐ 看不起 v to look down on

kànbuqīngchu 看不清楚 can't see clearly

kàndài 看待 v to regard

kàndedǒng 看得懂 able to understand (by reading)

kàndeqīngchu 看得清楚 can see clearly

kàndǒng 看懂了 v understood (by reading)

kànfǎ 看法 N opinion

kāngfù 康复 v to recover from an injury or illness

kāngkǎide 慷慨的 ADJ generous

kàngshēngsù 抗生素 N antibiotics

kānguǎn 看管 v to look after, to watch over, to guard

kàngyì 抗议 v to protest

kànjiàn 看见 v to see

kànkě 坎坷 ADJ bumpy, rough

kànshangqu 看上去 v to look, seem; to appear

kànshū 看书 v to read

kǎo 烤 v to bake, to roast, to grill

kàobuzhù 靠不住 ADJ unreliable

kǎochá 考察 v to examine, to analyse

kǎogǔxué 考古学 N archaeology

kàojìn 靠近 ADJ close to, nearby

kǎolǜ 考虑 v to consider, to think over

kǎolú 烤炉 N oven

kǎoròu 烤肉 N, N to roast meat; barbecue

kǎoshēng 考生 N exam candidate

kǎoshì 考试 N exam, test

kǎoxiāng 烤箱 N toaster; oven

kǎoyā 烤鸭 N roast duck

kǎoyán rè 考研热 N craze for graduate school

kǎoyán 考研 v to sit for postgraduate entrance exams

kǎtōng 卡通 N cartoon

kě 渴 ADJ thirsty

kè 课 N lesson

kě huòdé de 可获得的 ADJ available

kě'ài 可爱 ADJ cute, appealing, lovely

kèběn 课本 N textbook

kèbóde 刻薄的 ADJ mean (cruel)

kèchǎng bǐsài 客场比赛 N away match

kèchéng 课程 N course

kěchǐ 可耻 ADJ shameful, disgraceful

kěchíxù fāzhǎn 可持续发展 N sustainable development

kèfú 克服 V to overcome

Kègébó 克格勃 N KGB

kèguān 客观 ADJ objective

kèhù 客户 N client, customer

kèhuàn 科幻 N science fiction

kējì 科技 N science and technology

kèjiàn 课件 N courseware

kěkào 可靠 ADJ reliable

kěkǎyīn 可卡因 N cocaine

kělián 可怜 ADJ, V pitiful, pathetic; to have pity on

Kèlǐmǔlíngōng 克里姆林宫 N Kremlin

kèlóng 克隆 V, N to clone; clone

kèlùjī 刻录机 N CD burner

kēmù 科目 N subject

Kěndéjī 肯德基 N KFC

kěndìng 肯定 ADJ, ADV certain, positive; definitely, assuredly

kěnéng 可能 ADV perhaps, probably, possibly

kěnéngde 可能地 ADV possibly

kěnqiú 恳求 V to plead

kěpà 可怕 ADJ terrible

kēpǔ 科普 N popular science

kèrén 客人 N guest

kèshàng 刻上 V to engrave

kěshì 可是 CONJ however, but

kèshímǐěr 客什米尔 N Kashmir

késou 咳嗽 V to cough

késou yàoshuǐ 咳嗽药水 N cough syrup

késoushēng 咳嗽声 N cough

kěwàng 渴望 ADJ keen to do something, a thirst for something

kěxī 可惜 INTERJ what a pity!

kēxué 科学 N science

kēxuéjiā 科学家 N scientist

kěyí 可疑 ADJ suspicious

kěyǐ 可以 V can, be able to

kèyì 刻意 ADV deliberately

kěyòngde 可用的 V to make available

kèzhàn 客栈 N lodge, small hotel

kòngbái 空白 ADJ blank

kǒngbù 恐怖 ADJ terrifying

kǒngbù dàhēng 恐怖大亨 N terrorist mastermind

kǒngbùpiàn 恐怖片 N horror film

kòngde 空的 ADJ empty

kòngdì 空地 N field, empty space

kònggào 控告 V to accuse

kònggǔ gōngsī 控股公司 N holding company

kǒnghè 恐吓 V to threaten

kōngjiān zhàn 空间站 N space station

kōngjiān 空间 N space

kǒngjù 恐惧 N fear

kōngqì 空气 N air

kōngqì wūrǎn 空气污染 N air pollution

kòngquē 空缺 N vacancy

kōngsǎo 空嫂 N married stewardess

kōngtiáo 空调 N air conditioning

kōngxū 空虚 ADJ empty, hollow, meaningless

kōngyùn 空运 N air transport

kòngzhì 控制 V to hold back

kōngzhōng xiǎojiě 空中小姐 N air hostess; air stewardess

Kǒngzǐ 孔子 N Confucius

kòu 扣 V, N to fasten, to button; button

kǒu shì xīn fēi 口是心非 IDIOM duplicity; empty words

kǒudài 口袋 N pocket

kǒuhào 口号 N slogan

kǒuhóng 口红 N lipstick

kǒulán 扣篮 V, N dunk (basketball); to dunk

kòumàozi 扣帽子 V to put a label on

kǒutíyì 口蹄疫 N foot-and-mouth disease

kǒuxiāngtáng 口香糖 N chewing gum

kǒuyīn 口音 N accent

kǒuyìyuán 口译员 N interpreter

kū 哭 V to cry

kù 酷 ADJ cool, wicked (= excellent)

kuàguó gōngsī 跨国公司 N multinational corporation

kuài 快 ADJ fast, rapid, quick

kuài 快 EXCLAM come on, let's go

kuài dào le 快到了 ADV on the way

kuài diǎnr 快点儿 INTERJ hurry up!

kuàicān 快餐 N fast food

kuàidì 快递 N express delivery

kuàijì 会计 N accounting; accountant

kuàilè 快乐 ADJ happy, joyful

kuàisù fǎnyìng bùduì 快速反应部队 N rapid response force

kuàisùdè 快速地 ADV swiftly

kuàixùn 快讯 N news flash

kuàizi 筷子 N chopsticks

kuākè 夸克 N quark

kuān 宽 ADJ wide

kuānchang 宽敞 ADJ spacious

kuāndài jiērù 宽带接入 N broadband access

kuāndài 宽带 N broadband

kuāndàiwǎng 宽带网 N broadband networks

kuāndù 宽度 N width

kuàngjià 框架 N framework

kuàngquánshuǐ 矿泉水 N mineral water

kuángrè àihàozhě 狂热爱好者 N fan (admirer)

kuǎnshì 款式 N style

kuānshù 宽恕 N forgiveness, mercy

kuānxiànqī 宽限期 N grace period

kuānyínmù 宽银幕 N wide screen

kuāzhāng 夸张 ADJ exaggerated; ridiculous

kùbì 酷毙 ADJ extremely cool, wicked (= excellent)

kǔde 苦的 ADJ bitter

kuīsǔn 亏损 N deficit, loss

kùn 困 ADJ tired (sleepy)

kǔnǎo 苦恼 ADJ vexed, distressed

kùnnan 困难 ADJ difficult

kuòdà 扩大 v to enlarge

kuòsàn 扩散 v to spread, to diffuse

kūqì 哭泣 v to weep

kùzi 裤子 N trousers, pant

L

lā 拉 v to pull

là 蜡 N wax

là 辣 ADJ hot (spicy)

lā dùzi 拉肚子 N diarrhea

lā guānxi 拉关系 v to try to curry favor with

Lā nínà xiànxiàng 拉尼娜现象 N La Nina phenomenon

Lādīngměizhōu 拉丁美洲 N Latin America

lái 来 v to come

lái yuèjīng 来月经 v to menstruate

láidiàn xiǎnshì diànhuàjī 来电显示电话机 N caller ID telephone

láidiàn xiǎnshì 来电显示 N caller ID

láidiàn 来电 N, v incoming call; falling in love with someone

láihuípiào 来回票 N return ticket

láilín 来临 v to approach (in time)

láiyuán (yú) 来源 (于) v to originate, come from

lājī shípǐn 垃圾食品 N junk food

lājī yóujiàn 垃圾邮件 N junk e-mail

lājī zhàiquàn 垃圾债券 N junk bond

lājī 垃圾 N garbage

làjiāo 辣椒 N pepper (chilli)

làjiāojiàng 辣椒酱 N chilli sauce

lālāduì zhǎng 拉拉队长 N cheerleader

lālāduì 啦啦队 N cheering squad

lāmiàn 拉面 N pulled noodles; ramen

lǎnduò 懒惰 ADJ lazy

làngfèi 浪费 v to waste

làngmàn 浪漫 ADJ romantic

lánguāng guāngpán 蓝光光盘 N Blue-ray Disc

lánlǐng 蓝领 N blue-collar

lánqiú 篮球 N basketball

lánsè 蓝色 ADJ blue

lányá 蓝牙 N Bluetooth

lǎo 老 ADJ old (of persons)

lǎobǎixìng 老百姓 N ordinary people

lǎobǎn 老板 N boss

lǎodà 老大 N eldest child in a family; leader of a group

láodòng zhēngyì 劳动争议 N labor dispute

láodònglì 劳动力 N labor, workforce

lǎohǔ 老虎 N tiger

láojià 劳驾 EXCLAM excuse me! (attracting attention)

lǎolao 姥姥 N grandmother (maternal)

lǎolíng shèhuì 老龄社会 N aging society

lǎoniánrén 老年人 N the aged, the old

lǎopó 老婆 N wife

lǎorén 老人 N the aged, the old

lǎoshēng chángtán 老生常谈 N cliché

lǎoshī 老师 N teacher

lǎoshǔ 老鼠 N rat

lǎowài 老外 N foreigner

Lǎowō 老挝 N Laos

Lǎowōde 老挝的 ADJ Laotian (in general)

Lǎowōrén 老挝人 N Laotian (people)

Lǎowōyǔ 老挝语 N Laotian (language)

láowù shūchū 劳务输出 N export of labor services

lǎoye 老爷 N grandfather (maternal)

lǎoyóutiáo 老油条 N wily old bird

lǎozìhào 老字号 N time-honored brand

lāxià 拉下 v to leave behind by accident

làzhú 蜡烛 N candle

lèguān 乐观 ADJ optimistic

lèi 累 ADJ tired (worn out)

léidá 雷达 N radar

lèihuàile 累坏了 ADJ exhausted

lèishuǐ 泪水 N teardrops

lèisì 类似 ADJ similar

lèixíng 类型 N type, style

léizhènyǔ 雷阵雨 N thunder shower

lěng 冷 ADJ cold

lěngdàn 冷淡 ADJ cold, indifferent

lěngjìng 冷静 ADJ calm, cool-headed

lěngquè 冷却 v to cool

lěngxiàohuà 冷笑话 N dry jokes

lěngzhàn 冷战 N cold war

lèshì 乐事 N treat (something special), pleasure

lí 梨 N pear

lǐ 锂 N lithium

lián 连 ADV even (also)

liǎn 脸 N face

liàn'ài 恋爱 v to be in love

liándài zérèn 连带责任 N joint liability

liáng 量 v to measure

liǎng 两 N two (measure word/counter)

liàng 亮 N light (bright)

liǎng cì 两次 ADV twice

liǎng ge 两个 PRON both

liàngdiǎn 亮点 N highlight

liàng gàn 晾干 v to dry out (in the sun)

liánghǎo zhùyuàn 良好祝愿 N best wishes

liàngjiě 谅解 v to forgive; to understand

liángkuài 凉快 ADJ cool

liángshi 粮食 N foodstuff; cereals

liángxié 凉鞋 N sandals

liángxìng xúnhuán 良性循环 N virtuous circle

liǎngzhě dōu bù 两者都不 ADV neither

Liánhéguó liángnóng zǔzhī 联合国粮农组织 N FAO (Food and Agriculture Organization of the United Nations)

Liánhéguó 联合国 N United Nations

liǎnhóng 脸红 v to blush

liánhuānhuì 联欢会 N party (event)

liánjiē 连接 v to connect together

liánjiēdiǎn 连接点 N connection (transport)

liánjiēqǐlái 连接起来 v to join together

liánluò 联络 v to contact

liànrǔ 炼乳 N condensed milk

liánsuǒdiàn 连锁店 N chain store

liàntān 练摊 v to be a vendor

liánxì 联系 v, N to contact; connection

liànxí 练习 v, N to practice; practice

Liánxiǎng jítuán 联想集团 N Lenovo

liánxù 连续 ADJ in a row, serial, consecutive

liánxù chōuyān de rén 连续抽烟的人 N chain smoker

liánxùjù 连续剧 N serialized drama, dramatic series

liányīqún 连衣裙 N dress, frock

Liánzhèng gōngshǔ 廉政公署 N Independent Commission Against Corruption (ICAC)

liǎobuqǐ 了不起 ADJ amazing, terrific, extraordinary

Liáoguó 寮国 N Laos

Liáoguóde 寮国的 ADJ Laotian (in general)

Liáoguórén 寮国人 N Laotian (people)

Liáoguóyǔ 寮国语 N Laotian (language)

liǎojiě 了解 v to realize, to be aware of

liàolǐ 料理 v, N to arrange; to cook; cuisine

liáotiānr 聊天儿 N chat

líba 篱笆 N fence

lǐbài 礼拜 N week

líba qiáng 篱笆墙 N fence

Lǐbài'èr 礼拜二 N Tuesday

Lǐbàiliù 礼拜六 N Saturday

Lǐbàisān 礼拜三 N Wednesday

Lǐbàisì 礼拜四 N Thursday

Lǐbàitiān 礼拜天 N Sunday

Lǐbàiwǔ 礼拜五 N Friday

Lǐbàiyī 礼拜一 N Monday

lǐcái 理财 v to manage the finances

lìchǎng 立场 N standpoint, position

lièchē 列车 N train

lièchū 列出 v to list out

lièjiǔ 烈酒 N spirits, hard liquor

lièkāile 裂开了 ADJ cracked

lǐfàdiàn 理发店 N barber

líhūn 离婚 N, v divorce; to divorce

lǐjiě 理解 v to understand, to comprehend

líkāi 离开 v to depart

lìkè 立刻 ADV immediately

líhūnle 离婚了 ADJ divorced

lìliang 力量 N force, power, strength

lìlǜ 利率 N interest rate

lǐlùn 理论 N theory

lǐmào 礼貌 N manners

límǐ 厘米 N centimeter

lǐmiàn 里面 prep, ADV inside

líming 黎明 N dawn

líng 零 N zero

líng pèijiàn 零配件 N spare parts

lìng rén wéinán de 令人为难的 ADJ embarrassing

lìng rén xīngfèn de 令人兴奋的 ADJ exciting

lìng rén yúkuàide 令人愉快的 ADJ pleasant

língchén 凌晨 N before daybreak very early in the morning

lǐngdài 领带 N tie, necktie

lǐngdǎo 领导 v to lead (to be a leader)

lǐngdǎorén 领导人 N leader

lǐngduì 领队 N leader of a group

línggǎn 灵感 N inspiration

lǐnghǎi 领海 N territorial waters

línghé bó yì 零和博弈 N zero-sum game

línghún 灵魂 N soul

línghuó 灵活 ADJ flexible

língjiàn 零件 N part (of machine)

lìnglèi yīnyuè 另类音乐 N alternative music

lìnglèi 另类 N alternative

língqián 零钱 N small change

língshēng 铃声 N ringtone

lǐngshì 领事 N consul

lǐngshìguǎn 领事馆 N consulate

língshòuyè 零售业 N retail industry

lǐngtóuyáng 领头羊 N bell-wether

lìngwài 另外 ADJ other (alternative)

língxià 零下 N below zero centigrade

lǐngxiān 领先 ADJ leading

lǐngxiù 领袖 N leader

língyù 领域 N area, aspect

niàn 理念 N principle

njū 邻居 N neighbor

nshígōng 临时工 N temporary work; extra hand

nshí 临时 ADJ temporary

nyùjiān 淋浴间 N shower room (for washing)

rú 例如 CONJ such as, for example

rùn 利润 N profit

shǐ 历史 N history

shìhuì 理事会 N board of management

táng 礼堂 N hall

ú 留 v to keep

ù 六 NUM six

ú de qīngshān zài bùpà méi cháishāo 留得青山在不怕没柴烧 IDIOM Where there is life, there is hope

úchéng 流程 N sequence of processes, flow of an event, work flow in manufacturing

úcún 留存 v to leave behind for safekeeping

údòng rénkǒu 流动人口 N internal migrants

údòng túshūguǎn 流动图书馆 N mobile library

úlì 流利 ADJ fluent

ùshí 六十 NUM sixty

úsù 留宿 v to stay overnight

úxià 留下 v to stay; to leave

behind on purpose

liúxíng 流行 ADJ popular

liúxīngyǔ 流星雨 N meteor shower

liúxuè 流血 v to bleed

liúxué 留学 v to study abroad

liúxuéshēng 留学生 N student studying abroad; exchange student

liúyán 留言 N message

liúyánjī 留言机 N answering machine

liúyì 留意 v to pay attention

Liùyuè 六月 N June

lìwài 例外 N exception

lǐwù 礼物 N present (gift)

lìxī 利息 N interest (bank)

lǐxiǎng 理想 N dream, ideal

lìxíng gōngshì 行行公事 N mere formality

lǐxìng 理性 ADJ rational

lìyì 利益 N benefit

lǐyóu 理由 N reason, grounds, justification

lǐyuērè'nèilú 里约热内卢 N Rio de Janeiro

lìzhī 荔枝 N lychee

lǐzi 李子 N plum

lìzi 例子 N example

lóngde 聋的 ADJ deaf

lǒngduàn 垄断 v to monopolize, to dominate the market

lóngtóu chǎnpǐn 龙头产品 N flagship product

lóu 楼 N story (of a building)

lóushàng 楼上 ADV upstairs

lòushuǐ 漏水 v to leak

lóutī 楼梯 N stairs

lóutīng 楼厅 N circle (theater seats)

lóuxià 楼下 ADV downstairs

lù 路 N road

luàn 乱 ADJ, N disorderly; disturbed; chaos

luàn-qī bā-zāo 乱七八糟 ADV in a mess

lùbiāo 路标 N road sign

lǚchéng 旅程 N trip, journey

lǜdì fùgài lǜ 绿地覆盖率 N green coverage rate

lǚguǎn 旅馆 N hotel

lǜhuà 绿化 N, v afforestation; to afforest

lùjūn 陆军 N army

lǚkè 旅客 N traveler

lǚlì 履历 N résumé, curriculum vitae

Lúndūn 伦敦 N London

lúnliú 轮流 ADV in turns

lùntán 论坛 N forum

lùnwén 论文 N paper, thesis

lùnwén dábiàn 论文答辩 N oral defense (thesis)

lúnyǐ 轮椅 N wheelchiar

lúnzi 轮子 N wheel

luóbo 萝卜 N turnip

luòhòu 落后 ADJ, ADV backward

luójí 逻辑 N logic

luǒjī 裸机 N mobile phone (without a service provider)

luósīdāo 螺丝刀 N screwdriver

luōsuō 啰嗦 ADJ long-winded, wordy

luǒtǐde 裸体的 ADJ naked, nude

luòxià 落下 v to fall

luòxiàlái 落下来 v to fall

luóxuánxíngde 螺旋形的 ADJ spiral

lùqǔ tōngzhīshū 录取通知书 N letter of admission

lùqǔ 录取 v to recruit, to enroll

lùrén 路人 N passer-by; stranger

lǜsè shípǐn 绿色食品 N green food

lǜsè 绿色 ADJ green

lǜshī 律师 N lawyer

lùtú 路途 N journey

lùxiàn 路线 N lane (of a highway)

lùxiàngdài 录象带 N video cassette

lùxiàngjī 录象机 N VCR, video recorder

lǚxíng 旅行 v, N to travel; trip, journey

lǚxíng 履行 v to fulfill

lǚxíngshè 旅行社 N travel agency

lùxù 陆续 ADV one after another

lùyǎn 路演 N road show

lùyīn 录音 N tape recording

lǚyóu zhǐnán 旅游指南 N guidebook

lǚyóutuán 旅游团 N a tour group

lǚyóuzhě 旅游者 N tourist, traveler

lúzi 炉子 N cooker, stove

M

mǎ 马 N horse

mà 骂 V to scold, to tell somebody off

mǎchē 马车 N cart (horse cart)

mǎdàochénggōng 马到成功 N instant success

mǎdélǐ 马德里 N Madrid

máfan 麻烦 N trouble

máfande 麻烦的 ADJ troublesome

mái 埋 V to bury, to hide

mǎi 买 V to buy

mài 卖 V to sell

mǎi dōngxi 买东西 V to shop, to go shopping

mǎidān 买单 V to pay a bill

Màidāngláo 麦当劳 N McDonald's

màidiào 卖掉 ADJ sold

mǎifāng shìchǎng 买方市场 N buyer's market

màifāng shìchǎng 卖方市场 N seller's market

màikèfēng 麦克风 N microphone

Màikèmǎ hóngxiàn 麦克马洪线 N McMahon Line

mǎimai 买卖 N business

màiwán 卖完 ADJ sold out

mǎi-yī song-yī 买一送一 PHR buy one, get one free

májiàng 麻将 N mahjong

málà 麻辣 ADJ hot and numbing (taste)

Mǎláixīyà 马来西亚 N Malaysia

Mǎláixīyàde 马来西亚的 ADJ Malaysian (in general)

Mǎláixīyàrén 马来西亚人 N Malaysian (people)

mǎlāsōngshì jìngxuǎn 马拉松式竞选 N campaignathon

mǎlāsōng 马拉松 N marathon

mǎlù 马路 N road

māma 妈妈 N mother

mǎma hūhū 马马虎虎 ADJ careless; so-so

mámùde 麻木的 ADJ numb

mǎn 满 ADJ full

màn 慢 ADJ slow

máng 忙 ADJ busy (doing something)

mángguǒ 芒果 N mango

mángmù tóuzī 盲目投资 N irrational investment

mànhuà 漫画 N comic, cartoon

mànmànde 慢慢地 ADV slowly, gradually

mántou 馒头 N steamed bun

mànyán 蔓延 V to extend, to spread

mǎnyì 满意 ADJ satisfied, pleased, to one's satisfaction

mǎnyì dù 满意度 N degree of satisfaction

mǎnyìde 满意的 ADJ satisfied

mányuàn 埋怨 v to blame, to complain

mǎnzú 满足 v to satisfy

māo 猫 N cat

máobìng 毛病 N fault, defect, shortcomings

máodùn 矛盾 ADJ, N contradictory; contradiction; conflicting views

máojīn 毛巾 N towel

māonì'ér 猫腻儿 N underhanded activity

màopái 冒牌 ADJ, N fake; imitation brand

màopáihuò 冒牌货 N imitation goods, fakes

máosè dùnkāi 茅塞顿开 ADJ be suddenly enlightened

máoxiàn 毛线 N wool

màoxiǎn 冒险 V, N to take risks, to take chances; adventure

máoyī 毛衣 N jumper, sweater

màoyì 贸易 N trade

màoyì bìlěi 贸易壁垒 N trade barriers

màoyì nìchā 贸易逆差 N trade deficit

màoyì shùnchā 贸易顺差 N trade surplus

màoyì zhìcái 贸易制裁 N trade sanction

màozi 帽子 N hat

màozi xìfǎ 帽子戏法 N hat trick

mǎshàng 马上 ADV at once

mǎtǒng 马桶 N toilet

mǎtóu 码头 N pier

Mǎyǎ wénhuà 玛雅文化 N Mayan civilization

máyóu 麻油 N sesame oil

Mǎzìdá 马自达 N Mazda

měi 每 ADJ each, every

měi 美 ADJ beautiful

měi cì 每次 ADV every time

méi gǎnshàng 没赶上 V to miss (bus, flight)

měi ge dìfang 每个地方 ADV everywhere

měi ge rén 每个人 PRON everybody, everyone

méi guānxi 没关系 PHR it doesn't matter; never mind

měi jiàn shì 每件事 PRON everything

měi nián de 每年的 ADJ annual

méi wèntí 没问题 PHR no problem

měi yè de 每夜的 ADJ nightly

méi yìsi 没意思 ADJ boring

měi zhōu 每周 ADJ weekly

měidāng 每当 CONJ everytime, whenever

měifàshī 美发师 N hairdresser

mèifu 妹夫 N brother-in-law (wife's younger sister's husband)

méiguānxi 没关系 EXCLAM never mind!

méiguī 玫瑰 N rose

Měiguó 美国 N United States

Měiguó zhī yīn 美国之音 N Voice of America (VOA)

Měiguóde 美国的 ADJ American (in general)

Měiguórén 美国人 N American (people)

měihǎo 美好 ADJ pretty (of places, things)

měihuà 美化 V to beautify

méikuàng 煤矿 N coal mine

měilì 美丽 ADJ pretty (of places, things)

mèilì 魅力 N charisma

méimao 眉毛 N eyebrow

mèimei 妹妹 N sister (younger)

měinǚ 美女 N a beautiful woman; beauty

méiqì 煤气 N gas

měiróng 美容 V to make oneself more attractive, to beautify

Měishì yīngyǔ 美式英语 N American English

méishì 没事 V, PHR to have nothing to do; it doesn't matter

měishíjié 美食节 N gourmet festival

měishù 美术 N art

měishùguǎn 美术馆 N art gallery

méitǐ 媒体 N media

méiwán méiliǎo 没完没了 ADJ endless, interminable

méiyòng 没用 ADJ useless

méiyǒu shénme 没有什么 ADV nothing

měiyuán 美元 N US dollar

mēn 闷 ADJ, V stuffy; to smother

mén 门 N door

mèn 闷 ADJ dull (boring)

mèng 梦 N dream

mèng zhī duì 梦之队 N Dream Team

Měnggǔ 蒙古 N Mongolia

měnggǔbāo 蒙古包 N yurt (Mongolian)

ménglóngshī 朦胧诗 N misty poetry

Mèngzǐ 孟子 N Mencius

ménhù kāifàng zhèngcè 门户开放政策 N open-door policy

ménhù wǎngzhàn 门户网站 N web portal

ménkǒu 门口 N entrance; doorway

ménpiào 门票 N entrance ticket

ménzhěn 门诊 N outpatient department

mí 迷 N fan (admirer)

(yī) mǐ (一) 米 N meter (measurement of length)

miànbāo 面包 N bread

miànbāo chē 面包车 N van

miánbù 棉布 N cotton

Miǎndiàn 缅甸 N Burma

Miǎndiànde 缅甸的 ADJ Burmese (in general)

Miǎndiànrén 缅甸人 N Burmese (people)

Miǎndiànyǔ 缅甸语 N Burmese (language)

miànduì 面对 v to face, stand up to

miànduìmiàn 面对面 PHR face-to-face

miǎnfèi 免费 ADJ free of charge

miànfěn 面粉 N flour

miánhuā 棉花 N cotton wool

miànjī 面积 N area

miànjiá 面颊 N cheek

miànjù 面具 N mask

miànmó 面膜 N face mask (skin-care product)

miǎnqiǎng 勉强 ADJ, v reluctant, barely enough; to do with difficulty; to force somebody to do something

miǎnshuì 免税 ADJ duty-free

miǎnshuì diàn 免税店 N duty-free shop

miǎnshuì shāngpǐn 免税商品 N duty-free commodities

miǎnyì 免疫 ADJ immune (to disease)

miǎnyìlì 免疫力 N immunity

miǎo 秒 N second (instant)

miǎoshā 秒杀 N flash sale (online); rapid dispatch of an opponent (sports or online gaming)

miáoshù 描述 v to describe

miáotiáode 苗条的 ADJ slender

mícǎifú 迷彩服 N camouflage (military)

mìdù 密度 N density

mièhuǒqì 灭火器 N fire extinguisher

mièjué de wùzhǒng 灭绝的物种 N extinct species

mǐfàn 米饭 ADJ rice (cooked)

mǐfěn 米粉 N noodles made from rice flour

mìfēng 蜜蜂 N bee

míhóutáo 猕猴桃 N kiwi fruit

míhu 迷糊 ADJ dazed; confused

míhuò 迷惑 ADJ puzzled

mìjí 密集 ADJ intensive, concentrated

mǐlǎoshǔ 米老鼠 N Mickey Mouse

mílù 迷路 ADJ lost (can't find way)

mìmǎ 密码 N password

mìmì 秘密 N secret

míng jiào 名叫 v to be called, named

mǐn'gǎn 敏感 ADJ sensitive

míngbai 明白 v to understand

míngdān 名单 N list

míng'é 名额 N quota

mínglì shuāngshōu 名利双收 v to gain in both fame and wealth

míngliàng 明亮 ADJ bright

mìnglìng 命令 v, N to order, to command; command

míngnián 明年 N next year

míngōng 民工 N migrant laborer

míngpái 名牌 N brand name

míngpiàn 名片 N business card

míngqì 名气 N fame

míngquède 明确的 ADJ definite

míngrén 名人 N celebrity; personage

míngshèng 名胜 N place of interest

míngtiān 明天 N tomorrow

míngxiǎnde 明显地 ADV apparently

míngxīng 明星 N celebrity, star

míngxìnpiàn 明信片 N postcard

míngyōu 名优 N famous actor; famous high-quality brand

míngyù 名誉 N reputation

míngzhì 明智 ADJ sensible

míngzhī gùfàn 明知故犯 IDIOM deliberate violation

mìngzhōng zhùdìng 命中注定 ADJ destined, fated

míngzi 名字 N name, given name

mínjiān zīběn 民间资本 N private capital

mínjìndǎng 民进党 N Democratic Progressive Party (Taiwan)

mínshì sùsòng 民事诉讼 N civil trial

mínyì 民意 N public opinion

mínyíng qǐyè 民营企业 N civilian-run enterprise

mín yǐ shí wéi tiān 民以食为天 IDIOM Food is the first necessity of man

mínzhǔ 民主 N democracy

mínzú fúzhuāng 民族服装 N costume

mínzú guójiā 民族国家 N nation state

mínzú qūyù zìzhì 民族区域自治 N regional autonomy of ethnic minorities

mínzúde 民族的 ADJ national

mìqièdì 密切地 ADV closely

mírén 迷人 ADJ attractive, charming

mìshū 秘书 N secretary

míxìn 迷信 ADJ, V superstitious; to have blind faith in something

mìyuè 蜜月 N honeymoon

mō 摸 V to touch

mò 墨 N ink

mò shī liángjī 莫失良机 IDIOM Make hay while the sun shines

mōzhe shítou guò hé 摸着石头过河 IDIOM to explore through practice; to feel one's way through

móca 摩擦 V, N to rub; friction, conflict

mófǎng 模仿 V to imitate someone or something

mógu 蘑菇 N mushrooms

móguǐ 魔鬼 N devil

móhu 模糊 ADJ vague, indistinct

Móménjiào 摩门教 N Mormon Church

mòmò 默默 ADV in silence

móní cèshì 模拟测试 N mock test

mòrì 末日 N Judgment Day, last day, end

N

mòshēngrén 陌生人 N stranger

móshòu shìjiè 魔兽世界 N World of Warcraft (game)

móshù 魔术 N magic

mòshuǐ 墨水 N ink

Mòsīkē 莫斯科 N Moscow

mōsuo 摸索 v to feel about, try to find out; to grope about

mótuōchē 摩托车 N motorcycle

mǒu ge dìfang 某个地方 PRON somewhere

mǒuchù 某处 PRON somewhere

mǒuxiē 某些 ADJ some; certain (things)

Mòxīgē 墨西哥 N Mexico

móxíng 模型 N model, mould

móyánggōng 磨洋工 v to dawdle along; to skive on the job

mùbiāo 目标 N goal, objective

mùdì 目的 N goal, purpose

mùdìdì 目的地 N destination

mùhòu cāozòng 幕后操纵 N wire-pulling; backstage manipulations

mùjiàng 木匠 N carpenter

mùlù 目录 N list

mùnǎiyī 木乃伊 N mummy

mùqiánde 目前的 ADJ at the present moment

mǔqīn 母亲 N mother

mǔrǔ wèiyǎng 母乳喂养 N breastfeeding

mùshī 牧师 N priest

Mùsīlín 穆斯林 N Muslim

mùtou 木头 N wood

mǔxì shèhuì 母系社会 N matriarchal society

mǔyǔ 母语 N mother tongue

mùzhìde 木制的 ADJ wooden

N

ná 拿 v to bring

nǎ (ge) 哪(个) PRON which?

nà 那 PRON, CONJ that

nàbiān 那边 ADV over there, there

nàge 那个 PRON that, that one

nǎichá 奶茶 N tea with milk

nǎilào 奶酪 N cheese

nǎinai 奶奶 N grandmother (paternal)

nàixīn 耐心 ADJ patient (calm)

nàixìng 耐性 N patience

nàiyòng xiāofèipǐn 耐用消费品 N durable consumer goods

nǎiyóu 奶油 N cream; butter

nálái 拿来 v to bring

nǎli 哪里 ADV where

nàli 那里 ADV there

nàmǐ 纳米 N nanometer, nano-

nánbiān 南边 ADJ, N south

nándé 难得 ADV rarely, seldom

nánfāng 南方 N south, the southern part of the country

nángāoyīn 男高音 N tenor

nán'guài 难怪 ADV no wonder, nc surprising

nánguò 难过 ADJ sad

nánháir 男孩儿 N boy
Nánjí 南极 N Antarctic
nánkàn 难看 ADJ ugly
Nánměizhōu 南美洲 N South America
nánmiǎn 难免 ADV inevitably
nànmín 难民 N refugee
nánpéngyou 男朋友 N boyfriend
nánquán zhǔyì 男权主义 N masculism
nánshēng 男生 N male student, boy
nánshòu 难受 ADJ to feel unwell; to be difficult to bear
nántí 难题 N difficult problem
nánwàng 难忘 ADJ unforgettable
nánwéiqíng 难为情 ADJ embarrassing
nánxìng 男性 N male
nányǐ zhìxìn 难以置信 ADJ unbelievable
nǎo 脑 N brain
nàoqíngxù 闹情绪 ADJ be disgruntled
nǎozi 脑子 N mind, brain
nǎr dōu bú zài 哪儿都不在 ADV nowhere
nǎr 哪儿 ADV where
nàr 那儿 ADV there
náshǒu hǎoxì 拿手好戏 N masterpiece
nàshuìrén 纳税人 N tax payer
Nàsīdákè 纳斯达克 N NASDAQ
nàxiē 那些 PRON those

Nǎ yī zhǒng? 哪一种? What kind of?
názǒu 拿走 V to take, to remove
nèicún 内存 N RAM (computer)
nèidì 内地 N mainland China
nèidì 内弟 N brother-in-law (wife's younger brother)
nèihán 内涵 N meaning, connotation
nèihào 内耗 N in-fighting
nèijiù 内疚 V to feel guilty
nèikù 内裤 N underwear
nèiliánwǎng 内联网 N intranet
nèilù 内陆 ADJ inland
Nèiměnggǔ 内蒙古 N Inner Mongolia
nèiróng 内容 N content
nèituì 内退 N early retirement
nèixiàng 内向 ADJ introverted
nèixiōng 内兄 N brother-in-law (wife's older brother)
nèiyī 内衣 N underwear, undershirt
néng 能 MODAL V can, may
nénglì 能力 N ability
néngyuán 能源 N energy, power source
ní 泥 N mud
nǐ 你 PRON you
Nǐ hǎo ma 你好吗 GR how are you?
Nǐ hǎo 你好 GR hello, hi
nǐ kàn 你看 EXCLAM look!
nián 年 N year
niánlíng 年龄 N age

niánnián 年年 ADV year after year; yearly; every year

niánqīng 年轻 ADJ young

niánqīngrén 年轻人 N youth

niánshōurù 年收入 N annual income

niánxingde 粘性的 ADJ sticky

niányèfàn 年夜饭 N family reunion dinner (during Spring Festival)

niǎo 鸟 N bird

niǎocháo 鸟巢 N nest; the Beijing Olympics Stadium

nièpán 涅磐 N nirvana

nílóng 尼龙 N nylon

nǐmen 你们 PRON, PL you

nìmíng 匿名 ADJ anonymous

nín 您 PRON you (polite)

níngkě 宁可 ADV rather than

níngméng 柠檬 N lemon, citrus

níshíliú 泥石流 N mudslide

nítǔ 泥土 N earth, soil

niú 牛 N cow

niúnǎi 牛奶 N milk

niúpái 牛排 N steak

niúròu 牛肉 N beef

niúzǎikù 牛仔裤 N jeans

niǔzhuǎn júmiàn 扭转局面 v to turn the table

nóng 浓 ADJ thick (of liquids)

nóngchǎng 农场 N farm

nóngchǎnpǐn 农产品 N agricultural produce

nòngcháoér 弄潮儿 N daring pioneer

nóngcūn 农村 N village, rural are

nòngcuò 弄错 ADJ mistaken

nònggān 弄干 v to dry

nòng gānjìng 弄干净 v to clean

nònghuài 弄坏 v to break, shatte

nòng hútu 弄糊涂 ADJ confused (mentally)

nóngkěn 农垦 N agricultural reclamation

nónglínjiàn zuò 农林间作 N agro forestry

nóngmín 农民 N peasant, farmer

nóngnúzhì 农奴制 N serfdom

nòng qiǎo chéng zhuō 弄巧成 拙 v be too clever for one's own good

nóngyào cánliúwù 农药残留物 N pesticide residue

nóngyè 农业 N agriculture, farming

nóngyè shēngtàixué 农业生态学 N agricultural ecology

nóngzhuāng 浓妆 N heavy makeup

nǚ chènshān 女衬衫 N blouse

nuǎn 暖 ADJ warm

nuǎnqì 暖气 N heating; heater; warm air

nǚde 女的 ADJ female

nüèdài 虐待 v to abuse

nǚ'ér 女儿 N daughter

nǚfú 女服 N dress, frock

nǚhái 女孩 N girl

nǚlì 努力 N effort

nuòbèiěr jiǎng 诺贝尔奖 N Nobel Prize

nuòmǐ 糯米 N glutinous rice

nuòyà fāngzhōu 诺亚方舟 N Noah's Ark

nǚpéngyou 女朋友 N girlfriend

nǚquán yùndòng 女权运动 N feminist movement

nǚrén 女人 N woman

nǚshén 女神 N goddess

nǚshēng 女生 N girl, female student

nǚshì 女士 N lady

nǚwáng 女王 N queen

nǚxìng 女性 N the female sex; woman

nǚxu 女婿 N son-in-law

O

o, ò 哦 EXCLAM Oh! I see!

ǒu'ěr 偶尔 ADV rarely, seldom

ōudǎ 殴打 v to beat sb up

ōuméng 欧盟 N European Union

ōupèikè 欧佩克 N OPEC (Organization of Petroleum Exporting Countries)

ǒurán 偶然 ADV by chance

ǒuránde 偶然地 ADV accidentally, by chance

ǒutù 呕吐 v to be sick (vomit)

ǒuxiàng 偶像 N idol; icon

ǒuxiàng chóngbài 偶像崇拜 N idolatry

Ōuyàdàlù 欧亚大陆 N Eurasia

Ōuyuán 欧元 N Euro (currency)

Ōuzhōu 欧洲 N Europe

Ōuzhōu huòbì yītǐhuà 欧洲货币一体化 N European monetary integration

Ōuzhōu wěiyuánhuì 欧洲委员会 N European Commission

P

pá 爬 v to climb

pá 扒 v to pickpocket

pà 怕 ADJ afraid

páichéng yīxiàn 排成一线 v to line up

páichì 排斥 v to bar (blocking way)

páichú 排除 v to eliminate; to exclude

pàichūsuǒ 派出所 N neighborhood police station

páiduì 排队 v to queue, to line up

pāimài 拍卖 v to auction

pāimàidiào 拍卖掉 v to be auctioned off

pāimǎpì 拍马屁 v to flatter, to butter somebody up

páiqiú 排球 N volleyball

pāituō 拍拖 v to date; to have a relationship with sb

páiwài zhǔyì 排外主义 N exclusivism

pāizhào 拍照 v to take a photograph

páizhào 牌照 N license, permit

páizi 牌子 N sign; trademark, brand

Pàjīnsēn zōnghézhèng 帕金森综合症 N Parkinson's disease

pāndēng 攀登 v to climb up (hills, mountains)

pándiǎn 盘点 v to take stock of

pànduàn 判断 v, N to judge, to determine; judgment

Pānduōlā móhé 潘多拉魔盒 N Pandora's Box

pàng 胖 ADJ fat, plump

pángbiān 旁边 N next to, side

pángdà 庞大 ADJ huge, enormous

pángxiè 螃蟹 N crab

pàngzi 胖子 N fat person, fatty

pànwàng 盼望 v to hope

pánzi 盘子 N dish, plate

pāo 抛 v to throw

pǎo 跑 v to run

pǎobù 跑步 v to run

pǎolóngtào 跑龙套 N background performers

pàomò jīngjì 泡沫经济 N bubble economy

pāoniū 泡妞 v to chase after girls

pāoqì 抛弃 v to desert, to abandon

páshàng 爬上 v to climb onto

páshǒu 扒手 N pickpocket

péi 陪 v to accompany

péi 赔 v to compensate for loss

pèi'ǒu 配偶 N spouse

péibàn 陪伴 v to accompany

péicháng 赔偿 v to compensate

pèihé 配合 v to cooperate

pèijiàn 配件 N accessories

péixùn 培训 v, N to cultivate, to train, to groom; training

péiyǎng 培养 v to cultivate

péngchǎng 捧场 v to support

pèng dīngzi 碰钉子 v to get snubbed

pénghù 棚户 N shacks; family that live in shacks

pèngjiàn 碰见 v to run into

péngkè 朋克 N punk

péngliáo 棚寮 N shack

pēngtiáo 烹调 N cooking, cuisine

péngwū 棚屋 N hut, shack

pèng yī bízi huī 碰一鼻子灰 v to get snubbed

péngyou 朋友 N friend

pèng yùnqì 碰运气 v to try one's luck, to take a chance

péngzhàng 膨胀 v to expand, to grow larger

pēntì 喷嚏 N sneeze

pēnwùqì 喷雾器 N spray

piàn 骗 v to cheat

piānchā 偏差 N deviation; error

piànérjǐng 片儿警 N community police

piānjiàn 偏见 N prejudice

piànkè 片刻 N moment (instant)

piānpì 偏僻 ADJ remote

piányi 便宜 ADJ inexpensive, cheap

piànzi 骗子 N someone who cheats

piào 票 N ticket

piào fànzi 票贩子 N ticket scalper

piàofáng 票房 N box office

piàojià 票价 N fare

piàoliang 漂亮 ADJ pretty (of women)

píbāo gōngsī 皮包公司 N bogus company

pídài 皮带 N leather belt

pīfā shìchǎng 批发市场 N wholesale market

pífū 皮肤 N skin

pígé 皮革 N leather

pìgu 屁股 N buttocks

píjiǔdù 啤酒肚 N beer belly

píjuàn de 疲倦的 ADJ weary

pínfù xuánshū 贫富悬殊 N polarization between rich and poor

píng 平 ADJ level (even, flat)

píng'ān 平安 ADJ safe and sound; at peace

píngbǎn diànnǎo 平板电脑 N tablet computer

píngděng 平等 N equality

píngděngde 平等的 ADJ equal

píngdǐxié 平底鞋 N flat shoes

pǐn'gé 品格 N character

píngfán 平凡 ADJ ordinary

píngfāng gōnglǐ 平方公里 N square kilometre

píngfāng mǐ 平方米 N square meter

pínggū 评估 V, N to evaluate, to assess; assessment, evaluation

píngguǒ 苹果 N apple

pínghéng yùsuàn 平衡预算 V, N to balance a budget; balanced budget

pínghuá 平滑 ADJ even (smooth)

pínghuáde 平滑的 ADJ smooth (of surfaces)

píngjī 评击 V to attack (with words)

píngjià 评价 V, N to evaluate; evaluation

píngjǐng 瓶颈 N bottle neck

píngjìng 平静 ADJ calm, still, quiet

píngjǐng zhìyuē 瓶颈制约 N bottleneck

píngjūn 平均 ADJ average (numbers)

píngjūn zhǔyì 平均主义 N equalitarianism

pínglùn 评论 V, N to comment on, to discuss; comment

píngmiàn shèjì shī 平面设计师 N graphic designer

píngmù 屏幕 N screen (of computer)

píngpàn 评判 N judge

pīngpāngqiú 乒乓球 N table tennis

píngshí 平时 ADV usually

píngshǒu 平手 N draw, tie

píngtái 平台 N platform

píngtǎnde 平坦的 ADJ flat, smooth

píngtóu lùnzú 评头论足 V to nit-pick (criticize)

píngwěi 评委 N judging panel member

píngwěn 平稳 ADJ stable, steady

píngwěn guò dù 平稳过渡 N smooth transition

píngxíng 平行 ADJ parallel

píngyì wùjià 平抑物价 V to stabilize commodity prices

píngyuán 平原 N plain (level ground)

píngzi 瓶子 N bottle

pínjíde 贫瘠的 ADJ barren

pínkùn 贫困 ADJ impoverished

pínlǜ 频率 N frequency; rate

pīnmìng 拼命 V to do one's utmost, with all one's might, at all costs

pīnmìng sānláng 拼命三郎 N workaholic

pínmínkū 贫民窟 N slum

pǐnpái 品牌 N brand

pìnqǐng 聘请 V to hire; to invite

pínqióng 贫穷 ADJ poor

pīntú 拼图 N jigsaw puzzle

pǐnwèi 品位 N taste, quality

pīnxiě 拼写 V to spell

pīnyīn 拼音 V to combine sounds into syllables

pínyóudàn 贫铀弹 N depleted uranium bomb

pǐnzhì 品质 N quality

pīpíng 批评 V, N to criticize; criticism

píqi 牌气 N temper; temperament

pìrú 譬如 PREP for example

píxié 皮鞋 N leather shoes

píyíngxì 皮影戏 N shadow play

pòchǎn 破产 V to go bankrupt

pò fǔ chén zhōu 破釜沉舟 IDIOM to burn one's boats; to be cut off from retreat

pòhuài 破坏 V to damage

pòjiàng 迫降 N emergency landing

pō lěngshuǐ 泼冷水 V to dampen the spirit of

pópo 婆婆 N mother-in-law

pōshuǐjié 泼水节 N Songkran festival (in Thailand)

pǔbiànde 普遍地 ADV generally

pùbù 瀑布 N waterfall

pǔjílǜ 普及率 N popularity rate

pūkèpái 扑克牌 N cards, game

pǔshíde 朴实的 ADJ modest, simple

pǔsù 朴素 ADJ plain (not fancy)

pútáo 葡萄 N grapes

pútáojiǔ 葡萄酒 N wine

pǔtōngde 普通的 ADJ common, frequent

Pǔtōnghuà 普通话 N Mandarin (language)

pǔxuǎnzhì 普选制 N universal suffrage

Q

qī 七 NUM seven

qí 旗 N flag

qí fǎnyìng 起反应 v to react

qí zìxíngchē 骑自行车 v to ride (bicycle)

qí zuòyòng 起作用 v to function; to work

qiàdàng 恰当 ADJ appropriate

qiān 千 NUM thousand

qián 钱 N money

qiǎn 浅 ADJ shallow

qiàn 欠 v to owe

qiánbāo 钱包 N wallet, purse

qiānbǐ 铅笔 N pencil

qiánbì 钱币 N currency

qiánchéng 虔诚 ADJ devout; sincere

qiándài 钱袋 N wallet, purse

qiāndìng 签订 v to conclude and sign

qiānfāngbǎijì 千方百计 IDIOM by every possible means

qiáng 墙 N wall

qiángdàde 强大的 ADJ powerful

qiángdiào 强调 v to emphasize, to stress

qiǎnggòu 抢购 N panic buying

qiánghuàbān 强化班 N intensive training class

qiǎngjié 抢劫 v to rob

qiǎngjiù 抢救 v to rescue

qiánglìqiú 强力球 N Powerball (lottery)

qiǎngpǎo 抢跑 v to jump the gun (sports)

qiángpò 强迫 v to force, to compel

qiāngshǒu 枪手 N gun shooter; ghostwriter

qiǎngshǒu 抢手 ADJ in great demand

qiǎngshǒuhuò 抢手货 N best-seller

qiān'guà 牵挂 v to worry about, to be concerned about

qiángzhìxìngde 强制性的 ADJ compulsory

qiángzhuàng 强壮 ADJ strong

qiánjìn 前进 v to advance, to move forward

qiánjǐng 前景 N prospects

qiānlǐ zhī xíng shǐ yú zú xià 千里之行始于足下 IDIOM A thousand mile journey begins with the first step

qiánlì 潜力 N potential

qiánmiàn 前面 N front

qiānmíng 签名 v, N to sign; signature

qiánnián 前年 N the year before last year

qiānniánchóng 千年虫 N millennium bug

qiànshōu 欠收 N crop failure

qiánshuǐ 潜水 v, N to dive, to go under water; lurking

qiánsuǒwèiyǒu 前所未有 ADJ unprecedented

qiántí 前提 N precondition

qiántiān 前天 N day before yesterday

qiāntóurén 牵头人 N initiator

qiántú 前途 N future, prospect

qiānwàn 千万 NUM ten million

qiánwèi 前卫 ADJ avant-garde

qiānxǐ yīngér 千禧婴儿 N millennium baby

qiānxū 谦虚 ADJ modest, simple

qiānyuē 签约 v to sign a contract

qiānyuē yíshì 签约仪式 N signing ceremony

qiánzài 潜在 ADJ hidden, potential

qiǎnzé 谴责 v,N to condemn, to criticize; condemnation, criticism

qiánzhān 前瞻 N foresight

qiánzhān xìng 前瞻性 ADJ foresightful

qiānzhèng 签证 N visa

qiānzì 签字 v to sign

qiáobuqǐ 瞧不起 v to look down on

qiáo 桥 N bridge

qiào 俏 ADJ pretty (of women)

qiáobāo 侨胞 N overseas Chinese

qiāodǎ 敲打 v to beat, to strike

qiǎohé 巧合 ADJ, N coincidental; coincidence

qiǎokèlì 巧克力 N chocolate

qiáoliáng 桥梁 N bridge; connection between two areas

qiāomén 敲门 v to knock

qiāoqiāo 悄悄 ADV quietly, secretly

qiàowěibā 翘尾巴 ADJ be cocky

qiáowù 侨务 N affairs concerning overseas Chinese

qiàtánhuì 洽谈会 N meeting, fair

qìcái 器材 N equipment

qìchē 汽车 N car, automobile

qìchēzhàn 汽车站 N bus station

qǐchuáng 起床 v to get up (from bed)

qícì 其次 CONJ next; secondly

qīdài 期待 v to await

qídǎo 祈祷 v,N to pray; prayer

qǐdiǎn 起点 N starting point

qǐdòng jījīn 启动基金 N initial funding

qǐdòng 起动 v to start (machines)

qiézi 茄子 N eggplant

qǐfā 启发 v,N to inspire; inspiration

qǐfēi 起飞 v to take off

qìfēn 气氛 N atmosphere, ambience

qīfu 欺负 v to bully

qǐgài 乞丐 N beggar

qìgōng 气功 N Qi Gong (martial)

qíguài 奇怪 ADJ strange

qìhòu 气候 N climate

qīhuò 期货 N futures (finance)

qīhuò jiāoyì 期货交易 N futures trading

qíjì 奇迹 N miracle

qíjǐng 骑警 N mounted police

qímǎ 骑马 v to ride (horse)

qǐmǎ 起码 ADV at least

qímiào 奇妙 ADJ amazing, wonderful

qín'àide 亲爱的 N darling; dear ... (greeting)

qíncài 芹菜 N celery

qīnchāi dàchén 钦差大臣 N imperial envoy

qínfèn 勤奋 ADJ hardworking, industrious

qīng 轻 ADJ light (not heavy)

qǐng 请 EXCLAM please

qīngbiàn 轻便 ADJ portable

qīngchu 清楚 ADJ clear

qīngchú 清除 v to get rid of

qīngchūn 青春 N youth

qīngchūnde 青春的 ADJ young, youthful

qīngcí 青瓷 N blue china

qīngdàn 氢弹 N hydrogen bomb

qīngdàn 清淡 ADJ light (food); slack (sales)

qínggǎn 情感 N emotion, feeling

qínggē 情歌 N love song

qīngguǐ 轻轨 N light rail transport

qīng guǐ lièchē 轻轨列车 N light rail train

qīngguó qīngchéng 倾国倾城 ADJ extremely beautiful (woman)

qǐngjià 请假 v to ask for leave

qīngjiāo 青椒 N green pepper

qǐngjiào 请教 v to consult

qīngjié 清洁 N cleanliness

qīngjié néngyuán 清洁能源 N clean energy

qíngkuàng 情况 N situation, how things are

qínglǎng 晴朗 ADJ sunny

qīnglǐ 清理 v to clean up

qínglǐ 情理 N reason

qínglǚ 情侣 N lovers

Qīngmíngjié 清明节 N Qing-ming Festival (Chinese All Souls Day)

qīngnián 青年 ADJ youth (young person)

qīngnián cáijùn 青年才俊 ADJ young and talented

qíngōng jiǎnxué 勤工俭学 v to work while studying

qǐngqiú 请求 v to request

qíngrén 情人 N sweetheart

qíngrénjié 情人节 N Valentine's Day

qíngshāng 情商 N emotion quotient (EQ)

qīngshàonián 青少年 N teenager

qīngshàonián fànzuì 青少年犯罪 N juvenile delinquency

qīngshì 轻视 v to look down on, to despise

qīngshuǐ fǎnyìngduī 轻水反应堆 N light water reactor (LWR)

qīngsōng 轻松 ADJ relaxing

qīngsuàn gōngsī 清算公司 N liquidation company

qīngtāng 清汤 N soup (clear)

qíngtiān 晴天 N sunny day; clear day

qīngtóng 青铜 N bronze

qǐngwèn 请问 INTERJ excuse me! (attracting attention)

qīngxī 清晰 ADJ clear, precise

qīngxiàng 倾向 V, N to incline to; tendency

qīngxiāo 倾销 N dumping (pricing)

qīngxǐng 清醒 ADJ clear-headed; awake

qíngxù 情绪 N emotion

qíngyǒudúzhōng 情有独钟 V to show special preference to

Qīngzàng gāoyuán 青藏高原 N Tibetan Plateau

qīngzǎo 清早 N early in the morning

Qīngzhēn 清真 N Muslim

Qīngzhēnjiào 清真教 N Islam

Qīngzhēnjiàode 清真教的 ADJ Islamic

Qīngzhēnjiàotú 清真教徒 N Muslim (people)

Qīngzhēnsì 清真寺 N mosque

qīngzhǒng 青肿 N bruise

qìngzhù 庆祝 V to celebrate

qínliúgǎn 禽流感 N bird flu

qīnmì 亲密 ADJ close, intimate

qīnpèi 钦佩 V to admire

qīnqi 亲戚 N relatives, family

qīnqiè 亲切 ADJ warm, amiable

qīnqíng 亲情 N family love

qīnrén 亲人 N one's close relatives

qīntūn gōngkuǎn 侵吞公款 V to embezzle public funds

qīnyǎn mùdǔ 亲眼目睹 V to witness

qīnzì 亲自 ADV personally; in person

qīnzuǐ 亲嘴 V to kiss

qióng 穷 ADJ poor (not rich)

qípáo 旗袍 N cheong-sam; chi-pao

qǐpǎoqì 起跑器 N starting blocks (sports)

qǐpǎoxiàn 起跑线 N the starting line

qīpiàn 欺骗 V to deceive

qìqiú 气球 N balloon

qíquán 齐全 ADJ complete

qìquán 弃权 V to abstain from voting; to forfeit

qǐrényōutiān 杞人忧天 IDIOM groundless fears

qī-ruǎn-pà-yìng 欺软怕硬 V to bully the weak but fear the strong

qīshí 七十 NUM seventy

qíshí 其实 ADV actually

qíshì 歧视 V, N to discriminate against; discrimination

qìshì 气势 N imposing manner, vigor

qìshuǐ 汽水 N soft drink

qítā 其他 ADV other

qítède 奇特的 ADJ fancy

qìtú 企图 N attempt

qiū 丘 N hill

qiú 球 N ball

qiújiù 求救 v to cry for help

qiúmí 球迷 N ball game fan

qiūtiān 秋天 N autumn

qiúxié 球鞋 N football boots, sneakers

qiúyuán 球员 N ball game player

qiúzhí 求职 v to find a job

qiúzhībùdé 求之不得 IDIOM exactly what one's been looking for

qīwàng 期望 v to expect

qìwèi 气味 N smell

qìwēn 气温 N temperature

qīxiàn 期限 N time limit

qǐyè jítuán 企业集团 N enterprise group

qǐyè shàngshì 企业上市 N listing of a company

qǐyè xíngxiàng 企业形象 N corporate image

qǐyèjiā 企业家 N entrepreneur

qìyóu 汽油 N petrol, gasoline

qìyóuzhàn 汽油站 N petrol station

qǐyuán 起源 N origin

Qīyuè 七月 N July

qìyuè 契约 N contract

qīzi 妻子 N wife

qízǐ 棋子 N chess piece

qìzi 起子 N screwdriver

qǔ v to fetch

qù 去 v to go

Qù nǎli 去哪里 where to?

quàn'gào 劝告 N advice

quánbù 全部 (whole)

quánbùde 全部地 ADV completely

quánbùde 全部的 ADJ entire, whole

quánfāngwèi 全方位 ADJ all around; complete; comprehensive

quánguó rénkǒu pǔchá 全国人口普查 N nationwide census

quánguó rénmín dàibiǎo dàhuì 全国人民代表大会 N National People's Congress (NPC)

quànjiě 劝解 v to counsel sb; to act as go-between

quánjǐng 全景 N panorama

quánjǐng diànyǐng 全景电影 N widescreen (of a TV, projector, etc.)

quánlì 权力 N authority (power)

quánlì 权利 N rights

quánlì fǎ'àn 权力法案 N Bill of Rights

quánlì yǐfù 全力以赴 N all-out efforts

quánmiànde 全面的 ADJ general, all-purpose

quánnéng guànjūn 全能冠军 N all-around winner

quánqiú biànnuǎn 全球变暖 N global warming

quánqiú dìngwèi xìtǒng 全球定位系统 N global positioning system (GPS)

quánqiútōng 全球通 N GSM

quànshāng 券商 N securities trader

quāntào 圈套 N trap

quántǐ huìyì 全体会议 N plenary meeting

quántiānhòu 全天候 N 24/7 (service, etc.)

quántou chǎnpǐn 拳头产品 N bestseller

quánwēi 权威 N authority (person in charge)

quánxīn 全新 ADJ brand new

quánxīnquányìde 全心全意地 ADV wholeheartedly

quányì 权益 N rights and interests

quánzhí 全职 N full-time job

qūbié 区别 N, V to distinguish; difference

qǔdài 取代 V to replace

qùdiào 去掉 V to get rid of

quèbān 雀斑 N freckle

quèbǎo 确保 V to make sure

quēdiǎn 缺点 N defect

quēdiàode 缺掉的 ADJ missing (absent)

quèdìng 确定 ADJ sure

quēfáde 缺乏的 ADJ scarce

quēhuò 缺货 V to be out of stock

quēkè 缺课 V to miss a class; to be absent from school

quēkǒu 缺口 N gap, breach

quèqiè 确切 ADJ, ADV exact; exactly

quèrèn 确认 V to confirm

quēshǎo 缺少 ADJ lacking

quēxí 缺席 ADJ absent

quēxiàn 缺陷 N defect

qūfēn 区分 V to differentiate

qūfú 屈服 V to give in

qùgòujì 去垢剂 N detergent

qūgùnqiú 曲棍球 N hockey

qùguo 去过 V to have been somewhere

qúndài guānxì 裙带关系 N nepotism

qúndài jīngjì 裙带经济 N crony capitalism

qúndàifēng 裙带风 N nepotism

qùnián 去年 N last year

qúnzi 裙子 N skirt

qūshì 趋势 N trend, tendency

qùshì 去世 V to pass away

qūtǐ 屈体 N jackknife (dive)

qǔxiāo 取消 V to cancel

qǔxiào 取笑 V to laugh at

qūyù 区域 N area, region

qūzhé 曲折 ADJ complicated; winding

R

rán'ér 然而 CONJ nevertheless

ràng mǒurén dāchē 让某人搭车 V to give sb a lift (ride in car)

ràngzuò 让座 v to give up one's seat for somebody

ránhòu 然后 conj then

rǎnzhǐ 染指 v to encroach upon

ràoquānzi 绕圈子 v to beat around the bush

rè 热 ADJ hot (temperature)

rè'ài 热爱 v to love ardently

rèdài fēngbào 热带风暴 N tropical storm

rèdài 热带 N the tropics

rèdài yǔlín 热带雨林 N tropical rainforest

rèdǎo xiàoyìng 热岛效应 N urban heat island

règǒu 热狗 N hotdog

rèhédàntóu 热核弹头 N thermonuclear warhead

rèliàng 热量 N quantity of heat; calorific value

rèmén huàtí 热门话题 N hot topic

rén 人 N people, person

rén yǐ qún fēn 人以群分 IDIOM Birds of a feather flock together

rènao 热闹 ADJ lively

réncái 人才 N talent; attractive looks

réncái liú shī 人才流失 N brain drain

réncí 仁慈 N forgiveness, mercy, kindness

réncì 人次 N person time

réndào zhǔyì 人道主义 N humanitarianism

rènde 认得 v to recognize

rénfú yú shì 人浮于事 ADJ overstaffed

rēng 扔 v to throw

rēngdiào 扔掉 v to throw away/out

réngōngde 人工的 ADJ artificial

réngōng zhìnéng 人工智能 N artificial intelligence (AI)

réngrán 仍然 conj still, even now

rénhǎi zhànshù 人海战术 N huge-crowd strategy (sports)

rènhé dìfang 任何地方 ADV anywhere

rènhé rén 任何人 PRON anybody, anyone

rènhé shì 任何事 PRON anything

rènhé yī ge 任何一个 PRON either

rénjī jiāohù 人机交互 N human-computer interaction

rénjì jiāowǎng 人际交往 N interpersonal relationship

rénjūn zhùfáng 人均住房 N per-capita housing

rénkǒu 人口 N population

rénkǒu chūshēnglǜ 人口出生率 N birth rate

rénkǒu fùzēngzhǎng 人口负增长 N negative population growth

rénkǒu guòshèng 人口过剩 N overpopulation

rénkǒu lǎolínghuà 人口老龄化 N population aging

rénkǒu sùzhì 人口素质 N quality of population

rénkǒuxué 人口学 N demography

rénlèi jīyīn túpǔ 人类基因图谱 N human genome

rénlèi miǎnyì quēxiàn bìngdú 人类免疫缺陷病毒 N Human Immunodeficiency Virus (HIV)

rénmínbì 人民币 N Chinese currency

rénqì 人气 N popularity

rénqíng 人情 N human feelings

rénqíngwèi 人情味 N human touch

rénqíngzhài 人情债 N debt of gratitude

rénquán 人权 N human right

rénshānrénhǎi 人山人海 IDIOM vast crowd

rénshēn bǎohù lìng zhuàng 人身保护令状 N habeas corpus

rénshēn gōngjī 人身攻击 N personal attack

rénshēng 人生 N life

rènshi 认识 V to know, to be acquainted with

rénshòu bǎoxiǎn 人寿保险 N life insurance

rénshù 人数 N number of people

rèntóng 认同 V to endorse, to acknowledge, to recognize

réntóushuì 人头税 N poll tax

rènwéi 认为 V to reckon, to have an opinion

rènwu 任务 N task

rénxìnghuà guǎnlǐ 人性化管理 N people-based management

rényāo 人妖 N ladyboy, transvestite

rènyìqiú 任意球 N free kick

rènzhēn 认真 ADJ serious

rènzhèng 认证 V N to authenticate, to certify; certification

rèqíng 热情 ADJ N cordial, enthusiastic, passionate; passion

rèqìqiú 热气球 N hot air balloon

rèshēn 热身 V to warm up; to get in condition

rèwūrǎn 热污染 N thermal pollution

rèxiàn 热线 N hotline

Rìběn 日本 N Japan

Rìběnde 日本的 ADJ Japanese (in general)

Rìběnrén 日本人 N Japanese (people)

rìchángde 日常的 ADJ daily

rìchéngbiǎo 日程表 N itinerary

rìchū 日出 N sunrise

rìjì 日记 N diary

rìjīng zhǐshù 日经指数 N Nikkei Index

rìluò 日落 N sunset

rìqī 日期 N date (of the month)

rìyòngpǐn 日用品 N everyday goods, articles for daily use

Rìyǔ 日语 N Japanese (language)

rìyuán 日元 N yen, unit of Japanese currency

róngqià 融洽 ADJ harmonious

rónɡrěn 容忍 v to tolerate

rónɡxǔ 容许 v to be allowed to

rónɡyì 容易 ADJ simple (easy)

rónɡyù 荣誉 N glory, honor

ròu 肉 N meat

ròutānɡ 肉汤 N broth, soup

ròuwán 肉丸 N meatball

rù xiānɡ suí sú 入乡随俗 IDIOM When in Rome do as the Romans do

ruǎn 软 ADJ soft

ruǎnjiàn 软件 N software (computer)

ruǎnpán 软盘 N floppy disk

ruǎnruò 软弱 ADJ weak, flabby

ruǎnxīnwén 软新闻 N soft news

ruǎnzhuólù 软着陆 N soft landing (economics)

rùchǎnɡquàn 入场券 N admission ticket

rúcǐ 如此 CONJ such

rǔfánɡ 乳房 N breasts

rúɡuǒ 如果 CONJ if

Ruìshì 瑞士 N Switzerland

Rújiào 儒教 N Confucianism

Rújiāsīxiǎnɡ 儒家思想 N Confucianism

rùjìnɡ 入境 v to enter a country

rùjìnɡ lǚyóu 入境旅游 N inbound tourism

rùkǒu 入口 N entrance, way in

rǔlào 乳酪 N cheese

rùnhóutánɡ 润喉糖 N cough lolly

ruò 弱 ADJ weak

ruòdiǎn 弱点 N weakness

ruòròu qiánɡshí fǎzé 弱肉强食 法则 N law of the jungle

ruòshì qúntǐ 弱势群体 N social disadvantaged groups

rǔzhào 乳罩 N bra

S

(shǔyú) ... de (属于**) ... 的** PREP of, from

sǎ 洒 v to sprinkle; to spray; to shed

sāhuǎnɡ 撒谎 N, v lie; to tell a falsehood

sài wēnɡ shī mǎ yān zhī fēi fú 塞翁失马焉知非福 IDIOM Misfortune may be an actual blessing

Sàibǎiwèi 赛百味 N Subway (food)

sāizi 塞子 N plug (bath)

sān 三 NUM three

sǎn 伞 N umbrella

sān wéi dònɡhuàpiàn 三维动画片 N three-dimensional animation

sānzhīshǒu 三只手 N pickpocket; cutpurse

sānbāxiàn 三八线 N 38th Parallel (Korea)

sànbù 散步 v to go for a stroll

sānchǎn 三产 N tertiary industry

sānfēnzhīyī 三分之一 NUM third (1/3) (ordinal number)

sàngfū 丧夫 ADJ widowed

sānglǐ 丧礼 N funeral

sāngná(yù) 桑拿(浴) N sauna

sàngqī 丧妻 N widower

sǎngzi 嗓子 N throat; voice

sānhǎo xuéshēng 三好学生 N merit student

sànhù 散户 N private investor

sānjiǎo liàn'ài 三角恋爱 N love triangle

sānjiǎo zhài 三角债 N triangle debts

sānjiǎokù 三角裤 N briefs, men's underwear

sānjiǎoxíng 三角形 N triangle

sānjípiàn 三级片 N adult film

sānlián guàn 三连冠 N three successive championships

sānlúnchē 三轮车 N tricycle

sānpéi 三陪 N prostitute

sānquán fēnlì 三权分立 N separation of powers

sānshí 三十 NUM thirty

sānwéi diànyǐng 三维电 N three-dimensional movie

sānxiá gōngchéng 三峡工程 N Three Gorges Dam Project

sànxīn 散心 to relieve boredom

Sānyuè 三月 N March

sànzhuāngde sǎnzhuāng 散装的 ADJ loose (not in packet)

sānzìjīng 三字经 N three-character classic (book)

sǎo 扫 V to sweep

sǎodì 扫地 V to sweep the floor

sāoluàn 骚乱 N disturbance

sǎománg 扫盲 V to eliminate illiteracy

sǎomiáo 扫描 V to scan

sǎomiáoqì 扫描器 N scanner

sàozhou 扫帚 N broom

sǎozi 嫂子 N sister-in-law (wife of husband's older brother)

sǎtuō 洒脱 ADJ free and at ease; unaffected

sēnlín 森林 N forest

sēnlín fùgàilǜ 森林覆盖率 N forest coverage

sèqíngpiàn 色情片 N pornographic film; adult film

shā 杀 V to kill

shā jī yòng niú dāo 杀鸡用牛刀 IDIOM break a butterfly on the wheel

shāchē 刹车 V to brake when driving; to stop

shāchéngbào 沙尘暴 N sand storm

shāchóngjì 杀虫剂 N insecticide; pesticide

shādīngyú 沙丁鱼 N sardine

shāfā 沙发 N couch, sofa

shǎguā 傻瓜 N fool

shāmò 沙漠 N desert (arid land)

shāmòhuà 沙漠化 N desertification

shān 山 N mountain

shānchú 删除 V to delete

shǎndiàn 闪电 N lightning

shǎndiànzhàn 闪电战 N the Blitz

shāndǐng 山顶 N peak, summit

shàngbān 上班 V to go to work

shàngbānzú 上班族 N office worker, commuter

shāngbiāo 商标 N trademark; logo

shāngchǎng 商场 N shopping mall

shàngchē 上车 V to board (bus, train)

shàngdàng 上当 V be taken in

Shàngdì 上帝 N God

shāngdiàn 商店 N shop, store

shànggǎng 上岗 V to go on duty

shànggǎng zhèng 上岗证 N work license

shānghài 伤害 V, N to hurt; injury

Shànghǎi 上海 N Shanghai

shāngháng 商行 N firm, company

shānghén 伤痕 N scar; bruise

shàngkè 上课 V to go to class; to attend class; to go to teach a class

shāngkǒu 伤口 N cut (injury), wound

shànglái 上来 V to come up; to approach

shāngliang 商量 V to discuss

shàngmén fúwù 上门服务 N door-to-door service

shàngmén tuīxiāoyuán 上门推销员 N knocker (salesman)

shàngmiàn 上面 PREP above

shāngpǐnhuà 商品化 N commercialization

shāngpǐn tiáomǎ 商品条码 N barcode

shàngqù 上去 V to go up, to climb

shāngrén 商人 N business-person

shàngshēng 上升 V to rise, to ascend

shàngshì 上市 V to be listed (economics)

shàngshì gōngsī 上市公司 N listed companies

shàngsi 上司 N boss; superior

shàngtái 上台 V to appear on stage; to come to power

shàngtiān 上天 V, N to pass away; god

shān'gǔ 山谷 N valley

shǎn'guāngdēng 闪光灯 N flash (camera)

shàngwǎng 上网 V to surf the Internet

shàngwǎng kāfēiguǎn 上网咖啡馆 N Internet café

shàngwǎng qù chōnglàng 上网去冲浪 N surfing the Internet

shàngwèi 尚未 ADJ not yet

shàngwǔ 上午 N morning

shāngwù lǚyóu 商务旅游 N business travel

shāngwùcāng 商务舱 N business class

shàngxiàn 上限 N upper limit

shàngxīn táijiē 上新台阶 v to reach a new level

shàng xīngqī 上星期 N last week

shàngxué 上学 v to go to school; to begin school

shāngyè 商业 N business

shāngyè chǎozuò 商业炒作 N commercial speculation

shāngyè dàikuǎn 商业贷款 N commercial loan

shāngyè wǎngdiǎn 商业网点 N commercial network

shàngyī 上衣 N upper outer garment; jacket; top

shāngyù 商誉 N reputation of a company

shàngzài 上载 v to upload

shānhú 珊瑚 N coral

shǎnkè 闪客 N artists who use FLASH (computer)

shǎnliàng 闪亮 v sparkling

shànliáng 善良 ADJ good and honest; kindhearted

shānpō 山坡 N slope

shānqíng 煽情 v to sensationalize

shānyáng 山羊 N goat

shànzi 扇子 N fan (for cooling)

shànzì 擅自 v to do something without permission; of one's own initiative

shāo 烧 v to burn

shǎo 少 ADV few

shāohuǐ 烧毁 ADJ burned down

shāokǎo 烧烤 v to grill

shǎoliàngde 少量的 ADJ small amount

shàonián 少年 N youngster; juvenile

shàonǚ 少女 N girl; young lady

shāoshāng 烧伤 N burn (injury)

shǎoshù 少数 N minority

shǎoshù mínzú 少数民族 N national minority, ethnic group

shāotā 烧塌 ADJ burned down/out

shāowēi 稍微 ADV slightly

sháozi 勺子 N spoon

shāshǒujiàn 杀手锏 N finishing move

shātān 沙滩 N beach

shāyǎ 沙哑 ADJ hoarse

shāyú 鲨鱼 N shark

shāzhù 刹住 v to brake

shāzi 沙子 N sand

shǎzi 傻子 N fool

shé 蛇 N snake

shèbèi 设备 N equipment

shēchǐ 奢侈 ADJ luxurious; extravagant

shēchǐpǐn 奢侈品 N luxury good

shèhuì bǎozhàng zhīchū 社会保障支出 N expenditure for social security

shèhuì bǎozhàng zhìdù 社会保障制度 N social security system

shèhuì fúlì cǎipiào 社会福利彩票 N social welfare lotteries

shèhuì míngliú 社会名流 N celebrity

shèhuì rèdiǎn wèntí 社会热点问题 N hot spots of society

Shéi/Shuí 谁 PRON who?

shèjī 射击 v, N to fire; shooting

shèjí 涉及 v to involve

shèjì 设计 v, N to design; design

shèjiāowǎng 社交网 N social network

shèjídào 涉及到 ADJ involved

shèjìshī 设计师 N designer

shèlùjī 摄录机 N video recorder

shèlùn 社论 N editorial

shēn 深 ADJ deep

shén 神 N god

shèn 肾 N kidney

shēnbàn chéngshì 申办城市 N bidding cities

shēnbào 申报 v to declare

shēncái 身材 N figure

shēnchá 审查 v to examine

Shéndào 神道 N Shinto (Japanese religion)

shēndù 深度 N depth

shēnfèn 身份 N identity

shénfēng 神风 N kamikaze; members in the Japanese air force who carried out a suicidal mission during WWII

shēnfènzhèng 身份证 N identity card

shénfù 神父 N priest

shēng 生 v to give birth

shēn'gāo 身高 N height (body)

shēngbìng 生病 v to get sick

shēngchǎn 生产 v to produce

shēngchǎnlì 生产力 N productivity

shēngchǎnxiàn 生产线 N production line

shēngcún 生存 v to survive

shèngdàde 盛大的 ADJ great, impressive

Shèngdànjié 圣诞节 Christmas

shèngdànlǎorén 圣诞老人 N Santa Claus

shēngde 生的 ADJ raw, uncooked, rare

shěnghuì 省会 N provincial capital

shēnghuó 生活 N, v life; to live (be alive)

shēnghuó fèi 生活费 N cost of living; living expenses

shēngjí huàndài 升级换代 N updating and upgrading (products, etc.)

shēngjì wèntí 生计问题 N bread-and-butter issue

shēngjiàng jī 升降机 N lift

shēnglǎo bìngsǐ 生老病死 N the fate of humankind, mortality

shēngmíng 声明 v, N to declare, to state; declaration, statement

shēngmìng 生命 N life

shēngqì 生气 ADJ cross, angry, annoyed

shěngqián 省钱 v to save money

shēngrì 生日 N birthday

shēngrì kuàilè 生日快乐 GR Happy Birthday!

shēngrì pàiduì 生日派对 N birthday party

shēngtài lǚyóu 生态旅游 N ecotourism

shēngtài nóngyè 生态农业 N environmentally friendly agriculture

shēngtàilín 生态林 N ecological forest

shēngwù kǒngbù zhǔyì 生物恐怖主义 N bioterrorism

shēngwùquān 生物圈 N biosphere

shèngxiàde 剩下的 ADJ remainder, leftover

shēngxiào 生肖 N Chinese zodiac

shēngyīn 声音 N sound, noise, voice

shēngyù 生育 V to give birth to

shèngyúde 剩余的 ADJ rest, remainder

shēngyúpiàn 生鱼片 N raw fish, sashimi

shèngzhàn 圣战 N jihad (Islam)

shéngzi 绳子 N string, rope

shénhuà 神话 N myth

shēnhūxī 深呼吸 V to take a deep breath

shēnjiāgōng 深加工 N further processing

shēnjīngbǎizhàn 身经百战 IDIOM experienced; seasoned

shénjīngbìng 神经病 ADJ crazy

shēnkè 深刻 ADJ profound; deep

Shénme 什么 INTERJ What? Pardon me? What did you say?

shénme dìfang 什么地方 ADV somewhere

shénme shíhòu 什么时候 ADV when

shénmì 神秘 ADJ mysterious

shénmǔ 婶母 N aunt (wife of father's younger brother)

shénqí 神奇 ADJ magical

shénqì 神气 ADJ, E impressive; cocky; manner

shēnqǐng 申请 V to apply

shénqíng 神情 N look; expression

shēnrù 深入 ADJ, V thorough; to penetrate deeply

shénshèng 神圣 ADJ holy

shénshèngde 神圣的 ADJ sacred

shěnshí duóshì 审时度势 N to size up the situation

shēnshì 绅士 N gentleman

shénsù 神速 ADJ amazingly rapid; incredibly fast

shēntǐ 身体 N body

shēntǐ lìxíng 身体力行 IDIOM to practice what one preaches

shēntǐ sùzhì 身体素质 N physical constitution

shèntòu 渗透 V to penetrate

shēnwài zhī wù 身外之物 N worldly possessions

shénxiān 神仙 N supernatural entity, fairy

shényè 深夜 N late at night

shényī 神医 N highly skilled doctor

shēnzhǎn 伸展 V to stretch

shèqū 社区 N community

shèqū fúwù 社区服务 N community services

shèshī 设施 N facilities

shèshì 摄氏 N Centigrade, Celsius

shétóu 蛇头 N snakehead (criminal)

shétou 舌头 N tongue

shèwài jīngjì 涉外经济 N foreign-related economics

shèxiàng 摄像 V to videotape

shèxiàngdài 摄像带 N video cassette

shèyǐngshī 摄影师 N photographer, cameraman

shèzhèng 摄政 N, ADJ regent

shèzhì 设置 V to install, to set up

shí bù wǒ dài 时不我待 IDIOM Time and tide wait for no man

shǐ rén nánkān 使人难堪 ADJ embarrassing

shì shàng wú nán shì zhǐ yào kěn pān dēng 世上无难事只要肯攀登 IDIOM Where there is a will, there is a way

shí shì qiú shì 实事求是 V to seek truth from facts

shǐ téngtòng 使疼痛 V to ache

shì wài táoyuán 世外桃源 N utopia

shǐ xiànrù 使陷入 V to involve

shí 十 NUM ten

shǐ 屎 N shit

shì 试 V to try

shì 是 V be, to exist

shí'èr 十二 NUM twelve

Shí'èryuè 十二月 N December

shíbā bān wǔyì 十八般武艺 N all types of combat

shībài 失败 N failure

shìbàn gōngbèi 事半功倍 IDIOM half the work, twice the effect; the right approach saves effort and leads to better results

shìbīng 士兵 N soldier

shíchā 时差 N time difference; jet lag

shìchǎng 市场 N market

shìchǎng bǎohé 市场饱和 N market saturation

shìchǎng píruǎn 市场疲软 N sluggish market

shìchǎng yíngxiāoxué 市场营销学 N marketing

shìchǎng zhànyǒulǜ 市场占有率 N market share

shìchǎnghuà 市场化 N marketization

shìchuān 试穿 V to try on (clothes)

shídài 时代 N era; period

shìdàngde 适当的 ADJ appropriate

shīde 湿的 ADJ wet

shìde 是的 EXCLAM yes, indeed!

shīdì 湿地 N wetland

shìdiǎn gōngchéng 试点工程 N pilot project

shìdiǎn xiàngmù 试点项目 N pilot project

shīdù 湿度 N humidity

shíduàn 时段 N period of time

shìfàn 示范 v to demonstrate, to show how to do something; model example

shìfàng 释放 v to release

shìfēi 是非 N right and wrong; trouble

shífēn 十分 ADV extremely

shīfu 师傅 N master

shīgē 诗歌 N hymn, poem

shìgù 事故 N accident

shìguǎn yīng'ér 试管婴儿 N test-tube baby

shìhéde 适合的 ADJ fitting, suitable

shíhou 时候 N time

shìhuà 市话 N local (telephone) calls

shíhuà shíshuō 实话实说 v to speak the plain truth

shíhuì 实惠 ADJ economical

shíjī 时机 N opportunity

shíjì 实际 ADJ really (in fact)

shìjì 世纪 N century

Shìjiāmùní 释迦牟尼 N Sakyamuni

shíjiān 时间 N time

shìjiàn 事件 N happening, incident, event

shíjiàn 实践 v to practise; practice

shìjiè bēi 世界杯 N World Cup

shìjiè 世界 N world

shìjièmàoyìzǔzhī 世界贸易组织 N World Trade Organization

shǐjìnr 使劲儿 v to exert all one's strength

shíkè 时刻 N point (in time)

shíkèbiǎo 时刻表 N timetable, schedule

shílì 实力 N strength

shìlì 势利 ADJ snobbish

shīliàn 失恋 ADJ, v be unlucky in love

shíliáo 食疗 N food therapy

shílìhuà jiàoxué 实例化教学 N case study teaching

shímáo 时髦 ADJ trendy, fashionable

shīmián 失眠 v to suffer from insomnia

shìmín 市民 N citizen

shīmíng 失明 v to go blind

shímòhuà 石漠化 N stony desertification

shìnèi 室内 N indoor, interior

shípǐn 食品 N food

shìpín diǎnbō 视频点播 N video-on-demand (VOD)

shípǔ 食谱 N recipe

shíqī 时期 N period (of time)

shìqì 士气 N morale

shìqíng 事情 N matter, issue

shìqù 失去 v to lose

shìqū 市区 N downtown

shíquánshíměi 十全十美 IDIOM to be perfect

shísān 十三 NUM thirteen

shìshàng 时尚 ADJ trendy, fashionable

shìshì qiúshì 实事求是 IDIOM to seek truth from facts; to be practical and realistic

shísì 十四 NUM fourteen

shísù 时速 N speed per hour

shísù 食宿 N board and lodging; accommodation

shítáng 食堂 N canteen

shǐtǐ 尸体 N dead body

shítǐ 实体 N physical (as opposed to online) retail store

shítǐ jīngjì 实体经济 N real economy

shítou 石头 N rock, stone

shìwài táoyuán 世外桃源 N Shangri-La

shíwàn 十万 NUM hundred thousand

shìwàng 失望 ADJ disappointed

shìwēi 示威 v, N to demonstrate (as a protest); demonstration

shìwēn 室温 N room temperature

shīwù 失误 N mistake, fault

shíwǔ 十五 NUM fifteen

shíwù 食物 N food

shìwù 事物 N thing

shíwùliàn 食物链 N food chain

shìwùsuǒ 事务所 N office

shìwù zhāolǐngchù 失物招领处 N lost property

shíxí 实习 v to practice, to intern

shìxiān 事先 ADV earlier, beforehand

shíxiàn mùbiāo 实现目标 v to achieve a goal

shìxiàng 事项 N item, individual thing

shīxiào 失效 v to stop working; to be no longer valid

shíxíng 实行 v to implement, to put into practice

shīxiōngdì 师兄弟 N fellow apprentice

shíxísheng 实习生 N intern

shīxué értóng 失学儿童 N dropout (student)

shíyán 食言 v to break a promise

shìyàn 试验 N test

shìyàng 式样 N pattern, design

shíyànshì 实验室 N laboratory

shìyè 失业 ADJ unemployed

shìyè 事业 N career

shìyè dānwèi 事业单位 N public institution

shīyèjīn 失业金 N unemployment compensation

shíyī 十一 NUM eleven

shí yì 十亿 NUM billion

shìyìng 适应 v to adapt to a new environment

shìyīshì 试衣室 n fitting room

Shíyīyuè 十一月 n November

shíyòng 实用 adj practical; functional; pragmatic

shǐyòng 使用 v to use, to apply

shìyòngqī 试用期 n trial period (work)

shíyóu 石油 n oil; petroleum

Shíyuè 十月 n October

shízài 实在 adj, adv honest; really

shìzhě shēngcún 适者生存 phr survival of the fittest

shìzhèn 市镇 n town

shìzhèng gōngchéng 市政工程 n municipal engineering

shìzhèngfǔ 市政府 n city hall; city government

shízhōng 时钟 n clock

shǐzhōng 始终 adv all along

shìzhōngxīn 市中心 n center of city

shízhuāng biǎoyǎn 时装表演 n fashion show

shīzi 狮子 n lion

shízìjià 十字架 n cross

shízìlùkǒu 十字路口 n crossroads, intersection

shīzōngle 失踪了 adj missing (lost person)

shízú 十足 adj complete

shǒu 手 n hand

shòu 瘦 adj thin (of persons)

shòu huānyíng 受欢迎 adj popular

shòu míhuò 受迷惑 adj puzzled

shòu tòngkǔ 受痛苦 v to suffer

shǒubì 手臂 n arm; helper

shǒubiǎo 手表 n wrist watch

shǒucì shàngshì gǔpiào 首次上市股票 n IPO (Initial Public Offering)

shōudào 收到 v to receive

shóude 熟的 adj ripe, cooked

shǒudiàntǒng 手电筒 n flashlight, torch

shǒuduàn 手段 n method, trick

shǒufā zhènróng 首发阵容 n starting lineup (sports)

shǒufèi 收费 n fee

shǒugōngyìpǐn 手工艺品 n handicraft

shōugòu 收购 v to acquire (a company); to purchase

shǒuháng 首航 n maiden voyage (of an aircraft or ship)

shòuhòu fúwù 售后服务 n after-sale services

shōuhuò 收获 v, n to harvest, to reap; harvest, gain

shòuhuòyuán 售货员 n sales assistant

shōují 收集 v to gather

shǒujī chōngzhí 手机充值 v to top up a cell phone

shōujù 收据 n receipt

shōukuǎn 收款 v to collect payment

shǒupánjià 收盘价 N closing price

shòupiàochù 售票处 N ticket office

shòupiàoyuán 售票员 N ticket seller

shǒuqī ànjiē 首期按揭 N down-payment

shōurù 收入 N income

shòushāng 受伤 ADJ hurt (injured)

shōushí 收拾 V to tidy up

shǒushì 首饰 N jewelry

shōushìlǜ 收视率 N TV ratings

shǒushù 手术 N surgical operation, surgery

shòusī 寿司 N sushi

shǒutíbāo 手提包 N briefcase

shǒutuīchē 手推车 N cart (pushcart)

shǒuwàn 手腕 N wrist

shóuxī 熟悉 ADJ familiar with

shǒuxiān 首先 ADV first of all, in the first place

shǒuxiàng 首相 N prime minister

shòuxiǎode 瘦小的 ADJ slight

shǒuxù 手续 N procedure

shǒuyīnjī 收音机 N radio

shǒuyìrén 手艺人 N craftsperson

shǒuyǔ 手语 N sign language

shòuzāi dìqū 受灾地区 N disaster-affected area

shòuzāi qúnzhòng 受灾群众 N people afflicted by a natural disaster

shǒuzhāi 守斋 V to fast

shǒuzhǐ 手指 N finger

shǒuzhuó 手镯 N bracelet

shū 书 N book

shū 输 V to lose, to be defeated

shǔ 数 V to count

shù 树 N tree

shuā 刷 V to brush

shuài 帅 ADJ, N handsome; commander-in-chief

shuāidǎo 摔倒 V to fall over

shuǎimài 甩卖 N clearance sale

shuākǎ 刷卡 V to swipe a card

shuǎlài 耍赖 V to act dumb; to act as if something never happened

shuāngbāotāi 双胞胎 N twins

shuāngbèi 双倍 N, ADJ double

shuāngchóng guójí 双重国籍 N dual nationality

shuǎngkǒu 爽口 ADJ delicious

shuǎngkuai 爽快 ADJ frank and straightforward

shuāngmiàn 双面 ADJ double-sided

shuāngrènjiàn 双刃剑 N double-edged sword

shuāngxiàng shōufèi 双向收费 N two-way charge system

shuāngxué wèi 双学位 N double degree

shuāngyíng júmiàn 双赢局面 N win-win situation

shuāngzhígōng 双职工 N working couple

shuànyángròu 涮羊肉 N instant-boiled mutton

shuāyá 刷牙 v to brush one's teeth

shuāzi 刷子 N brush

shǔbiāo 鼠标 N mouse (computer)

shūcài 蔬菜 N vegetable

shūdāizi 书呆子 N bookworm

shúde 熟的 ADJ ripe

shūdiàn 书店 N book shop

shūfǎ 书法 N calligraphy

shūfù 叔父 N uncle (father's younger brother)

shūfu 舒服 ADJ comfortable

shuǐ 水 N water

shuì 税 N tax

shuǐguǒ 水果 N fruit

shuǐhuò 水货 N smuggled goods

shuìjiào 睡觉 v to sleep

shuìlǜ 税率 N tax rate

shuǐmòhuà 水墨画 N ink and wash painting

shuǐní 水泥 N cement

shuǐniú 水牛 N buffalo (water buffalo)

shuǐshàng yùndòng 水上运动 N water sports

shuǐtǒng 水桶 N bucket

shuǐtǔ liúshī 水土流失 N soil erosion

shuìwùshī 税务师 N tax accountant

shuǐxià dǎodàn 水下导弹 N underwater missile

shuìyī 睡衣 N nightclothes, pajamas

shuìzháo 睡着 ADJ asleep

shuǐzúguǎn 水族馆 N aquarium

shǔjià 暑假 N summer holiday

shùjǐn 束紧 v to tie

shùjùkù 数据库 N database

shùjù lùxiàngjī 数据录像机 N DVD

shùjù tōngxìn 数据通信 N data communication

shúliànde 熟练的 ADJ skillful

shùliàng 数量 N amount

shùmǎgǎng 数码港 N cyberport

shùmǎ xiàngjī 数码相机 N digital camera

shūmiàn 书面 ADJ written

shūmǔ 叔母 N aunt (wife of father's younger brother)

shùnbiàn 顺便 ADV conveniently; in passing; without much extra effort

shùnbiàn wèn yīxià 顺便问一下 ADV by the way

shùnjiān 瞬间 N in the twinkling of an eye

shùnlì 顺利 ADJ to go smoothly

shùnlù bàifǎng 顺路拜访 v to stop by; to pay a visit

shuō 说 v to speak, to say

shuōbudìng 说不定 ADV maybe, perhaps

shuō cáocāo cáocāo dào 说曹操曹操到 IDIOM Speak of the devil and he does appear

shuōhuà 说话 v to talk, to chat

shuōhuǎng 说谎 v to lie, to tell a falsehood

shuōmíng 说明 v, n to explain; to prove; explanation

shuōqǐlái róngyì zuòqǐlái nán 说起来容易做起来难 IDIOM easier said than done.

shuòshì 硕士 n master's degree

shūqián 输钱 v to lose money

shúrén 熟人 n acquaintance

shūrù 输入 v to enter; to import

shūshu 叔叔 n uncle (father's younger brother)

shúxīde 熟悉的 ADJ familiar

shùxué 数学 n mathematics

shǔyú 属于 v belong to

shūzhuō 书桌 n desk

shūzi 梳子 n comb

shùzì 数字 n figure, number

shùzì dìqiú 数字地球 n digital earth

sǐ 死 v to die

sǐ ér hòu yǐ 死而后已 IDIOM until my heart stops beating

sǐ hútòng 死胡同 n dead end, blind alley

sǐbǎn 死板 ADJ rigid, inflexible

sīchóu 丝绸 n silk

sìdà jīngāng 四大金刚 n Four Heavenly Kings (Buddhism)

sīdài 丝带 n ribbon

sìfēnzhīyī 四分之一 n quarter

sìhéyuàn 四合院 n courtyard

house (a type of Chinese residence)

sìhū 似乎 v to seem

sījī 司机 n driver

sǐjī 死机 v, ADJ to crash (computer); crashed

sǐjì yìngbèi 死记硬背 IDIOM to learn by rote; to mechanically memorize

sīkāi 撕开 v to rip open

sīkǎo 思考 v to think

sǐle 死了 ADJ dead

sǐlù 死路 n dead end; the road to disaster

sīqǐ 私企 n private enterprise

sīréndè 私人的 ADJ private

sīrén qǐyè 私人企业 n private enterprise

sīshēnghuó 私生活 n private life

sīshì 私事 n private affairs

sìshí 四十 NUM forty

sìshí búhuò 四十不惑 PHR Life begins at forty

sǐwáng 死亡 n death

sǐwáng rénshù 死亡人数 n death toll

sǐwánglǜ 死亡率 n mortality rate

sīwéi 思维 n thinking

sīwén 斯文 ADJ gentle

sīxiāng 思乡 n nostalgia

sīxiǎng 思想 n thoughts

sǐxīn 死心 v to give up; to have no more illusions about

sīyí 司仪 n presenter; host

sīyíng 私营 ADJ privately-owned; private

sīyíng qǐyè 私营企业 N privately-owned enterprise

sìyuàn 寺院 N temple (Chinese)

Sìyuè 四月 N April

sǐzhàng 死帐 N bad debt

sìzhōu 四周 N all around

sòng 送 v to give; to deliver; to take somebody to

sōngdòngde 松动的 ADJ loose (wobbly)

sōu zhǔyi 馊主意 N bad idea

sōusuǒ yǐnqíng 搜索引擎 N search engine

sù 素 ADJ, N plain; vegetable

suàn 算 v to count

suàn 蒜 N garlic

suān 酸 ADJ sour

suānjú 酸桔 N lime, citrus

suànle 算了 PHR Let it be. Forget about it.

suànmìng 算命 v, N to tell fortune; fortune-telling

suànpán 算盘 N abacus

suāntián 酸甜 ADJ sweet and sour

suāntòng 酸痛 ADJ sore, painful

suānyǔ 酸雨 N acid rain

sùchéngbān 速成班 N intensive course

sùdí 凤敌 N arch-rival

sùdù 速度 N speed

Sūgélán 苏格兰 N Scotland

Sūgélánde 苏格兰的 ADJ Scottish

(in general)

Sūgélánrén 苏格兰人 N Scots

suì 岁 N years (old)

suíbiàn 随便 ADJ, CONJ casual; no matter

suíjī 随机 ADV random, according to situation

suìpiàn 碎片 N piece, portion, section

suīrán 虽然 CONJ although, though

suíshí 随时 ADV at any time; at all times

suìsuì píng'ān 岁岁平安 GR peace all year round!

suíyì 随意 ADV at will; as one wishes

sùliào 塑料 N plastic

sùliàodài 塑料袋 N plastic bag

sǔnhuài 损坏 v to damage

sūnnǚ 孙女 N granddaughter (son's daughter)

sǔnshī 损失 v, N to lose; loss; damage

sūnzi 孙子 N grandson (son's son)

suǒ 锁 N lock

suǒdéshuì 所得税 N income tax

suōduǎn 缩短 v to shorten

suǒshàng 锁上 v to lock

suǒshì 琐事 N trifle

suōxiǎo 缩小 v to reduce, to shrink

suǒyǐ 所以 CONJ so, therefore

suǒyǒu 所有 N possessions

suǒyǒuwù 所有物 N belongings

uŏzhù 锁住 ADJ locked

sùshè 宿舍 N dormitory

sùshí 素食 N vegetarian food

sùzhì jiàoyù 素质教育 N education for all-around development

T

tā 他 PRON he, him

tā 它 PRON it

tā 她 PRON she, her

tǎ 塔 N tower

tāde 他的 PRON his

tāde 她的 PRON her, hers

tài 太 ADJ too (excessive)

tài duō 太多 ADV too much

Táiběi 台北 N Taipei

tàidu 态度 N attitude

táifēng 台风 N typhoon

táigàng 抬杠 V to argue for the sake of arguing

Tàiguó 泰国 N Thailand

Tàiguóde 泰国的 ADJ Thai (in general)

táijiē 台阶 N steps, stairs

tàijíquán 太极拳 N tai chi (traditional form of physical exercise or relaxation; a martial art)

tàikōng lājī 太空垃圾 N space trash

tàikōngbù 太空步 N moonwalk

tàikōngrén 太空人 N astronaut

tàipíngyáng jiànduì 太平洋舰队 N Pacific Fleet (US)

táiquándào 跆拳道 N Taekwondo

tàitai 太太 N madam (term of address), Mrs

Táiwān 台湾 N Taiwan

tàiyáng 太阳 N sun

tàiyángnéng 太阳能 N solar energy

tàiyángyù 太阳浴 N sunbath

Tàiyǔ 泰语 N Thai (language)

tāmen 他们 PRON they, them

tāmende 他们的 PRON, PL their, theirs

tānbái 坦白 ADJ, V honest, frank; to confess

tāng 汤 N soup (spicy stew)

táng 糖 N sugar

tàng 烫 V to iron (clothing)

tángcù 糖醋 ADJ sweet and sour

tángguǒ diàn 糖果店 N confectionery

tángguǒ 糖果 N sweets, candy

Tánglǎoyā 唐老鸭 N Donald Duck

tángniàobìng 糖尿病 N diabetes

tǎngxià 躺下 V to lie down

tángyī pàodàn 糖衣炮弹 N sugar-coated bullets (sth used as a trap)

Tángzhuāng 唐装 N Chinese suit

tánhuà 谈话 V to talk

tánhuáng 弹簧 N spring (metal part)

tànjū 炭疽 N anthrax

tánlùn 谈论 v to talk about

tànmíng chǔliàng 探明储量 N verified reserves (mining)

tānpái 摊牌 v to lay one's card on the table

tánpàn de chóumǎ 谈判的筹码 N bargain chip

tànsuǒ 探索 v to explore

tàntǎo 探讨 v to explore, to discuss further

tānwū fǔhuà 贪污腐化 N corruption and degeneration

tānxīn 贪心 ADJ greedy

tánxìng 弹性 N flexibility; elasticity

tánxìng jiùyè 弹性就业 N flexible employment

tānzi 摊子 N stall (of vendor)

tǎnzi 毯子 N blanket

tào 套 N set

táobì 逃避 v to escape

tàocān 套餐 N set meal

tāoguāng yǎnghuì 韬光养晦 v to keep a low profile

tǎojià huánjià 讨价还价 v to haggle over prices

tàolì 套利 N arbitrage

tǎolùn 讨论 v to discuss; discussion

táopǎo 逃跑 v to run away

táopiào 逃票 N fare evasion

táopiàozhě 逃票者 N fare evader

táoshuì 逃税 v to evade tax

táotài 淘汰 v to eliminate

tǎoyàn 讨厌 ADJ, v disgusting; nasty; dislike

táoyě qíngcāo 陶冶情操 v to cultivate one's taste

tǎozhài gōngsī 讨债公司 N debt-collection agency

tàozhuāng 套装 N suit

táozi 桃子 N peach

tāshí 踏实 ADJ steady; free from anxiety

tèbié 特别 ADJ, ADV peculiar; exceptionally; specially

tèbiéde 特别地 ADV especially

tèbié xíngzhèngqū 特别行政区 N special administrative region (SAR)

tèchǎn 特产 N special local product; specialty

tècháng 特长 N personal strength

tèdiǎn 特点 N characteristic

tèjì yǎnyuán 特技演员 N stunt man

tèkùn dìqū 特困地区 N destitute areas

Tèluòyī mùmǎ 特洛伊木马 N Trojan horse (legend)

téng 疼 ADJ, v sore; to love dearly

tèsè 特色 N characteristic

tèshū 特殊 ADJ special, particular unusual

tèzhēng 特征 N feature

tí 提 v to carry

tī píqiú 踢皮球 v to kick the ball

tiān 天 N day

tián 甜 ADJ sweet

tiǎn 舔 v to lick

tián jiàngyóu 甜酱油 N soy sauce (sweet)

tiān yǒu búcè fēngyún 天有不测风云 IDIOM a bolt from the blue

tiánbiǎo 填表 v to fill out (form)

tiāncái 天才 N genius

tiānfù rénquán 天赋人权 N natural rights

tiānhuābǎn 天花板 N ceiling

tiānjiājì 添加剂 N additive

tiánjìng 田径 N track and field

tiānkōng 天空 N sky

tiānliàng 天亮 N dawn; day break

tiānlún zhī lè 天伦之乐 N family love and joy

tiánměi 甜美 ADJ sweet, pleasant

tiánmì 甜蜜 ADJ sweet, happy

tiānpíng 天平 N scales

tiānqì 天气 N weather

tiānqì yùbào 天气预报 N weather forecast

tiānránde 天然的 ADJ natural

tiānránqì 天然气 N natural gas

tiānshǐ 天使 N angel

tiánshí 甜食 N sweet, dessert

tiāntáng 天堂 N heaven, paradise

tiānwéntái 天文台 N observatory

tiányāshì jiàoxué 填鸭式教学 N cramming method of teaching

tiányě 田野 N field; open land

tiānzhǔjiào 天主教 N Catholic

Tiānzhǔjiàode 天主教的 ADJ Catholic (in general)

Tiānzhǔjiàotú 天主教徒 N Catholic (people)

tiào 跳 v to jump

tiàocáo 跳槽 N job-hopping

tiàocáozhě 跳槽者 N job-hopper

tiáojiàn 条件 N condition (subjective/objective)

tiáojiě 调解 v to mediate

tiáojiǔshī 调酒师 N bartender

tiáokǎn 调侃 v to tease

tiáokuǎn 条款 N item, individual thing

tiáolǐ 调理 v to nurse one's health, to look after

tiáoliào 调料 N seasoning, flavoring

tiáopí 调皮 ADJ naughty

tiàoqí 跳棋 N Chinese checkers

tiàosǎn 跳伞 N parachute jumping

tiàoshuǐ 跳水 N diving

tiāotī 挑剔 ADJ picky

tiáowèizhī 调味汁 N sauce

tiàowǔ 跳舞 v to dance

tiāoxuǎn 挑选 v to select, to pick, to choose

tiàozǎo shìchǎng 跳蚤市场 N flea market

tiǎozhàn 挑战 N challenge

tiáozhěng 调整 v to adjust

tǐcāo 体操 N gymnastics

tíchéng 提成 N sales commission

tídào 提到 v to mention

tiě 铁 n iron (metal)

tiědào 铁道 n railroad, railway

tiěfànwǎn 铁饭碗 IDIOM iron rice bowl (guaranteed job security)

tiěgēmen 铁哥们 n sworn friend

tiěgōngjī 铁公鸡 n stingy person

tiělù 铁路 n railroad, railway

tiēshēnde 贴身的 ADJ personal

tiěwàn rénwù 铁腕人物 n iron-handed person

tiēxīn 贴心 ADJ intimate, close; considerate

tiěxuè 铁血 ADJ blood and iron

tígāo 提高 v to raise, to lift

tígōng 提供 v offering

tìhuàn 替换 v to replace

tǐhuì 体会 v, n to come to understand; to learn through experience; understanding; experience

tǐjī 体积 n volume

tíjià 提价 n price hike

tíjiāo 提交 v to submit

tǐlì 体力 n physical strength, physical power

tímíng 提名 v to nominate

tímù 题目 n topic

tīng 听 v to listen

tíng 停 v to stop, to cease

tīngbùdǒng 听不懂 not able

tīngbùjiàn 听不见 didn't hear

tīngbuqīngchu 听不清楚 cannot hear clearly

tíngchē 停车 v to park (vehicle)

tíngchēchǎng 停车场 n car park

tīngdedǒng 听得懂 able to understand (by hearing)

tīngdǒngle 听懂了 understood (by hearing)

tínggōng 停工 v to stop work, to stop production

tīnghuà 听话 ADJ obedient

tīngjiàn 听见 v to hear

tíngliú 停留 v to stay; to stop

tíngxīn liúzhí 停薪留职 v to retai the job but suspend the salary

tíngyuàn 庭院 n courtyard

tíngyuàn jīngjì 庭院经济 n courtyard economy

tíngzhǐ 停止 v to stop, to halt

tīngzhòng 听众 n audience

tíqǐ 提起 v to lift, raise

tíqián 提前 ADV, v early; bring something forward

tíshén 提神 v to freshen up; to refresh oneself

tìshēn yǎnyuán 替身演员 n body double

tíshì 提示 v, n to prompt; hint, cu

tíwài huà 题外话 n digression

tǐwēn 体温 n temperature (body)

tíxǐng 提醒 v to remind

tǐyàn 体验 v to experience

tíyì 提议 v, n to suggest; suggestion

tǐyù 体育 n sports; physical education

yù cǎipiào 体育彩票 N sports lotteries

yùguǎn 体育馆 N gymnasium; stadium

zhòng 体重 N body weight

zi 梯子 N ladder

o understand (by hearing)

óng 铜 N bronze, copper

òng 痛 ADJ sore, painful

óngbàn 同伴 N partner, companion

óngbù wèixīng 同步卫星 N geosynchronous satellite

óngcháng 通常 ADJ, ADV normal; normally

óngchóu 统筹 V, N to make an overall plan; coordinator

óngchuáng 童床 N cot

óngdào 通道 N channel, passage

ónggào 通告 V, N to announce; announcement

óngguān 通关 V to clear customs

óngguò 通过 PREP through, past

ónghuà 童话 N fairy tale

ónghuò biǎnzhí 通货贬值 N devaluation (currency)

ónghuò jǐnsuō 通货紧缩 N deflation (currency)

ónghuò shēngzhí 通货升值 N revaluation (currency)

óngjì 统计 V, N to count, to add up; statistics

òngkǔ 痛苦 N suffering

tòngkuài 痛快 ADJ delighted; to one's heart's content

tónglèi chǎnpǐn 同类产品 N similar product

tóngnián 同年 N the same year

tóngnián 童年 N childhood

tōngpiào 通票 N through ticket

tóngqíng 同情 V to sympathize with

tóngqíngxīn 同情心 N sympathy

tōngshāng kǒuàn 通商口岸 N treaty port(s)

tóngshēng chuányì 同声传译 N simultaneous interpretation

tóngshí 同时 ADV meanwhile

tóngshì 同事 N co-worker, colleague

tóngxiāng 同乡 N person from the same village, town, or province

tōngxìn guānglǎn 通信光缆 N telecommunications cable

tōngxìn 通信 V to correspond (write letters)

tóngxìngliàn 同性恋 N homosexuality

tōngxíngzhèng 通行证 N pass, permit

tóngyàng 同样 ADJ identical

tóngyàngde 同样地 ADV likewise

tóngyè gōnghuì 同业公会 N trade association

tóngyì 同意 V to agree

tóngyīde 同一的 ADJ identical

tǒngyī shìchǎng 统一市场 N single market

tǒngyīshuì 统一税 N flat tax

tǒngyī zhànxiàn 统一战线 N united front

Tōngyòng qìchē gōngsī 通用汽车公司 N General Motors (GM)

tóngzhì 同志 N comrade

tōngzhī 通知 V, N to inform; notice, notification

tōngzhīshū 通知书 N notice letter

tǒngzi lóu 筒子楼 N tube-shaped apartment (low-income apartment w/o ensuite)

tōu 偷 V to steal

tóu 头 N head

tóubiāo 投标 V to bid for

tōudù 偷渡 V to cross a border illegally

tōudùzhě 偷渡者 N illegal immigrant

tóufa 头发 N hair

tōugōng jiǎnliào 偷工减料 V to do shoddy work and use inferior material

tóuhào zhǒngzi xuǎnshǒu 头号种子选手 N top seed (player)

tóujīn 头巾 N headdress

tōukàn 偷看 V to peek, to peep

tōulǎn 偷懒 V to groof off; to be lazy

tòulù 透露 V to disclose

tòumíng 透明 ADJ transparent

tòumíngdù 透明度 N transparency

tóupiào 投票 V to vote

tōu qiánbāo 偷钱包 V to pickpocket

tóurù 投入 V, ADJ to engage in; to participate in; to throw oneself into; absorbed; engrossed

tóushǒu 投手 N pitcher (baseball)

tōushuì lòushuì 偷税漏税 N tax evasion

tóusù 投诉 V, N to complain; complaint

tóusù zhōngxīn 投诉中心 N complaint center

tóuténg 头疼 V to have a headache

tóutòng 头痛 V to have a headache

tóuxián 头衔 N title (of person)

tóuxiáng 投降 V to surrender

tóuyǐngyí 投影仪 N projector

tóuyūn 头晕 ADJ dizzy

tóuzī 投资 V, N to invest; investment

tóuzī fēngxiǎn 投资风险 N investment risk

tóuzī huánjìng 投资环境 N investment environment

tóuzī zhǔtǐ 投资主体 N investment subject

tú 图 N drawing

tú'àn 图案 N design; pattern

tuánduì 团队 N group, team

tuánduì jīngshén 团队精神 N team spirit

tuánjié jiù shì lìliàng 团结就是力量 IDIOM Solidarity is strength

tuántǐ 团体 N group

tūchū 突出 v to stick out

tǔdì shǐyòngquán 土地使用权 N land-use right

túdì 徒弟 N apprentice

tǔdìshāhuà 土地沙化 N desertification of land

tǔdìsuānhuà 土地酸化 N soil acidification

tǔdòu 土豆 N potato

tūfāde 突发的 ADJ sudden

tǔháo 土豪 N local tyrant

túhuà 图画 N picture

tuī 推 v to push

tuǐ 腿 N leg

tuīchí 推迟 v to postpone, to delay

tuífèi 颓废 ADJ decadent; dispirited; dejected

tuīguǎng 推广 v, N to popularize; promotion

tuìhuà 退化 v to degenerate; to decline

tuìhuò 退货 v to return merchandise, to withdraw a product

tuījiàn 推荐 v to recommend

tuìshì 退市 N, v delisting (stock)

tuīxiāoyuán 推销员 N salesman

tuìxiū 退休 ADJ retired

tuìxiūjīn 退休金 N retirement pension

tǔmù gōngchéng 土木工程 N civil engineering

tūn 吞 v to swallow

tuō 脱 v to take off (clothes)

tuō zhōngguóhuà 脱中国化 N de-Sinification

tuōfú kǎoshì 托福考试 N Test of English as a Foreign Language (TOEFL)

tuōkǒuxiù 脱口秀 N talk show

tuōlā zuòfēng 拖拉作风 ADJ sluggish in working

tuōlí 脱离 v to break off; to get away from

túniǎo zhèngcè 鸵鸟政策 N ostrich policy

tuōpán 托盘 N tray

tuōpín zhìfù 脱贫致富 v to overcome poverty and achieve prosperity

tuōqiàn gōngzī 拖欠工资 N wage arrears

tuōxiāo 脱销 ADJ out of stock

tuōxié 拖鞋 N slippers

tuōyán 拖延 v to delay

tuōyǎng hétánghésuān 脱氧核糖核酸 N deoxyribonucleic acid (DNA)

tuǒyuánxíngde 椭圆形的 ADJ oval (shape)

tuōyùn 托运 v to ship; to consign (goods); to check through (baggage)

túpiàn 图片 N picture, photograph

tūpò 突破 v, N to break through; breakthrough

tūrán 突然 ADV suddenly

túshūguǎn 图书馆 N library

tǔsī 土司 N toast

tǔtán 吐痰 v to spit

tūtóude 秃头的 ADJ bald

tǔzhùde 土著的 ADJ indigenous (in general)

tǔzhùrén 土著人 N indigenous

tùzi 兔子 N rabbit

W

wā qiángjiǎo 挖墙脚 v to undermine the foundation of sth

wài jiāo huò miǎn quán 外交豁免权 N diplomatic immunity

wài xū 外需 N overseas demand

wàibiǎo 外表 N appearance, exterior

wàicéng kōngjiān 外层空间 N outer space

wàidì 外地 N other parts of the country

wāifēng xiéqì 歪风邪气 N bad influence

wàigōng 外公 N maternal grandfather

wàiguó zīběn 外国资本 N foreign capital

wàiguó 外国 N foreign country

wàiguóde 外国的 ADJ foreign

wàiguórén 外国人 N foreigner

wàihuì chǔbèi 外汇储备 N foreign exchange reserves

wàihuì guǎnzhì 外汇管制 N foreign exchange controls

wàijiāo bìhù 外交庇护 N diplomatic asylum

wàijiāo 外交 N diplomacy

wàijiào 外教 N foreign teacher

wàiliánwǎng 外联网 N extranet (computer)

wàimài 外卖 N take-out; takeaway

wàimào 外贸 N foreign trade

wàimào 外貌 N appearance, looks

wàimiàn 外面 N outside

wàipó 外婆 N maternal grandmother

wàiqǐ 外企 N foreign owned enterprise

wàirén 外人 N outsider; stranger

wàishēng 外甥 N nephew (maternal)

wàishēngnǚ 外甥女 N niece (maternal)

wàishuìjú 外税局 N foreign-related tax bureau

wàisūnnǚ 外孙女 N granddaughter (maternal)

wàisūnzi 外孙子 N grandson (maternal)

wàitān 外滩 N the Bund (Shanghai)

wàitào 外套 N jacket

wàixiàng 外向 ADJ extroverted; export-oriented

wàixiàngxíng jīngjì 外向型经济 N export-oriented economy

wàixiāo 外销 v to export, to sell abroad

wàixīngrén 外星人 N extra-terrestrial (ET)

wàiyī 外衣 N coat, jacket

wàiyǔ 外语 N foreign language

wàizhài 外债 N foreign debt

wàizī 外资 N foreign capital

wàizǔfù 外祖父 N grandfather (maternal)

wàizǔfùmǔ 外祖父母 N grandparents (maternal)

wàizǔmǔ 外祖母 N grandmother (maternal)

wàmài diàn 外卖店 N take-out restaurant

wǎn 晚 ADJ late at night

wǎn 碗 N bowl

wàn 万 N ten thousand

wánchéng 完成 v to complete, to finish

wándàn 完蛋 v to be done for, to be finished

wǎndiǎn 晚点 ADJ delayed (train, bus etc.)

wāndòu 豌豆 N peas

wǎnfàn 晚饭 N dinner, evening meal

wǎng 网 N net

wǎng 往 PREP to, toward (a place)

wǎng shì rú fēng 往事如风 IDIOM Past is past

wàng zǐ chéng lóng 望子成龙 IDIOM to long for one's children to succeed in life; to have high expectations of one's children

wǎngbā 网吧 N Internet cafe

wǎngcháng 往常 ADJ usual

wǎngchóng 网虫 N Internet geek

wángchǔ 王储 N Crown Prince

wǎngfǎn jīpiào 往返机票 N return ticket

wǎngguān 网关 N gateway (Internet)

wángguó 王国 N kingdom

wàngjì 忘记 v to forget

wàngle 忘了 ADJ forgotten

wǎngliàn 网恋 N Internet romance, cyber-romance

wǎngluò 网络 N network

wǎngluò chūbǎn 网络出版 N online publishing

wǎngluò guǎnlǐ yuán 网络管理员 N network administrator

wǎngluò jīngjì 网络经济 N Internet economy

wǎngluò kǒngbù zhǔ yì 网络恐怖主义 N cyberterrorism

wǎngluò shèxiàngjī 网络摄像机 N webcam

wǎngmín 网民 N netizen

wǎngqiú 网球 N tennis

wǎngshàng chōnglàng 网上冲浪 v to surf the Internet

wǎngshàng jiāoyì píngtái 网上交易平台 N online trading platform

wángtàizǐ 王太子 N Crown Prince

wángù fènzǐ 顽固分子 N die-hard

wángùde 顽固的 ADJ stubborn, determined

wǎngyǒu 网友 N Internet friend, cyberpal

wàngyuǎnjìng 望远镜 N telescope

wǎngzhàn 网站 N website

wǎngzhǐ 网址 N web address

wǎnhuì 晚会 N evening party

wánjiéle 完结了 ADJ finished (complete)

wánjù 玩具 N toy

wánle 完了 ADJ over, finished

wánměi 完美 ADJ perfect

wánpíde 顽皮的 ADJ naughty

wánquán 完全 ADV completely

wánr 玩儿 v to play, to have fun

wǎnshang 晚上 N evening

wànwàn 万万 ADV, NUM absolutely; wholly; hundred million

wànwéi wǎng 万维网 N World Wide Web (www)

wǎnyàn 晚宴 N banquet

wānyāo 弯腰 v to bend down, to stoop

wànyī 万一 CONJ, N if by any chance, just in case; contingency

wǎsī 瓦斯 N gas

wáwa 娃娃 N baby; small child; doll

wàzi 袜子 N socks

wéi/wèi 喂 GR hello! (on phone)

wèi 为 CONJ for

wèi 喂 v to feed

wèi … fúwù 为 … 服务 v to serve

wèi … nǐdìng de 为 … 拟定的 ADJ intended for …

wěibā 尾巴 N tail

wèibì 未必 ADV not necessarily

wēibōlú 微波炉 N microwave oven

wèichéngshúde 未成熟的 ADJ unripe

wéichí 维持 v to keep, to maintain, to preserve

wěidà 伟大 ADJ great, impressive

wèidànde 味淡的 ADJ mild (not spicy)

wèidào 味道 N taste, flavor

Wēi'ěrshì 威尔士 N Wales

Wēi'ěrshìde 威尔士的 ADJ Welsh (in general)

Wēi'ěrshìrén 威尔士人 N Welsh (people)

Wēi'ěrshìyǔ 威尔士语 N Welsh (language)

wéifǎ 违法 ADJ, v illegal; to break the law

wéihù 维护 v to defend, to safeguard, to protect, to uphold

wèihūnfū 未婚夫 N fiancé

wèihūnqī 未婚妻 N fiancée

wēijī 危机 N crisis, danger

wèijīng 味精 N MSG

wéijìnpǐn 违禁品 N contraband

wèikǒu 胃口 N appetite; liking

wèilái 未来 N future

wēilì 威力 N power

wèi miǎn guànjūn 卫冕冠军 N defending champion

wèimiǎn shìjiè guànjūn 卫冕世界冠军 N reigning world champion

wéinán 为难 ADJ, V embarrassed; being put in a difficult situation; to make things difficult for

wěiqu 委屈 N grievance; unjust treatment

wéirén 为人 V, N to behave; personality, behavior

Wēiruǎn gōngsī 微软公司 N Microsoft Corporation

wèishēng 卫生 ADJ, N hygienic; hygiene; clean-up

wèishēngjiān 卫生间 N washroom, toilet

wéishēngsù 维生素 N vitamin

Wèishénme 为什么 ADV, EXCLAM Why? What for?

wēishìjì 威士忌 N whisky

wěituōrén 委托人 N trustor

wēixiǎn 危险 N danger

wēixiǎnde 危险的 ADJ dangerous

wēixiào 微笑 V, N to smile; smile

wēixié 威胁 V, N to threaten; threat

wèixīng dǎoháng 卫星导航 N satellite navigation

wèixīngchéng 卫星城 N satellite town

wēixíngde 微型的 ADJ mini

wéixiū 维修 V to repair, to maintain

wéiyī 唯一 ADJ sole, only

wéiyī de ruòdiǎn 唯一的弱点 N Achilles' heel

wéiyǒu 唯有 ADV only

wèiyú 位于 CONJ to be situated, to be located

wěiyuán 委员 N committee member; committee

wěiyuánhuì 委员会 N committee; council; board

wéiyuē 违约 V to break a contract

wèizhi 位置 N location

wén 闻 V to smell

wěn 吻 N kiss

wèn 问 V to enquire, to ask about

Wēnbǎo gōngchéng 温饱工程 N Adequate Food and Clothing Program

wéndàng 文档 N written archives or documents; text information stored on computer

wěndìng wùjià 稳定物价 V to stabilize prices

wēndù 温度 N temperature (heat)

wènhòu 问候 N greetings

wénhuà 文化 N culture

wénhuà chǎnyè 文化产业 N cultural industry

wénhuà chōngjī 文化冲击 N cultural shock

wénhuà lǚyóu 文化旅游 N culture-oriented travel

wénjiàn 文件 N document, letter

wénjù 文具 N stationery

wénkē 文科 N the arts (education)

wénlián 文联 N literary federation (of China)

wénmíng jiēdào 文明街道 N model community

wēnnuǎn 温暖 N warmth

wēnnuǎnde 温暖的 ADJ mild (not cold)

wēnquán 温泉 N hot spring

wēnróude 温柔的 ADJ mild (not severe)

wénshēn 纹身 N tattoo

wēnshì 温室 N greenhouse effect

wēnshì qìtǐ 温室气体 N greenhouse gas

wēnshì xiàoyìng 温室效应 N greenhouse effect

wéntáo wǔlüè 文韬武略 v to be master of both the pen and the sword

wèntí 问题 N question, problem

wénwù 文物 N cultural relic

wénxiàn 文献 N documents

wēnxīn 温馨 ADJ cosy

wénxué 文学 N literature

wènxùnchù 问讯处 N information desk

wényǎde 文雅的 ADJ gentle

wényì 文艺 N art and literature

wényuán 文员 N clerk

wénzhāng 文章 N article (in newspaper)

wénzi 蚊子 N mosquito

wǒ 我 PRON I, me

wǒde tiān 我的天 EXCLAM goodness!

wǒde 我的 PRON my, mine

wǒmen 我们 PRON, PL we, us

wǒmende 我们的 PRON, PL our, ours

wòshì 卧室 N bedroom

wòshǒu 握手 v to shake hands

wū 屋 N room (in house)

wǔ 五 NUM five

wù 雾 N fog

wú gōnghài shūcài 无公害蔬菜 N organic vegetable

wū lòu yòu fénglián yèyǔ 屋漏又逢连夜雨 IDIOM It never rains but it pours; Misfortunes never come singly

wú wéi ér zhì 无为而治 v to govern by "letting it be"; to manage in a laissez-faire way

wù yǐ lèi jù 物以类聚 IDIOM Birds of a feather flock together

wú zhōng shēng yǒu 无中生有 v to make something out of nothing

wùchā 误差 N difference; error; inaccuracy

wǔdǎo 舞蹈 N dance

wùdǎo 误导 v to mislead

wúdí 无敌 ADJ invincible

wūdiǎn 污点 N stain

wūdīng 屋顶 N roof

wūdīng huāyuán 屋顶花园 N roof garden

wǔfàn 午饭 N lunch, midday meal

wúfēng bùqǐ làng 无风不起浪 IDIOM There's no smoke without fire

wúfèng wǎngluò 无缝网络 N seamless network

wúfú bīngxiāng 无氟冰箱 N freon-free refrigerator

wǔgōng 武功 N martial art

wūgòu 污垢 N dirt, filth

wúgū 无辜 ADJ innocent

wūguī 乌龟 N turtle (land)

wǔhuì 舞会 N dance

wùhuì 误会 N misunderstanding

wùjiàjú 物价局 N Price Bureau

wùjiě 误解 V, N to misunderstand; misunderstanding

wúkěnàihé 无可奈何 ADJ have no way out; have no alternative

wúlǐ 无礼 ADJ impolite

wúlǐ 无理 ADJ unreasonable, unjustifiable, irrational

wǔlì 武力 N military force

wùlǐ 物理 N physics

wúliáo 无聊 ADJ bored

wùliú 物流 N logistics

wūlóngchá 乌龙茶 N oolong tea

wūlóngqiú 乌龙球 N own goal

wúlùn héshí 无论何时 ADV, CONJ whenever

wúnài 无奈 ADJ, CONJ helpless; but

wùpǐn 物品 N item, individual thing

wǔqì 武器 N weapon

wūrǎn 污染 N pollution

wūrǎn zhǐshù 污染指数 N pollution index

wúrén shòupiào 无人售票 N self-service ticketing

wǔrǔ 侮辱 V to insult

wúshéng diànhuà 无绳电话 N cordless telephone

wúshéngláidiàn xiǎnshì diànhuà 无绳来电显示电话 N cordless telephone with caller ID

wǔshí 五十 NUM fifty

wúshíwúkè 无时无刻 ADV all the time; incessantly

wūshuǐ chǔlǐ 污水处理 N sewage treatment

wǔtiānzhì gōngzuòrì 五天制工作日 N five-day workweek

wútiáojiàn 无条件 ADJ unconditional, unreserved

wútǔ zāipéi 无土栽培 N soil-less cultivation

wūtuōbāng 乌托邦 N utopia

wúxī dàikuǎn 无息贷款 N interest-free loan

wǔxiá xiǎoshuō 武侠小说 N martial arts novel

wúxiàn yìngyòng xiéyì 无线应用协议 N WAP (wireless application protocol)

wúxiànzhì 无限制 ADJ free of restraints

wúxíng zīchǎn 无形资产 N intangible assets

wùyè gōngsī 物业公司 N property management company

wǔyè 午夜 N midnight

wúyòngde 无用的 ADJ useless

Wǔyuè 五月 N May

wúzhī 无知 ADJ, N ignorant; ignorance

wùzhì 物质 N matter; material things

X

xī 吸 V to suck

xī 稀 ADJ thin (of liquids)

xǐ 洗 V to wash

xǐ'ài 喜爱 V to prefer

xiā 虾 N prawn

xià 下 prep, ADJ down, downward

xiá'ài 狭隘 ADJ narrow

xiàba 下巴 N chin

xiàbān 下班 V to finish work, to get off work

xiàbànnián 下半年 N second half of the year

xiàbèizi 下辈子 N the next life

xiàchē 下车 V to get off (bus/train)

xiàchuán 下船 V to get off (boat)

xiácī 瑕疵 N flaw, defect

xià dìngdān 下订单 V to order something

xià fēijī 下飞机 V to get off (plane)

xiàgǎng zhígōng 下岗职工 N laid-off workers

xiàhu 吓唬 ADJ frightened

xiàjiàng 下降 V to decline (get less)

xià juéxīn 下决心 V to decide; to resolve

xiàlai 下来 V to come down

xiàlíngyíng 夏令营 N summer camp

xiálù 狭路 N lane (alley)

xiān 先 adj, ADV first, earlier; beforehand

xián 咸 ADJ salty

xiàn 线 N thread

xián bǐnggān 咸饼干 ADJ cracker, salty biscuit

xián jiàngyóu 咸酱油 ADJ soy sauce (salty)

xián pín ài fù 嫌贫爱富 V to despise the poor and curry favor with the rich

xiān xiàshǒu wéi qiáng 先下手为强 IDIOM strike first to gain an advantage; catch the ball before the bound

xiànchǎng zhíbō 现场直播 N live broadcast

xiànchǎng 现场 N (on) the spot; the scene (of an accident etc.)

xiànchéngde 现成的 ADJ ready-made

xiàndàide 现代的 ADJ modern

xiànfǎ 宪法 N the Constitution

xiànfǎ xiūzhèng'àn 宪法修正案 N amendments to the Constitution

xiānfēng 先锋 N pioneer

xiāng 箱 N box

xiāng 香 N incense, fragrant

xiǎng 想 v to think, to ponder

xiàng 向 PREP toward

xiàng 象 v to look like

xiàng qián 向前 ADJ, ADV forward

xiàng qián kàn 向钱看 N mammonism

xiàng règuō shàng de mǎyǐ 像热锅上的蚂蚁 IDIOM ants on a hot pan (dangerous situation)

xiàng zhè zhǒng de 向这种的 CONJ such as, for example

xiàng … tí yìjiàn 向 … 提意见 v to advise; to propose (ideas)

xiāngbǐ 相比 v to compare

xiāngbīnjiǔ 香槟酒 N champagne

xiāngcháng 香肠 N sausage

xiāngchǔ 相处 v to get along

xiāngcūn 乡村 N village

xiāngdāng 相当 ADV quite (fairly)

xiāngduìde 相对de ADV relatively

xiǎngfa 想法 N thoughts

xiāngfǎn 相反 ADJ opposite (contrary)

Xiānggǎng 香港 N Hong Kong

Xiānggǎng tèbié xíngzhèngqū 香港特别行政区 N Hong Kong Special Administrative Region (HKSAR)

xiānggé 相隔 ADV apart

Xiānggélǐlā 香格里拉 N Shangri-la

xiāngguān 相关 ADJ related, relevant

xiāngjiāo 香蕉 N banana

xiàngjiāo 橡胶 N rubber (material)

xiāngkǒujiāo 香口胶 N chewing gum

xiǎnglè zhǔyì 享乐主义 N hedonism

xiàngliàn 项链 N necklace

xiāngliào 香料 N spices

xiāngmáo 香茅 N lemongrass

xiàngmù 项目 N project, task

xiǎngniàn 想念 v to miss (loved one)

xiàngpícā 橡皮擦 N rubber (eraser)

xiàngqí 象棋 N Chinese chess

xiāngqīn 相亲 N blind date

xiángqíng 详情 N details, particulars

xiàngshàng 向上 PREP, ADV up, upward

xiàngshí de rén 相识的人 N acquaintance

xiǎngshòu 享受 v to enjoy

xiāngshuǐ 香水 N perfume

xiāngsìde 相似的 ADJ similar

xiāngtóng 相同 ADJ alike

xiāngwèi 香味 N fragrance; good smell

xiángxì 详细 ADJ detailed

xiāngxià 乡下 N country (rural area)

xiàngxià 向下 PREP, ADV down, downward

xiāngxiàng 相像 V to resemble

xiǎngxiàng 想象 V to imagine, to fancy

xiǎngxiànglì 想象力 N imagination

Xiāngxièlìshè dàjiē 香榭里舍大街 N Avenue des Champs-Élysées (in Paris)

xiāngxìn 相信 V to believe

xiàngyá 象牙 N ivory

xiāngyān 香烟 N cigarette

xiāngzhèn qǐyè 乡镇企业 N rural and small town enterprises

xiàngzhēng yìyì 象征意义 N symbolic meaning

xiāngzhuàng 相撞 V to collide

xiāngzi 箱子 N suitcase, chest (box)

xiànhài 陷害 V to frame sb; to accuse

xiānjìn 先进 ADJ advanced

xiànjīn liúliàng 现金流量 N cash flow

xiànjǐng 陷阱 N trap

xiānjué tiáojiàn 先决条件 N condition (pre-condition)

xiànkuǎn 现款 N cash, money

xiānlì 先例 N precedent, previous case

xiànliángbǎn 限量版 N limited edition

xiánliáo 闲聊 V to chat casually

xiànmù 羡慕 V to envy

xiánqì 嫌弃 V to ignore; to avoid somebody out of dislike

xiànqī 限期 N deadline

xiànr 馅儿 N filling, stuffing

xiǎnrán 显然 ADV obviously

xiànrènde 现任的 ADJ existing

xiānrù wéi zhǔ 先入为主 N preconceived idea

xiānsheng 先生 N Mr (term of address)

xiǎnshèng 险胜 N narrow victory

xiànshí 现实 ADJ, N realistic; reality

xiǎnshìpíng 显示屏 N display; screen

xiǎnshìqì 显示器 N monitor (of computer)

xiànsuǒ 线索 N clue, trail

xiāntiānxìng 先天性 ADJ, N congenital; innateness

xiānwéi 纤维 N fibre

xiànxiàng 现象 N phenomenon

xiányírén 嫌疑人 N suspect

xiànzài 现在 ADV now, nowadays, presently

xiànzhì 限制 V, N to restrict, to confine; restriction

xiànzhù 陷住 ADJ stuck, won't move

xiǎo 小 ADJ little (small)

xiào 笑 V to smile, laugh

xiǎo jīnkù 小金库 N private (secret) coffer

xiǎobā 小巴 N minibus

xiǎobiàn 小便 V to urinate

xiǎocài yìdié 小菜一碟 IDIOM very easy, a piece of cake

xiǎocōngmíng 小聪明 N petty trick

xiǎodiànzi 小垫子 N mat

xiǎodào xiāoxi 小道消息 N hearsay

xiǎodú 消毒 V to sterilize, to disinfect

xiǎofàn 小贩 N vendor, peddler

xiǎofángyuán 消防员 N fireman

xiǎofèishuì 消费税 N sales tax

xiǎofèi 小费 N tip (gratuity)

xiǎofèi 消费 V to consume

xiǎofèi xìndài 消费信贷 N consumer credit

xiǎofèizhě xiéhuì 消费者协会 N consumers association

xiàoguǒ 效果 N effect, result

xiǎohái 小孩 N child (young person)

xiāohào 消耗 V to consume; to use up

xiāohuà 消化 V to digest

xiàohua 笑话 V, N to laugh at, to mock; joke

xiǎohuǒzi 小伙子 N young man; lad

xiǎohúzi 小胡子 N mustache

xiāojí 消极 ADJ pessimistic

xiǎojie 小姐 N Miss (term of address)

xiǎokāng 小康 ADJ well-off, wealthy

xiǎokāng zhī jiā 小康之家 N relatively well-off family

xiǎolǎoshǔ 小老鼠 N mouse (animal)

xiāoliàng 销量 N sales volume

xiǎolíngtōng 小灵通 N Personal Handy-phone System

xiàolǜ 效率 N efficiency

xiǎolǚguǎn 小旅馆 N lodge, small hotel

xiàomiànhǔ 笑面虎 N wolf in sheep's clothing

xiǎopéngyǒu 小朋友 N child

xiǎoqì 小气 ADJ mean (stingy)

xiāoqiǎn 消遣 N pastime

xiǎorén 小人 N nasty person; I, me (used to refer to oneself humbly)

xiǎorénwù 小人物 N nobody

xiǎoshān 小山 N hill

xiāoshī 消失 V to disappear

xiǎoshí 小时 N hour

xiǎoshí gōng 小时工 N hourly worker

xiǎoshíhòu 小时候 ADV, N in one's childhood; childhood

xiāoshòu 销售 V to sell, to market

xiǎoshū 小叔 N brother-in-law (husband's younger brother)

xiàoshùn 孝顺 ADJ filial; to be obedient to one's parents

xiǎoshuō 小说 N novel

xiǎotiánbǐng 小甜饼 N cookie, sweet biscuit

xiǎotōu 小偷 N pickpocket

xiǎotuǐ 小腿 N lower leg

xiāoxi 消息 N news; information

xiǎoxiā 小虾 N shrimp, prawn

xiàoxiàngquán 肖像权 N right of portrait

xiǎoxīn 小心 EXCLAM careful!

xiǎoxīnde 小心的 ADJ cautious

xiǎoxíng héwǔqì 小型核武器 N mini-nuke

xiǎoxué 小学 N primary school

xiàoxùn 校训 N school motto

xiāoyè 宵夜 N late night light-supper

xiàoyì 效益 N benefit; effectiveness

xiàoyǒu 校友 N alumnus

xiàoyǒuhuì 校友会 N alumni association

xiàoyuán 校园 N campus

xiàoyuán wénhuà 校园文化 N campus culture

xiàozhǎng 校长 N principal

xiǎozǔ tǎolùn 小组讨论 N group discussion

xiàrén 吓人 ADJ terrifying

xiàshǔ 下属 N subordinate

xiāshuō 瞎说 V to talk irresponsibly, to talk rubbish

xiàtiān 夏天 N summer

xiàwàng 下网 ADJ offline

xiàwǔ 下午 N afternoon (3 p.m. to dusk)

xiàxīngqī 下星期 N next week

xiàxuě 下雪 V to snow

xià yī bù 下一步 N the next step

xià yī dài 下一代 N the next generation

xià yī ge 下一个 ADV, N next (in line, sequence)

xiàyóu hángyè 下游行业 N downstream industry

xiàyǔ 下雨 N to rain

xiàzài 下载 V to download (from the computer or Internet)

xiázhǎi 狭窄 ADJ narrow

xiàzhì 夏至 N summer solstice

xìbāo 细胞 N cell

xīběi 西北 N, ADJ northwest

xībiān 西边 N, ADJ west

xībù 西部 N Western (China), Western US

xīcān 西餐 N western food

xìchángde 细长的 ADJ slim

xīchénqì 吸尘器 N vacuum cleaner, dust catcher

xīdú 吸毒 V to take drugs

xiē 歇 V to rest, to stop

xié 鞋 N shoe

xiě 写 V to write

xiédài 携带 V to carry

xiédìng 协定 N agreement

xié'è zhóuxīn 邪恶轴心 N axis of evil

xié'ède 邪恶的 ADJ wicked

xiéhuì 协会 N association

xiéjiào 邪教 N cult (esp. evil ones)

xiēsīdǐlǐide 歇斯底里地 ADV hysterically

xiétiáo 协调 N to coordinate

xiétiáo shìjièshí 协调世界时 N Universal Time Coordinated (UTC)

xiēwēi 些微 ADJ slight

xièxie 谢谢 IDIOM thank you

xiéyì 协议 N agreement

xièzhēnjí 写真集 N photo album

xiézhù 协助 N, V assistance; to assist

xiězuò 写作 N composition, writings

xǐfàjì 洗发剂 N shampoo

Xīfāngde 西方的 ADJ Western

Xīfāngrén 西方人 N Westerner

xífù 媳妇 N daughter-in-law

xīgài 膝盖 N knee

xǐ ge línyù 洗个淋浴 V to take a shower

xīguā 西瓜 N watermelon

xíguàn 习惯 N, ADV habit; used to

xīguǎn 吸管 N drinking straw; pipette

xīhóngshì 西红柿 N tomato

xīhuà 西化 N westernization

xǐhuan 喜欢 V to be fond of

xīhuǒ 熄火 V to stall (car); to stop burning (stove)

xìjié 细节 N details; particulars

xǐjù 喜剧 N comedy

xìjù 戏剧 N drama; play

xìjūnzhàn 细菌战 N germ war

xīkù 西裤 N western-style trousers

Xīlà 希腊 N Greece

xīlánhuā 西兰花 N broccoli

xǐlǐ 洗礼 N baptism

xìliè 系列 N series; set

xīmiè 熄灭 V to go out (fire, candle)

xīn 新 ADJ new

xìn 信 V, N to trust; letter

xīnán 西南 N southwest

xīnbùzàiyān 心不在焉 ADJ absent-minded; preoccupied

xīnchén dàixiè 新陈代谢 N metabolism

xīnchǒng 新宠 N new favorite

xìndéguò chǎnpǐn 信得过产品 N trustworthy product

xīnfēng 信封 N envelope

xīnfú kǒufú 心服口服 IDIOM to be utterly convinced

xíng 行 EXCLAM okay!

xǐng 醒 ADJ awake

xìng 姓 N surname

xīn'gān qíngyuàn 心甘情愿 IDIOM to be willing to do something wholeheartedly

xīn'gànxiàn 新干线 N Shinkansen; bullet train

xìngbié 性别 N sex, gender

xìngbié qíshì 性别歧视 N sexual discrimination

xíngchéng 行程 N itinerary

xíngchéng 形成 v to form a shape

xíngdòng 行动 N action

xíngérshàngxué 形而上学 N metaphysics

xíngfǎ 刑法 N criminal law

xīngfèn 兴奋 ADJ excited

xìngfú 幸福 ADJ, N happy; blessed; happiness

xìnggé 性格 N character (personality)

xìngjià bǐ 性价比 N price/performance ratio

xínglái 醒来 v to awake, wake up

xínglǐ 行李 N baggage, luggage

xìngmíng 姓名 N name

xǐngmù 醒目 ADJ eye-catching; striking

xìngnéng 性能 N performance; function

xīngqī 星期 N week

Xīngqīèr 星期二 N Tuesday

Xīngqīliù 星期六 N Saturday

Xīngqīrì 星期日 N Sunday

Xīngqīsān 星期三 N Wednesday

Xīngqīsì 星期四 N Thursday

Xīngqītiān 星期天 N Sunday

xīngqiú dàzhàn 星球大战 N Star Wars

Xīngqīwǔ 星期五 N Friday

Xīngqīyī 星期一 N Monday

xìngqù 兴趣 N interest, hobby

xíngróng 形容 v to describe

xìngsāorǎo 性骚扰 N sexual harassment

xíngshì 形式 N form; formality

xíngshì zhǔyì 形式主义 N formalism

xíngwéi 行为 N behavior

xíngxiàng 形象 N image

xīngxing 猩猩 N orangutan

xīngxing 星星 N star

xìng xíngwéi 性行为 N sex, sexual activity

xìngyùnde 幸运地 ADV luckily, fortunately

xìngyùnde 幸运的 ADJ lucky

xíngzhèng 行政 N administration

xíngzhuàng 形状 N shape

xīngzuò 星座 N constellation; zodiac

Xīnjiāpō 新加坡 N Singapore

Xīnjiāpōde 新加坡的 ADJ Singaporean (in general)

Xīnjiāpōrén 新加坡人 N Singaporean (people)

xīnkǔ 辛苦 ADJ exhausting; hard, tough

xīnláng 新郎 N bridegroom

xīnlǐ sùzhì 心理素质 N mental toughness

xīnlíng 心灵 N mind; soul

xīnmǎn yìzú 心满意足 IDIOM perfectly satisfied

xīnnián hǎo 新年好 GR Happy New Year!

xìnniàn 信念 N belief

xīnniáng 新娘 N bride

xìnrèn 信任 V, N to trust; confidence, trust

xīnshǎng 欣赏 V to admire; to enjoy

xīnshì 心事 N worry; a burden on one's mind

Xīn shíqì shídài 新石器时代 N the Neolithic Age

xīnshuǐ 薪水 N salary

xīntài 心态 N mentality

xīnténg 心疼 V, N to love with all one's heart; feel sorry; heartache

xīntiào 心跳 N heartbeat

xīnwén 新闻 N news

xīnwénjiè 新闻界 N press, journalism

xìnxī 信息 N information

xìnxī gāosù gōnglù 信息高速公路 N information superhighway

xìnxī gémìng 信息革命 N information revolution

xīnxiān 新鲜 ADJ fresh

xīnxiǎng shìchéng 心想事成 PHR May all your wishes come true

xìnxiāng 信箱 N mailbox

Xīnxīlán 新西兰 N New Zealand

Xīnxīlánde 新西兰的 ADJ things pertaining to New Zealand

Xīnxīlánrén 新西兰人 N New Zealander

xìnxīn 信心 N confidence

xīnxīng shìchǎng 新兴市场 N emerging market

xīnxiù 新秀 N rising star, rookie (sports)

xìnyǎng 信仰 N belief, faith

xìnyòng jǐnsuō 信用紧缩 N credit crunch

xìnyòng wēijī 信用危机 N credit crisis

xìnyòng wénhuà 信用文化 N credit culture

xìnyòngkǎ 信用卡 N credit card

xīnzàng 心脏 N heart

xīnzàngbìng 心脏病 N heart disease

xīnzhào bùxuān 心照不宣 N tacit understanding

xióng 熊 N bear

xiōngdìjiěmèi 兄弟姐妹 N siblings

xióngmāo 熊猫 N panda

xiōngměngde 凶猛的 ADJ fierce

xiōngqiāng 胸腔 N chest (breast)

Xī'ōu 西欧 N Western Europe

xīpíshì 嬉皮士 N hippie

xǐqián 洗钱 N money laundering

xìqǔ 戏曲 N Chinese opera

xīshēng 牺牲 V, N to sacrifice; sacrifice

xīshì níngrén 息事宁人 V to settle disputes and bring about peace

xǐshì 喜事 N happy event, wedding

xīshōu 吸收 v to absorb; to ingest; to recruit

xǐshǒujiān 洗手间 N restroom, bathroom

xísú 习俗 N custom, tradition

xìtǒng 系统 N system

xiūbǔ 修补 v to mend

xiūchēháng 修行 N garage (for repairs)

xiūchǐ 羞耻 N shame, disgrace

xiūgǎi 修改 v to alter

xiùhuāde 绣花的 ADJ embroidered

xiūjiàtiān 休假天 N day off

xiūlǐ 修理 v to repair

xiūxi 休息 N, v rest; to relax

xiūyǎng 修养 N gentility; accomplishments

xǐwǎn 洗碗 v to wash the dishes

xīwàng 希望 N, v to wish, hope; hope

Xīwàng gōngchéng 希望工程 N Project Hope (charity in China)

xǐwǎnjī 洗碗机 N dishwasher

xìxīn 细心 ADJ careful; attentive

xīxuèguǐ 吸血鬼 N vampire; cruel exploiter (capitalist exploiting the workers)

xīyáng chǎnyè 夕阳产业 N sunset industry

xīyángjìng 西洋镜 N trickery

xīyào 西药 N western medicine

xǐyījī 洗衣机 N washing machine

xīyǐn 吸引 v to attract

xīyǐnlì 吸引力 N attractiveness

xǐ yōu cānbàn 喜忧参半 ADJ mingled with hope and fear

xīyǒude 稀有的 ADJ rare (scarce)

xīzàng 西藏 N Tibet

xǐzǎo 洗澡 v to bathe, to take a bath

xìzhì 细致 ADJ delicate; fine; meticulous

xīzhuāng 西装 N suit; western-style clothes

xìzhuāng 戏装 N costume

xuānchuán 宣传 v, N to disseminate; propaganda

xuán'ér wèijué de wèntí 悬而未决的问题 N outstanding question

xuǎnjǔ 选举 N election

xuǎnjǔ rénpiào 选举人票 N electoral vote

xuánlǜ 旋律 N melody

xuǎnměi 选美 N beauty contest

xuǎnmín 选民 N electorate

xuǎnzé 选择 v, N to choose; choice

xuǎnzétí 选择题 N multiple choice questions

xǔduō 许多 ADV lots of

xué 学 v to learn, to study

xuě 雪 N snow

xuè 血 N blood

xuéfèi 学费 N fee

xuéfēn 学分 N course credit

xuèguǎn 血管 N blood vessel

xuějiā(yān) 雪茄(烟) N cigar

xuélì 学历 N educational background

xuěrén 雪人 N snowman

xuésheng 学生 N student, pupil

xuéshēng jiǎn fù 学生减负 v to alleviate the burden on students

xuéshí 学时 N credit hours

xuéshùde 学术的 N academic

xuéwèi 学位 N academic degree

xuéwèn 学问 N knowledge; learning

xuéxí 学习 v to learn

xuéxiào 学校 N school

xuèyā 血压 N blood pressure

xuéyè 学业 N studies

xuéyuàn 学院 N college; school; faculty

xuézhě 学者 N scholar

xuězhōng sòngtàn 雪中送炭 IDIOM to provide help in somebody's hour of need

xuēzi 靴子 N boots

xūgòu 虚构 v to make up, to invent, to fabricate

xūjiǎ zhàngwù 虚假帐务 N fraudulent accounting

xǔkězhèng 许可证 N permit

xùnfúde 驯服的 ADJ tame

xúnháng dǎodàn 巡航导弹 N cruise missile

xúnhuán 循环 v, N to cycle; to circulate; loop; cycle

xùnliàn 训练 N training

xúnluó 巡逻 v to patrol

xùnsè 逊色 ADJ inferior; worse

xùnsī wǎngfǎ 徇私枉法 v to bend the law for the benefit of relatives or friends

xùnsī wǔbì 徇私舞弊 v to bend the law for personal gain and engage in fraud

xùnsùde 迅速地 ADV swiftly

xúnwènchù 询问处 N information desk

xúnxù jiànjìn 循序渐进 ADV step by step

xúnzhǎo 寻找 v to search for

xūqiú 需求 N demand, need

xūróngxīn 虚荣心 N vanity

xǔxǔrúshēng 栩栩如生 IDIOM lifelike

xūyào 需要 v, N to need; need

xǔyuàn 许愿 v to make a wish

xùyuē 续约 v to renew a contract

Y

yā 压 v to press

yá 牙 N teeth, teeth

yágāo 牙膏 N toothpaste

yājīn 押金 N advance money, deposit

yālì 压力 N pressure

yān 烟 N smoke

yán 盐 N salt

yáncháng 延长 v to extend

yǎnchànghuì 演唱会 N concert

yánchí 延迟 v to delay

yǎnchū 演出 v, n to perform; performance

yándòng 岩洞 n cave

yáng 羊 n sheep

… yàng de rén? …样的人? one who, the one which

yàngběn 样本 n sample

yángcōng 洋葱 n onion

yán'gé 严格 adj strict, severe

yángguāng 阳光 n sunlight

yǎngjiā húkǒu 养家糊口 idiom to support one's family

yǎnglǎojīn 养老金 n old-age pension

yángmáo 羊毛 n wool

yàngpǐn 样品 n sample

yángròu 羊肉 n lamb, mutton

yángtái 阳台 n balcony

yǎngwòqǐzuò 仰卧起坐 n sit-up

yǎngyù 养育 v to bring up (children)

yàngzi 样子 n appearance

yánhǎi dìqū 沿海地区 n coastal area

yānhuā 烟花 n fireworks

yánhuáng zǐsūn 炎黄子孙 n people of Chinese origin

yànhuì 宴会 n banquet

yǎnjiǎng 演讲 v, n, speech; to make a speech

yǎnjing 眼睛 n eye

yǎnjìng 眼镜 n glasses, spectacles

yánjiū 研究 n research

yánjiūshēng 研究生 n postgraduate student

yánjiūsuǒ 研究所 n research institute; graduate school

yǎnlèi 眼泪 n tears

yánlì 严厉 adj severe

yǎnméi 眼眉 n eyebrow

yānnì 淹溺 v to drown

yánqī 延期 v to postpone

yǎnqián 眼前 n before one's eyes; now, at present

yánsè 颜色 n color

yǎnshì 掩饰 v to conceal, to hide

yānshuǐ 淹水 n flood

yǎnshuō 演说 n, v speech; to make a speech

yānsǐ 淹死 v to drown

yánsù 严肃 adj serious (somber)

yántǎohuì 研讨会 n seminar, workshop, symposium

yànwù 厌恶 v to dislike

yànwùde 厌恶的 adj disgusting

yánxù 延续 v to go on

yǎnyuán 演员 n performer, actor/ actress

yánzhe 沿着 v to follow along

yánzhòng 严重 adj serious (severe)

yāo 腰 n waist

yáo 摇 v to shake

yǎo 咬 v to bite

yào 要 v to want, to request

yào 药 n drug (medicine)

yáobǎi 摇摆 v to swing

yāobāo 腰包 N wallet; pocket

yàobùrán 要不然 CONJ else, or else

yāodài 腰带 N belt

yàodiàn 药店 N pharmacy, drugstore

yàofāng 药方 N prescription

yàofáng 药房 N drugstore, pharmacy

yáogǔnyuè 摇滚乐 N rock and roll

yáohuàng 摇晃 v to shake something

yàojǐn 要紧 ADJ urgent; important

yáokòngqì 遥控器 N remote control

yàopiàn 药片 N pills, tablets

yáoqiánshù 摇钱树 N source of easy money

yāoqǐng 邀请 v, N to invite; invitation

yāoqiú 要求 v, N to demand, to request; request

yàoshi 要是 CONJ if

yàoshi 钥匙 N key (to room)

yàowán 药丸 N pills

yáoyán 谣言 N rumor

yāpò 压迫 v to oppress, to put pressure on

yáqiān 牙签 N toothpick

yáshuā 牙刷 N toothbrush

yāsuō 压缩 v to compress

Yàtài dìqū 亚太地区 N the Asia-Pacific region

yáyī 牙医 N dentist

yāyì 压抑 v to suppress, to constrain

Yàyùnhuì 亚运会 N the Asian Games

yǎzhìde 雅致的 ADJ elegant

Yàzhōu 亚洲 N Asia

Yàzhōude 亚洲的 ADJ Asian (in general)

Yàzhōurén 亚洲人 N Asian (people)

yāzi 鸭子 N duck

yě 也 as well, also

yè 页 N page

yè 夜 N night

yěbù 也不 ADV nor

yěcān 野餐 N picnic

yèjì 业绩 N achievement

yějǐng 夜景 N night view

yějiùshìshuō 也就是说 PHR in other words; so

yèmāozi 夜猫子 N night owl, night person

yěshēngde 野生的 ADJ wild

yě shì 也是 ADV too (also)

yèshì 夜市 N night market

yèwù 业务 N profession; business

yěxīn 野心 N ambition

yěxǔ 也许 CONJ maybe, perhaps

yéye 爷爷 N grandfather (paternal)

yèyú 业余 ADJ, N engaged in as a pastime; spare time

yèzhǔ 业主 N property owner

yēzi 椰子 N coconut

yèzi 叶子 N leaf

yèzǒnghuì 夜总会 N nightclub

yī 一 NUM one

yì 亿 NUM hundred million

(yì chē) huòwù (一车) 货物 N load

yí cì 一次 N, ADV once

yì dá 一打 N dozen

yī fān fēng shùn 一帆风顺 GR bon voyage!

yī fèn 一份 N portion, serving

yǐ fùkuǎn 已付款 ADJ paid

yī ge rén 一个人 ADJ alone

yī shuāng 一双 N a pair of

yìbān 一般 ADJ average (so-so, just okay)

yíbàn 一半 N, ADJ half

yíbèizi 一辈子 N lifetime

yìbiān 一边 N side

yìbiān ··· yìbiān ··· 一边 ... 一边 ... ADV at the same time

yíbùfèn 一部分 ADJ partly

yíchǎn 遗产 N legacy, heritage

yíchuán 遗传 V to inherit (genetically)

yícìxìng 一次性 ADJ disposable (goods); one-off; one-time

Yìdàlì 意大利 N Italy

Yìdàlìde 意大利的 ADJ Italian (in general)

Yìdàlìrén 意大利人 N Italian (people)

Yìdàlìyǔ 意大利语 N Italian (language)

yīdiǎn búcuò 一点不错 EXCLAM Exactly! Just so!

yīdiǎnr 一点儿 ADJ little (not much)

yídìng 一定 ADJ sure, certain

yídòng diànhuà 移动电话 N mobile phone, cell phone

yīfu 衣服 N clothes, clothing

yífu 姨夫 N uncle (husband of mother's sister)

yīgòng 一共 ADV, N altogether; in total

yīguì 衣柜 N closet

yìgǔnǎor 一股脑儿 ADV completely

yíhàn 遗憾 N regret

yíhànde 遗憾地 ADV regrettably

yǐhé wéi guì 以合为贵 PHR Peace is the best option

yǐhòu 以后 N afterwards, after

yíhuǐr 一会儿 ADV later

yǐhūn 已婚 ADJ married

yīhù rényuán 医护人员 N doctors and nurses

yíhuò 疑惑 V, N to have doubts; doubts

yìjiàn 意见 N opinion, advice

yìjiàn yízhì 意见一致 EXCLAM agreed!

yíjiāo 移交 V to hand over

yíjiě 姨姐 N sister-in-law (wife's older sister)

yǐjīng 已经 ADV already

yīkào 依靠 V to depend on

yìkǒuqì 一口气 ADV in one breath

yìlì 毅力 N perseverance

yīliáo 医疗 ADJ medical

yīliáo bǎoxiǎn 医疗保险 N medical insurance

yīliú 一流 N first-class

yílù shùnfēng 一路顺风 IDIOM Have a pleasant journey!

yìmài 义卖 v to sell something for charity

yímèi 姨妹 N sister-in-law (wife's younger sister)

yímèir 依妹儿 N email (message)

yímèir dìzhǐ 依妹儿地址 N email address

yímín 移民 N immigrant

yímǔ 姨母 N aunt (wife's mother's older/younger sister)

yín 银 N silver

yīn'àn 阴暗 ADJ dull (weather)

yǐncáng 隐藏 ADJ hidden

yīncǐ 因此 CONJ therefore

yǐndǎo 阴道 N vagina

yǐndǎo 引导 v to lead, to guide

Yìndù 印度 N India

Yìndùde 印度的 ADJ Indian (in general)

Yìndùníxīyà 印度尼西亚 N Indonesia

Yìndùrén 印度人 N Indian (people)

Yìndùyǔ 印度语 N Indian (language)

yíng 赢 v to win

yīngbàng 英镑 N pound sterling

yìngbì 硬币 N coin

yìngchou 应酬 v, N to socialize with; social engagement

yìngde 硬的 ADJ stiff

yīng'ér 婴儿 N baby

yīng'érchuáng 婴儿床 N cot

yìngfu 应付 v to handle; to make do with; to do half-heartedly

yīnggāi 应该 v ought to

Yīngguó 英国 N England, United Kingdom

Yīngguóde 英国的 ADJ British (in general)

Yīngguórén 英国人 N British (people)

yínghé 迎合 v to cater to

yìngjiàn 硬件 N hardware; equipment

yíngjiē 迎接 v to welcome

yíngjiù 营救 v to rescue

yīngjùn 英俊 ADJ handsome

yínglì 盈利 N profit, gain

yìngpán 硬盘 N hard disk/drive (computer)

yǐngpiàn 影片 N film

Yīngshì yīngyǔ 英式英语 N British English

yīngtáo 樱桃 N cherry

Yīngtèwǎng 英特网 N Internet

Yīngwén 英文 N English (language)

yǐngxiǎng 影响 v to affect, to influence

yǐngxiǎnglì 影响力 N influence

yíngxiāo 营销 v, N to sell; marketing

yīngxióng 英雄 N hero

yíngyǎng 营养 N nutrition, nourishment

yíngyè'é 营业额 N turnover, volume of business

yìngyòng 应用 V, N to use, to apply; application

Yīngyǔ 英语 N English (language)

yìngzhǐbǎn 硬纸版 N cardboard

yǐngzi 影子 N shadow

yínháng 银行 N bank (finance)

yīnjīng 阴茎 N penis

yīnliángchù 阴凉处 N shade

yǐnliào 饮料 N drink, refreshment

yǐnmán 隐瞒 V to cover something up, to hide something

yīnmóu 阴谋 N plot, conspiracy

Yìnní 印尼 N Indonesia

Yìnnìde 印尼的 ADJ Indonesian (in general)

Yìnnìrén 印尼人 N Indonesian (people)

Yìnnìyǔ 印尼语 N Indonesian (language)

yǐnqǐ xiànmù de 引起羡慕的 ADJ envious

yǐnrén zhùmù 引人注目 IDIOM eye-catching

yǐnshí 饮食 N food and drink, diet

yìnshuā 印刷 V to print

yǐnsī 隐私 N privacy, secrets

yīnsù 因素 N element

yīntiān 阴天 ADJ overcast, cloudy

yīnwèi 因为 CONJ because

yìnxiàng 印象 N impression

yǐnxíng yǎnjìng 隐型眼镜 N contact lens

yīnyǐng 阴影 N shadow, shade

yīnyuè 音乐 N music

yīnyuè diànshì 音乐电视 N music TV

yīnyuèhuì 音乐会 N concert

yīnyuètīng 音乐厅 N concert hall

yìqǐ 一起 ADV together

yíqì 仪器 N meter, instrument

yǐqián 以前 ADV ago, before (in time)

yíqiè 一切 PRON, ADJ everything

yìqīng èrchǔ 一清二楚 IDIOM to be very clear about something

yīrán 依然 ADV still

yìrén 艺人 N performer; artisan

yìrú jìwǎng 一如既往 IDIOM just as in the past; as always

… yǐshàng … 以上 N over, more than; the above-mentioned

yīshēng 医生 N doctor

yíshì 仪式 N ceremony

yìshí 意识 N awareness

yìshídào 意识到 V to be aware

yīshízhùxíng 衣食住行 N people's basic needs (food, clothing, shelter and transportation)

yìshù 艺术 N art

yìshùjiā 艺术家 N artist

yíshùnjiān 一瞬间 N all of a sudden; happening in a flash

ìshùpǐn 艺术品 N artwork

ìsi 意思 N meaning

Tsīlánjiào 伊斯兰教 N Islam

Tsīlánjiàode 伊斯兰教的 ADJ Islamic

ī tào xīfú 一套西服 N business suit

ìtí 议题 N topic, issue

ìtú 意图 N intention

ìwài 意外 N, ADJ accident; unexpected

ìwàn fùwēng 亿万富翁 N billionaire

ìwèn 疑问 N question, query

ìwù 义务 N duty; obligation; volunteer duty

ìwù jiàoyù 义务教育 N compulsory education

·· yǐxià ... 以下 N under; the following

ìxiē 一些 ADV, PRON some, a little

ìxīn 意欲 N suspicion

ìxīn yīyì 一心一意 IDIOM wholeheartedly; concentrating one's thoughts and efforts

ìxìng 异性 N the opposite sex

ìyàng 一样 PRON same

ìyǎn huányǎn, yìyá huányá 以眼还眼，以牙还牙 IDIOM an eye for an eye and a tooth for a tooth

ìyī bùshě 依依不舍 IDIOM broken-hearted or reluctant to leave

yìyì 意义 N meaning; significance

yīyuàn 医院 N hospital

Yīyuè 一月 N January

yīzhènzi 一阵子 N a while

yìzhí 一直 ADV straight ahead

yǐzhì 以致 CONJ in order that, so that

yìzhì 抑制 V to restrain

yǐzi 椅子 N chair

yòng 用 V to use

yòngbào 拥抱 V to embrace

yǒngbù 永不 ADV never ever

yǒnggǎn 勇敢 ADJ brave, daring

yònggōng 用功 ADJ hardworking, industrious

yòngguānglle 用光了 ADJ finished (none left), depleted

yōngjǐ 拥挤 ADJ busy (crowded)

yòngjīn 佣金 N commission

yǒngjiǔde 永久的 ADJ permanent

yǒngqì 勇气 N courage

yòngrén 佣人 N servant

yòngtú 用途 N use, application

yòngxīn 用心 N, ADJ motive, intention; diligent, attentive, careful

yòngyì 用意 V to mean (intend)

yōngyǒu 拥有 V to own

yǒngyuǎn 永远 ADV forever

yǒngyuè 踊跃 ADJ eager, active

yòng zìmǔ pīnxiě 用字母拼写 V to spell

yóu 油 N oil

yǒu 有 V there is, there are

yǒu bāndiǎn de 有斑点的 ADJ spotted (pattern)

yòubiān 右边 N right-hand side

yǒubìngde 有病的 ADJ ill, sick

yōudiǎn 优点 N merit; strong point

yǒudúde 有毒的 ADJ poisonous

yòu'éryuán 幼儿园 N nursery school

yǒuguān 有关 CONJ about (regarding), concerning

yǒuhǎo 友好 ADJ friendly

yōuhuì 优惠 ADJ discount

yòuhuò 诱惑 v, N to entice; to induce; to attract; temptation

yǒujī 有机 ADJ organic

yóujiàn 邮件 N mail, post

yóujú 邮局 N post office

yóukè 游客 N tourist

yóulǎn 游览 v to go sightseeing; to tour

yóulèchǎng 游乐场 N playground

yǒu lǐmào de 有礼貌的 ADJ well-mannered

yōulǜ 忧虑 N anxiety

yóulún 邮轮 N ocean liner, cruise liner

yōuměi 优美 ADJ beautiful (of places)

yǒumíng 有名 ADJ famous

yōumòde 幽默的 ADJ humorous

yōumògǎn 幽默感 N sense of humor

yǒu nénglì 有能力 ADJ to be capable of

yóunì 油腻 N fat, grease

yóupiào 邮票 N stamp (postage)

yóuqī 油漆 v, N to paint (house, furniture); paint

yǒuqián 有钱 ADJ well off, wealthy

yóuqíshì 尤其是 ADV particularly, especially

yǒuqù 有趣 ADJ interesting

yǒurén 有人 PRON somebody, someone

yòurén 诱人 ADJ attractive

yǒu rénqíngwèi de 有人情味的 ADJ human

yōuróu guǎduàn 优柔寡断 ADJ indecisive; irresolute

yǒushí 有时 ADV sometimes

yǒutiáowénde 有条纹的 ADJ striped

yóutǐng 游艇 N yacht

yóuxì 游戏 N game

yǒuxiàn 有限 ADJ limited

yóuxiāng 邮箱 N postbox, mailbox

yǒuxiào 有效 ADJ valid

yǒuxiē 有些 ADV some; somewhat, rather

yǒu xìnxīn 有信心 ADJ to have confidence

yōuxiùde 优秀的 ADJ excellent

yǒu xīwàng de 有希望地 ADV hopefully

yǒu xīyǐnlì de 有吸引力的 ADJ attractive

yǒuyì 友谊 N friendship

yǒuyì 有益 V, ADJ to benefit; positive; beneficial; useful

yǒuyìsi 有意思 V, ADJ to be interested in; interesting

yóuyǒng 游泳 N swimming

yóuyǒngchí 游泳池 N swimming pool

yóuyǒngyī 游泳衣 N swimming costume

yòu … yòu 又 … 又 CONJ both … and

yóuyù 犹豫 ADJ hesitant

yóuyú 鱿鱼 N squid

yōuyuègǎn 优越感 N sense of superiority

yōuyùzhèng 忧郁症 N depression (mental disease)

yóuzhá 油炸 ADJ fried

yòuzhì 幼稚 ADJ childish; young

yǒu zhìxù de 有秩序地 ADJ orderly, organized

yǒuzīyǒuwèide 有滋有味的 ADJ tasty, delicious

yǒuzuì 有罪 ADJ guilty (of a crime)

yú 于 PREP on (of dates)

yú 鱼 N fish

yǔ 雨 N rain

yù 玉 N jade

yuǎn 远 ADJ far

yuánběn 原本 N, ADV original copy; first edition; originally

yuáncáiliào 原材料 N raw materials

yuǎnchéng jiàoyù 远程教育 N distance education

Yuándàn 元旦 N New Year's Day

yuán'gōng 员工 N staff

yuánhuá 圆滑 ADJ slick and sly

yuánliàng 原谅 V to forgive

yuánmǎn 圆满 ADJ perfect; complete (success)

yuánquān 圆圈 N circle

yuánrén 猿人 N ape

yuánshǐ 原始 ADJ primitive; original

yuántóu 源头 N source; headstream

yuànwàng 愿望 N desire

yuànyì 愿意 V to be willing to; to wish

yuányīn 原因 N reason, cause

yuánzé 原则 N principle

yuánzhūbǐ 圆珠笔 N ballpoint pen

yuànzǐ 院子 N courtyard

yùbèi 预备 V to prepare

yùcè 预测 V to predict, to forecast

yùdìng 预定 V to reserve (ask for in advance)

yuè 月 N month

yuèdǐ 月底 N end of the month; late in a month

yuēdìng 约定 V to fix (a time, an appointment)

yuèdú 阅读 v to read

yuèfù 岳父 N father-in-law (wife's father)

yuèguò 越过 v to go past

yuēhǎo 约好 v to fix (a time, an appointment)

yuèjīngqī 月经期 N period (menstrual)

yuè lái yuè … 越来越 … ADV more and more …

yuèliang 月亮 N moon

yuèmǔ 岳母 N mother-in-law (wife's mother)

Yuènán 越南 N Vietnam

Yuènánde 越南的 ADJ Vietnamese (in general)

Yuènánrén 越南人 N Vietnamese (people)

Yuènányǔ 越南语 ADJ Vietnamese (language)

yuèqì 乐器 N musical instrument

yuètái 月台 N railway platform

yùfáng 预防 v to prevent; to guard against

yùfángzhēn 预防针 N immunization injection; preventive measure

yùfùkuǎn 预付款 N advance money, deposit

yùgāng 浴缸 N bathtub

yújiā 瑜伽 N yoga

yúkuài 愉快 ADJ happy, pleasant

yúkuàide 愉快的 ADJ enjoyable

yúlè 娱乐 v, N to entertain, to amuse; entertainment; recreation

yǔlín 雨林 N rainforest

yúlù 鱼露 N fish sauce

yúlùn 舆论 N public opinion

yǔmáoqiú 羽毛球 N badminton

yùmǐ 玉米 N corn, grain

yūn 晕 v, ADJ to pass out, to faint; dizzy

yùn yīfu 熨衣服 v to iron (clothing)

yùnchuán 晕船 v to be seasick

yùndòng 运动 N sports

yùndòng yǐnliào 运动饮料 N sports drink

yùndòngyuán 运动员 N athlete

yùndǒu 熨斗 N iron (for clothing)

yùnfù 孕妇 N pregnant woman, mother-to-be

yùnqi 运气 N luck

yùnsòng 运送 v to deliver

yǔnxǔ 允许 v to allow, to permit

yùnzuò 运作 v, N to operate; operations (of an organization)

yùpén 浴盆 N bathtub

yǔqì 语气 N tone of voice; mood; manner of speaking

Yúrénjié 愚人节 N April Fools' Day

yúshì 于是 CONJ thus, so

yùshì 浴室 N bathroom

yùsuàn 预算 N budget

yǔ … xiāngbǐ 与 … 相比 v compared with

yǔyán 语言 N language

yùyī 浴衣 N bathrobe

yùyuē 预约 N appointment

yǔzhòu 宇宙 N universe

Z

záfèi 杂费 N miscellaneous expenses

zài 再 ADV again

zài 在 PREP at

zài 载 V to carry

zài ··· de qiánmiàn 在 ... 的前面 PREP in front of ...

zài ··· dǐxià 在 ... 底下 PREP under

zài ··· duìmiàn 在 ... 对面 PREP across from ...

zài ··· hòumiàn 在 ... 后面 PREP behind ...

zài ··· lǐ 在 ... 里 PREP inside of

zài ··· pángbiān 在 ... 旁边 PREP beside ...

zài ··· qījiān 在 ... 期间 PREP during

zài ··· shàng 在 ... 上 PREP on ... , at ...

zài ··· wài 在 ... 外 PREP outside

zài ··· wàimiàn 在 ... 外面 PREP outside of ...

zài ··· yǐhòu 在 ... 以后 PREP after ...

zài ··· zhè yídài 在 ... 这一带 PREP around ... (nearby)

zài ··· zhījiān 在 ... 之间 PREP between ...

zài ··· zhīzhōng 在 ... 之中 PREP among ...

zài ··· zhōuwéi 在 ... 周围 PREP around ... (surrounding)

zài jiā 在家 ADV at home

zàijiàn 再见 EXCLAM Goodbye!

zàijiàn 在建 ADJ under construction

zàijiàn gōngchéng 在建工程 N construction in progress

zàijiùyè 再就业 N re-employment

zàijiùyè fúwù zhōngxīn 再就业服务中心 N re-employment service center

zàijiùyè gōngchéng 再就业工程 N re-employment project

zǎi kè 宰客 V to rip off customers

zāimín 灾民 N victims of natural disaster

zài nǎli/nǎr 在哪里／哪儿 ADV where

zāinàn 灾难 N disaster

zāipéi 栽培 V to cultivate; to train, to educate

zài qínglǐ zhī nèi 在情理之内 ADJ within reason

zāiqū 灾区 N disaster area

zǎi rén 宰人 V to rip off

zàirén wèixīng 载人卫星 N manned satellite

zàishēngzhǐ 再生纸 N recycled paper

zàixiàn 在线 ADJ online

zàixiàn shūdiàn 在线书店 N online bookstore

zàiyì 在意 v to care about, to pay attention to

zài yī (ge) 再一 (个) n another one (same again)

zànchéng 赞成 EXCLAM agreed!

zāng 脏 ADJ dirty

zāngdàn 脏弹 n dirty bomb

zànglǐ 葬礼 n funeral

zánmen 咱们 PRON, PL we, us (includes the one addressed)

zánmende 咱们的 PRON, PL our (includes the one addressed)

zànshǎng 赞赏 v to praise; to appreciate; to admire

zànshí 暂时 ADJ temporary

zànyáng 赞扬 v to praise

zànzhù 赞助 v, n to sponsor; sponsor

zāo 糟 ADJ bad

zǎo 早 ADJ early

zàochéng 造成 v to cause; to bring about

zǎofàn 早饭 n breakfast, morning meal

zǎoliàn 早恋 n puppy love

zàolín yùndòng 造林运动 n afforestation campaign

zāopò 糟粕 n dross

zǎorì kāngfù 早日康复 GR get well soon!

zǎoshang 早上 n morning

zǎoshì 早市 n morning market

zǎowǎn 早晚 n, ADV morning and evening; sooner or later

zàoxíng 造型 n design, style

zàoyīn 噪音 n noise

zāoyù 遭遇 v to encounter; experience

zá páizi 砸牌子 v to ruin one's reputation

zázhì 杂志 n magazine

zéguài 责怪 v to blame

zéi 贼 n thief

zēngjiā 增加 v to raise, increase

zēngjiā tǐzhòng 增加体重 v to gain weight

zēngqiáng 增强 v to enhance; to strengthen

zèngsòng 赠送 v to present as a gift

zēngzhǎng 增长 v to grow larger

zēngzhíshuì 增值税 n value added tax (VAT)

zěnme 怎么 ADV how

zérèn 责任 n duty (responsibility)

zérèn biānjí 责任编辑 n editor in charge

Zhādǎ yínháng 渣打银行 n the Chartered Bank

zhàdàn 炸弹 n bomb

zhǎi 窄 ADJ narrow; narrow-minded

zhài 债 n debt

zhāijiè 斋戒 v to fast

zhàiquàn 债券 n bond; debenture

zhàitái gāozhù 债台高筑 v to become debt-ridden

zhàiwù 债务 n debt, liability

zhāiyuè 斋月 N Ramadan (Muslim festival)

zhàizhuǎn'gǔ 债转股 N debt-to-equity swap

zhàlán 栅栏 N fence

zhàn 站 v, N to stand; stop (bus, train)

zhàn piányi 占便宜 v to profit at others' expense

zhàn dezhù jiǎo 站得住脚 ADJ can hold water

zhàndòu 战斗 N battle

zhànfú 战俘 N prisoner of war (POW)

zhànfú shìxún hángdǎodàn 战斧式巡航导弹 N Tomahawk missile

zhànfúyíng 战俘营 N prisoner-of-war camp

zhǎng 长 v to grow, be growing (plant)

zhàng'ài 障碍 N hindrance

zhǎngbèi 长辈 N elder

zhǎngdà 长大 v to grow up (child)

zhàngdān 帐单 N bill

zhàngfu 丈夫 N husband

zhànghù 账户 N account

zhāngláng 蟑螂 N cockroach

zhǎngshàng diànnǎo 掌上电脑 N PDA

zhānguāng 沾光 v to benefit from one's association

zhǎnlǎn 展览 N display

zhǎnlǎnhuì 展览会 N exhibition; show

zhànlüè huǒbàn guānxì 战略伙伴关系 N strategic partnership

zhànpiào 站票 N standing-room-only ticket

zhǎnshì 展示 v to reveal; to show; to display

zhàntái piào 站台票 N platform ticket

zhànxiàn 占线 ADJ engaged (telephone)

zhǎnxiàn 展现 v to reveal (make visible)

zhǎnxiāohuì 展销会 N sales exhibition; trade fair

zhànyǒu 占有 v to possess

zhànzhēng 战争 N war

zhǎo 找 v to look for, seek

zhāobiāo 招标 v to call for bids

zhāocái jìnbǎo 招财进宝 PHR May money and treasures be plentiful!

zhàogu 照顾 v to take care of

zhàoguǎn 照管 v to look after

zháohuǒ 着火 ADJ on fire

zháojí 着急 ADJ worried; anxious

zhàojiàn 召见 v to call, to summon

zhāopái 招牌 N signboard

zhāopáicài 招牌菜 N signature dishes

zhàopiàn 照片 N photograph

zhāopìnhuì 招聘会 N job fair

zhāoshāng yǐnzī 招商引资 v to attract investments

zhàoshì táoyì shìgù 肇事逃逸事故 N hit-and-run accident

zhàoshì táoyì 肇事逃逸 ADJ hit-and-run (accident)

zhāoshǒu 招手 v to wave

zhàoxiàng 照相 v to photograph

zhàoxiàngjī 照相机 N camera

zhāoyáng chǎnyè 朝阳产业 N sunrise industry

zhàpiàn 诈骗 v to defraud; to swindle

zhāshi 扎实 ADJ solid; sturdy

zhǎyǎn 眨眼 v to blink; to wink

zhè 这 PRON this

zhédié 折叠 v to fold

zhéduàn 折断 v to break apart

zhéduànle 折断了 ADJ broken, snapped (of bones, etc.)

zhège 这个 PRON this; this one

zhéjiù 折旧 N depreciation

zhèlǐ 这里 ADV here

zhème, nàme 这么，那么 PRON so (degree)

zhèmíngde 著名的 ADJ famous, well-known

zhémó 折磨 v, N to torment; torture

zhēn diūliǎn! 真丢脸 INTERJ shame: what a shame!

zhēn 针 N needle

zhēncái shíxué 真才实学 N genuine knowledge

zhēncáng 珍藏 v, N to collect; collection

zhēnchá fēijī 侦察飞机 N surveillance aircraft

zhēnchéngde 真诚的 ADV truly

zhēnde 真的 ADV really (in fact), true

Zhēnde ma 真的吗 INTERJ really

zhèndìng 镇定 ADJ calm; unperturbed

zhèndòng 震动 v, N to shake; to vibrate; shock; vibration

zhēng 争 v to fight over

zhèng 挣 v to earn

zhěng ge 整个 ADJ whole, to be complete

zhèngǎn 震感 N earthquake tremors

zhèngbǎn 正版 N real, legitimate or original copy

zhèngcè 政策 N policy

zhèngcháng 正常 ADJ normal

zhèngchángde 正常的 / 地 ADJ, ADV normal; normally

zhèngchǎo 争吵 v to argue

zhèngdǎng 政党 N party (political)

zhēngde 蒸的 ADJ steamed

zhèngfāngxíng 正方形 N square (shape)

zhèngfǔ 政府 N government

zhèngfǔ gānyù 政府干预 N government intervention

zhèngfǔ gōngzuò bàogào 政府

工作报告 N government work report

zhèngguī 正规 ADJ standard

zhènghǎo 正好 ADV precisely; just right; just in time; happen to

zhèngjiàn 证件 N certificate; credentials

zhěngjié 整洁 ADJ tidy

zhèngjīng 正经 ADJ serious

zhèngjù 证据 N proof

zhěnglǐ 整理 V to sort out; to arrange

zhēngliúshuǐ 蒸馏水 N distilled water

zhènglùn 论争 N argument

zhèngmiàn 正面 N, ADJ, ADV front; positive; directly

zhèngmíng 证明 V to prove

zhēngqì 蒸气 N steam

zhěngqí 整齐 ADJ tidy, neat

zhèngqì 正气 N uprightness; integrity

zhēngqǔ 争取 V to fight for; to strive for

zhèngquè 正确 ADJ right, correct

zhèngrén 证人 N witness

zhèngshìde 正式的 ADJ official, formal

zhèngshū 证书 N certificate

zhěngtǐ lái kàn 整体来看 ADV on the whole

zhēn'guìde 珍贵的 ADJ precious

zhěngxíng 整形 V to carry out plastic surgery

zhèngyì 正义 N, ADJ justice; just

zhēngyì dìqū 争议地区 N disputed area

zhēngzhá 挣扎 V to struggle

zhèngzhì pòhài 政治迫害 N political persecution

zhèngzhì tǐzhì gǎigé 政治体制改革 N political restructuring

zhèngzhì 政治 N politics

zhèngzhìjú 政治局 N politburo

zhènhàn 震撼 V, ADJ to shake; to shock; shocking; stunning

zhènjí 震级 N magnitude (earthquake)

zhēnjūn 真菌 N fungus

zhēnkōng bāozhuāng 真空包装 N vacuum packing

zhènqū 震区 N seismic zone

zhènróng 阵容 N cast, complexion of a team

zhēnshànměi 真善美 N truth, goodness and beauty

zhēnshíde 真实的 ADJ real, genuine

zhěnsuǒ 诊所 N clinic

zhēntàn xiǎoshuō 侦探小说 N detective fiction

zhěntou 枕头 N pillow

zhēnxī bīnwēi zhíwù 珍稀濒危植物 N rare or endangered species

zhēnxī 珍惜 V to value, to treasure

zhēnxiàng 真相 N truth

zhēnxīn 真心 ADJ whole-hearted; sincere

zhènyǔ 阵雨 N shower (rain)

zhènyuán 震源 N epicenter (of an earthquake)

zhēnzhèngde 真正的 ADJ true; genuine

zhènzhōng 震中 N epicenter

zhènzhōng lièdù 震中烈度 N epicentral intensity

zhènzhōngqū 震中区 N epicentral area

zhēnzhū 珍珠 N pearl

zhèr 这儿 ADV here

zhètáng 蔗糖 N sugarcane

zhèxiē 这些 PRON these

zhéxué 哲学 N philosophy

zhèyàng 这样 CONJ thus, so

zhèyàngde 这样的 PRON such

zhézhōng fāng'àn 折衷方案 N compromise solution

zhǐ bǎobùzhù huǒ 纸包不住火 IDIOM Sooner or later, the truth will out

zhǐ shàng tánbīng 纸上谈兵 N an armchair strategist

zhì shāng 智商 N intelligence quotient (IQ)

zhí yè péixùn 职业培训 N job training

zhǐ 只 ADJ, ADV, CONJ just, only

zhǐ 纸 N paper

zhì 炙 V to grill

zhì'ān 治安 N law and order;
public security

zhíbān 值班 V to be on duty; to work a shift

zhíbō 直播 N live broadcast

zhíchēng 职称 N professional title

zhīchí 支持 V to back up

zhǐchū 指出 V to point out

zhídào 直到 CONJ until

zhīdào 知道 V to know (be aware of)

zhǐdǎo 指导 V to supervise, to guide

zhǐdìng 指定 V to appoint; to assign

zhǐdìngde 指定的 ADJ designated

zhídú cúnchǔqì 只读存储器 N read-only-memory (ROM)

zhìdù 制度 N system

zhí'ér 侄儿 N nephew (paternal)

zhífǎ rényuán 执法人员 N law enforcer

zhīfáng 脂肪 N fat

zhīfù 支付 N payment

zhìfú 制服 N uniform

zhígāo 职高 N vocational high school

zhìhǎiquán 制海权 N command of the sea

zhǐhǎo 只好 ADV have no choice but to

zhīhòu 之后 PREP afterwards; later

zhǐhuī 指挥 v to command

zhìhuì 智慧 N intelligence, wisdom

zhǐjiǎ 指甲 N nail (finger, toe)

zhíjiē xuǎnjǔ 直接选举 N direct election

zhíjué 直觉 N intuition

zhìkōngquán 制空权 N air supremacy

zhìliàng shǒuhéng dìnglǜ 质量守恒定律 N law of conservation of mass

zhìliáo 治疗 v to treat (medically)

zhīma 芝麻 N sesame seeds

zhīmíngdù 知名度 N popularity

zhìmìng yào hài 致命要害 N Achilles' heel

zhìnángtuán 智囊团 N think tank

zhìnéng shǒujī 智能手机 N smart phone

zhīqián 之前 ADV beforehand, earlier

zhìshǎo 至少 ADV at least

zhíshēngjī 直升机 N helicopter

zhīshi 知识 N knowledge

zhǐshì 只是 ADJ sole, only; but

zhǐshì 指示 v to instruct, told to do something

zhīshi chǎnquán 知识产权 N intellectual property

zhīshi fènzǐ 知识分子 N intellectual

zhīshí jīngjì 知识经济 N knowledge economy

zhīshí jiù shì lìliàng 知识就是力量 IDIOM Knowledge is power

zhīshí zīběn 知识资本 N knowledge capital

zhǐtòngyào 止痛药 N painkiller

zhíwèi 职位 N post, position

zhíwù 植物 N plant

zhíwù fànzuì 职务犯罪 N crime committed in the course of one's profession

zhíwù qúnluò 植物群落 N plant community

zhíwùrén 植物人 N persistent vegetative state

zhíwùyuán 植物园 N botanic gardens

zhíxiàn 直线 N straight line

zhíxiāo 直销 N direct selling

zhíxiāo shāngpǐn 滞销商品 N slow-moving sales goods

zhíxiáshì 直辖市 N municipality directly under the central government

zhìxù 秩序 N order

zhíyè 职业 N occupation, profession

zhìyè 置业 N house purchase

zhíyè gāozhōng 职业高中 N vocational high school

zhíyè jièshàosuǒ 职业介绍所 N employment agency

zhíyè jīnglǐrén 职业经理人 N professional manager

zhíyèbìng 职业病 N occupational disease

zhìyí 质疑 V to doubt, to query

zhǐyǒu 只有 ADV only

zhíyuán 职员 N staff member; office worker

zhìzào 制造 V to manufacture

zhǐzé 指责 V to accuse

zhízé 职责 N duty, responsibility

zhǐzhāng 纸张 N sheet (of paper)

zhízhào 执照 N license, permit

zhízhede 执着的 ADJ persevering, persistent

zhīzhū 蜘蛛 N spider

zhīzhùchǎnyè 支柱产业 N mainstay industry

zhízi 侄子 N nephew (paternal)

zhīzú 知足 ADJ to be content with one's situation

zhōng 钟 N clock

zhòng 种 V to plant

zhòng 重 ADJ heavy

zhōng/xiǎoxuéshēng 中／小学生 N middle school/primary school schoolchild

zhōngdiǎn 终点 N destination; end point; terminus

zhòngdiǎn 重点 N key point

Zhōngdōng hépíng jìnchéng 中东和平进程 N the Middle East peace process

zhōngduān fúwùqì 终端服务器 N terminal server (computer)

zhòngfēng 中风 V, N to suffer from a stroke; stroke

zhònggōngyè 重工业 N heavy industry

Zhōngguó diànxìn 中国电信 N China Telecom

Zhōngguó liántōng gōngsī 中国联通公司 N China Unicom

Zhōngguó yídòng 中国移动 N China Mobile

Zhōngguó 中国 N China

Zhōngguóde 中国的 ADJ Chinese (in general)

Zhōngguójié 中国结 N Chinese knot

Zhōngguórén 中国人 N Chinese (people)

zhōngjiān 中间 N center, middle

zhōngjiè 中介 N agency

zhòngkǒu nántiáo 众口难调 IDIOM One man's meat is another man's poison

zhǒnglèi 种类 N sort, type

zhòngliàng 重量 N weight

zhōnglìguó 中立国 N neutral power

zhǒngliú 肿瘤 N tumor

zhōngliú dǐzhù 中流砥柱 N mainstay; chief cornerstone

zhōngnián 中年 N middle age

Zhōngshānzhuāng 中山装 N Chinese tunic suit; Mao suit

zhōngshēn zhíwùzhì 终身职务制 N life-long tenure

Zhōngshì kuàicān 中式快餐

Chinese fast food

zhòngshì 重视 v to value; to put great importance to sth

zhòngshí zhī dì 众矢之的 n target of public criticism

zhòngshǔ 中暑 v, n to get heatstroke; heatstroke

zhōngtóu 钟头 n hour

Zhōngwén 中文 n Chinese (language)

zhōngwǔ 中午 n midday, afternoon

zhōngxīn 中心 n center; core

zhōngxīn huánjié 中心环节 n key link

zhōngxué 中学 n middle school

zhōngyāng 中央 adj central

zhōngyāng shāngwùqū 中央商务区 n central business district (CBD)

zhōngyào 中药 n traditional Chinese medicine (TCM)

zhòngyào 重要 adj, n important; importance

zhòngyàode 重要的 adj major (important)

zhōngyī 中医 n traditional Chinese medical science; a doctor with traditional Chinese medical training

zhōngyú 忠于 v to stick to

zhōngyú 终于 adv finally

zhòngzāiqū 重灾区 n severely-hit area

zhōngzhǐ 终止 v to end (finish)

zhòngzhí 种植 v to grow, to cultivate

zhòngzhíyè 种植业 n plantation

zhōngzhuǎnzhàn 中转站 n connection (transport)

zhǒngzi 种子 n seed

zhǒngzú qíshì 种族歧视 n racial discrimination

zhōu 洲 n continent

zhōu 粥 n congee, gruel, porridge

zhǒu 肘 n elbow

zhōujì dàndào dǎodàn 洲际弹道导弹 n intercontinental ballistic missiles (ICBM)

zhōukān 周刊 n weekly periodical

zhòuméi 皱眉 v to frown

zhōumò 周末 n weekend

zhōuqīxìng piāntóutòng 周期性偏头痛 n migraine

zhōuwéi de shìwù 周围的事物 n surroundings

zhū 猪 n pig

zhǔ 煮 v to boil

zhù 住 v to stay, to live

zhù 柱 n post, column

zhuǎn 转 v to turn around

zhuǎnbài wéi shèng 转败为胜 v to turn the tables

zhuǎncháng 专长 n strength

zhuǎnchē 转车 v to change bus/train

zhuānfǎng 专访 n exclusive interview

zhuāngbàn 装扮 v to dress up; to disguise

zhuàngchē 撞车 v to crash (car)

zhuānghuò 装货 v to load up

zhuàngkuàng 状况 N condition, situation

zhuāngmǎn 装满 v to fill

zhuāngpèi 装配 v to assemble, to put together

zhuāngshì 装饰 v to decorate

zhuàngshí 壮实 ADJ stout

zhuāngshìpǐn 装饰品 N ornament

zhuàngtài 状态 N condition (status)

zhuǎnguǐ jīngjì 转轨经济 N transition economy

zhuàngxiàn 撞线 v to breast the tape (running)

zhuāngxiū 装修 v, N to renovate; to fit up; (interior) renovation

zhuǎnhuàn 转换 v to convert

zhuānjiā 专家 N expert

zhuǎnjīyīn shēngwù 转基因生物 N GMO (Genetically Modified Organism)

zhuǎnjīyīn shípǐn 转基因食品 N GM food (genetically modified food)

zhuānlì chǎnpǐn 专利产品 N patented product

zhuānmàidiàn 专卖店 N franchise store

zhuānmén réncái 专门人才 N professional talent

zhuànqián 赚钱 v to make money (in business)

zhuǎnshì 转世 N reincarnation

zhuānshǔ jīngjìqū 专属经济区 N exclusive economic zone

zhuāntí bàodào 专题报道 N special coverage

zhuānxīnde 专心地 ADV attentively

zhuǎnyǎn 转眼 ADV in a flash; in the blink of an eye

zhuānyè 专业 ADJ, N professional; specialty; special field of study (at university)

zhuǎnyè 转业 v to transfer to civilian work (from military)

zhuāzhe 抓着 v to hold, grasp

zhuāzhù 抓住 v to catch

zhuāzhù jīyù 抓住机遇 v to seize the opportunity

zhǔbàn 主办 v to host; to organize

zhǔbǎo 珠宝 N jewelry

zhùcè 注册 v to register, to enroll

zhùcè kuàijìshī 注册会计师 N certified public accountant (CPA)

zhùcè zīběn 注册资本 N registered capital

zhǔchírén 主持人 N presenter; host

zhǔdétòude 煮得透的 ADJ well-cooked, well-done

zhùdiàn 住店 N check in

zhùdiàn shǒuxù 住店手续 N check-in formalities

zhǔdòngde 主动地 ADV to take the initiative to do something; actively

zhǔfèile 煮沸了 ADJ boiled

zhùfú 祝福 V, N to bless; blessing

zhǔguān 主观 ADJ subjective

zhù hǎo 祝好 N best wishes

zhùhè nǐ 祝贺你 EXCLAM Congratulations!

zhuī 追 V to chase

zhuīcháozú 追潮族 N fashion follower

zhuīchēzú 追车族 N auto fan

zhuīpíng 追平 V to equalize (soccer, etc.)

zhuīqiú 追求 V to seek, to pursue

zhuīqiú xiǎngshòu 追求享受 V to play around

zhuīxīngzú 追星族 N groupie

zhǔjī 主机 N computer (main)

zhújiànde 逐渐地 ADV gradually

zhǔjué 主角 N lead role

zhùlǐ 助理 N assistant

zhǔliú 主流 N mainstream

Zhūmùlǎngmǎfēng 珠穆朗玛峰 N Mount Qomolangma; Mount Everest

zhǔnbèi 准备 V to prepare, get ready

zhǔnbèihǎole 准备好了 ADJ prepared, ready

zhù nǐ hǎoyùn 祝你好运 GR Good luck!

zhǔnquè 准确 ADJ accurate

zhǔnshí 准时 ADJ on time

zhǔnxǔ 准许 V to permit, to allow

zhuōbù 桌布 N tablecloth

zhuólù 着陆 V to land (plane)

zhuómó 琢磨 V to ponder

zhuōzi 桌子 N table

zhùpǎo 助跑 N run-up

zhǔrén 主人 N host

zhǔrèn 主任 N director, chief

zhūròu 猪肉 N pork

zhùrù 注入 V to inject

zhǔshóule 煮熟了 ADJ cooked

zhùsù 住宿 N accommodations

zhǔtí 主题 N theme, subject

zhǔxí 主席 N chairperson

zhǔyào 主要 ADJ main, most important, major

zhǔyàode 主要的 ADV mainly

zhǔyè 主页 N home page

zhǔyì 主意 N idea

zhùyì 注意 V to notice; EXCLAM Look out!

zhùzhái xiǎoqū 住宅小区 N residence community

zhùzhòng 注重 V to pay attention to; to emphasize

zhùzuò 著作 N literary work, book, writings

zī bù dǐzhài 资不抵债 N insolvency

zìbēi 自卑 ADJ feeling inferior, self-abased

zǐcài 紫菜 N seaweed

zīchǎn 资产 N asset, property

zìcóng 自从 CONJ since

zìdiǎn 字典 N dictionary

zìdòng 自动 ADJ automatic

zìdòng guìyuánjī 自动柜员机 N automatic teller machine (ATM)

zìfā 自发 ADJ spontaneous

zìfā bàgōng 自发罢工 N wildcat strikes

zìfèi liúxué 自费留学 v to study abroad at one's own expense

zìfù yíngkuī 自负盈亏 ADJ self-financed

zīgé 资格 N qualification

zǐgōng 子宫 N uterus

zìháo 自豪 ADJ, N proud of oneself; pride

zìjǐ 自己 N self

zìjǐ 自给 ADJ self-sufficient

zìjǐde 自己的 ADJ own, personal

zījīn 资金 N funds, capital

zìjué 自觉 v, N to be aware of; conscientious

zìjuéxìng 自觉性 N self-consciousness

zīliào 资料 N information

zìlǜ 自律 v to be self-disciplined

zìmǔ 字母 N alphabet

zìrán bǎohùqū 自然保护区 N natural reserve

zìránde 自然的 ADJ natural

zìrán fēngjǐng 自然风景 N scenery

zìránjiè 自然界 N nature

zìrán zīyuán bǎohùqū 自然资源保护区 N natural resource protection zone

zǐsè 紫色 N purple

zìshā 自杀 v to commit suicide

zìshì 姿势 N gesture

zìshǒu 自首 v to own up, to confess

zìsī 自私 ADJ selfish

zìtiáo 字条 N note

zǐtóng 紫铜 N copper

zǐwàixiàn 紫外线 N ultraviolet ray

zìwǒ bǎohù 自我保护 N self-protection

zìwǒ jièshào 自我介绍 v to introduce oneself

zǐxì 仔细 ADJ thorough, careful

zìxiāng máodùn 自相矛盾 IDIOM to contradict oneself; self-contradictory

zìxìn 自信 ADJ self-confident

zìxíngchē 自行车 N bicycle

zìxìnxīn 自信心 N self-confidence

zìxué 自学 v to study on one's own

zìxué chéngcái 自学成才 v to become well-educated through self-study

zīxún 咨询 v, N to consult; consultation; inquiry

zìyán zìyǔ 自言自语 v to talk to oneself; to mutter

zìyíng 自营 ADJ self-run, self-operated

zìyóu 自由 N freedom

zìyóude 自由的 ADJ free, independent

zìyóu jìngzhēng 自由竞争 N free competition

zìyóu màoyìqū 自由贸易区 N free-trade zone

zìyóu zhíyèzhě 自由职业者 N freelancer

zìyóugǎng 自由港 N free port

zīyuán 资源 N resource

zìyuàn 自愿 ADJ voluntary

zìzé 自责 V to blame oneself

zìzhì 自治 N, ADJ self-governance; self-governing

zìzhìquán 自治权 N autonomy

zìzhù 资助 V, N to subsidize; subsidy

zìzhù 自助 ADJ self-service

zìzhù yínháng 自助银行 N self-service bank

zìzhùcān 自助餐 N buffet

zìzú 自足 ADJ self-sufficient

zìzú jīngjì 自足经济 N self-sufficient economy

zìzūn 自尊 N self-respect, self-esteem

zìzūnxīn 自尊心 N pride, self-esteem, ego

zìzuò zìshòu 自作自受 IDIOM to stew in one's own juice

zǒngcái zhùlǐ 总裁助理 N assistant to the president

zǒnggòng 总共 ADV altogether

zǒnggōngsī 总公司 N head office of a corporation

zōnghé 综合 ADJ comprehensive

zōnghé guólì 综合国力 N comprehensive national power

zōngjiào 宗教 N religion

zǒngjié 总结 V, N to sum up; summary

zǒngjīnglǐ 总经理 N general manager; managing director

zǒnglǐ 总理 N prime minister

zōngsè 棕色 N, ADJ brown

zǒngshì 总是 ADV always

zǒngshōurù 总收入 N total income; gross income

zǒngtǒng 总统 N president

zōngyì jiémù 综艺节目 N variety show

zòngzi 粽子 N sticky rice dumpling

zǒu 走 V to leave, to depart

zǒudédào de jùlí 走得到的距离 N walking distance

zǒuhóng 走红 V to become popular

zǒu hòumén 走后门 V to go through the back door

zǒuláng 走廊 N corridor

zǒulù 走路 ADV on foot

zǒusī 走私 V to smuggle (illegal goods)

zǒusī dúpǐn 走私毒品 N drug-smuggling

zǒuxiàng 走向 v, n to move towards; inclination; trend

zǒuxíngshì 走形式 n a mere formality

zǒuyùn 走运 v to have good luck

zū 租 v to hire, to rent

zǔ'ài sīfǎ 阻碍司法 n obstruction of justice

zǔ'ài 阻碍 n obstruction

zǔ'ài 阻碍 v to hinder

zuànshí 钻石 n diamond

zǔchuán 祖传 adj handed down from one's ancestors

zǔfù 祖父 n grandfather (paternal)

zǔfùmǔ 祖父母 n grandparents (paternal)

zúgòu 足够 v be enough

zǔhé 组合 v, n to assemble; combination

zuì 最 adj best

zuì hǎo 最好 adj best

zuǐ 嘴 n mouth

zuì 最 adj most (superlative)

zuìbùfādá guójiā 最不发达国家 n least developed countries

zuìchūde 最初的 adj original

zuǐchún 嘴唇 n lips

zuìdī gōngzī 最低工资 n minimum wage

zuìduō 最多 adv most (the most of)

zuìfàn 罪犯 n criminal

zuìhòu 最后 adj last (final)

zuìhòude 最后的 adv finally

zuìhuàide 最坏的 adj worst

zuìhuìguó 最惠国 n most favored nation

zuìhuìguó dàiyù 最惠国待遇 n most favored nation status

zuìjìn 最近 adv recently

zuìshǎo 最少 adj least (smallest amount)

zuìzhōng yònghù 最终用户 n end user

zǔmǔ 祖母 n grandmother (paternal)

zūnjìng 尊敬 v to respect

zūnyán 尊严 n respect

zūnzhòng 尊重 v, n to respect; respect

zuò báirìmèng 做白日梦 v to daydream

zuò hǎo bǎngyàng 做好榜样 v to set a good example

zuò huǒchē 坐火车 v to travel by rail

zuò jiàzhàng 做假帐 n accounts manipulation

zuò zuìhǎo de xīwàng 做最好的希望 v to hope for the best

zuò zuìhuài de dǎsuàn 做最坏的打算 v to prepare for the worst

zuò 坐 v to sit

zuò 做 v to act, to make

zuò'ài 做爱 v to make love

zuǒbiān 左边 n left-hand side

zuòcài 做菜 v to cook

zuòchē 坐车 v to ride (in car)

zuòcuò 做错 v to err, to make mistakes

zuòchū nǔlì 做出努力 v to make an effort

zuòde hǎo! 做得好 INTERJ Well done!

zuòfàn 做饭 v to cook

zuògōng 做工 v, N to work with one's hand; manual work

zuòguo 做过 v to have done something

zuòhǎole 做好了 ADJ done (finished)

zuòjī 座机 N home phone

zuòjiā 作家 N writer

zuòkè 做客 v be a guest or visitor

zuòmǎimài 做买卖 v to trade, to do business

zuòmèng 做梦 v to dream

zuǒpiězi 左撇子 N left-handed person

zuòpǐn 作品 N work (of art)

zuǒqīng 左倾 ADJ left-wing (politics)

zuòshēngyì 做生意 v to do business

zuòshì 做事 v to work, to deal with matters

zuòshì bù guǎn 坐视不管 v to sit idle

zuòtánhuì 座谈会 N conference; symposium

zuótiān 昨天 N yesterday

zuówǎn 昨晚 N last night

zuòwèi 座位 N seat

zuòwén 作文 N composition, writings

zuòxiàlái 坐下来 v to sit down

zuòyòng 作用 N effect, function

zuǒyòu 左右 ADV roughly, approximately

zuǒyòu wéi nán 左右为难 ADJ be caught in a dilemma

zuòzhě 作者 N author

zúqiú 足球 N soccer

zúqiúduì 足球队 N soccer team

zǔwěihuì 组委会 N organizing committee

zǔxiān 祖先 N ancestor

zǔzhī 组织 v, N to organize; organization; tissue

zǔzhǐ 阻止 v to prevent

zǔzhuāng 组装 v to assemble, to put together

ENGLISH–CHINESE

A

a, an ART yī/yí ge 一 / 一个

a bolt from the blue IDIOM tiān yǒu búcè fēngyún 天有不测风云

a little ADJ yìdiǎnr 一点儿

a lot ADJ hěnduō 很多

a thousand mile journey begins with the first step IDIOM qiān-lǐ-zhī-xíng-shǐ-yú-zú-xià 千里之行始于足下

abacus N suànpán 算盘

abandon, desert, to V pāoqì 抛弃

abdomen N fùbù 腹部

abide by, to V zūnshǒu/xìnshǒu 遵守 / 信守

ability N nénglì 能力

able to ADJ néng/kěyǐ 能 / 可以

able to understand (reading) ADJ kàndedǒng 看得懂

able to understand (hearing) ADJ tīngdedǒng 听得懂

aboard ADV shàng huǒchē/fēijī/lúnchuán 上火车/飞机/轮船

abolish, to V fèizhǐ 除止

abortion N duòtāi/liúchǎn 堕胎 / 流产

about, approximately ADV dàyuē 大约

about, regarding ADV yǒuguān 有关

above PREP shàngmiàn 上面

abroad ADV guówài 国外

abrupt ADJ tūrán de 突然的

ABS (anti-lock braking system) N fángbàosǐ xìtǒng 防抱死系统

absent ADJ quēxí 缺席

absurd ADJ huāngtang/huāngmiù 荒唐 / 荒谬

abundant, plentiful ADJ fēngfù 丰富

abuse N lànyòng/nüèdài 滥用 / 虐待

academic ADJ xuéshù de 学术的

accent N kǒuyīn 口音

accept, to V jiēshòu 接受

accessory N zhuāngshìpǐn/fùjiàn 装饰品 / 附件

accident N shìgù 事故

accidentally, by chance ADV ǒuránde 偶然地

accommodations N zhùsù 住宿

accompany, to V péi 陪

accomplice N tóngmóu/bāngxiōng 同谋 / 帮凶

accomplished fact N jìchéng shìshí 既成事实

according to ADV gēnjù 根据

account N 1 (finance) zhànghù/zhàngmù 账户 / 账目 2 (narrative) xùshù/miáoxiě 叙述 / 描写

accountant N kuàijìshī 会计师

accounting fraud N jiǎzhàng 假账

accounts manipulation N zuò jiǎzhàng 做假帐

accumulate V jīlěi/jùjù 积累 / 集聚

accurate ADJ zhǔnquè de/jīngquè de 准确的 / 精确的

accuse, to V zhízé 指责

ache, to V tòng 痛

achieve a goal, to V shíxiàn mùbiāo 实现目标

Achilles' heel N wéiyī de ruòdiǎn 唯一的弱点, zhìmìng yào hài 致命要害

acid rain N suānyǔ 酸雨

acknowledge, to V 1 (loan, debt) chéngrèn 承认 2 (fact, matter) quèrèn 确认 3 (status, achievement) rènkě 认可

acne N cuóchuāng/fěncì 痤疮 / 粉刺

acquaintance N shúrén 熟人

acquainted, to be V rènshi mǒurén 认识某人

acre N yīngmǔ 英亩

acrobat N zájì yǎnyuán 杂技演员

acronym N shǒu zìmǔ pīnyīn cí 首字母拼音词

across PREP héngguò 横过

across from PREP, ADV zài ... duìmiàn 在 ... 对面

act, to V zuò 做

act as go-between, to V chuānzhēn yǐnxiàn 穿针引线

act restlessly, to V dǎo jiānghú 捣浆糊

action N xíngdòng 行动

active user N dāngqián yònghù 当前用户

activity N huódòng 活动

actually ADV qíshí 其实

adaptable ADJ shìyìngxìng qiáng de 适应性强的

add, to V jiā 加

addict (person) N chīmízhě 痴迷者

additional ADJ éwàide/fùjiāde 额外的 / 附加的

address N dìzhǐ 地址

adequate ADJ zúgòu de 足够的

adhesive tape N jiāodài 胶带

adjective N xíngróngcí 形容词

adjustment N tiáozhěng/jiāozhèng 调整 / 校正

administration N guǎnlǐ/xíngzhèng 管理 / 行政

admiral N jiànduì sīlìng/hǎijūn shàngjiàng 舰队司令 / 海军上将

admire, to V qīnpèi 钦佩

admit, confess, to V chéngrèn 承认

adolescent N qīngshàonián 青少年

adopt, to V (child) lǐngyǎng 领养 / shōuyǎng 收养

adore, to V 1 àimù/jìngmù 爱慕 / 敬慕 2 xǐ'ài 喜爱

adult N chéngrén 成人

adult education N chéngjiào 成教

adult film N sānjípiàn 三级片

adult movie N chéngrén diànyǐng 成人电影

adultery N tōngjiān 通奸

advance, go forward, to V qiánjìn 前进

advance money, deposit N yùfùkuǎn/yājīn 预付款／押金

advanced ADJ 1 (studies) gāojí (de) 高级（的）2 (age) lǎo de 老的

advantage N hǎochù/yìchù 好处／益处

adventure N màoxiǎn (huódòng) 冒险（活动）

adverb N fùcí 副词

advertising man, adman N guǎnggàorén 广告人

advice N quàngào 劝告

advise, to V chū zhǔyì 出主意

aerobics N yǒuyǎng jiànshēn yùndòng 有氧健身运动

affect, to V yǐngxiǎng 影响

affection N gǎnqíng 感情

affirmative ADJ kěndìng de 肯定的

affix, paste on, to V zhāntiē/zhāntiē 贴上／粘贴

affluent, well-to-do ADJ fùyù de 富裕的

afford, to V fùdāndeqǐ 负担得起

afforest, to V lǜhuà 绿化

afforestation N lǜhuà 绿化

afforestation campaign N zàolín yùndòng 造林运动

Afghanistan N āfùhàn 阿富汗

Afghan War N āfùhàn zhànzhēng 阿富汗战争

afraid ADJ pà 怕

Africa N Fēizhōu 非洲

after PREP zài … yǐhòu 在 … 以后

afternoon (3 p.m. to dusk) N xiàwǔ 下午

afternoon (midday) N zhōngwǔ 中午

after-sale services N shòuhòu fúwù 售后服务

afterwards, then ADV hòulái 后来

again ADV zài 再

against PREP 1 fǎnduì 反对 2 kào zài 靠在

age N niánlíng 年龄

aged, elderly ADJ niánlǎo de 年老的

agenda, to-do list N huìyì yìchéng/yìshì rìchéng 会议议程／议事日程

agent; agency N zhōngjiè 中介

aggressive ADJ hào dòu de/chōng jìn shízú de 好斗的／冲劲十足的

agile ADJ línghuó de/mǐnjié de 灵活的／敏捷的

aging of the population N rénkǒu lǎolínghuà 人口老龄化

aging society N lǎolíng shèhuì 老龄社会

ago ADV yǐqián 以前

agony N tòngkǔ/jùliè de téngtòng 痛苦／剧烈的疼痛

agree, to V tóngyì 同意

agreed! EXCLAM zànchéng 赞成

agreement N xiédìng 协定

agricultural ecology N nóngyè shēngtàixué 农业生态学

agricultural reclamation N nóngkěn 农垦

agriculture N nóngyè 农业

agro-forestry N nónglínjiān zuò 农林间作

ahead ADV 1 (zài) qiánmiàn (在) 前面 2 tíqián de 提前的

aid, help, to V yuánzhù/bāngzhù 援助／帮助

AIDS (= acquired immune deficiency syndrome) N àizībìng 艾滋病

aim, objective N mùbiāo/mùdì 目标／目的

air N kōngqì 空气

air conditioning N kōngtiáo 空调

air hostess N kōngzhōng xiǎojiě 空中小姐

air stewardess N kōngzhōng xiǎojiě 空中小姐

air supremacy N zhìkōngquán 制空权

aircraft carrier N hángmǔ/hángkōng mǔjiàn 航母／航空母舰

airfare N fēijī piàojià 飞机票价

airline N hángkōng gōngsī 航空公司

airmail N hángkōng yóujiàn 航空邮件

airplane N fēijī 飞机

airport N fēijīchǎng 飞机场

airy ADJ tōngfēng de 通风的

alarm clock N nàozhōng 闹钟

alas INTERJ āiyā 哎呀

album (music) N chàngpiàn 唱片

alcohol, liquor N jiǔ 酒

alcoholic I ADJ hán jiǔjīng de 含酒精的 **II** (person) N jiǔguǐ/xùjiǔzhě 酒鬼／酗酒者

alert ADJ jīmǐn de/jǐng de/jǐngjué de 机敏的／机警的／警觉的

alias N huàmíng/jiǎmíng 化名／假名

alien N 1 wàiguórén/wàiqiáo 外国人／外侨 2 wàixīngrén 外星人

alike ADJ, ADV xiāngtóng 相同

aliment, sickness N xiǎobìng 小病

alimony N (divorce) shànyǎngfèi 赡养费

alive ADJ huózhe 活着

all PRON, ADV yīqiè 一切

all-around winner N quánnéng guànjūn 全能冠军

all-out efforts N quánlì yǐfù 全力以赴

allege, claim, to V shēngchēng/xuānchēng 声称／宣称

allergy N guòmǐn 过敏

alleviate burdens on sb, to V jiǎnfù 减负

alleviate the burden on students, to V xuéshēng jiǎn fù 学生减负

alley, lane N xiàng 巷

alligator N èyú 鳄鱼

allocate, allot, to v fēnpèi/bōgěi 分配／拨给

allow, permit, to v yǔnxǔ 允许

allowance N xiàn'é/jīntiē/bǔzhù 限额／津贴／补助

allowed to v róngxǔ 容许

ally N méngguó/méngyǒu 盟国／盟友

almost ADV jīhū 几乎

alone ADV dāndú 单独

along PREP yánzhe 沿着

aloud ADV dàshēng de 大声地

alphabet N zìmǔ 字母

al-Qaeda group N jīdì zǔzhī 基地组织

already ADV yǐjīng 已经

also ADV yě 也

alter, to v gǎi/gǎibiàn 改／改变

alternative N lìngxiǎn 另选

alternative ADJ fēizhǔliú 非主流

alternative music N fēizhèngtǒng yīnyuè/lìnglèi yīnyuè 非正统音乐／另类音乐

although CONJ suīrán 虽然

altitude sickness N gāoyuán fǎnyìng 高原反应

altogether, in total ADV yīgòng 一共

always ADV zǒngshì 总是

am v shì 是

amateur N yèyú àihàozhě 业余爱好者

amazing ADJ lìngrén jīngyà de 令人惊讶的

ambassador N dàshǐ 大使

ambience, atmosphere N qìfēn 气氛

ambush v, N fújí 伏击

amend, to v xiūzhèng/xiūgǎi 修正／修改

amendments to the Constitution N xiànfǎ xiūzhèng'àn 宪法修正案

America N Měiguó 美国

American (in general) ADJ Měiguóde 美国的

American (people) N Měiguórén 美国人

American English N měishì yīngyǔ 美式英语

amnesia N jìyì sàngshī/jiànwàngzhèng 记忆丧失／健忘症

among PREP zài ... zhī zhōng 在 ... 之中

amount N shùliàng/shùmù 数量／数目

amulet N hùshēn fǎbǎo 护身法宝

amusement N yúlè/xiāoqiǎn 娱乐／消遣

an See a, an

ancestor N zǔxiān 祖先

anchor N (boat) máo 锚

ancient ADJ gǔdài 古代

and CONJ hé 和

Android (phone) ADJ ān zhuó (shǒujī) 安卓（手机）

anesthesia N mázuì/mázuìfǎ 麻醉／麻醉法

angel N tiānshǐ 天使

anger N fènnù 愤怒

angle N jiǎo 角, jiǎodù 角度

angry, cross ADJ shēngqì 生气

animal N dòngwù 动物

ankle N huái 踝

anniversary N zhōuniánjìniànrì 周年纪念日

announce, to V xuānbù/xuāngào 宣布／宣告

annoyed ADJ shēngqì 生气

annual ADJ měi nián de 每年的

anorexia N yànshízhèng 厌食症

another (different) PRON bùtóngde 不同的

another (same again) PRON zài yī (ge) 再一 (个)

answer, to (spoken) V huídá 回答

answer, to (written) V dáfù 答复

answer the phone, to V jiē diànhuà 接电话

answering machine N diànhuà liúyánjī 电话留言机

ant N mǎyǐ 蚂蚁

Antarctic N nánjí 南极

antenna N tiānxiàn 天线

anthrax N tànjū 炭疽

Anti-ballistic Missile Treaty (ABM) N fǎndàndàodǎodàn tiáoyuē 反弹道导弹条约

antibiotic N kàngshēngsù 抗生素

anti-matter N fǎnwùzhì 反物质

anti-nuclear activists N fǎnhé rénshì 反核人士

anti-nuclear campaign N fǎnhé yùndòng 反核运动

antiques N gǔwán 古玩

antiseptic N xiāodújì/fángfǔjì 消毒剂／防腐剂

anti-terrorism N fǎnkǒng 反恐

anti-terrorist war N fǎnkǒng zhànzhēng 反恐战争

antonym N fǎnyìcí 反义词

anus N gāngmén 肛门

anxious to stir up trouble ADJ wéikǒng tiānxià bù luàn 唯恐天下不乱

any I ADJ shénme/rènhé 什么／任何 II ADV yìdiǎnr 一点儿 III PRON yìxiē 一些

anyone, anybody PRON rènhé rén/shéi 任何人／谁

anything PRON rènhé shì 任何事

anyway ADV bùguǎn zěnme shuō 不管怎么说, fǎnzhèng反正

anywhere PRON rènhé dìfang 任何地方

apart ADV xiānggé 相隔

apart from CONJ chúle ... yǐwài 除了 ... 以外

apartment N gōngyù 公寓

ape N yuánrén 猿人

apologize, to V dàoqiàn 道歉

apparently ADV míngxiǎnde 明显地

appealing, cute ADJ kě'ài 可爱

appear, to V chūlóng 出笼

appear, become visible, to V

chūxiàn 出现

appearance, looks N yàngzi/wàimào 样子 / 外貌

appetite N wèikǒu 胃口

apple N píngguǒ 苹果

appliance (electrical) N diànqì 电器

apply for permission, to V shēnqǐng 申请

apply for reimbursement, to V bàoxiāo 报销

appointment N yuēhuì/yùyuē 约会 / 预约

appreciation N 1 欣赏 xīnshǎng 2 感谢 gǎnxiè 3 增值 zēngzhí

approach, to (in space) V jiējìn 接近

approach, to (in time) V láilín 来临

appropriate ADJ shìdàngde 适当的

approval N pīzhǔn/tóngyì/zànchéng 批准 / 同意 / 赞成

approximately, about ADV dàyuē 大约

approximately, around ADV dàyuē/zuǒyòu 大约 / 左右

April N Sìyuè 四月

Arabic I ADJ Ālābó de 阿拉伯的 II N Ālābóyǔ 阿拉伯语

arbitrage N tàolì 套利

arch-rival N sùdí 夙敌

architecture N jiànzhù 建筑

area N dìqū/fànwéi 地区 / 范围

argue, to V zhēngchǎo 争吵

argue for the sake of arguing, to V táigàng 抬杠

argument N zhēnglùn/biànlùn 争论 / 辩论

arid land, desert N shāmò 沙漠

arithmetic N suànshù 算术

arm N gēbo 胳膊

armchair N fúshǒuyǐ 扶手椅

armchair strategist N zhǐ shàng tánbīng 纸上谈兵

army N jūnduì/bùduì/lùjūn 军队 / 部队 / 陆军

around, approximately ADV dàyuē/zuǒyòu 大约 / 左右

around, nearby ADV fùjìn 附近

around (surrounding) ADV zài ... zhōuwéi 在 ... 周围

arrange, to V chóubàn 筹办

arrangements, planning N ānpái 安排

arrears N qiànkuǎn 欠款

arrest, to V dàibǔ 逮捕

arrival N dàodá 到达

arrive, to V dàodá 到达

arrow N jiàntóu 箭头

art N yìshù 艺术

article (in newspaper/journal) N wénzhāng 文章

artificial ADJ réngōngde 人工的

artificial intelligence (AI) N réngōng zhīnéng 人工智能

artist N yìshùjiā 艺术家

arts (education), the N wénkē 文科

as I conj 1 dāng ... shí 当 ... 时 2 yóuyú/yīnwèi 由于 / 因为 II prep 作为 zuòwéi III adv 1 xiàng ... yīyàng 像 ... 一样 2 hǎoxiàng 好像

as well conj yě 也

ASEAN (Association of South-East Asian Nations) n Dōngnányà guójiā liánméng 东南亚国家联盟

ASEAN Free Trade Area n Dōngméng zìyóu màoyìqū 东盟自由贸易区

ashamed, embarrassed adj nánwéiqíng 难为情

Asia n Yàzhōu 亚洲

Asian Games, the n Yàyùnhuì 亚运会

ask about, to v wèn 问

ask for, to v yāoqiú 要求

asleep adj shuìzháo 睡着

aspect n 1 miànmào 面貌 2 fāngmiàn/fāngxiàng 方面 / 方向

aspirin n āsīpǐlín 阿司匹林

assemble, gather, to v jíhé 集合

assemble, put together, to v zhuāngpèi/zǔzhuāng 装配 / 组装

assess, to v cèsuàn/gūjià 测算 / 估价

assist, to v bāngzhù/xiézhù 帮助 / 协助

assistance n bāngzhù/xiézhù 帮助 / 协助

assistant to the president n zǒngcái zhùlǐ 总裁助理

association n 1 xiéhuì/shètuán 协会 / 社团 2 liánxì 联系

astonished adj chījīng/gǎndào jīngyà 吃惊 / 感到惊讶

at prep zài 在

at home adv zài jiā 在家

at least adv qǐmǎ/zhìshǎo 起码 / 至少

at night adv yèlǐ 夜里

at once adv mǎshàng/lìkè 马上 / 立刻

at the latest adv zuìchí 最迟

athlete n yùndòngyuán 运动员

atlas n dìtú/dìtúcè 地图 / 地图册

atmosphere, ambience n qìfēn 气氛

attach, to v fùshàng 附上

attack (in war), to v gōngjī 攻击

attack (with words), to v píngjī 评击

attain, reach, to v dádào 达到

attempt n qǐtú 企图

attempt, to v chángshì 尝试

attend, to v cānjiā 参加

attendance rate n chūqínlǜ 出勤率

attitude n tàidu 态度

attract, to v xīyǐn 吸引

attract foreign investment, to v duìwài zhāoshāng 对外招商

attract investments, to v zhāoshāng yǐnzī 招商引资

attractive adj yǒu xīyǐnlì de / yòurén de 有吸引力的 / 诱人的

auction, to v pāimài 拍卖

auctioned off ADJ pāimàidiào 拍卖掉

audience N (*cinema, theater*) guānzhòng 观众, (*radio*) tīngzhòng 听众

audio ADJ yīnxiǎng de 音响的

August N Bāyuè 八月

aunt (father's older/younger sister) N gūmǔ/gūgu 姑母/姑姑

aunt (wife of father's older brother) N bómǔ 伯母

aunt (wife of father's younger brother) N shūmǔ/shénmǔ 叔母/婶母

aunt (wife of mother's older/younger brother) N jiùmǔ 舅母

aunt (wife's mother's older/younger sister) N yímǔ 姨母

Australia N Àodàlìyà/àozhōu 澳大利亚/澳洲

Australian (in general) ADJ Àodàlìyàde/àozhōude 澳大利亚的/澳洲的

Australian (people) N Àodàlìyàrén/Àozhōurén 澳大利亚人/澳洲人

authority, person in charge N quánwēi 权威

authority, power N quánlì 权力

auto fan N zhuīchēzú 追车族

automatic ADJ zìdòng 自动

automatic teller machine (ATM)

N zìdòng guìyuánjī 自动柜员机

automobile, car N qìchē 汽车

autonomy N zìzhìquán 自治权

autumn N qiūtiān 秋天

available ADJ kěhuòdéde 可获得的

available, to make v kěyòngde 可用的

avalanche N xuěbēng 雪崩

avant-garde ADJ qiánwèi 前卫

average (numbers) ADJ píngjūn 平均

average, so-so, just okay ADJ yìbān 一般

avoid doing anything that may arouse suspicion, to v bìxián 避嫌

avoidance N bìmiǎn/fángzhǐ 避免/防止

awake ADJ xǐng 醒

awake (wake up), to v xǐnglái 醒来

awaken (wake someone up), to v jiàoxǐng 叫醒

award N 1 (*prize*) jiǎng/jiǎngzhāng 奖/奖章 2 (*prize money*) jiǎngjīn 奖金

aware ADJ yìshídào 意识到

awareness N yìshí 意识

away ADV 1 líkāi 离开 2 bú zài 不在

away match N kèchǎng bǐsài 客场比赛

awkward ADJ 1 (*situation*) gāngà de 尴尬的 2 (*movement*) bènzhuō de 笨拙的

ax N fǔtou 斧头

axis of evil N xié'è zhóuxīn 邪恶轴心

B

baby N yīng'ér 婴儿

back (part of body) N bèi 背

back (rear) N hòumiàn 后面

back, to go v huíqù 回去

back up, to v zhīchí 支持

back up (computer), to v bèifèn 备份

backbone N 1 jǐzhù 脊柱 2 gǔgàn 骨干

background N bèijǐng 背景

backlog N jīyā de gōngzuò 积压的工作

backpack N bèináng 背囊

backspace N tuì gé jiàn 退格键

backup singer N bànchàng gēshǒu 伴唱歌手

backward N luòhòu 落后

bad ADJ huài/zāo 坏／糟

bad debt N dāizhàng/sǐzhàng 呆帐／死帐

bad influence N wāifēng xiéqì 歪风邪气

bad luck N dǎoméi 倒霉

badminton N (game) yǔmáoqiú 羽毛球

bag N dàizi 袋子

baggage N xínglǐ 行李

bake, to v kǎo 烤

bald ADJ guāngtūde 光秃的

ball N qiú 球

ballet N bālěi 芭蕾

ballistic missile N dàndào dǎodàn 弹道导弹

balloon N qìqiú 气球

ballot N xuǎnpiào 选票

ballpoint pen N yuánzhūbǐ 圆珠笔

banana N xiāngjiāo 香蕉

band N 1 (elastic) dàizi 带子 2 (music) yuèduì 乐队

bandage N bēngdài 绷带

bang N 1 pēng de yīshēng 砰的一声 2 yī shēng jùxiǎng 一声巨响

bank (finance) N yínháng 银行

bank (of river) N hé'àn 河岸

bankrupt ADJ (business) pòchǎn de 破产的

banquet N yànhuì 宴会

baptism N xǐlǐ 洗礼

bar (blocking way), to v páichì 排斥

bar (serving drinks) N jiǔbā 酒吧

bar counter N bātái 吧台

barbecue, BBQ N shāokǎo yěcān 烧烤野餐

barber N lǐfàdiàn 理发店

barcode N shāngpǐn tiáomǎ 商品条码

bare ADJ 1 (naked) chìluǒ 赤裸 2 (empty) kōng 空

barely ADV jǐnjǐn/jǐhū méiyǒu 仅仅／几乎没有

bargain, to v jiǎngjià 讲价

bargain chip n tánpàn de chóumǎ 谈判的筹码

bargain price, reduced price n chǔlǐ jiàgé 处理价格

bark n 1 (dog) gǒujiào/gǒujiàoshēng 狗叫 / 狗叫声 2 (tree) shùpí 树皮

barren adj pínjíde 贫瘠的

bartender n tiáojiǔshī 调酒师

base, bottom n dǐ 底

base, foundation n jīchǔ 基础

based on v gēnjù 根据

basic adj jīběn 基本

basic salary n jīběn gōngzī 基本工资

basis n jīchǔ 基础

bask in one's past glory, to v chī lǎoběn 吃老本

basket n lánzi 篮子

basketball n lánqiú 篮球

bat n 1 (animal) biānfú 蝙蝠 2 (games) qiúbàng 球棒

bathtub n yùgāng/yùpén 浴缸 / 浴盆

bathe, to v xǐzǎo 洗澡

bathrobe n yùyī 浴衣

bathroom n yùshì/xǐshǒujiān/cèsuǒ 浴室 / 洗手间 / 厕所

battery n diànchí 电池

battle n zhàndòu 战斗

bay n hǎiwān 海湾

be, exist, to v shì/yǒu 是 / 有

be a mere formality, to v zǒuxíngshì 走形式

be a mistress for a rich man, to v bàngdàkuǎn 傍大款

be a vendor, to v liánhéguó liángnóng zǔzhī 联合国粮农组织 n liàntān 练摊

be able to, can v kěyǐ 可以

be an eye-opener adj dà kāi yǎnjiè 大开眼界

be attached or affiliated to adj guàkào 挂靠

be caught in a dilemma adj zuǒyòu wéi nán 左右为难

be cocky adj qiàowěibā 翘尾巴

be crazy about adj chīkuáng 痴狂

be disgruntled adj nàoqíngxù 闹情绪

be down-to-earth adj jiǎotà shídì 脚踏实地

be driven to drastic alternatives v bīshàng liángshān 逼上梁山

be listed (economics), to v shàngshì 上市

be master of both the pen and the sword v wéntáo wǔlüè 文韬武略

be suddenly enlightened adj máosè dùnkāi 茅塞顿开

be too clever for one's own good v nòngqiǎo chéng zhuō 弄巧成拙

be unlucky in love, to v shīliàn 失恋

be up to the standard, to v dábiāo 达标

be very popular ADJ chīxiāng
吃香

beach N hǎitān 海滩

beak N niǎozuǐ 鸟嘴

bean N dòu 豆

beancurd N dòufu 豆腐

bear N xióng 熊

beard N húxū 胡须

beat, defeat, to V dǎbài 打败

beat, strike, to V qiāodǎ 敲打

beat around the bush, to IDIOM
ràoquānzi 绕圈子

beautiful (of people) ADJ měi/
měilì 美／美丽

beautiful (of places) ADJ yōuměi
优美

beautiful (of things) ADJ hǎokàn
好看

beauty contest N xuǎnměi 选美

because CONJ yīnwèi 因为

become, to V chéngwéi 成为

become a Buddhist, to V guīyī
sānbǎo 皈依三宝

become a nun or monk, to V
chūjiā 出家

become a scapegoat, to V
bēihēiguō 背黑锅

become debt-ridden, to V zhàitái
gāozhù 债台高筑

become popular, to V zǒuhóng
走红

become visible, appear, to V
chūxiàn 出现

become well-educated through

self-study, to V zìxué chéngcái
自学成才

bed N chuáng 床

bedclothes N shuìyī 睡衣

bedding N bèirù 被褥

bedroom N wòshì 卧室

bedsheet N chuángdān 床单

beef N niúròu 牛肉

beer N píjiǔ 啤酒

before (in front of) PREP
zài ... qiánmiàn 在 ... 前面

before (in time) PREP yǐqián 以前

beforehand, earlier ADV zhīqián
之前

beg, plead, to V kǔkǔ āiqiú/qǐtǎo
苦苦哀求／乞讨

begin, to V kāishǐ 开始

beginning N kāitóu/kāiduān 开
头／开端

behave, to V biǎoxiàn 表现

behind PREP zài ... hòumiàn
在 ... 后面

Beijing N Běijīng 北京

belief, faith N xìnyǎng 信仰

believe, to V xiāngxìn 相信

bellwether N lǐngtóuyáng 领头羊

belly N dùzi/dǔpí 肚子／肚皮

belongings N suǒyǒuwù/cáiwù 所
有物／财物

belong to V shǔyú 属于

beloved ADJ qīn'ài de 亲爱的

below PREP xiàmiàn 下面

beneath I ADV zàixià miàn 在下面

... xiàfāng 在 ... 下方

end the law for personal gain and engage in fraud, to v xúnsī wǔbì 徇私舞弊

end the law for the benefit of relatives or friends, to v xúnsī wǎngfǎ 徇私枉法

enefit from one's association, to v zhānguāng 沾光

Bermuda Triangle N Bǎimùdà sānjiǎo 百慕大三角

erth N 1 (*stopping place*) tíngbó wèi 停泊位 2 (*for sleep*) wòpù 卧铺

eside PREP zài ... pángbiān 在 ... 旁边

esides, PREP, ADV chú cǐ zhīwài 除此之外

est ADJ zuì hǎo 最好

estseller N quán tou chǎnpǐn 拳头产品

est wishes N zhù hǎo/liánghǎo zhùyuàn 祝好 / 良好祝愿

beta version (software/games) N cèshìbǎn 测试版

etray v bèipàn 背叛

etter ADJ bǐjiào hǎo/gèng hǎo 比较好 / 更好

etter, get (be cured) ADJ hǎozhuǎn 好转

etter, get (improve) ADJ jìnbùle hěnduō/biànhǎo 进步了很多 / 变好

between PREP zài ... zhījiān

在 ... 之间

beverage N yǐnliào 饮料

beware, take note, to v jǐnfáng 谨防

beyond I ADV gèng yuǎn/zài wǎngqián 更远 / 再往前 II PREP zài 在

bicycle N zìxíngchē 自行车

bid farewell to the old and usher in the new IDIOM cí-jiù-yíng-xīn 辞旧迎新

bid for, to v tóubiāo 投标

bidding cities N shēnbàn chéngshì 申办城市

big ADJ dà 大

big shot N dàwàn 大腕

bigamy N chónghūn 重婚

bikini N bǐjiní 比基尼

bill N zhàngdān 帐单

Bill of Rights N quánlì fǎàn 权力法案

billion NUM shí yì 十亿

billionaire N yìwàn fùwēng 亿万富翁

binary (*computer*) N èrjìnzhì 二进制

biology N shēngwùxué 生物学

biosphere N shēngwùquān 生物圈

biotechnology N shēngwù gōngchéng 生物工程

bioterrorism N shēngwù kǒngbù zhǔyì 生物恐怖主义

bird N niǎo 鸟

bird flu N qínliúgǎn 禽流感

Birds of a feather flock together IDIOM rén yǐ qún fēn/wù yǐ lèi jù 人以群分 / 物以类聚

birth, to give V shēng 生

birth control N jìhuà shēngyù 计划生育

birth rate N rénkǒu chūshēnglǜ 人口出生率

birthday N shēngrì 生日

birthday party N shēngrì pàiduì 生日派

biscuit N bǐnggān 饼干

bit, slightly ADV yìdiǎnr 一点儿

bite, to V yǎo 咬

bitter ADJ kǔde 苦的

black N, ADJ hēisè 黑色

black beans N dòuchǐ 豆豉

black hole N hēidòng 黑洞

blackmail N, V ézhà 讹诈, lèisuǒ 勒索

blackout N 1 (electrical outage) duàndiàn 断电 2 (faint) yūndǎo yūndǎo 晕倒

bladder N pángguāng 膀胱

blame, to V zéguài/guījiù 责怪 / 归咎

bland ADJ dāndiào 单调

blank ADJ kòngbáide 空白的

blank N kònggé 空格

blanket N tǎnzi 毯子

bleach N piǎobáijì 漂白剂

bleed, to V liúxuè 流血

blend, to V 1 hùnhé 混合 2 tiáohé 调和

blessing N zhùfú 祝福

blind date N xiāngqīn 相亲

blink, to V zhǎ yǎnjīng 眨眼睛

Blitz, the N shǎndiànzhàn 闪电战

blockbuster N dà hōngdòng 大轰动

blog N (Internet) wǎngyè/bókè 网页 / 博客

blood N xuè 血

blood vessel N xuèguǎn 血管

blouse N nǚ chènshān 女衬衫

blow, to V chuī/guā 吹 / 刮

blow N 1 (strike) zhòngjī 重击 2 (mental) dǎjī 打击

blue N, ADJ lánsè 蓝色

blue-collar N lánlíng 蓝领

Blue-ray Disc N lánguāng guāngpán 蓝光光盘

bluetooth N lányá 蓝牙

board (boat), to V shàngchuán 上船

board (bus, train), to V shàngchē 上车

boat N chuán 船

body N shēntǐ 身体

body double N tìshēn yǎnyuán 替身演员

body weight N tǐzhòng 体重

boil, to V zhǔ 煮

boiled ADJ zhǔguode 煮过的

bomb N, V zhàdàn 炸弹; hōngzhà/bàozhà 轰炸 / 爆炸

bon voyage! GR yī fān fēng shùn 一帆风顺

one N gǔtou 骨头

onus N (*prize money*) jiǎngjīn 奖金, (*dividend*) hónglì 红利

ounce, to V tiào 跳, tántiào 弹跳

ouquet N huāshù 花束

ook N shū 书

order, boundary N biānjiè 边界

order, edge N biānyuán 边缘

ored ADJ wúliáo 闷 / 无聊

oring ADJ méi yìsi 没意思

oring, dull ADJ mèn 闷

orn, to be V chūshēng 出生

orrow, to V jiè 借

oss N lǎobǎn 老板

otanic gardens N zhíwùyuán 植物园

oth PRON liǎng ge 两个

oth … and CONJ yòu … yòu 又 … 又

other, disturb, to V dǎrǎo/dǎjiǎo 打扰 / 打搅

other, disturbance N fánrǎo 烦扰

ottle N píngzi 瓶子

ottom, base N dǐ 底

ottom, buttocks N pìgu 屁股

ounce, to V tiào/tántiào 跳 / 弹跳

oundary, border N biānjiè 边界

outique N jīngpǐndiàn 精品店

ow N 1 (*act of bowing*) jūgōng 鞠躬 2 (*archery, violin*) gōng/qínggōng 弓 / 琴号 3 (*decoration*) húdiéjié 蝴蝶结

owl N wǎn 碗

bowling N bǎolíngqiú 保龄球

box N xiāng 箱

box (cardboard) N hézi 盒子

boy N nánháir 男孩儿

boyfriend N nánpéngyou 男朋友

bra N rǔzhào 乳罩

bracelet N shǒuzhuó 手镯

brag, boast, to V chuī xū/chuīniú 吹嘘 / 吹牛

brain N nǎo 脑

brain drain N réncái liú shī 人才流失

brake, to V shāchē/shāzhù 刹车 / 刹住

branch (company) N fēnháng 分行

brand name N míngpái 名牌

brave, daring ADJ yǒnggǎn 勇敢

breach of contract N wéifǎn hétong 违反合同

bread N miànbāo 面包

bread-and-butter issue N shēngjì wèntí 生计问题

break, shatter, to V nònghuài 弄坏

break apart, to V zhéduàn 折断

break down (car, machine), to V huàile 坏了

break the deadlock, to V dǎpò jiāngjú 打破僵局

breakfast, morning meal N zǎofàn 早饭

breakfast, to eat V chī zǎofàn 吃早饭

breakthrough N tūpò 突破

breast, chest N xiōngqiāng 胸腔

breastfeeding N mǔrǔ wèiyǎng 母乳喂养

breasts N rǔfáng 乳房

breathe, to V hūxī 呼吸

breeze N wēifēng 微风

bribe N huìlù 贿赂

bride N xīnniáng 新娘

bridegroom N xīnláng 新郎

bridge N qiáo 桥

brief ADJ jiǎnduǎn 简短

briefcase N shǒutíbāo/ gōngwénbāo 手提包 / 公文包

briefs N sānjiǎokù 三角裤

bright ADJ míngliàng 明亮

bring, to V nálái 拿来

bring up (children), to V yǎngyù 养育

bring up (topic), to V tídào 提到

Britain N Yīngguó 英国

British (in general) ADJ Yīngguóde 英国的

British (people) N Yīngguórén 英国人

British English N yīngshì yīngyǔ 英式英语

broad, spacious ADJ guǎngkuòde 广阔的

broadband N (*Internet*) kuāndài 宽带

broadband access N kuāndài/ kuāndài jiērù 宽带 / 宽带接入

broadband networks N kuāndàiwǎng 宽带网

broadcast, program N guǎngbō 广播

broadcast, to V bōyīn 播音

broccoli N xīlánhuā 西兰花

brochure N xiǎocèzi 小册子

broken, does not work, spoiled ADJ huàile 坏了

broken, shattered ADJ dǎpòle 打破

broken, snapped (of bones, etc.) ADJ zhéduànle 折断了

broken off V duànkāi 断开

bronze N tóng/qīngtóng 铜 / 青铜

broom N sàozhou 扫帚

broth, soup N ròutāng 肉汤

brother (older) N gēge 哥哥

brother (younger) N dìdi 弟弟

brother-in-law (husband's older brother) N dàbó 大伯

brother-in-law (husband's younger brother) N xiǎoshū 小叔

brother-in-law (wife's older brother) N nèixiōng 内兄

brother-in-law (wife's older sister's husband) N jiěfu 姐夫

brother-in-law (wife's younger brother) N nèidì 内弟

brother-in-law (wife's younger sister's husband) N mèifu 妹夫

brown N, ADJ hèsè/zōngsè 褐色 / 棕色

browser N (*Internet*) liúlǎnqì 浏览器

bruise N qīngzhǒng 青肿

brush N shuāzi 刷子

brush, to V shuā 刷

Buckingham Palace N Báijīnhàngōng 白金汉宫

Buddhism N Fójiào 佛教

Buddhist (in general) ADJ Fójiàode 佛教的

Buddhist (people) N Fójiàotú 佛教徒

budget I N yùsuàn 预算 II V zuò yùsuàn 做预算 III ADJ jīngjì de/piányi de 经济的 / 便宜的

buffalo (water buffalo) N shuǐniú 水牛

build, to V gài/jiàn 盖 / 建

building N dàlóu 大楼

bulb N 1 (lights) dēngpào 灯泡 2 (plants) qiújīng 球茎

bullet N zǐdàn 子弹

bulletin board service (BBS) N diànzǐ gōnggàopái 电子公告牌

bully the weak but fear the strong, to V qī-ruǎn-pà-yìng 欺软怕硬

bun N xiǎo miànbāo 小面包

Bund (Shanghai), the N wàitān 外滩

bungee jumping N bèngjí 蹦极

burden, load N fùdàn/zhòngdàn 负担 / 重担

burger, hamburger N yuán niúròubǐng 圆牛肉饼

burglary N dàoqièzuì 盗窃罪

Burma N Miǎndiàn 缅甸

Burmese (in general) ADJ Miǎndiànde 缅甸的

Burmese (people) N Miǎndiànrén 缅甸人

burn, injury N shāoshāng 烧伤

burn, to V shāo 烧

burned down/out ADJ bèi shāohuǐ/shāotā 被烧毁 / 烧塌

bury, to V mái/máizàng 埋 / 埋葬

bus N gōnggòngqìchē/bāshì 公共汽车 / 巴士

bus station N qìchēzhàn 汽车站

business N shāngyè 商业

business card N míngpiàn 名片

business sense N jīngjì tóunǎo 经济头脑

business travel N shāngwù lǚyóu 商务旅游

businessperson N shāngrén 商人

busy (doing something) ADJ máng 忙

busy, crowded ADJ yōngjǐ 拥挤

busy (telephone) ADJ zhànxiàn 占线

but CONJ dànshì 但是

butt N 1 (cigarette) yāntóu/yāndì 烟头 / 烟蒂 2 (buttocks) pìgu 屁股 3 (gun) qiāngtuō 枪托

butter N huángyóu 黄油

butterfly N húdié 蝴蝶

buttocks, bottom N pìgu 屁股

buy, to N mǎi 买

buy-one-get-one free PHR mǎi-yī song-yī 买一送一

buyer's market N mǎifāng shìchǎng 卖方市场

by PREP 1 在 … 旁边 zài … pángbiān 2 经过 jīngguò 3 在 … 以前 zài … yǐqián

by chance, accidentally ADV ǒuránde 偶然地

by means of ADV yòng 用

by the way ADV shùnbiàn wèn yīxià 顺便问一下

byte N (computer) zìjié 字节

C

cabbage N juǎnxīncài 卷心菜

cabbage, Chinese N báicài 白菜

cabinet N 1 (furniture) guìzi 柜子 2 (government) nèigé 内阁

cable television N yǒuxiàn diànshì 有线电视

café N kāfēitīng 咖啡厅

caffeine N kāfēiyīn 咖啡因

cake, pastry N dàn'gāo 蛋糕

calculate, to V jìsuàn/hésuàn 计算／核算

calculator N jìsuànjī 计算机

calendar N rìlì 日历

calf N 1 (animal) xiǎoniú 小牛 2 (body) xiǎotuǐ 小腿

call, summon N zhàojiàn/chuánxùn 召见／传讯

call for bids, to V zhāobiāo 招标

call forwarding N hūjiào zhuǎnyí 呼叫转移

call on the telephone, make a phone call, to V dǎ diànhuà 打电话

call waiting N hūjiào děngdài 呼叫等待

called, named V míng jiào 名叫

caller ID N láidiàn xiǎnshì 来电显示

caller ID telephone N láidiàn xiǎnshì diànhuàjī 来电显示电话机

calm ADJ píngjìng 平静

Cambodia N Gāomián/Jiǎnpǔzhài 高棉／柬埔寨

Cambodian (in general) ADJ Gāomiánrén/Jiǎnpǔzhàide 高棉的／柬埔寨的

Cambodian (people) N Gāomiánrén/Jiǎnpǔzhàirén 高棉人／柬埔寨人

camera N zhàoxiàngjī 照相机

camouflage (military) N mícǎifú 迷彩服

camper, RV N fángchē 房车

campus culture N xiàoyuán wénhuà 校园文化

can, be able to V kěyǐ 可以

can, may V néng 能

can, tin N guàntóu 罐头

cancel, to V qǔxiāo 取消

cancer N ái/áizhèng 癌／癌症

candle N làzhú 蜡烛

andy, sweets N tángguǒ 糖果

an't see kànbùjiàn 看不见

an't see clearly kànbuqīngchu 看不清楚

antonese (in general) ADJ Guǎngdōngde 广东的

antonese (language) N Guǎngdōnghuà 广东话

antonese (people) N Guǎngdōngrén 广东人

ap, hat N màozi 帽子

apable of, to be v yǒu nénglì 有能力

apacity to earn foreign exchange through exports N chūkǒu chuànghuì nénglì 出口创汇能力

appuccino N kǎpǔqínuò kāfēi kǎpǔqínuò 卡普其诺咖啡

apture, to v bǔhuò 捕获

ar, automobile N qìchē 汽车

ar insurance N chēxiǎn 车险

arbon footprint N xiāohào néngyuán de jìlù 消耗能源的纪录

ard N kǎ 卡

ardboard N yìngzhǐbǎn 硬纸版

ards (game) N pūkèpái 扑克牌

are for, love, to v àihù 爱护

are of, to take v zhàogu 照顾

areer, profession N shìyè 事业, zhíyè 职业

areful! EXCLAM xiǎoxīn 小心

arnival N jiānniánhuá 嘉年华

carol N Shèngdàn sònggē 圣诞颂歌

carpenter N mùgōng shīfu 木工师傅

carpet N dìtǎn 地毯

carrot N húluóbo 胡萝卜

carry, to v tí/dài/zài 提／带／载

carsickness N yùnchē 晕车

cart (horsecart) N mǎchē 马车

cart (pushcart) N shǒutuīchē 手推车

cartoon N kǎtōng 卡通

carve, to v diāokè 雕刻

carving N diāokè 雕刻品

case study teaching N shílìhuà jiàoxué 实例化教学

cash, money N xiànkuǎn 现款

cash a check, to v duìxiàn 兑现

cashflow N xiànjīn liúliàng 现金流量

cashier N chūnà/chūnàyuán 出纳／出纳员

casino N dǔchǎng 赌场

cassette N héshì cídài 盒式磁带

cast pearls before swine, to IDIOM duì-niú-tán-qín 对牛弹琴

cat N māo 猫

catalog N 1 (*shopping*) shāngpǐn mùlù 商品目录 2 (*library*) túshūmùlù 图书目录

catch, to v zhuāzhù 抓住

catch up from behind, to v hòulái zhuī shàng 后来追上

category, class N zhǒnglèi 种类

cathedral N dàjiàotáng 大教堂

Catholic (religion) N Tiānzhǔjiào 天主教

Catholic (in general) ADJ Tiānzhǔjiàode 天主教的

Catholic (people) N Tiānzhǔjiàotú 天主教徒

cauliflower N huācài 花菜

cause N yuányīn 原因

cautious ADJ xiǎoxīnde 小心的

cave N yándòng 岩洞

cavity N zhùyá dòng 蛀牙洞

CCTV, close-circuit television N bìlù diànshì 闭路电视

CD N guāngpán/guāngdié 光盘 / 光碟

CD burner N kèlùjī 刻录机

CD-ROM N guāngpán yuèdúqì 光盘阅读器

ceiling N tiānhuābǎn 天花板

celebrate, to V qìngzhù 庆祝

celebrity N dàpái/shèhuì míngliú/zhùmíng rénshì 大牌 / 社会名流 / 著名人士

celery N qíncài 芹菜

cell phone, mobile phone N shǒujī/yídòng diànhuà 手机 / 移动电话

Celsius, Centigrade N shèshì wēndù 摄氏温度

cemetery, graveyard N gōngmù/mùdì 公墓 / 墓地

center (of city) N (shì) zhōngxīn (市) 中心

center, middle N zhōngjiān 中间

central ADJ zhōngyāng 中央

central business district (CBD) N zhōngyāng shāngwùqù 中央商务区

central processing unit (CPU) N jìsuànjī zhōngyāng chǔlǐqì 计算机中央处理器

century N shìjì 世纪

cereal N màipiàn/gǔwù shípǐn 麦片 / 谷物食品

cerebral death N dànǎo sǐwáng 大脑死亡

ceremony N diǎnlǐ 典礼

certain, sure ADJ yídìng 一定

certainly! EXCLAM dāngrán kěyǐ 当然可以

certificate N zhèngshū 证书

certificate of deposit N cúnkuǎndān 存款单

certified public accountant (CPA) N zhùcè kuàijìshī 注册会计师

chain smoker N liánxù chōuyān de rén 连续抽烟的人

chair N yǐzi 椅子

chalk N fěnbǐ 粉笔

challenge N tiǎozhàn 挑战

challenge, to V jiàobǎn 叫板

chameleon N biànsèlóng 变色龙

champion N guànjūn 冠军

chance, by ADV ǒurán 偶然

chance, opportunity N jīhuì 机会

change, exchange, to (money) duìhuàn 兑换

hange (loose money) N língqián 零钱

hange, switch, to (clothes) v huàn 换

hange, to (bus/train) v zhuǎnchē 转车

hange, to (conditions, situations) v gǎibiàn 改变

hange one's mind, to v gǎibiàn zhǔyì 改变主意

hannel N 1 (TV)频道 píndào 2 (straits) 海峡 hǎixiá 3 (conduit, pipeline) 管道 guǎndào

haracter (Chinese) N Hànzì 汉字

haracter, personality N xìnggé 性格

haracteristic N tèdiǎn 特点

harge N 1 (cost) fèiyòng 费用 2 (legal case) zhǐkòng/zuìmíng 指控 / 罪名 3 (electrical) chōngdiàn 充电 4 (responsibility) fùzé 负责 5 (dash) tūrán měngchōng 突然猛冲

harger N (electrical) 充电器 chōngdiànqì

harity N císhàn/císhàn shìyè 慈善 / 慈善事业

hart, diagram, graph N túbiǎo 图表

harter a plane, to v bāojī 包机

harter a vehicle, to v bāochē 包车

Chartered Bank, the N Zhādǎ yínháng 渣打银行

chartered plane N bāojī 包机

chase, to v zhuī 追

chase away/out, to v gǎnchū 赶出

cheap ADJ piányi 便宜

cheat, someone who cheats N piànzi 骗子

cheat, to v piàn 骗

check, verify, to v jiǎnchá 检查

checked (pattern) ADJ fānggéde 方格的

cheek N miànjiá 面颊

cheering squad N lālāduì 啦啦队

cheerleaders N lālāduì zhǎng 拉拉队长

cheers! INTERJ gānbēi 干杯

cheese N nǎilào/rǔlào 奶酪 / 乳酪

chef N dàchúshī 大厨师

chemical plant N huàgōngchǎng 化工厂

cheong-sam, chi-pao N qípáo 旗袍

chess N guójì xiàngqí 国际象棋

chest, box N xiāngzi 箱子

chest, breast N xiōngqiāng 胸腔

chew, to v jué/jǔjué 嚼 / 咀嚼

chewing gum N kǒuxiāngtáng/ xiāngkǒujiāo 口香糖 / 香口胶

chicken N jī 鸡

child, offspring N háizi 孩子

child, young person N xiǎohái 小孩

child-care, day care for kids N bàntuō 半托

chilled ADJ bīngzhèn 冰镇

chilli pepper N làjiāo 辣椒

chilli sauce N làjiāojiàng 辣椒酱

chin N xiàbā 下巴

China N Zhōngguó 中国

China Mobile N Zhōngguó yídòng 中国移动

China Telecom N Zhōngguó diànxìn 中国电信

Chinese (in general) ADJ Zhōngguóde 中国的

Chinese (language) N Zhōngwén/Hànyǔ 中文／汉语

Chinese (people) N Zhōngguórén/huárén 中国人／华人

Chinese checkers N tiàoqí 跳棋

Chinese chess N Zhōngguó xiàngqí 中国象棋

Chinese cabbage N báicài 白菜

Chinese character N Hànzì 汉字

Chinese fast food N Zhōngshì kuàicān 中式快餐

Chinese knot N Zhōngguójié 中国结

Chinese suit N tángzhuāng 唐装

Chinese tunic suit; Mao suit N Zhōngshānzhuāng 中山装

chocolate N qiǎokèlì 巧克力

choice N xuǎnzé 选择

Chongqing N Chóngqìng 重庆

choose, to V xuǎnzé 选择

chopsticks N kuàizi 筷子

Christian (in general) ADJ Jīdūjiàode 基督教的

Christian (people) N Jīdūtú 基督徒

Christianity N Jīdūjiào 基督教

Christmas N Shèngdànjié 圣诞节

church N jiàotáng 教堂

cigar N xuějiāyān 雪茄烟

cigarette N xiāngyān 香烟

cinema, movie theater N diànyǐngyuàn 电影院

circle N yuánquān 圆圈

Citibank N Huāqí yínháng 花旗银行

citizen N shìmín/gōngmín 市民／公民

citrus N gānjúshǔde 柑橘属的

city N chéngshì 城市

city refuse N chéngshì lājī 城市垃圾

civil servants, government employee N gōngwùyuán 公务员

civil trial N mínshì sùsòng 民事诉讼

civilian-run enterprise N mínyíng qǐyè 民营企业

clap, applaud, to V pāishǒu/gǔzhǎng 拍手／鼓掌

class, category N zhǒnglèi 种类

classes (at university) N kè 课

class for further studies N jìnxiūbān 进修班

classic N, ADJ jīngdiǎn 经典

classic movie N jīngdiǎn yǐngpiàn 经典影片

clean ADJ gānjìng 干净

clean, to V nòng gānjìng 弄干净

clean energy N qīngjié néngyuán 清洁能源

lean record, spotless record N bùbài jìlù 不败记录

leanliness N qīngjié 清洁

lear ADJ 1 (*distinct*) qīngchè de / míngliàng de 清澈的 / 明亮的 2 (*understood*) qīngchu de / míngbai de 清楚的 / 明白的

lear, to v (*tidy up*) shōushi 收拾

lear (of weather) ADJ fàngqíng 放晴了

lear customs, to v tōngguān 通关

learance sale N shuǎimài 甩卖

lench, to v wòjǐn quántou 握紧拳头

lever ADJ cōngmíng 聪明

liché N chéncí làndiào/lǎoshēng chángtán 陈词滥调 / 老生常谈

limate N qìhòu 气候

limb onto, to v páshàng 爬上

limb up hills/mountains, to v pāndēng 攀登

ling to v jǐnzhuī 紧追

linic N bǎojiànshì/ménzhěn suǒ 保健室 / 门诊所

loisonné N jǐngtàilán 景泰蓝

lock N shízhōng/zhōng 时钟 / 钟

lone N kèlóng 克隆

lose to, nearby ADJ jìn/kàojìn 近 / 靠近

lose together, tight ADJ kàojǐn 靠紧

closed (door/shop) ADJ guānmén/guānshàngle 关门 / 关上了

closed (road) ADJ fēngsuǒ 封锁

closed-book exam N bìjuàn 闭卷

closed-door policy N bìguān zhèngcè 闭关政策

closing price N shōupánjià 收盘价

cloth N bù 布

clothes, clothing N yīfu 衣服

cloud N yún 云

cloudy, overcast ADJ duōyún 多云

cloves N bàn 瓣

clown N xiǎochǒu 小丑

club N 1 (*musical*) jùlèbù 俱乐部 2 (*stick, bar*) dàbàng 大棒 3 (*card games*) méihuā 梅花

club together, to v còufènzi 凑份子

cluster bomb N jíshù zhàdàn 集束炸弹

CO₂ (carbon dioxide) N èryǎnghuàtàn 二氧化碳

co-worker, colleague N tóngshì 同事

coast N hǎi'àn 海岸

coat, jacket N wàiyī 外衣

coat, overcoat N dàyī 大衣

Coca-Cola, Coke N Kěkǒukělè 可口可乐

cocaine N kěkǎyīn 可卡因

cocktail N jīwěijiǔ 鸡尾酒

cocktail party N jīwěi jiǔhuì 鸡尾酒会

coconut N yēzi 椰子

code N 1 (*postal*) yóuzhèng 邮政

biānmǎ 邮政编码 2 (*computer*)

biānmǎ 邮政编码 3 (*ethics*) xíngwéi zhǔnzé 行为准则

coffee N kāfēi 咖啡

coin N yìngbì 硬币

cold ADJ lěng 冷

cold, flu N gǎnmào 感冒

collapse V, N 1 bēngkuì/kuǎdiào 崩溃／垮掉 2 dǎotā 倒塌

colleague, co-worker N tóngshì 同事

collect payment, to V shōukuǎn 收款

collective economy N jítǐ jīngjì 集体经济

collide, to V xiāngzhuàng 相撞

collision (of cars) N zhuàngchē 撞车

color N yánsè 颜色

color blindness N sèmáng de 色盲的

color film processing N cǎikuò 彩扩

comb N shūzi 梳子

combine sounds into syllables, to V pīnyīn 拼音

come, to V lái 来

come back, to V huílái 回来

come in PHR jìnlái 进来

come on, let's go COMMAND kuài! 快!

comedian N xìjù yǎnyuán 喜剧演员

comfort women N wèiānfù 慰安妇

comfortable ADJ shūfu/shùshì 舒服／舒适

comic ADJ 1 huájī de 滑稽的 2 mànhuàde 漫画的

command, order N mìnglìng 命令

command, to V zhǐhuī 指挥

command of the sea N zhìhǎiquán 制海权

commencement ceremony N kāigōng diǎnlǐ 开工典礼

commercial loan N shāngyè dàikuǎn 商业贷款

commercial network N shāngyè wǎngdiǎn 商业网点

commercial speculation N shāngyè chǎozuò 商业炒作

commercialization N shāngpǐnhuà 商品化

committee N wěiyuánhuì 委员会

common, frequent ADJ pǔtōngde 普通的

Commonwealth of Independent States (CIS), the N dúliántǐ 独联体, dúlì guójiā liánhétǐ 独立国家联合体

communication N gōutōng/jiāoliú 沟通／交流

communist party, the N gòngchǎndǎng 共产党

community services N shèqū fúwù 社区服务

company, firm N gōngsī 公司

compare, to V bǐjiào 比较

compared with v yǔ ... xiāngbǐ 与 ... 相比

compassion N tóngqíngxīn 同情心

compete, to v jìngzhēng 竞争

competition N bǐsài 比赛

complain, to v bàoyuàn 抱怨

complaint N tóusù 投诉

complaint center N tóusù zhōngxīn 投诉中心

complete, to v wánchéng 完成

complete (finished) ADJ jiéshù 结束

complete, thorough ADJ chèdǐ 彻底

complete (whole) ADJ quánbù 全部

completion ceremony N jùngōngshì 竣工式

completely ADV wánquán/chèdǐ 完全 / 彻底

complicated ADJ fùzá 复杂

compliments N wènhòu/zhìyì 问候 / 致意

composition, writings N zuòwén/xiězuò 作文 / 写作

comprehensive ADJ zōnghé 综合

compromise solution N zhézhōng fāng'àn 折衷方案

compulsory ADJ qiángzhìxìngde/guīdìngde 强制性的 / 规定的

computer N diànnǎo/jìsuànjī 电脑 / 计算机

computer (main) N zhǔjī 主机

computer illiterate N diànnǎománg 电脑盲

computer virus N diànnǎo bìngdú 电脑病毒

comrade N tóngzhì 同志

concentrate, to v jízhōng 集中

concept N gàiniàn 概念

concerning PREP yǒuguān/guānyú 有关 / 关于

concert N yīnyuèhuì 音乐会

concert hall N yīnyuètīng 音乐厅

concession N 1 ràngbù 让步 2 tèxǔquán 特许权

conclusion N jiéshù 结束, jiéjú 结局

concrete N hùnnítǔ 混泥土

condensed milk N liànrǔ 炼乳

condition (pre-condition) N xiānjué tiáojiàn 先决条件

condition, status N zhuàngtài/qíngkuàng 状态 / 情况

condition (subjective/objective) N tiáojiàn 条件

condom N bìyùntào/ānquántào 避孕套 / 安全套

conduct, behavior N xíngwéi/jǔzhǐ 行为 / 举止

conductor (bus) N chéngwùyuán 乘务员

confectionery N tángguǒdiàn 糖果店

conference, meeting N huìyì 会议

conference call, teleconference N diànhuà huìyì 电话会议

confess, admit, to v chéngrèn 承认

confidence N xìnxīn 信心

confidence, to have v yǒu xìnxīn 有信心

confirm, to v quèrèn 确认

Confucianism N Rújiāsīxiǎng/ Rújiào 儒家思想／儒教

confuse, to v hùnxiáo 混淆

confused (in a mess) ADJ hùnluàn 混乱

confused (mentally) ADJ hútu 糊涂

confusing ADJ shǐ hùnluàn 使混乱

congestion N (*traffic*) yōngjǐ 拥挤

congratulations! EXCLAM zhùhè nǐ 祝贺你

connect together, to v liánjiē 连接

connection (transport) N liánjiēdiǎn/zhōngzhuǎnzhàn 连接点／中转站

conscious of, to be v yìshídào 意识到

consider, have an opinion, to v rènwéi 认为

consider, think over, to v kǎolǜ 考虑

constipation N biànmì 便秘

consolation prize N ānwèijiǎng 安慰奖

Constitution, the N xiànfǎ 宪法

construction in progress N zàijiàn gōngchéng 在建工程

consulate N lǐngshìguǎn 领事馆

consult, talk over with, to v gēn ... shāngliang 跟 ... 商量

consultancy company N diǎnzǐ gōngsī 点子公司

consultation (by doctor) N kànbìng/jiùzhěn 看病／就诊

consumer credit N xiāofèi xìndài 消费信贷

consumers association N xiāofèizhě xiéhuì 消费者协会

contact, connection N liánxì 联系

contact, get in touch with, to v gēn ... liánxì 跟 ... 联系

contact lens N yǐnxíng yǎnjìng 隐形眼镜

contagious ADJ chuánrǎnde 传染的

contain, to v róngnà/bāohán 容纳／包含

contents N nèiróng 内容

continent N zhōu/dàlù 洲／大陆

continue, to v jìxù 继续

contraceptive N bìyùn 避孕

contraceptive pill N bìyùnyào 避孕药

contract N hétóng/qìyuē 合同／契约

contract to build, to v chéngjiàn 承建

contract with, to v chéngbāo 承包

contribution N 1 (*share*) gòngxiàn 贡献 2 (*charitable donations*) juānkuǎn 捐款

control v, n kòngzhì 控制

convenient ADJ fāngbiàn 方便

conventional disarmament n chángguī cáijūn 常规裁军

conventional industries n chuántǒng chǎnyè 传统产业

conversation n huìhuà 会话

convict, prisoner n qiúfàn/fànrén 囚犯／犯人

convince, to v shǐ ... xiāngxìn/shuōfú 使 ... 相信／说服

cook (person) n chúshī 厨师

cook, to v zuòcài/zuòfàn 做菜／做饭

cooked ADJ zhǔshóude 煮熟的

cooker, stove n lúzi 炉子

cookie, sweet biscuit n xiǎotiánbǐng 小甜饼

cooking, cuisine n fēngwèi fàncài/pēngtiáo 风味饭菜／烹调

cool ADJ liángkuài 凉快

cool, to v shǐ lěngquè 使冷却

copper n tóng/zǐtóng 铜／紫铜

copy n fùběn 副本

copy, to v chāoxiě/mófǎng 抄写／模仿

copyright law n bǎnquán fǎ 版权法

coral n shānhú 珊瑚

cordless telephone n wúshéng diànhuà 无绳电话

cordless telephone with caller ID n wúshéngláidiàn xiǎnshì diànhuà 无绳来电显示电话

corkage n kāipíng fèi 开瓶费

corn, grain n yùmǐ 玉米

corner n jiǎoluò 角落

corner (soccer) n jiǎoqiú 角球

corporate image n qǐyè xíngxiàng 企业形象

correct ADJ duì/zhèngquè 对／正确

correct, to v jiǎozhèng/gǎizhèng 矫正／改正

correspond, write letters, to v tōngxìn 通信

corridor n zǒuláng 走廊

corrupt ADJ fǔbài 腐败

corruption and degeneration n tānwū fǔhuà 贪污腐化

cosmetics n huàzhuāngpǐn 化妆品

cost n chéngběn 成本

cost, expense n fèiyòng 费用

cost, price n jiàgé 价格

cost-effectiveness n chéngběn xiàoyì 成本效益

costly ADJ guì/ángguì 贵／昂贵

costume n mínzú fúzhuāng/xìzhuāng mínzú fúzhuāng/xìzhuāng 民族服装／戏装

cot n yīng'érchuáng/tóngchuáng 婴儿床／童床

cotton n miánbù 棉布

cotton wool n miánhuā 棉花

couch, sofa n shāfā 沙发

cough n késòushēng 咳嗽声

cough, to v késou 咳嗽

cough lolly n rùnhóutáng 润喉糖

cough syrup n késou yàoshuǐ 咳嗽药水

could, might v kěnéng 可能

count, to v shǔ/suàn 数／算

count, reckon, to v rènwéi 认为

countdown n dǎojìshí 倒计时

counter (for paying, buying tickets) n guìtái 柜台

counterattack (sports) n fángshǒu fǎnjí 防守反击

counterfeit and shoddy products n jiǎmào wěiliè chǎnpǐn 假冒伪劣产品

country, rural area n xiāngxià 乡下

country, nation n guójiā 国家

coupon n yōuhuì quàn/lǐquàn 优惠券／礼券

course credit n xuéfēn 学分

courseware n kèjiàn 课件

court n 1 (law) fǎtíng 法庭 2 (games) qiú chǎng 球场

court of ethics n dàodé fǎtíng 道德法庭

courtesy n lǐmào 礼貌

courtyard n yuànzi 院子

courtyard economy n tíngyuàn jīngjì 庭院经济

courtyard house (a type of Chinese residence) n sìhéyuàn 四合院

cover, to v gài 盖

cow n mǔniú 母牛

crab n pángxiè 螃蟹

crack down on counterfeit goods, to v dǎjiǎ 打假

crack down on smuggling, to v dǎsī 打私

crack down on yakuza (mafia), to v dǎhēi 打黑

cracked adj lièkāi le 裂开了

cracker, salty biscuit n xián bǐnggān 咸饼干

crafts n shǒugōngyì 手工艺

craftsperson n gōngjiàng/shǒuyìrén 工匠／手艺人

cramming method of teaching n tiányāshì jiàoxué 填鸭式教学

cramps n (stomach) jiǎotòng 绞痛, (menstruation) jīngtòng 经痛

crash (to computer) v sǐjī 死机

crashed (car) adj zhuàngchē 撞车

crashed (computer) adj sǐjī 死机

craze for going abroad n chūguórè 出国热

craze for graduate school n kǎoyán rè 考研热

crazy adj fēngkuángde 疯狂的

create, to v chuàngzuò/chuàngzào 创作／创造

credit card n xìnyòngkǎ 信用卡

credit crisis n xìnyòng wēijī 信用危机

credit crunch n xìnyòng jǐnsuō 信用紧缩

credit culture N xìnyòng wénhuà 信用文化

credit hours N xuéshí 学时

credit rating system N gèrén xìnyòng zhìdù 个人信用制度

crew N 1 (*aircraft*) jīzǔ rényuán 机组人员, (*ship*) chuányuán 船员 2 (*laborers*) gōngzuò rényuán 工作人员

crime committed in the course of one's profession N zhíwù fànzuì 职务犯罪

criminal N zuìfàn 罪犯

criminal law N xíngfǎ 刑法

criminal record N àndǐ 案底

cripple, physically disabled N cánjírén/bǒzi 残疾人 / 跛子

crisis N wēijī 危机

crony capitalism N qúndài jīngjì 裙带经济

crop failure N qiànshōu 欠收

cross, angry ADJ shēngqì 生气

cross, go over, to V yuèguò 越过

crossroads N shízìlùkǒu 十字路口

crowd N rénqún/yīqúnrén 人群 / 一群人

crowd, to V 1 (*mass together*) qúnjí/qúnjù 群集 / 群聚 2 (*jam together*) jǐ/tuǐjǐ 挤 / 推挤 3 (*press together*) cuīcù 催促

crowded, busy ADJ yōngjǐ 拥挤

Crown Prince N wángchǔ 王储, wángtàizǐ 王太子

cruel ADJ cánrěn 残忍

cruise missile N xúnháng dǎodàn 巡航导弹

cry N jiàohǎn 叫喊

cry, to V kū 哭

cry out, to V hǎn 喊

cucumber N huángguā 黄瓜

cuisine, style of cooking N fēngwèi fàncài/pēngtiáo/fēngwèicài 风味饭菜 / 烹调 / 风味菜

cult N xiéjiào 邪教

cultivate one's taste, to V táoyě qíngcāo 陶冶情操

cultural industry N wénhuà chǎnyè 文化产业

cultural shock N wénhuà chōngjī 文化冲击

culture N wénhuà 文化

culture-oriented travel N wénhuà lǚyóu 文化旅游

cup N bēizi 杯子

cupboard N guìzi 柜子

cure (medical) N zhìliáo 治疗

cured, preserved (goods) ADJ yānzìde 腌渍的

curiosity N hàoqíxīn 好奇心

currency N qiánbì 钱币

curtain N chuānglián 窗帘

custom, tradition N xísú 习俗

cut, injury N shāngkǒu 伤口

cut, to V gē 割

cute, appealing ADJ kě'ài 可爱

cyberport N shùmǎgǎng 数码港

D

cyberspace N diànnǎo kōngjiān 电脑空间

cyberterrorism N wǎngluò kǒngbù zhǔyì 网络恐怖主义

D

dad, daddy N bàba/diēdie 爸 / 爹爹

daily ADJ rìchángde 日常的

dairy N niúnǎi chǎng 牛奶场

Dalai Lama N Dálài lǎma 达赖喇嘛

damage N pòhuài 破坏

damage, to V sǔnhuài 损坏

damp ADJ cháoshī 潮湿

dance N wǔhuì 舞会

dance, to V tiàowǔ 跳舞

danger N wēixiǎn 危险

dangerous ADJ wēixiǎnde 危险的

dark ADJ àn/hēi'àn 暗 / 黑暗

darkroom N ànfáng/ànshì 暗房 / 暗室

data communication N shùjù tōngxìn 数据通信

date N 1 (*calendar*) rìqī 日期 2 (*appointment*) yuēhuì 约会 3 (*fruit*) hǎizǎo/zǎozi 海枣 / 枣子

date of birth N chūshēng rìqī 出生日期

dating agency, marriage agency N hūnjièsuǒ 婚介所

daughter N nǚ'ér 女儿

daughter-in-law N xífù 媳妇

dawdle along; skive on the job,

to V móyánggōng 磨洋工

dawn N límíng 黎明

day N tiān 天

day after tomorrow N hòutiān 后天

day before yesterday N qiántiān 前天

day care for kids, child-care N bàntuō 半托

day of the week N gōngzuòrì 工作日

day off, rest day N xiūjiàtiān 休假天

day shift N báibān 白班

daydream, to V zuò báirìmèng 做白日梦

day lighting N cǎiguāng 采光

dead ADJ sǐle 死了

deaf ADJ lóngde 聋的

dean's office N jiàowùchù 教务处

death N sǐwáng 死亡

death toll N sǐwáng rénshù 死亡人数

debit card N jièjìkǎ 借记卡

debt N zhài qiàn 债欠

debt of gratitude N rénqíngzhài 人情债

debt-collection agency N tǎozhài gōngsī 讨债公司

debt-to-equity swap N zhàizhuǎn'gǔ 债转股

decade N shí nián 十年

decay V, N 1 fǔlàn 腐烂 2 shuāiwáng 衰亡

deceive, to v qīpiàn 欺骗

December n Shí'èryuè 十二月

decide, to v juédìng 决定

decision n juédìng 决定

declare, to v 1 xuānbù 宣布 2 shēnbào 申报

decline, get less, to v jiǎnruò/ jiǎnshǎo/xiàjiàng 减弱 / 减少 / 下降

decline, refuse, to v jùjué 拒绝

decorate, to v zhuāngshì 装饰

decorator n shìnèi shèjì shī 室内设计师

decrease, to v jiǎnshǎo 减少

deep adj shēn 深

defeat, beat, to v dǎbài 打败

defecate, to v dàbià/jiě dàbiàn 大便 / 解大便

defect n quēdiǎn 缺点

defend (in war), to v bǎowèi 保卫

defend (with words), to v biànhù 辩护

defendant n bèigào 被告

defending champion n wèimiǎn guànjūn 卫冕冠军

deficit n chìzì/kuīsǔn 赤字 / 亏损

deflation (currency) n tōnghuò jǐnsuō 通货紧缩

degrade oneself, to v diàojià/ zìgān duòluò 掉价 / 自甘堕落

degree, level n chéngdù 程度

degree of satisfaction n mǎnyì dù 满意度

degrees (temperature) n dù 度

dehydration n tuōshuǐ 脱水

delay, to v dān'ge 耽搁

delayed (train, bus etc.) adj wǎndiǎn 晚点

delete, to v shānchú 删除

delibrate adj gùyì de 故意的

delicacy n (gourmet food) měiwèi jiāyáo 美味佳肴

delicious adj hǎochī/shuǎngkǒu 好吃 / 爽口

delisting (stock) n tuìshì 退市

deliver, to v yùnsòng 运送

demand, to v yāoqiú 要求

dementia n 1 chīdāi 痴呆 2 jīngshén cuòluàn 精神错乱

Democratic Progressive Party (Taiwan) n mínjìndǎng 民进党

demography n rénkǒuxué 人口学

demon, devil n móguǐ 魔鬼

demonstrate, display, to v 1 xiǎnshì 显示 2 shìfàn/yǎnshì 示范 / 演示

dengue fever n dēnggé rè 登革热

dentist n yákē yīshēng 牙科医生

deny, to v 1 fǒurèn 否认 2 jùjué/bùgěi 拒绝 / 不给

depart, to v líkāi 离开

department n bùmén 部门

department store n bǎihuò shāngdiàn 百货商店

departure n chūfā 出发

depend on, to v yīkào 依靠

deposit, leave behind with someone, to v cúnfàng 存放

deposit, advance money N yùfùkuǎn/yājīn 预付款 / 押金

deposit, put money in the bank, to N cúnkuǎn 存款

depreciate, to v biǎnzhí 贬值

depreciation N zhéjiù/biǎnzhí 折旧 / 贬值

depression N 1 (sickness) yōuyùzhèng 忧郁症 2 (economy) jīngjì xiāotiáo 经济萧条

descendant N hòudài/hòuyì 后代 / 后裔

describe, narrate, to v miáoxiě/miáohuì 描写 / 描绘

desert, arid land N shāmò 沙漠

desert, abandon, to v pāoqì 抛弃

desertification N shāmòhuà 沙漠化

desertification of land N tǔdìshāhuà 土地沙化

desire N yuànwàng/xīwàng 愿望 / 希望

desire, to v xiǎng 想

desk N shūzhuō 书桌

despair, hopelessness N juéwàng 绝望

despise the poor and curry favor with the rich, to v xiánpín-ài-fù 嫌贫爱富

dessert, sweets N tiánshí/tiándiǎnxin 甜食 / 甜点心

destination N mùdìdì 目的地

destitute areas N tèkùn dìqū 特困地区

destroyed, ruined ADJ cuīhuǐ 摧毁

details, particulars N xìjié/xiángqíng 细节 / 详情

detective N zhēntàn 侦探

detergent N qùgòujì/xǐdíjì 去垢剂 / 洗涤剂

determined, stubborn ADJ jiānjué 坚决

detest, strongly dislike, to v zēnghèn/xiánwù 憎恨 / 嫌恶

devaluation (currency) N tōnghuò biǎnzhí 通货贬值

devalue, to v biǎnzhí 贬值

develop (film), to v chōngxǐ 冲洗

develop, happen, to v kāizhǎn 开展

developed countries N fādá guójiā 发达国家

developing countries N fāzhǎnzhōng guójiā 发展中国家

device, means, method N 1 (tool) shèbèi/shèshī 设备/设施 2 (device) zhuāngzhì 装置 3 (means) shǒuduàn/fāngfǎ 手段/方法

dew N lùshuǐ 露水

diabetes N tángniàobìng 糖尿病

diagonal ADJ duìjiǎoxiàn 对角线

diagonally ADV duìjiǎode 对角地

dial, telephone, to v bō diànhuà 拨电话

dialect N fāngyán 方言

dialysis N tòuxī 透析

diamond N zuànshí 钻石

diaper N niàobù 尿布

diary N rìjì 日记

dictionary N cídiǎn/zìdiǎn 词典 / 字典

die, to V sǐ 死, (*polite*) guòshì 过世

die-hard wángù fènzǐ 顽固分子

diesel oil N cháiyóu 柴油

diet N yǐnshí/rìcháng shípǐn 饮食/日常食品

differ, to V bùtóng 不同

difference (discrepancy in figures) N chābié 差别

difference (in quality) N chāyì 差异

different, other ADJ bùtóng 不同

difficult ADJ kùnnan 困难

difficulty N kùnnan/nánchu 困难 / 难处

digestion N xiāohuà 消化

digital earth N shùzì dìqiú 数字地球

digression N tíwài huà 题外话

dilapidated building N wēifáng 危房

dimple N jiǔwō 酒窝

dining room N cāntīng/fàntīng 餐厅 / 饭厅

DINK (Double Income No Kids) N dīngkè 丁克

dinner, evening meal N wǎnfàn 晚饭

dinosaur N kǒnglóng 恐龙

diplomacy N wàijiāo 外交

diplomatic asylum N wàijiāo bìhù 外交庇护

diplomatic immunity N wài jiāo huò miǎn quán 外交豁免权

direct election N zhíjiē xuǎnjǔ 直接选举

direct selling N zhíxiāo 直销

direction N fāngxiàng 方向

director (of company) N dǒngshìzhǎng 董事长

directory N 1 (*telephone*) xìngmíng dìzhǐ lù 姓名地址录 2 (*computer*) wéndàng mùlù 文档目录

dirt, filth N wūgòu 污垢

dirty ADJ zāng 脏

dirty bomb N zāngdàn 脏弹

disability N cánjí/cánzhàng 残疾 / 残障

disadvantaged social groups N ruòshì qúntǐ 弱势群体

disagree, to V bùtóngyì/buhe 不同意 / 不合

disappointed ADJ shīwàng 失望

disarmament N cáijūn 裁军

disaster-affected area N shòuzāi dìqū 受灾地区

discipline I N 1 (*penalty*) chǔfèn/chǔfá 处分 / 处罚 2 jìlǜ 纪律 II V 1 (*punish*) chéngfá 惩罚 2 (*control*) guǎnjiào 管教

discotheque N dísīkēwǔtīng 迪斯科舞厅

disco dancing N bèngdí 蹦迪

discount N yōuhuì 优惠

discover, to V fāxiàn 发现

discrimination N qíshì 歧视

discuss, to V tǎolùn 讨论

discussion N tǎolùn 讨论

disease N jíbìng 疾病

disgrace, dishonor I N chǐrǔ 耻辱 II V gěi... diūliǎn 给 ... 丢脸

disguise, to V wěizhuāng 伪装

disgusting ADJ yànwùde 厌恶的

dish, platter N pánzi 盘子

dish (particular food) N fàncài 饭菜

disinfectant N xiāodújì 消毒剂

diskette N cípán 磁盘

dislike, to V yànwù/tǎoyàn 厌恶 / 讨厌

dismiss, to V 1 (gathering) jiěsàn 解散 2 (from job) kāichú 开除

Disneyland N Dísīnílèyuán 迪斯尼乐

dispensary N yàofáng 药房

display N zhǎnlǎn 展览

display, to V chénliè 陈列

dispute N jiūfēn 纠纷

disputed area N zhēngyì dìqū 争议地区

disrupt, to V 1 rǎoluàn 扰乱 2 zhōngduàn 中断

distance N jùlí 距离

distance (telephone) calls N chángtú diànhuà 长途电话

distant ADJ 1 yuǎnjùlí de 远距离的 2 shūyuǎn de 疏远的

distasteful ADJ lìngrén yànwù de/ lìngrén fǎngǎn de 令人厌恶的 / 令人反感的

distributor N fēnxiāo shāng 分销商

disturb, bother, to V dǎrǎo/dǎjiǎo 打扰 / 打搅

disturbance, bother N fánrǎo/sāoluàn 烦扰 / 骚乱

diversified economy N duōzhǒng jīngyíng 多种经营

divide, split up, to V fēnkāi 分开

divided by V chú yǐ 除于

dividend N gǔxī/hónglì 股息 / 红利

divorce N, V líhūn 离婚

divorced ADJ lílehūn 离了婚

DNA (deoxyribonucleic acid) N tuōyǎng hétánghésuān 脱氧核糖核酸

do one's best, to V jìn suǒ néng/ bùyí yúlí 尽所能 / 不遗余力

do shoddy work and use inferior material, to V tōugōng jiǎnliào 偷工减料

doctor N yīshēng/dàifu 医生 / 大夫

doctors and nurses (the medical professionals) N yīhù rényuán 医护人员

document, letter N wénjiàn 文件

dog N gǒu 狗

dollar N Měiyuán/yuán 美元 / 元

Donald Duck N Tánglǎoyā 唐老鸭

done (cooked) ADJ zhǔshúle 煮熟了

done (finished) ADJ zuòhǎole 做好了

donkey N lúzi 驴子

don't! EXCLAM, COMMAND búyào 不要

don't mention it! EXCLAM bú kèqi 不客气

dope N dúpǐn 毒品

door N mén 门

door-to-door service N shàngmén fúwù 上门服务

dosage N fúyòng liáng 服用量

double ADJ shuāngbèi 双倍

double degree N shuāng xuéwèi 双学位

double-edged sword N shuāngrènjiàn 双刃剑

doubt, to v huáiyí 怀疑

douse, to v pōshuǐ/jiāoshuǐ 泼水 / 浇水

down, downward PREP xiàng xià 向下

down-payment N shǒuqī ànjiē 首期按揭

download (from the computer or Internet), to v xiàzài 下载

downpour N qīngpén dàyǔ 倾盆大雨

downsize staff and improve efficiency, to v jiǎnyuán zēngxiào 减员增效

downstairs ADV, N lóuxià 楼下

downstream industry N xiàyóu

downstream industry N hángyè 下游行业

downtown N shìzhōngxīn 市中心

doze, to v dǎkēshuì 打瞌睡

dozen N yī dá 一打

dragon N lóng 龙

Dragon Boat Festival, the N duānwǔjié 端午节

drama N xìjù 戏剧

draw to a close, to v jiànjìn wēishēng 渐近尾声

drawing N tú 图

dream N mèng 梦

dream, to v zuòmèng 做梦

Dream Team N mèng zhī duì 梦之队

dress, frock N liányīqún 连衣裙

dressed, to get v chuānbàn 穿扮

dressing gown N chényī 晨衣

drew a large audience ADJ, N jiàozuò 叫座

drink, refreshment N yǐnliào 饮料

drink, to v hē 喝

drive (a car), to v kāichē 开车

driver N jiàshǐyuán/sījī 驾驶员 / 司机

drizzle N xìyǔ/máomaoyǔ 细雨 / 毛毛雨

drop shot (sports) N diàoqiú 吊球

dropout (student) N shīxué értóng 失学儿童

dross N zāopò 糟粕

drought N hànzāi 旱灾

drown, to v yānnì/yānsǐ 淹溺 / 淹死

drug (medicine) N yào 药

drug, narcotic stuff N dúpǐn 毒品

drug rehabilitation center N jièdúsuǒ 戒毒所

drug smuggling N zǒusī dúpǐn 走私毒品

drug trafficker N dúxiāo 毒枭

drunk ADJ hēzuì 喝醉

dry ADJ gān 干

dry (weather) ADJ gānzào 干燥

dry, to V nònggān 弄干

dry out (in the sun), to V liànggān/shàigān 晾干／晒干

dry red wine N gānhóng 干红

dry white wine N gānbái 干白

dual nationality N shuāngchóng guójí 双重国籍

duck N yāzi 鸭子

dull, boring ADJ mèn 闷

dull (weather) ADJ yīn'àn 阴暗

dumb, mute ADJ yǎba de 哑巴的

dumpling N jiǎozi 饺子

dumping (pricing) N qīngxiāo 倾销

dunk (basketball), to dunk N, V kòulán 扣篮

duplex apartment N fùshì zhùzhái 复式住宅

durable consumer goods N nàiyòng xiāofèipǐn 耐用消费品

duration N chíxù shíjiān 持续时间

during PREP zài ... qījiān 在 ... 期间

dusk N huánghūn 黄昏

dust N huīchén 灰尘

dust clouds N chényún 尘云

duty, import tax N guānshuì 关税

duty, responsibility N zérèn 责任

duty-free ADJ miǎnshuì 免税

duty-free commodities N miǎnshuì shāngpǐn 免税商品

duty-free shop N miǎnshuìdiàn 免税店

DVD N shùjù lùxiàngjī 数据录像机

dwarf N xiǎo'ǎirén/zhūrú 小矮人／侏儒

dynamic ADJ dòngqì de 动感／有生气的 shēngqì de

dysentery N lìjí 痢疾

E

each, every PRON měi 每

eager ADJ rèqiè 热切, rèzhōng 热衷

eagle N lǎoyīng 老鹰

ear N ěrduo 耳朵

earlier, beforehand ADJ, ADV shìxiān 事先

early ADJ zǎo 早

early in the morning ADV qīngzǎo 清早

early retirement N nèituì 内退

earn, to V zhuàn 赚, yíng 挣／赚

earnings N gōngzī/xīnshuǐ 工资／薪水

earrings N ěrhuán 耳环

earth, soil N nǐtǔ 泥土

Earth, the world N dìqiú 地球

earthquake N dìzhèn 地震

earthquake tremors N zhèngǎn 震感

Easier said than done IDIOM shuōqǐlái róngyì zuòqǐlái nán 说起来容易做起来难

east ADJ, N dōngbiān 东边

Easter N Fùhuójié 复活节

easy ADJ róngyì 容易

eat, to V chī 吃

eat dinner, to V chī wǎnfàn 吃晚饭

ebb V, N tuìcháo 退潮

e-book N diànzǐ shū 电子书

e-commerce N diànzǐ shāngwù 电子商务

echo N huíshēng/huíyīn 回声 / 回响

eclipse N rìshí/yuèshí 日食 / 月食

ecological forest N shēngtàilín 生态林

economic aggregate N jīngjì zǒngliàng 经济总量

economic boom N jīngjì fánróng 经济繁荣

economic globalization N jīngjì quánqiúhuà 经济全球化

economic reform N jīngjì gǎigé 经济改革

economic restructure N jīngjì tiáozhěng 经济调整

economic resurgence N jīngjì fùsū 经济复苏

economical ADJ shíhuì 实惠

economics N jīngjì 经济

economy N jīngjì 经济

economy class N (air ticket) jīngjìcāng 经济舱

ecotourism N shēngtài lǚyóu 生态旅游

eczema N shī zhēn 湿疹

edge N biānyuán 边缘

edible ADJ kěyǐ shíyòng de 可以食用的

editor in charge N zérèn biānjí 责任编辑

editorial N shèlùn 社论

educate, to V jiàoyù 教育

education N jiàoyù 教育

education for all-around development N sùzhì jiàoyù 素质教育

effect, result N xiàoguǒ 效果

efficiency N xiàolù 效率

effort N nǔlì 努力

effort, to make an N zuòchū nǔlì 做出努力

egg N jīdàn 鸡蛋

eggplant, aubergine N qiézi 茄子

eight NUM bā 八

eighteen NUM shíbā 十八

eighty NUM bāshí 八十

either PRON, CONJ rènhé yī ge 任何一个

eject, to V dànchū/tuīchū/pēnchū 弹出 / 推出 / 喷出

El Niño phenomenon N È'ěrnínuò xiànxiàng 厄尔尼诺现象

elastic ADJ *(flexible)* yǒu tánxìng de 有弹性的

elastic N *(band)* xiàngpíquān/ sōngjǐndài 橡皮圈／松紧带

elbow N zhǒu bì 肘

elder N zhǎngbèi 长辈

elderly, aged ADJ lǎonián de/ shàngle niánjìde 老年的／上了年纪的

election N xuǎnjǔ 选举

electoral vote N xuǎnjǔ rénpiào 选举人票

electric ADJ diàndòngde 电动的

electrical appliance N diànqì 电器

electricity N diànliú 电流

electronic ADJ diànzǐ 电子

electronic dictionary N diànzǐ cídiǎn 电子词典

electronic publishing N diànzǐ chūbǎn 电子出版

elegant ADJ yǎzhìde/gāoyǎ 雅致的／高雅

elephant N dàxiàng 大象

elevated highway N gāojià gōnglù 高架公路

elevated railway N gāojià qīngguǐ 高架轻轨

elevator N diàntī 电梯

eleven NUM shíyī 十一

eligible ADJ yǒu zīgé de 有资格的

eliminate, to V 1 xiāochú/xiāomiè 消除／消灭 2 táotài 淘汰

else: anything else ADV biéde 别的

else: or else ADV (yào) bùrán/ fǒuzé (要) 不然／否则

email (message) N diànzǐ yóujiàn/yīmèir 电子邮件／伊妹儿

email, to V fā diànzǐ yóujiàn/ fā yīmèir 发电子邮件／发伊妹儿

email address N diànzǐ yóujiàn dìzhǐ 电子邮件地址

embarrassed, ashamed ADJ nánwéiqíng 难为情

embarrassing ADJ shǐ rén nánkān 使人难堪

embassy N dàshǐguǎn 大使馆

embezzle public funds, to V qīntūn gōngkuǎn 侵吞公款

embezzlement N dàoyòng gōngkuǎn 盗用公款

embrace, to V yōngbào 拥抱

embroidered ADJ xiùhuāde 绣花的

embroidery N cìxiù 刺绣

emerge, to V xiǎnlù/chūxiàn 显露／出现

emergency N jízhěn 急诊

emerging market N xīnxīng shìchǎng 新兴市场

emotion N gǎnqíng/qíngxù 感情／情绪

emotion quotient (EQ) N qíngshāng 情商

emperor N huángdì 皇帝

employee N gùyuán 雇员

employer N gùzhǔ 雇主

employment agency N zhíyè jièshàosuǒ 职业介绍所

empty, vacant ADJ **1** (*blank*) kōng/kōng de 空 / 空的 **2** (*hollow*) kōngdòng de/kōngxū de 空洞的 / 空虚的

encoded channel N jiāmì píndào 加密频道

encore! INTERJ zài lái yī gè 再来一个

encourage, to v gǔlì/zhīchí 鼓励 / 支持

encroach upon, to v rǎnzhǐ 染指

encrypt, encrypted, to v, ADJ jiāmì 加密

encyclopedia N bǎikē quánshū 百科全书

end (finish) N zhōngzhǐ 终止

end (tip) N jiānduān/dǐngduān 尖端 / 顶端

end, to v jiéshù 结束

end user N zuìzhōng yònghù 最终用户

endorse, affirm, to v zàntóng/zhīchí 赞同 / 支持

enemy N dírén 敌人

energy N **1** huólì 活力 **2** néngliàng 能量

engaged (telephone) ADJ zhànxiàn 占线

engaged (to be married) ADJ dìnghūn 订婚

engine N fādòngjī 发动机

engineer N gōngchéngshī 工程师

engineering company N gōngchéng gōngsī 工程公司

England N Yīngguó 英国

English (in general) ADJ Yīngguóde 英国的

English (language) N Yīngwén/Yīngyǔ 英文 / 英语

English (people) N Yīngguórén 英国人

engrave, to v kèshàng/diāo 刻上 / 雕

enjoy, to v xiǎngshòu 享受

enjoy oneself, to v guòde kuàihuó 过得快活

enjoy special privilege, to v chī piānfàn 吃偏饭

enjoyable ADJ yúkuài de 愉快的

enlarge, to v kuòdà 扩大

enough ADJ zúgòu 足够

enquire, to v wèn/xúnwèn 问 / 询问

ensure, to v quèbǎo/dānbǎo 确保 / 担保

enter, to v jìnrù 进入

enter through the back door, to v zǒu hòumén 走后门

enterprise group N qǐyè jítuán 企业集团

enterprising spirit N chuàngyè jīngshén 创业精神

entertainer N yǎnyì rényuán/biǎoyǎnzhě 演艺人员 / 表演者

enthusiastic fan N fāshāoyǒu 发烧友

entire, whole ADJ quánbùde 全部的

entrance, way in N rùkǒu 入口

entrepreneur N chuàngyèzhě 创业者

envelope N xìnfēng 信封

envious ADJ yǐnqǐ xiànmù de 引起羡慕的

environment, the N huánjìng 环境

environment-friendly battery N huánbǎo diànchí 环保电池

environmental protection N huánjìng bǎohù 环境保护

environmentally friendly agriculture N shēngtài nóngyè 生态农业

epicenter (of an earthquake) N zhènxīn/zhènzhōng 震源／震中

epidemic N liúxíngbìng/chuánrǎnbìng 流行病／传染病

epilepsy N diānxián/yángxiánfēng 癫痫／羊癫疯

episode N 1 yī jí 一集 2 yīduàn jīnglì 一段经历

equal ADJ píngděngde 平等的

equalize (soccer, etc.), to V zhuīpíng 追平

equator N chìdào 赤道

equipment N shèbèi/zhuāngbèi 设备／装备

err, commit a wrong, to V fàn cuòwù 犯错误

error N cuòwù 错误

escalator N diàndòng lóutī 电动楼梯

escape V, N táolí/táobì 逃离／逃避

especially ADV yóuqíshì 尤其是

essential ADJ bìyào de 必要的

establish, set up V jiànlì 建立

eternity N yǒnghéng/yǒngyuǎn 永恒／永远

ethics N dàodé guīfàn 道德规范

eulogy N sòngcí 颂词

Europe N ōuzhōu 欧洲

euthanasia N ānlèsǐ 安乐死

evacuate, to V chèlí 撤离

evade tax, to V bìshuì/táoshuì 避税／逃税

even (smooth) ADJ pínghuá 平滑

evening N wǎnshang 晚上

evening meal, dinner N wǎnfàn 晚饭

event N shìjiàn 事件

ever, have already ADV céng 曾

every ADJ měi 每

every kind of ADJ gèshì-gèyàng 各式各样

every time ADV měi cì 每次

everybody, everyone PRON měi ge rén 每个人

everything PRON měi jiàn shì/yīqiè 每件事／一切

Everything goes well IDIOM jí-xiáng-rú-yì 吉祥如意

everywhere PRON měi ge dìfang/dàochù 每个地方／到处

evidence N zhèngjù/zhèngcí 证据／证词

evil ADJ 1 xié'è de 邪恶的 2 èmó de 恶魔的

exact, exactly ADJ, ADV jīngquède/quèqiè 精确的 / 确切

exactly so! EXCLAM yīdiǎn búcuò 一点不错

exam, test N kǎoshì 考试

examine, to V jiǎnchá 检查

example N lìzi 例子

example, for bǐrú 比如

exceed, go past, to V chāoguò/chāochū 超过 / 超出

excellent ADJ yōuxiù de 优秀的

except CONJ chú ... zhīwài 除 ... 之外

excess personnel N chāobiān rényuán 超编人员

excessive consumption N chāoqián xiāofèi 超前消费

exchange (money, opinions), to V duìhuàn 兑换

exchange rate N duìhuànlǜ 兑换率

exchange student N jiāohuàn liúxuéshēng 交换留学生

excluding PREP bù bāokuò/chúle 不包括 / 除了

exercise N 1 (*training*) (tǐyù) duànliàn 锻炼 2 (*sports*) tǐcāo/jiànshēn cāo 体操 / 健身操 3 (*activity*) huódòng 活动 4 (*practice*) liànxí 练习

excited ADJ gǎndào xīngfèn 感到兴奋

exciting ADJ lìng rén xīngfèn de 令人兴奋的

exclusive economic zone N zhuānshǔ jīngjìqū 专属经济区

exclusive interview N zhuānfǎng 专访

excuse; pretext N dǎngjiàn pái/jièkǒu 挡箭牌 / 借口

excuse me! (apology) EXCLAM duìbuqǐ 对不起

excuse me! (attracting attention) EXCLAM qǐngwèn 请问

excuse me! (getting past) EXCLAM láojià 劳驾

executive director N chángwù dǒngshì 常务董事

executive member of the council N chángwù lǐshì 常务理事

exhausted ADJ lèi jíle de/hen píláo de 累极了的 / 很疲劳的

exhibition match N biǎoyǎnsài 表演赛

exit, way out N chūkǒu 出口

exit visa N chūjìng qiānzhèng 出境签证

expand, grow larger, to V péngzhàng 膨胀

expect, to V qīwàng 期望

expedition N tànxiǎn duì/kǎochá duì 探险队 / 考察队

expenditure for social security N shèhuì bǎozhàng zhīchū 社会保障支出

expenses N fèiyòng 费用

expensive ADJ guì 贵

experience N jīngyàn 经验

experience, to v tǐyàn/jīnglì 体验 / 经历

experiment v, N shíyàn/shìyàn 实验 / 试验

expert N zhuānjiā 专家

explain, to v jiěshì 解释

explore through practice; feel one's way through, to IDIOM mō zhe shítou guò hé 摸着石头过河

explosive N zhàyào 炸药

export, to v chūkǒu 出口

export of labor services N láowù shūchū 劳务输出

export processing zones N chūkǒu jiāgōngqū 出口加工区

export rebate rate N chūkǒu tuìshuìlǜ 出口退税率

export-oriented economy N wàixiàngxíng jīngjì 外向型经济

export-oriented industry N chūkǒu chuànghuìxíng chǎnyè 出口创汇型产业

expose, to v bàoguāng/xièlòu 曝光 / 泄漏

express, state, to v biǎoshì 表示

expression N 1 biǎoqíng 表情 2 biǎodá fǎ 表达法

expressway N kuàisù gōnglù 快速公路

extend, to v 1 shēnzhǎn 伸展 2 yáncháng 延长

extension (telephone) N fēnjī 分机

extensive operation N cūfàng jīngyíng 粗放经营

external ADJ wàibù de/wàimiàn de 外部的 / 外面的

extinct species N mièjué de wùzhǒng 灭绝的物种

extinguish, blow out, to v miè/xiāomiè 灭 / 消灭

extra ADJ éwài de 额外的

extramarital affair N hūnwàiliàn 婚外恋

extranet (computer) N wàiliánwǎng 外联网

extra-terrestrial (ET) N wàixīngrén 外星人

extraordinary ADJ 1 fēifán de/jíqí chūsè de 非凡的 / 极其出色的 2 hěn tèbié de 很特别的

extravagant ADJ shēchǐ háo de/lànfèi de 奢侈的 / 浪费的

extremely ADV jídùde 极度地

extremely beautiful (woman) ADJ qīngguó qīngchéng 倾国倾城

extremely cool, wicked (meaning excellent) ADJ kùbì 酷毙

eye N yǎnjing 眼睛

eyebrow N yǎnméi 眼眉

eyeglasses, spectacles N yǎnjìng 眼镜

eyewitness N mùjī zhě 目击者

F

fable N yùyán gùshi/yùyán 寓言
故事 / 寓言

fabric, textile N bùliào 布料

face N, v liǎn 脸; miànduì 面对

Facebook N miànbù 面簿

facility N shèshī 设施

facsimile, fax N chuánzhēn 传真

fact N shìshí 事实

factor N yīnsù 因素

factory N gōngchǎng 工厂

fad N yìshí de fēngshàng 一时
的风尚

fade, to v 1 (*memories*) zhújiàn
xiāoshī 逐渐消失 2 (*coloring*)
tuìsè 褪色

Fahrenheit (°F) N Huáshì 华氏

fail, to v bù jígé/shībài 不及格 /
失败

failure N shībài 失败

faint ADJ wēiruòde 微弱的

faint, to v yūndǎo 晕倒

fair ADJ 1 (*treatment*) gōngzhèng
de 公正的 2 (*standard, level*)
zhōngděng shuǐpíng de 中等水
平的 3 (*weather*) qínglǎng de
晴朗的

fair N 1 (*marketplace*) jíshì 集市
2 (*exhibition*) bólǎnhuì 博览会
3 (*trade*) jiāoyìhuì 交易会

fair-weather friend N jiǔ ròu
péngyou 酒肉朋友

fairy tale N tónghuà/tónghuà

gùshi 童话 / 童话故事

faith N 1 xìnrèn 信任 2 xìnyǎng
信仰

fall (season) N qiūtiān 秋天

fall, to v luòxià/diàoxià 落下 /
掉下

fall in price, to v diàojià 掉价

fall over, to v shuāidǎo/dǎoxiàlái
摔倒 / 倒下来

falls (waterfalls) N pùbù 瀑布

false (imitation) ADJ màopáihuò/
jiǎmàode 冒牌货 / 假冒

false (not true) ADJ jiǎde 假的

fame N míngqi/míngshēng 名气 /
名声

familiar ADJ shúxi de 熟悉的

family N jiātíng/qīnshǔ 家庭 / 亲属

family business N jiāzú qǐyè 家
族企业

**family reunion dinner (during
Spring Festival)** N niányèfàn
年夜饭

famine N jīhuāng 饥荒

famous ADJ yǒumíng/chúmíng 有
名 / 出名

**famous actor; famous high
quality brand** N míngyōu 名优

fan (admirer) N mí/kuángrè
àihàozhě/fěnsī 迷 / 狂热爱好
者 / 粉丝

fan (electrical) N diànfēngshàn
电风扇

fan (for cooling) N shànzi 扇子

fancy ADJ qítède 奇特的

FAO (Food and Agriculture Organization of the United Nations) N liánhéguó liángnóng zǔzhī 联合国粮农组织

FAQ N chángjiàn wèntí 常见问题

far ADJ yuǎn 远

fare N piàojià 票价

fare evasion N táopiào 逃票

farewell N gàobié 告别

farm N nóngchǎng 农场

fashion follower N zhuīcháozú 追潮族

fast, rapid ADJ kuài 快

fast, to V shǒuzhāi/zhāijiè 守斋 / 斋戒

fat, grease N yóunì 油腻

fat, plump ADJ pàng 胖

fatal ADJ zhìmìng de 致命的

fate N mìngyùn 命运

father N fùqīn/bàba 父亲 / 爸爸

father-in-law (wife's father) N yuèfù 岳父

fatigue N píláo/píjuàn 疲劳 / 疲倦

fault N guòcuò 过错

favorite ADJ zuìxǐ'ài de 最喜爱的

fax, to V chuánzhēn 发传真

fax (machine) N chuánzhēnjī 传真机

fax (message) N chuánzhēn 传真

fear N kǒngjù 恐惧

feast N yànhuì/shèngyàn 宴会 / 盛宴

feat N shìjì 事迹

February N èryuè 二月

fee N shōufèi 收费

feeble ADJ wēiruò de/xūruò de 微弱的 / 虚弱的

feed, to V wèi 喂

feedback N fǎnkuì 反馈

feel, to V juéde 觉得

feeling N gǎnjué 感觉

feint (sports) N jiǎ dòngzuò 假动作

fellow apprentice N shīxiōngdì 师兄弟

female ADJ nǚde/cǐde 女的 / 雌de

feminine ADJ nǚxìng de 女性的

feminist movement N nǚquán yùndòng 女权运动

fence N líbā/zhàlán 篱笆 / 栅栏

feng shui, geomancy N fēngshuǐ 风水

ferry N dùchuán 渡船

fertile ADJ féiwòde 肥沃的

fertilizer N féiliào 肥料

festival N jiérì 节日

fetch, to V qǔ 取

fetus N tāi'ér/pēitāi 胎儿 / 胚胎

fever N fāshāo 发烧

few ADJ jíshǎo/jǐge 极少 / 几个

fiancé N wèihūnfū 未婚夫

fiancée N wèihūnqī 未婚妻

fiction N xiǎoshuō 小说

field, empty space N kòngdì 空地

fierce ADJ xiōngměngde 凶猛的

fierce competition N jīliè jìngzhēng 激烈竞争

fteen NUM shíwǔ 十五

fth NUM dì wǔ 第五

fty NUM wǔshí 五十

ght, to (physically) V dǎjià 打架

ght a guerrilla warfare, to V dǎ yóujī 打游击

ght one on one, to V dāntiāo 单挑

ght over, to V zhēng 争

ght to change for the better, to V dǎfān shēnzhàn 打翻身战

gure, number N shùzì 数字

le N 1 (case) dàng'àn 档案

2 (computer) wénjiàn 文件

3 (filing fingernails) cuòdāo 锉刀

ilipino (in general) ADJ Fēilǜbīnde 菲律宾的

ilipino (language) N Fēilǜbīnyǔ 菲律宾语

ilipino (people) N Fēilǜbīnrén 菲律宾人

ilipino (Tagalog) N Fēilǜbīnyǔ 菲律宾语

ll, to V zhuāngmǎn 装满

ll out (form), to V tiánbiǎo 填表

lm (camera) N jiāojuǎn 胶卷

lm, movie N diànyǐng 电影

lth, dirt N wūgòu 污垢

lthy ADJ āngzāng/wūhuìbùkān 肮脏／污秽不堪

inal N, ADJ zuìhòu 最后

inally ADV zhōngyú 终于

inancial crisis N jīnróng wēijī 金融危机

financial deficit N cáizhèng chìzì 财政赤字

financial liberalization N jīnróng zìyóuhuà 金融自由化

financial statement N cáiwù bàobiǎo 财务报表

finalist N juésài xuǎnshǒu 决赛选手

find, to V zhǎo 找

find a sugar daddy (of a girl), to V bàngdàkuǎn 傍大款

fine, okay ADJ hǎo 好

fine (punishment) N fákuǎn 罚款

finger N shǒuzhǐ 手指

finish V wánchéng 完成

finish off, to V jiéshù 结束

finished (completed) ADJ wánjiéle/jiéshù 完结了／结束

finished (none left) ADJ yòngguāngle 用光了

finishing move N shāshǒujiàn 杀手锏

fire N huǒ 火

fire someone, to V jiěgù 解雇

firewall N fánghuǒqiáng 防火墙

fireworks N yānhuā 烟花

First come, first served IDIOM jìnshuǐ lóutái xiān dé yuè 近水楼台先得月

firm (definite) ADJ jiāndìng 坚定

firm (mattress) ADJ jiānshíde 坚实的

firm, company N shānghàng/gōngsī 商行／公司

first, earlier, beforehand ADJ
xiān 先

fiscal revenue N cáizhèng shōurù
财政收入

fiscal year N cáizhèng niándù 财
政年度

fish N yú 鱼

fish, to V diàoyú/bǔyú 钓鱼 / 捕鱼

fish sauce N yúlù 鱼露

fishing ban period N jìnyúqī 禁
渔期

fishy ADJ 1 yú xīngqì de 鱼腥气的
2 kěyí de 可疑的

fist N quántou/quán 拳头 / 拳

fit, to V (shǐ) shìhé (使) 适合

fitness training N jiànshēn
duànliàn 健身锻炼

fitting, suitable ADJ shìhéde 适
合的

fitting room N shìyīshì 试衣室

five NUM wǔ 五

five-day workweek N wǔtiānzhì
gōngzuòrì 五天制工作日

fix, to (a time, appointment) V
yuēdìng 约定

fix, to (repair) V xiūlǐ 修理

flag N qí 旗

flagship product N lóngtóu
chǎnpǐn 龙头产品

flame N huǒ/huǒyàn 火 / 火焰

flash (camera) N shǎnguāngdēng
闪光灯

flashlight, torch N shǒudiàntǒng
手电筒

flask N 1 jiǔ píng 酒瓶 2 shāo-
píng 烧瓶

flat, apartment N gōngyù 公寓

flat, smooth ADJ píngtǎnde
平坦的

flat tax N tǒngyīshuì 统一税

flavor N wèidào 味道

flaw, shortcoming, defect N
quēxiàn/quēdiǎn 缺陷 / 缺点

flea market N tiàozǎo shìchǎng
跳蚤市场

flee, run away, to V táozǒu/
táodiào 逃走 / 逃掉

flesh N ròu 肉

flexible employment N tánxìng
jiùyè 弹性就业

flier, flyer N guǎnggào zhǐ 广告纸

flight N bānjī 班机

flight number N bānjīhào 班机号

floating debt N duǎnqī zhàiwù
短期债务

floating wages N fúdònggōngzī
浮动工资

flock N yī qún 一群

flood N hóngshuǐ 洪水

floor N lóu/céng 楼 / 层

floor trader N chǎngnèi jiāoyìrén
场内交易人

floorage N jiànzhù miànjī 建
筑面积

floppy disk N ruǎnpán 软盘

florist N huādiàn 花店

flour N miànfěn 面粉

flow, to V liú/liúdòng 流 / 流动

flower N huā 花

flu N liúgǎn/liúxíngxìng gǎnmào 流感 / 流行性感冒

fluent ADJ liúlì 流利

fluid, liquid N liútǐ/yètǐ 流体 / 液体

flush (wash), to V chōngxǐ 冲洗

flush toilet N chōushuǐ mǎtǒng 抽水马桶

flute N chángdí 长笛

fly, to V fēi 飞

fly (insect) N cāngyíng 苍蝇

foam N pàomò 泡沫

foam, to V qǐ pàomò 起泡沫

foe, enemy N chóudí/dírén 仇敌 / 敌人

fog N wù 雾

fold, to V zhédié 折叠

follow along, to V yánzhe/gēnzhe 沿着 / 跟着

follow behind, to V gēnhòumiàn 跟后面

follower, supporter N zhīchízhě 支持者

following PREP, ADV gēnsuí/yǐxià 跟随 / 以下

fond of, to be ADJ xǐ'ài 喜爱

food N shíwù 食物

food is the first necessity of man IDIOM mín yǐ shí wéi tiān 民以食为天

food market N càichǎng 菜场

food stall N dàpái dàng 大排档

foolish ADJ shǎ de/yúchǔn de 傻的 / 愚蠢的

foot N jiǎo 脚

foot-and-mouth disease N kǒutíyì 口蹄疫

football N zúqiú 足球

for PREP wèi 为

forbid, to V bùxǔ 不许

forbidden ADJ bèi jìnzhǐ de 被禁止的

force N lìliang 力量

force, compel, to V qiángpò 强迫

force majeure; sth not anticipated or stoppable N bùkě kànglì 不可抗力

Ford (car) N fútè 福特

forecast, V, N yùbào 预报

forefathers, ancestors N zǔxiān 祖先

forehead N é (tóu) 额头

foreign ADJ wàiguóde 外国的

foreign capital N wàiguó zīběn 外国资本

foreign debt N wàizhài 外债

foreign exchange controls N wàihuì guǎnzhì 外汇管制

foreign exchange reserves N wàihuì chǔbèi 外汇储备

foreign owned enterprise N wàiqǐ 外企

foreign teacher N wàijiào 外教

foreign-related economics N shèwài jīngjì 涉外经济

foreign-related tax bureau N

wàishuìjú 外税局

foreigner N wàiguórén/lǎowài 外国人／老外

foresight N qiánzhān 前瞻

foresightful ADJ qiánzhān xìng 前瞻性

forest N sēnlín 森林

forest coverage N sēnlín fùgàilǜ 森林覆盖率

forever ADV yǒngyuǎn 永远

foreword N qiányán 前言

forgery N 1 wěizào zuì/wěizào 伪造罪／伪造 2 wěizàopǐn 伪造品

forget, to V wàngjì 忘记

forget about, to V hūlüè 忽略

forgive, to V yuánliàng 原谅

forgiveness, mercy N kuānshù 宽恕

forgotten ADJ wàngle 忘了

fork N chāzi 叉子

form (to fill out) N biǎogé 表格

formalities N shǒuxù 手续

former I ADJ yǐqián de 以前的 II N qiánzhě 前者

formula N 1 fāng'àn 方案 2 pèifāng 配方

fortnight N liǎng gè xīngqī 两个星期

fortress N bǎolěi 堡垒

fortunately ADV xìngyùnde 幸运地

fortune N 1 cáifù 财富 2 yùnqì 运气

Fortune 500 N cáifù wǔbǎiqiáng 财富五百强

forty NUM sìshí 四十

forward ADV, ADJ xiàng qián 向前

foundation, base N jīchǔ 基础

fountain N pēnquán/pēnquán chí 喷泉／喷泉池

four NUM sì 四

fourteen NUM shísì 十四

France N Fǎguó 法国

franchise store N zhuānmàidiàn 专卖店

fraction N 1 xiǎo bùfen 小部分 2 fēnshù 分数

fracture N 1 gǔzhé 骨折 2 lièfèng 裂缝

freak accident N líqí de shìgù 离奇的事故

free competition N zìyóu jìngzhēng 自由竞争

free kick N rènyìqiú 任意球

free medicare N gōngfèi yīliáo 公费医疗

free, independent ADJ zìyóude 自由的

free of charge ADJ miǎnfèi 免费

free of restraints ADJ wúxiànzhì 无限制

free port N zìyóugǎng 自由港

free wildlife from captivity, to V fàngshēng 放生

free-trade zone N zìyóu màoyìqū 自由贸易区

freedom N zìyóu 自由

freedom of marriage N hūnyīn zìyóu 婚姻自由

freelancer N zìyóu zhíyèzhě 自由职业者

freeze, to v jiébīng 结冰

freeze (computer), to v sǐjī 死机

freeze (in general) ADJ Fǎguóde 法国的

French (in general) ADJ Fǎguóde 法国的

French (language) N Fǎyǔ/Fǎwén 法语/法文

French (people) N Fǎguórén 法国人

freon-free refrigerator N wúfú bīngxiāng 无氟冰箱

frequent ADJ jīngcháng 经常

frequent, common ADJ pǔtōngde 普通的

fresh ADJ xīnxiān 新鲜

freshwater degradation N dànshuǐ èhuà 淡水恶化

Friday N Xīngqīwǔ/Lǐbàiwǔ 星期五/礼拜五

fridge N bīngxiāng 冰箱

fried ADJ yóuzhá 油炸

friend N péngyou 朋友

friendly ADV yǒuhǎo 友好

friendship N yǒuyì 友谊

frightened ADJ bèi xiàzhe 被吓着

frog N qīngwā 青蛙

from PREP cóng 从

front N qiánmiàn 前面

front: in front of PREP zài ... de qiánmiàn 在 ... 的前面

frown N zhòuméitóu 皱眉

frown, to v duì ... zhòu méitou 对 ... 皱眉头

frozen ADJ bīngdòng 冰冻

fruit N shuǐguǒ 水果

fry, to v jiān 煎

fuel N ránliào 燃料

fugitive N táofàn/táowángzhě 逃犯／逃亡者

fulfill, to v lǚxíng 履行

full ADJ mǎn 满

full, eaten one's fill ADJ chībǎo 吃饱

fumes N yānwù 烟雾

fun, to have v wánr 玩儿

function, work, to v qǐ zuòyòng 起作用

fundamental ADJ jīběn de/gēnběn de 基本的／根本的

fundraising N chóuzī 筹资

fundraising channels N chóuzī qúdào 筹资渠道

funds, funding N jīngfèi 经费

funeral N zànglǐ 葬礼

fungus N zhēnjūn 真菌

funny ADJ hǎoxiào 好笑

fur N máopí 毛皮

furnishings N jiājù/shìnèi chénshè 家具／室内陈设

furniture N jiājù 家具

further, additional ADV, ADJ jìnyíbùde 进一步的

further processing N shēnjiāgōng 深加工

furthermore ADV érqiě/bù jǐn rúcǐ 而且／不仅如此

fuse N bǎoxiǎnsī 保险丝

fussy ADJ dà-jīng-xiǎo-guài de 大惊小怪的

future: in future N jiānglái 将来

futures (finance) N qīhuò 期货

futures trading N qīhuò jiāoyì 期货交易

G

gadget N xiǎowányìr 小玩意儿

gain in both fame and wealth, to v míngli shuāngshōu 名利双收

galaxy N xīngxì 星系

gall bladder N dǎnnáng 胆囊

gallery N huàláng 画廊 2 měishùguǎn 美术馆

gallop V, N (horse) fēibēn 飞奔

gambling N dǔbó 赌博

game N yóuxì 游戏

gap N 1 kòngxì 空隙 2 chājù 差距

garage (for parking) N chēfáng / chēkù 车房 / 车库

garage (for repairs) N xiūchēháng 修车行

garbage N lājī 垃圾

garden, yard N huāyuán 花园

garden city N huāyuán chéngshì 花园城

garden in the city center N jiēxīn huāyuán 街心花园

gardener N yuányì gōngrén / huājiàng 园艺工人 / 花匠

gardens, park N gōngyuán 公园

garlic N dàsuàn 大蒜

garment N yīfu / fúzhuāng 衣服 / 服装

gas mask N fángdú miànjù 防毒面具

gasoline N qìyóu 汽油

gasoline station N jiāyóuzhàn 加油站

gate (main entrance) N dàmén 大门

gate-crasher N búsù zhī kè 不速之客

gateway (Internet) N wǎngguān 网关

gather, to v shōují 收集

gather, assemble, to v jíhé 集合

gathering N jíhuì 集会

gaze, to v níngshì / zhùshì 凝视 / 注视

gem N bǎoshí 宝石

gender N xìngbié 性别

gene N jīyīn 基因

gene banks N jīyīnkù 基因库

general, all-purpose ADJ quánmiànde 全面的

General Motors (GM) N tōngyòng qìchē gōngsī 通用汽车公司

generally ADV pǔbiànde 普遍地

generate, to v chǎnshēng / yǐnqǐ 产生 / 引起

generate profit, to v chuànglì 创利

generation gap N dàigōu 代沟

enerator N fādiànjī 发电机

enerous ADJ kāngkǎide 慷慨的

enetic engineering N jīyīn gōngchéng 基因工程

enetic mutation N jīyīn tūbiàn 基因突变

enghis Khan N Chéngjí sīhàn 成吉思汗

enius N tiāncái 天才

eography N dìlǐ 地理

eology N dìzhìxué 地质学

entle ADJ wényǎde 文雅的

enuine knowledge N zhēncái shíxué 真才实学

eomagnetic storm N dìcíbào 地磁暴

eosynchronous satellite N tóngbù wèixīng 同步卫星

eothermal resources N dìrè zīyuán 地热资源

eriatrics N lǎoniányīxué 老年医学

erm war N xìjūnzhàn 细菌战

erman (in general) ADJ Déguóde 德国的

erman (language) N Déyǔ / Déwén 德语 / 德文

erman (people) N Déguórén 德国人

ermany N Déguó 德国

esture N zīshì 姿势

et, receive, to v dédào 得到

et in touch with, contact, to v gēn ... liánxì 跟 ... 联系

get jealous, to v chīcù 吃醋

get less, decline, to v jiǎnruò/jiǎnshǎo/xiàjiàng 减弱 / 减少 / 下降

get off (boat), to v xiàchuán 下船

get off (bus/train), to v xiàchē 下车

get on (boat), to v shàngchuán 上船

get on (bus/train), to v shàngchē 上车

get up (from bed), to v qǐchuáng 起床

get well soon! EXCLAM zǎorì kāngfù 早日康复

geyser N jiànxì pēnquán 间歇喷泉

ghost N guǐ 鬼

giddy ADJ xuànyùn de 眩晕的

gift N lǐwù 礼物

gifted scholars and beautiful ladies N cáizǐ jiārén 才子佳人

gigabyte, GB N qiānzhàozìjié 千兆字节

gigantic, enormous ADJ jùdà de 巨大的

gill N yú sāi 鱼鳃

ginger N jiāng 姜

giraffe N chángjǐnglù 长颈鹿

girl N nǚhái/gūniang 女孩儿 / 姑娘

girlfriend N nǚpéngyou 女朋友

gist N zhǔyào nèiróng/yàodiǎn 主要内容 / 要点

give, to v gěi/sòng 给 / 送

give a large discount to one's customers, to v dà chóubīn 大酬宾

give special favor, to v kāi xiǎozào 开小灶

given name N míngzi 名字

glacier N bīngchuān 冰川

glad ADJ gāoxìng 高兴

glance, to v cōngcōng yīpiē/kàn yīyǎn 匆匆一瞥／看一眼

glare, to v fènnù de zhùshì/dèng 愤怒地注视／瞪

glass (for drinking) N bēizi 杯子

glass (material) N bōli 玻璃

glasses, spectacles N yǎnjìng 眼镜

glitch N gùzhàng 故障

global positioning system (GPS) N quánqiú dìngwèi xìtǒng 全球定位系统

global village N dìqiúcūn 地球村

global warming N quánqiú biànnuǎn 全球变暖

globe, the Earth N dìqiú 地球

glove N shǒutào 手套

glue N jiāo/jiāoshuǐ 胶／胶水

glutinous rice N nuòmǐ 糯米

GM food (genetically modified food) N zhuǎnjīyīn shípǐn 转基因食品

go, to v qù 去

go along, join in, to v cānyù 参与

go around, visit, to v cānguān 参观

go back, to v huíqù 回去

go beyond, to v chāochū 超出

go for a walk, to v chūqù zǒuzou sànbù 出去走走／散步

go forward, advance, to v qiánjì 前进

go home, to v huíjiā 回家

go on duty, to v shànggǎng 上岗

go out (fire, candle), to v xīmiè 熄灭

go out, exit, to v chūqù 出去

go to bed, to v shuìjiào 睡觉

go to jail/prison the second time, to v èrjìngōng 二进宫

go up, climb, to v dēngshàng 登上

goal N mùdì 目的

goalkeeper N (games) shǒuményuán 守门员

goat N shānyáng 山羊

God N Shàngdì 上帝

god N shén 神

goddess N nǚshén 女神

godfather N jiàofù 教父

godmother N jiàomǔ 教母

goggles N hùmùjìng 护目镜

gold N jīn 金

Gold can't be pure and man can't be perfect IDIOM jīnwúzúch rénwúwánrén 金无足赤人无完

gold standard N jīnběnwèi/huángjīn biāozhǔn 金本位／黄金标准

goldfish N jīnyú 金鱼

golf N gāoěrfūqiú 高尔夫球

gone, finished ADJ bùjiànle 不见了

gong N luó 锣

good ADJ hǎo 好

good luck! EXCLAM zhù nǐ hǎoyùn 祝你好运

goodbye EXCLAM zàijiàn 再见

goodness! EXCLAM wǒde tiān 我的天

goods N huòwù/shāngpǐn 货物 / 商品

Google N Gǔgē 谷歌

goose N é 鹅

gossip, to V shuō biérén de xiánhuà 说别人的闲话

gourmet festival N měishíjié 美食节

govern, to V zhìlǐ/guǎnxiá 治理 / 管辖

govern by "letting it be", manage in a laissez-faire way, to V wú wéi ér zhì 无为而治

government N zhèngfǔ 政府

government employee, civil servants N gōngwùyuán 公务员

government intervention N zhèngfǔ gānyù 政府干预

government work report N zhèngfǔ gōngzuò bàogào 政府工作报告

grace period N kuānxiànqī 宽限期

grade N 1 děngjí 等级 2 niánjí年级

gradually ADV zhújiànde 逐渐地

grain N gǔwù/liángshi 谷物 / 粮食

grain, corn N yùmǐ 玉米

grammar N yǔfǎ 语法

grand, great ADJ wěidàde 伟大的

grand prix N dà jiǎngsài 大奖赛

grand slam N dàmǎnguàn 大满贯

granddaughter (maternal) N wàisūnnǚ 外孙女

granddaughter (paternal) N sūnnǚ 孙女

grandfather (maternal) N wàizǔfù/lǎoye 外祖父 / 姥爷

grandfather (paternal) N zǔfù/yéye 祖父 / 爷爷

grandmother (maternal) N wàizǔmǔ/lǎolao 外祖母 / 姥姥

grandmother (paternal) N zǔmǔ/nǎinai 祖母 / 奶奶

grandparents (maternal) N wàizǔfùmǔ 外祖父母

grandparents (paternal) N zǔfùmǔ 祖父母

grandson (maternal) N wàisūnzi 外孙子

grandson (paternal) N sūnzi 孙子

grapes N pútao 葡萄

graph N túbiǎo 图表

grasp, to V zhuājǐn 抓紧

grass N cǎo 草

grassroots work N jīcéng gōngzuò 基层工作

grateful ADJ gǎnjī 感激

gratis, FOC ADJ miǎnfèi de 免费的

grave, tomb N fénmù 坟墓

gravity N dìxīnyǐnlì 地心引力

gravy N ròu zhī 肉汁

gray N, ADJ huīsè (de) 灰色（的）

gray-collar N huīlǐng 灰领

great, impressive N wěidà 伟大

greedy ADJ 1 zuìchán/tānchī 嘴馋 / 贪吃 2 tānxīn de 贪心的

green N lùsè 绿色

green coverage rate N lùdì fùgàilù 绿地覆盖率

green food N lùsè shípǐn 绿色食品

greenhouse gas N wēnshì qìtǐ 温室气体

greens N shūcài 蔬菜

greet, to V huānyíng 欢迎

greetings N wènhòu 问候

grievance, gripe N bàoyuàn/láosāo 抱怨 / 牢骚

grill, to V shāokǎo 烧烤

grip, to V jǐnjǐn de wòzhù 紧紧地握住

grocery store N záhuò diàn 杂货店

groom, bridegroom N xīnláng 新郎

gross domestic product (GDP) N guónèi shēngchǎn zǒngzhí 国内生产总值

ground, earth N dìmiàn 地面

ground crew N dìqín rényuán 地勤人员

group N tuántǐ 团体

group discussion N xiǎozǔ tǎolùn 小组讨论

group psychology N cóngzhòng xīnlǐ 从众心理

group wedding N jítǐ hūnlǐ 集体婚礼

groupie N zhuīxīngzú 追星族

groupism N jítǐ guānniàn 集体观念

grow, be growing (plant), to V zhǎng 长

grow, cultivate, to V zhòngzhí 种植

grow larger, to V zēngzhǎng 增长

grow up (child), to V zhǎngdà 长大

grown-up N chéngrén 成人

grumble, to V fā láosāo 发牢骚

GSM N quánqiútōng 全球通

Guangzhou (Canton) N Guǎngzhōu 广州

guarantee N bǎozhèng 保证

guarantee, to V dānbǎo 担保

guarantee period N bǎozhìqī 保质期

guarantee something, to V dǎbǎo piào 打保票

guaranty money for deposits N cúnkuǎn bǎozhèngjīn 存款保证金

guard, to V bǎohù 保护

guardian N 1 *(of child)* jiānhùrén 监护人 2 bǎowèizhě 保卫者

guess, to V cāi 猜

guess N cāixiǎng 猜想, cāicè 猜测

guest N kèrén 客人

guest of honor N guìbīn 贵宾

uesthouse N bīnguǎn 宾馆

uide, lead N dǎoyóu 导游

uidebook N lǚyóu zhǐnán 旅游指南

uilty (of a crime) ADJ yǒuzuì 有罪

uilty, to feel V nèijiù 内疚

uinness (Book of Records), the N jínísī shìjiè jìlù 吉尼斯世界纪录

uitar N jítā 吉他

ulliver's Travels N Gélièfó yóujì 格列佛游记

un N qiāng 枪

ust N yízhèn 一阵

uy N 1 rén 人 2 jiāhuo/xiǎohuozi 家伙 / 小伙子

ym, gymnasium N jiànshēnfáng/tǐyùguǎn 健身房 / 体育馆

ynecologist N fùkēyīshēng 妇科医生

H

abit N xíguàn 习惯

acker N hēikè 黑客

aggle over prices, to V tǎojià huánjià 讨价还价

ail N bīngbáo 冰雹

air N tóufa 头发

aircut N lǐfà 理发

airdresser N měifàshī 美发师

airy ADJ máoróngróng de 毛茸茸的

half ADJ yíbàn 一半

half-life N bànshuāiqī 半衰期

half-time N (games) zhōngchǎng xiūxi 中场休息

hall N lǐtáng 礼堂

halt, stop, to V tíngzhǐ 停止

hammer N chuízi 锤子

hamper N dà lánzi 大篮子

hand N shǒu 手

hand out, to V fēnfā 分发

hand over, to V yíjiāo 移交

handed down from one's ancestors ADJ zǔchuán 祖传

handicap N zhàng'ài 障碍

handicapped person N cánjírén 残疾人

handicraft N shǒugōng yìpǐn 手工艺品

handkerchief, hankie N shǒupà 手帕

handle N bǎshou 把手

handle, to V chǔlǐ 处理

handshake N wòshǒu 握手

handsome ADJ yīngjùn 英俊

handwriting N shūxiě/shǒuxiě 书写 / 手写

handyman N shǒuqiǎo de rén/gān záhuó de rén 手巧的人 / 干杂活的人

hang, to V guà 挂

hanging N jiǎoxíng 绞刑

hangover N sù zuì 宿醉

hanky-panky N bǎxì 把戏

happen, occur, to V fāshēng 发生

happened, what happened?
fāshēng shénme shì? 发生什么事?

happening, incident N shìjiàn 事件

happiness N xìngfú/kuàilè 幸福 / 快乐

happy ADJ kāixīn/gāoxìng 开心 / 高兴

happy birthday! GR shēngrì kuàilè! 生日快乐!

happy new year! GR xīnnián hǎo 新年好

harassment N sāorǎo/qīnrǎo 骚扰 / 侵扰

harbor N gǎngkǒu 港口

hard copy, printout N dǎyìn wénběn 打印文本

hard currency N yìngtōnghuò 硬通货

hard disk/drive (computer) N yìngpán 硬盘

hard-hit area N zhòngzāiqū 重灾区

hard-up, short of money ADJ quē qián de/qián hěn jǐn de 缺钱的 / 钱很紧的

hardly ADV jiǎnzhí bù 简直不

hardworking, industrious ADJ yònggōng/qínfèn 用功 / 勤奋

harmful ADJ yǒuhài de 有害的

harmonious ADJ róngqià 融洽

harmony N héxié/róngqià 和谐 / 融洽

Harmony brings wealth IDIOM héqì shēngcái 和气生财

harsh ADJ kēkè de/yánlì de 苛刻的 / 严厉的

harvest N shōuhuò 收获

has v *See* **have**

hat N màozi 帽子

hat trick N màozi xìfǎ 帽子戏法

hate, to v hèn 恨

hatred N chóuhèn 仇恨

haunted ADJ nàoguǐ de 闹鬼的

have, to v yǒu/yōngyǒu/jùyǒu 有 / 拥有 / 具有

have an opinion, consider, to v rènwéi 认为

have been somewhere ADJ qùguo 去过

have done something ADJ zuògu 做过

have enough to eat and wear IDIOM chī-bǎo-chuān-nuǎn 吃饱穿暖

have no interest v méi xìngqù 没兴趣

have some question or doubt, to v dǎ wènhào 打问号

have to, must v děi 得

hazard N wēixiǎn 危险

haze N wùmái 烟雾

H-bomb, Hydrogen bomb N qīngdàn 氢弹

he, him PRON tā 他

head N tóu 头

head for/go toward, to v cháo … qiánjìn 朝 … 前进

headache N tóuténg/tóutòng 头疼 / 头痛

headdress N tóujīn 头巾

headline N biāotí 标题

heal, to V zhìyù 治愈

health N jiànkāng 健康

health-care products N bǎojiànpǐn 保健品

health-care food N bǎojiàn shípǐn 保健食品

healthy ADJ jiànkāng 健康

hear, to V tīngjiàn 听见

hearing N tīngjué/tīnglì 听觉 / 听力

hearsay N xiǎo dào xiāoxī 小道消息

heart N xīnzàng 心脏

heat, to V jiārè 加热

heater N jiārèqì 加热器

heating N cǎinuǎn 采暖

heaven N tiāntáng 天堂

heavy ADJ zhòng/chénzhòng 重 / 沉重

hedge N shùlí 树篱

hedge fund N duìchōng jījīn 对冲基金

hedonism N xiǎnglè zhǔyì 享乐主义

need, to V tīng/tīnggǔ 听 / 听取

height N gāodù 高度

height (body) N shēn'gāo 身高

heir, heiress N cáichǎn jìchéngrén 财产继承人

hell N dìyù 地狱

hello, hi GR nǐhǎo 你好

hello! (on phone) GR wèi 喂

help! EXCLAM Jiùmìng a! 救命啊!

help, to V bāngzhù/bāngmáng 帮助 / 帮忙

hemorrhoids, piles N zhì chuāng 痔疮

her, hers tāde 她的

herbal medicine N cǎoyào 草药

Hercules N dàlìshén 大力神

here ADV zhèbiān/zhèlǐ/zhèr 这边 / 这里 / 这儿

heritage N yíchǎn 遗产

hero N yīngxióng/yǒngshì 英雄 / 勇士

hesitate, to V yóuyù/ná budìng zhǔyì 犹豫 / 拿不定主意

hey! EXCLAM hēi 嘿

hiccup N èni/dǎ è'nì 呃逆 / 打呃

hidden ADJ yīncáng 隐藏

hide, to V cángqǐlái 藏起来

high ADJ gāo 高

high definition N gāo qīngxīdù 高清晰度

high salary N gāoxīn 高薪

high scores and low abilities (students) N, ADJ gāofēn dīnéng 高分低能

high tide N gāocháo 高潮

high-ranking official; senior cadre N gāogàn 高干

high-tech sector N gāokējì bǎnkuài 高科技板块

highlighter N liàngguāngbǐ 亮光笔

highway N gōnglù 公路

hijack, to V jiéchí 劫持

hike N tùbù lǚxíng 徒步旅行

hill N qiū/xiǎoshān 丘 / 小山

him PRON tā 他

hinder, to V zǔ'ài 阻碍

hindrance N zhàng'ài 障碍

hippie N xīpíshì 嬉皮士

hire, to V 1 (person for work) gùyòng/pìnrèn 雇用 / 聘任
2 (rent sth) zūyòng 租用

his PRON tāde 他的

history N lìshǐ 历史

hit, strike, to V dǎ 打

hit, bang into, to V pèng/zhuàng 碰/撞

hit song N jīnqǔ 金曲

hit-and-run accident N zhàoshì (táoyì) shìgù 肇事（逃逸）事故

HIV (Human Immunodeficiency Virus) N rénlèi miǎnyì quēxiàn bìngdú 人类免疫缺陷病毒

hive N fēngcháo/fēngfáng 蜂巢 / 蜂房

hoarse ADJ sīyǎ 嘶哑

hobby N àihào 爱好

hold, to (event) V jǔbàn 举办

hold, to (grasp) V zhuāzhe 抓着

hold back, to V kòngzhì 控制

hold high hopes for one's child, to V wàngzǐ chénglóng 望子成龙

hold the line, to V chípíng 持平

holding company N kònggǔ gōngsī 控股公司

hole N dòng 洞

holiday (festival) N jiérì 节日

holiday (vacation) N jiàrì 假日

holiday economy N jiàrì jīngjì 假日经济

hollow N xiǎo shāngǔ 小山谷

Hollywood N hǎoláiwù 好莱坞

Hollywood blockbuster N hǎoláiwù dàpiàn 好莱坞大片

holocaust N dà túshā 大屠杀

holy ADJ shénshèng 神圣

home, house N jiā 家

home run N běnlěidǎ 本垒打

home theater N jiātíng yǐngyuàn 家庭影院

homepage N zhǔyè 主页

homesick ADJ xiǎngjiā de/sīxiāng de 想家的/思乡的

homework N gōngkè 功课

homicide N xiōngshā àn 凶杀案

homogeneous ADJ tóngyī de/xiàngsì de 同一的 / 相似的

homosexuality N tóngxìngliàn 同性恋

honest ADJ chéngshí de 诚实的

honey N fēngmì 蜂蜜

honeymoon N mìyuè 蜜月

Hong Kong N Xiānggǎng 香港

Hong Kong and Taiwan N Gǎngtái 港台

Hong Kong Special Administrative Region (HKSAR) N Xiānggǎng tèbié xíngzhèngqū 香港特别行政区

Hong Kong, Macao and Taiwan N Gǎng'àotái 港澳台

Hongkong and Shanghai Banking Corporation, HSBC N Huìfēng yínháng 汇丰银行

honored guest, VIP N jiābīn 嘉宾

hoof N tí/tízi tóngp / 蹄子

hook N gōuzi 钩子

nope, to V xīwàng 希望

hope for the best, to V zuò zuìhǎo de xīwàng 做最好的希望

hopefully ADV yǒu xīwàng de 有希望地

horn N 1 (musical instrument) lǎba 喇叭 2 (animal's) jiǎo 角

horror N kǒngbù 恐怖

horse N mǎ 马

horsecart N mǎchē 马车

horticulture N yuányìxué 园艺学

hose N shuǐguǎn 水管

hospital N yīyuàn 医院

host N zhǔrén 主人

host city N jǔbàn chéngshì 举办城市

hostel N 1 lǚshè 旅舍 2 xuéshengsùshè 学生宿舍

hostile ADJ díduì 敌对

hostile forces N díduì shìlì 敌对势力

hot (spicy) ADJ là 辣

hot (temperature) ADJ rè 热

hot air balloon N rèqìqiú 热气球

hot spring N wēnquán 温泉

hot spots of society N shèhuì rèdiǎn wèntí 社会热点问题

hot topic N rèmén huàtí 热门话题

hotel N lǚguǎn/bīn'guǎn 旅馆 / 宾馆

hotline N rèxiàn 热线

hour N xiǎoshí/zhōngtóu 小时 / 钟头

hourly worker N xiǎoshí gōng 小时工

house N fángzi 房子

house purchasing N zhìyè zhìzhì 置业

household living perpetually in debt N chāozhīhù 超支户

households to be relocated N dòngqiānhù 动迁户

housekeeping service N jiāzhèng fúwù 家政服务

housewife N jiātíng zhǔfù 家庭主妇

how? ADV zěnme 怎么

how are you? nǐ hǎo ma? 你好吗?

how far? Duō yuǎn? 多远?

how long? Duō cháng? 多长?

how many? Duōshao?/Jǐ ge? 多少 / 几个?

how much? Duōshao qián? 多少钱?

how old? Duō dà niánjì/ suìshù? 多大年纪 / 岁数?

however ADV dànshì 但是

howl, to V 1 háojiào 嚎叫 2 hǒujiào 吼叫

HTTP (hypertext transfer protocol) N chāowénběn chuánsòng xiéyì 超文本传送协议

hug N, V yōngbào 拥抱

huge ADJ jùdàde 巨大的

huge-crowd strategy (sports) N rénhǎi zhànshù 人海战术

hula hoop N hūlāquān 呼啦圈

human (feelings) N rénqíngwèi 人情味

human genome N rénlèi jīyīn túpǔ 人类基因图谱

human-computer interaction N rénjī jiāohù 人机交互

humankind N rénlèi 人类

humble ADJ qiānxū de 谦虚的

humid ADJ cháoshī 潮湿

humiliation N xiūrǔ 羞辱

humor N yōumò 幽默

humorous ADJ yōumòde 幽默的

hundred NUM bǎi 百

hundred million NUM yì/wànwàn 亿／万万

hundred thousand NUM shíwàn 十万

hungry ADJ è 饿

hurricane N jùfēng 飓风

hurry up! EXCLAM gǎnkuài! 赶快!

hurt (injured) ADJ shòushāng 受伤

hurt, to (cause pain) V shānghài 伤害

husband N zhàngfu 丈夫

hut, shack N péngwū 棚屋

hydrogen bomb N qīngdàn 氢弹

hygiene N wèishēng 卫生

hymn N zànměi shī/sònggē 赞美诗／颂歌

hyperactive ADJ guòyú huóyuè de 过于活跃的

hyperinflation N èxìng tōnghuò péngzhàng 恶性通货膨胀

hyperlink N chāo liànjiē 超链接

hypertension N gāoxuèyā 高血压

hypocrite N wěijūnzǐ 伪君子

hysteria N 1 yìbìng 癔病 2 kuángrè 狂热

I

I, me PRON wǒ 我

ice N bīng 冰

ice ballet N bīngshàng bālěi 冰上芭蕾

ice cream N bīngjīlíng/bīngqīlín 冰激凌／冰淇淋

ice hockey N bīngqiú 冰球

ice sculpture N bīngdiāo 冰雕

ice sports N bīngshàng yùndòng 冰上运动

icon N 1 ǒuxiàng 偶像 2 túbiāo 图标

icy ADJ 1 bīnglěng de 冰冷的 2 jiébīng de 结冰的

idea N zhǔyì 主意

ideal ADJ lǐxiǎng de/zuì héshì de 理想的／最合适的

identical ADJ tóngyīde/tóngyàng 同一的 / 同样

identity N 1 shēnfen 身份 2 gèxìng 个性

idiom N chéngyǔ 成语

idiot N báichī/bèndàn 白痴 / 笨蛋

idle ADJ 1 lǎnduò de/xiánsǎn de 懒惰的 / 闲散的 2 méiyòng de 没用的 3 méiyǒu yìyì de 没有意义的

idol N ǒuxiàng 偶像

if CONJ rúguǒ/yàoshì 如果 / 要是

ignorant ADJ wúzhī 无知

ignore, to V búgù/hūshì 不顾 / 忽视

ikebana N chāhuā 插花

ill, sick ADJ yǒubìngde 有病的

ill-treatment N nüèdài 虐待

illegal ADJ fēifǎ 非法

illegal immigrant N tōudùzhě 偷渡者

illegal taxi N hēichē 黑车

illegible ADJ nányǐ biànrèn de 难以辨认的

illegitimate ADJ 1 sī shēng de sīshēng de 私生的 2 fēifǎ de 非法的

illiterate ADJ wénmáng de/bùshízì de 文盲的 / 不识字的

illness N bìng 病

illusion N huànjué/huànxiǎng 幻觉 / 幻想

illustration N 1 tújiě 图解 2 chātú 插图

ILO (International Labor Organization) N guójì láogōng zǔzhī 国际劳工组织

imagination N xiǎngxiànglì 想象力

imagine, to V xiǎngxiàng 想象

IMF (International Monetary Fund) N guójì huòbì jījīn zǔzhī 国际货币基金组织

imitate, to V 1 mófǎng 模仿 2 mónǐ 模拟

immediate ADJ 1 zhíjiē de 直接的 2 mùqián de 目前的 3 lìjí de 立即的

immediately ADV lìkè 立刻

immense ADJ jùdà de/hóngdà de 巨大的 / 宏大的

immerse, to V chénjìn/jìnmò 浸没 / 沉浸

immigrant N yímín 移民

immoral ADJ búdàodé de 不道德的

immortal ADJ 1 chángshēngbùlǎo de 长生不老的 2 bùxiǔ de 不朽的

immunity N miǎnyì 免疫

impaired ADJ shòusǔn de 受损的

impart, to V 1 chuánshòu 传授 2 fùyǔ 赋予

impatient ADJ búnàifán de/méiyǒu nàixīn de 不耐烦的 / 没有耐心的

imperative ADJ juéduì bìyào de/jǐnpò de 绝对必要的 / 紧迫的

impersonal ADJ lěngmò de 冷漠的

impertinent, rude ADJ méiyǒu lǐmào de 没有礼貌的

implant N zhírù 植入

implement N gōngjù/yòngjù 工具 / 用具

imply, to V ànshì 暗示

impolite ADJ bú kèqi/wúlǐ 不客气 / 无礼

import, to V jìnkǒu 进口

import N jìnkǒu 进口

import tax, duty N guānshuì 关税

importance N zhòngyào 重要

important ADJ zhòngyàode 重要的

impose, compel, to V qiángjiā/pòshǐ 强加 / 迫使

impossible ADJ bù kěnéng 不可能

imposter N màochōng de rén / màomíng dǐngtìzhě 冒充的人 / 冒名顶替者

impoverished ADJ fēicháng pínkùn de 非常贫困的

impress, to V gěi rén hǎo yìnxiàng 给人好印象

impression, to make an V gěi rén shēnkè yìnxiàng 给人深刻印象

impressive ADJ gěi rén shēnkè yìnxiàng de 给人深刻印象的

imprisonment N jiānjìn 监禁

improper ADJ bù tuǒdàng/bù héshì 不妥当 / 不合适

improve, to V gǎishàn/gǎijìn 改善 / 改进

impulse buying N chōngdòngxìng gòumǎi 冲动性购买

in (time, years) PREP zài 在

in, at (space) PREP zài ... lǐ 在 ... 里

in a mess (confused) ADJ hùnluàn 混乱

in addition ADV cǐwài 此外

in great demand ADJ qiǎngshǒu 抢手

in order that, so that CONJ yǐzhì 以致

in total, altogether ADV yīgòng 一共

in-fighting N nèihào 内耗

inaccurate ADJ bù zhǔnquè 不准确

inadequate ADJ bùzú de/qiànquē de 不足的 / 欠缺的

inappropriate ADJ bù héshì de/bú qiàdàng de 不合适的 / 不恰当的

inaudible ADJ tīngbùjiàn de 听不见的

inauguration N jiùzhí diǎnlǐ 就职礼

inborn ADJ tiānshēng de 天生的

inbound tourism N rùjìng lǚyóu 入境旅游

incapable ADJ bù huì (de) 不会 (的)

incense N xiāng 香

incentive N jīlì/gǔlì 激励 / 鼓励

inch N yīngcùn 英寸

incident N shìjiàn 事件

incidence (of criminal cases) N fā ànlǜ 发案率

incinerator N fénhuàlú 焚化炉

inclination, tendency N qīngxiàng 倾向

include, to V bāokuò 包括

included, including PREP bāokuò 包括

income N shōurù 收入

income tax N suǒdéshuì 所得税

incoming call; falling in love with someone, V láidiàn 来电

incomplete ADJ bù wánzhěng de/ bù wánquán de 不完整的 / 不完全的

inconsiderate ADJ bù wéi tārén kǎolǜ de 不为他人考虑的

inconvenient ADJ bùfāngbiàn de/ máfan de 不方便的 / 麻烦的

incorrect, inaccurate ADJ bùzhèngquè de/cuòwù de 不正确的 / 错误的

increase, to V zēngjiā 增加

incredible, hard to believe ADJ nányǐ zhìxìn de 难以置信的

incubator N fūhuà qì 孵化器

incur, to V yǐnqǐ/dǎozhì 引起／导致

incurable ADJ bùkě yīzhì de 不可医治的

indecent ADJ 1 xiàliú de 下流的 2 yōngsú de 庸俗的

indeed! EXCLAM shìde 是的

indemnify V 1 bǎozhàng 保障 2 péicháng/péikuǎn 赔偿／赔款

independence N dúlì 独立

Independent Commission Against Corruption (ICAC) N liánzhèng gōngshǔ 廉政公署

India N Yìndù 印度

Indian (in general) ADJ Yìndùde 印度的

Indian (language) N Yìndùyǔ 印度语

Indian (people) N Yìndùrén 印度人

indicate, to V 1 zhǐshì 指示 2 shìyì 示意

indifferent ADJ mòbù guānxīn de 漠不关心的

indigenous (in general) ADJ tǔzhùde 土著的

indigenous (people) N tǔzhùrén 土著人

indirect ADJ jiànjiē de 间接的

indiscreet ADJ bù jǐnshèn de 不谨慎的

individual N, ADJ gèrén (de) 个人（的）

individual share N gègǔ 个股

Indonesia N Yìnní/Yìndùníxīyà 印尼／印度尼西亚

Indonesian (in general) ADJ Yìnníde 印尼的

Indonesian (language) N Yìnníyǔ 印尼语

Indonesian (people) N Yìnnírén 印尼人

indoor ADJ shìnèi de 室内的

indulgent ADJ 1 fàngzòng de 放纵的 2 nì'ài de 溺爱的

industrial and commercial

bureau N gōngshāngjú 工商局

industrial depression N chǎnyè bù jǐngqì 产业不景气

industrial park N gōngyèyuán qū 工业园区

industry N 1 gōngyè 工业 2 chǎnyè 产业

inedible ADJ bùkě shíyòng de 不可食用的

ineffective ADJ wúxiào guǒ de 无效果的

ineligible ADJ wú zīge de 无资格的

inexpensive ADJ piányi 便宜

infant N yīng'ér 婴儿

infection N gǎnrǎn 感染

inferior ADJ cìděng de/dīliè de 次等的 / 低劣的

inflation N tōnghuò péngzhàng 通货膨胀

influence N, v yǐngxiǎng 影响

influenza, flu N liúxíngxìng gǎnmào 流行性感冒

inform, to v tōngzhī 通知

information N xìnxī 信息

information desk N xúnwènchù 询问处

information revolution N xìnxī géming 信息革命

information superhighway N xìnxī gāosù gōnglù 信息高速公路

infrastructure N jīchǔ shèshī 基础设施

ingenuity N xīnlíng shǒuqiǎo 心灵手巧

ingredient N chéngfèn 成份

inhabitant N jūmín 居民

inhale, to v xīrù 吸入

initial funding N qǐdòng jījīn 启动基金

initiative N zhǔdòngxìng 主动性, jījíxìng 积极性

initiator N qiāntóurén 牵头人

inject, to v zhùrù 注入

injection N dǎzhēn 打针

injure, to v sǔnshāng/shānghài 损伤 / 伤害

injured ADJ shòushāng 受伤

injury, burn N shāoshāng 烧伤

injury, cut N shāngkǒu 伤口

injury, hurt N shānghài 伤害

injustice N bù gōngzhèng 不公正

ink N mòshuǐ 墨水

ink and wash painting N shuǐmòhuà 水墨画

inlet N xiǎo hǎiwān 小海湾

innovation N chuàngxīn 创新

inoculate, to v gěi ... jiēzhòng 给 ... 接种

inpatient N zhùyuàn bìngrén 住院病人

inquiry N xúnwèn/cháxún 询问 / 查询

inquisitive ADJ hàoqí de 好奇的

insane ADJ fēngkuáng de 疯狂的

insect N chóngzi 虫子

insert, to v chārù/jiājīn 插入 / 加进

inside PREP lǐmiàn 里面

inside of PREP zài ... lǐ 在 ... 里

insipid ADJ dàn ér wúwèi de/wúwèi de 淡而无味的/无味的

insist, to v jiānchí 坚持

insolvency N zī bù dǐzhài 资不抵债

insomnia N shīmián 失眠

inspect, to v jiǎnchá 检查

inspire, to v gǔwǔ/jīfā 鼓舞/激发

install, to v ānzhuāng 安装

installment (hire purchase) N fēnqī fùkuǎn 分期付款

installment N ānzhuāng 安装

instant food N fāngbiàn shípǐn 方便食品

instant messenger N liáotiān ruǎnjiàn 聊天软件 SLANG kòukòu QQ

instant noodles N fāngbiànmiàn 方便面

instant success N mǎdào-chénggōng 马到成功

instant-boiled mutton N shuànyángròu 涮羊肉

instead of PREP dàitì 代替

instinct N běnnéng/tiānxìng 本能/天性

institution N 1 jīgòu 机构 2 zhìdù 制度

instruct, tell to do something, to v zhǐshì 指示

instruction N 1 zhǐshì/zhǐlìng 指示/指令 2 jiàoshòu 教授

insufficient ADJ bùzú de/bùgòu de 不足的/不够的

insult N wǔrǔ 侮辱

insult someone, to v wǔrǔ mǒurén 侮辱某人

insurance N bǎoxiǎn 保险

insurance premium N bǎofèi 保费

intangible assets N wúxíng zīchǎn 无形资产

integrity N chéngxìn/zhèngzhí 诚信/正直

intellectual property N zhīshí chǎnquán 知识产权

intelligence quotient (IQ) N zhì shāng 智商

intend, to v dǎsuàn 打算

intended for ADJ wèi ... nǐdìng de wéi ... 拟定của

intent, intention N mùdì yìtú 目的意图

intention N yìtú 意图

inter-city train N chéngjì lièchē 城际列车

interactive advertisement N hùdòng guǎnggào 互动广告

interactive demonstration N hùdòng yǎnshì 互动演示

interchange N jiāohuàn/hùhuàn 交换/互换

intercontinental ballistic missiles (ICBM) N zhōujì dàndào dǎodàn 洲际弹道导弹

interest (bank) N lìxī 利息

interest-free loan N wúxī dàikuǎn 无息贷款

interested in ADJ gǎn xìngqù 感兴趣

interesting ADJ yǒuqù 有趣

interface N jièkǒu 接口

interference N gānshè 干涉

interior ADJ nèibù de 内部的

intermediate ADJ zhōngděng de/zhōngjiān de 中等的/中间的

intermission N mùjiàn xiūxi 幕间休息

internal migrants N liúdòng rénkǒu 流动人口

international ADJ guójì 国际

International Date Line (IDL) N guójì rìqī biàngēngxiàn 国际日期变更线

International Olympic Committee (IOC), the N guójì àowěihuì 国际奥委会

international waters N guójì hǎiyù 国际海域

internationalism N guójì zhǔyì 国际主义

internationally common practice N guójì guànlì 国际惯例

Internet N Yīngtèwǎng 英特网

Internet café N wǎngbā 网吧

Internet economy N wǎngluò jīngjì 网络经济

Internet friend, cyberpal N wǎngyǒu 网友

Internet geek N wǎngchóng 网虫

Internet romance, cyber-romance N wǎngliàn 网恋

interpersonal relationship N rénjì jiāowǎng 人际交往

interpreter N fānyì/kǒuyìyuán 翻译/口译员

interrogation N shěnxùn 审讯

interrupt, to v dǎduàn/dǎrǎo 打断/打搅

intersection N shízilùkǒu 十字路口

interview N 1 miànshì 面试, miàntán 面谈 2 cǎifǎng 采访

intimidate, to v dònghè/wēixié 恫吓/威胁

into PREP dào ⋯ lǐ 到⋯里

intoxication N zuìjiǔ 醉酒

intranet N nèiliánwǎng 内联网

introduce oneself, to v zìwǒ jièshào 自我介绍

introduce someone, to v jièshào 介绍

intruder N rùqīnzhě 入侵者

invade, to v qīnrù/qīnlüè 侵入/侵略

invalid I ADJ (not effective) wúxiào de 无效的 II N (sick person) bìngrén 病人

invent, to v fāmíng 发明

investigate, to v diàochá 调查

investment environment N tóuzī huánjìng 投资环境

investment risk N tóuzī fēngxiǎn 投资风险

investment subject N tóuzī zhǔtǐ 投资主体

invisible ADJ yǐnxíng de/kànbùjiàn de 隐形的 / 看不见的

invitation, to invite N, V yāoqǐng 邀请

invoice N fāpiào 发票

involve, to V shèjí 涉及

involved ADJ shèjídào 涉及到

IPO (Initial Public Offering) N shǒucì shàngshì gǔpiào 首次上市股票

Ireland N Ài'ěrlán 爱尔兰

Irish (in general) ADJ Ài'ěrlánde 爱尔兰的

Irish (people) N Ài'ěrlánrén 爱尔兰人

iron (for clothing) N yùndǒu 熨斗

iron (metal) N tiě 铁

iron, to (clothing) V yùn yīfu 熨衣服

iron rice bowl (guaranteed job security) IDIOM tiěfànwǎn 铁饭碗

iron-fisted person N tiěwàn rénwù 铁腕人物

irrational investment N mángmù tóuzī 盲目投资

irregular ADJ 1 bùguīzé de 不规则的 2 bùdìngshí de 不定时的

irrelevant ADJ bù xiāngguān de 不相关的

irritation ADJ nǎohuǒ/nǎonù 恼火 / 恼怒

Islam N Yīsīlánjiào 伊斯兰教

island N dǎo 岛

ISO (International Organization for Standardization) N guójì biāozhǔnhuà zǔzhī 国际标准化组织

ISP (Internet Service Provider) N hùliánwǎng fúwù tígōngshāng 互联网服务提供商

issue N 1 wèntí 问题 2 zhēngdiǎn/zhēngduān 争点 / 争端

it PRON tā 它

It never rains but it pours IDIOM wū lòu yòu fénglián yèyǔ 屋漏又逢连夜雨

its PRON, ADJ tā de 它的

It's always wise to play safe IDIOM bù pà yīwàn jiù pà wànyī 不怕一万就怕万一

Italian (in general) ADJ Yìdàlìde 意大利的

Italian (language) N Yìdàlìyǔ 意大利语

Italian (people) N Yìdàlìrén 意大利人

Italy N Yìdàlì 意大利

item, individual thing N wùpǐn/shìxiàng/tiáokuǎn 物品 / 事项 / 款项

ivory N xiàngyá 象牙

J

jab, to V dǎzhēn/zhùshè 打针 / 注射

jacket, coat N wàiyī/wàitào 外衣 / 外套

jackknife (dive) N qūtǐ 屈体

jackpot N yí dàbǐ qián/dàjiǎng
一大笔钱／大奖

jade N bìyù 碧玉

jail N jiānyù 监狱

jam N guǒjiàng 果酱

jam, traffic congestion N
jiāotōng dǔsè 交通堵塞

January N Yīyuè 一月

Japan N Rìběn 日本

Japanese (in general) ADJ
Rìběnde 日本的

Japanese (language) N Rìwén/
Rìyǔ 日文／日语

Japanese (people) N Rìběnrén
日本人

jar N guànzi 罐子

jaw (lower) N xià'è 下颚

jaw (upper) N shàng'è 上颚

jaywalking N luàn chuān mǎlù
乱穿马路

jazz N juéshì yuè 爵士乐

jealous ADJ dùjì/jìdù 妒忌／忌妒

jeans N niúzǎi kù 牛仔裤

jeer, to V cháoxiào/hōngxiào 嘲
笑／哄笑

jelly N guǒdòng/guǒjiàng 果
冻／果酱

jest N xiàohua/qiàopíhuà 笑话／
俏皮话

Jesus (Jesus Christ) N Yēsū 耶稣

jet N 1 pēnqìshì fēijī 喷气式飞机
2 pēnshè liú 喷射流

jetty N mǎtou 码头

Jew N Yóutàirén 犹太人

jewelry N zhūbǎo/shǒushì
珠宝／首饰

jihad (Islam) N shèngzhàn 圣战

jingle (advertising) N guǎnggàocí
广告词

job N gōngzuò 工作

job fair N zhāopìnhuì 招聘会

job training N zhíyè péixùn 职
业培训

job-hopper N tiàocáozhě 跳槽者

job-hopping N tiàocáo 跳槽

job-waiting ADJ dàiyè 待业

jogging N mànpǎo 慢跑

join, go along, to V cānjiā 参加

join together, to V liánjiē qǐlái 连
接起来

joint N guānjié 关节

joint liability N liándài zérèn 连
带责任

joint ventures N hézī qǐyè
合资企业

joke N xiàohuà 笑话

joke, to V kāi wánxiào 开玩笑

journal N 1 rìjì 日记 2 bàokān 报刊

journalist N jìzhě 记者

journey N lùtú 路途

joy N jǐdà de kuàilè/huānyú 快
乐／欢愉

jubilee N (anniversary) (èrshíwǔ/
wǔshí) zhōunián jìniàn rì（25／
50）周年纪念日

judge N fǎguān/shěnpànyuán 法
官／审判员

judge, to v 1 pànduàn 判断 2 (legal) shěnpàn 审判

judgment n pànduàn/pànjué 判断 / 判决

judo n róudào 柔道

jug, pitcher n hú 壶

juice n guǒzhī 果汁

July n Qīyuè 七月

jumbo ADJ jùdà de 巨大的

jump, to v tiào 跳

jump the gun (sports), to v qiǎngpǎo 抢跑

junction n jiāochākǒu 交叉口

June n Liùyuè 六月

jungle n cónglín 丛林

junior n niánshàozhe/niánjì jiàoxiǎo de rén 年少者 / 年纪较小的人

junior college n dàzhuān 大专

junior college student n dàzhuānshēng 大专生

junk n fèiwù/wúyòng de jiù dōngxī 废物 / 无用的旧东西

junk bond n lājī zhàiquàn 垃圾债券

junk e-mail n lājī yóujiàn 垃圾邮件

junk food n lājī shípǐn 垃圾食品

junket (trip) n gōngfèi lǚyóu 公费旅游

jury n péishěn tuán 陪审团

just, fair ADJ gōngpíng 公平

just, fair and open ADJ gōngzhèng gōngpíng gōngkāi 公正公平公开

just, only ADV, ADJ zhǐ 只

just now ADV gāngcái 刚才

justice n 1 gōngzhèng/zhèngyì 公正 / 正义 2 fǎguān fǎguān

juvenile (age) ADJ dīlíng 低龄

juvenile delinquency n qīng-shàonián fànzuì 青少年犯罪

K

kaleidoscope n wànhuātǒng 万花筒

kamikaze n shénfēng 神风

kangaroo n dàishǔ 袋鼠

karaoke n kǎlāOK 卡拉OK

karate n kōngshǒudào 空手道

karez (water system in the desert) n kǎn'érjǐng 坎儿井

karoshi; death from overwork n guòláosǐ 过劳死

karting n kǎdīngchē 卡丁车

Kashmir n Kèshímǐěr 克什米尔

kebab n kǎoròuchuàn 烤肉串

keen ADJ rèqiè de 热切的

keep, to v liú 留

keep a low profile, to v tāoguāng yǎnghuì 韬光养晦

kennel n gǒuwō/yǎng gǒu cháng 狗窝 / 养狗场

kernel n guǒhé 果核

ketch-up n fānqiéjiàng 番茄酱

key (computer) n jiàn 键

key (to room) n yàoshi 钥匙

key enterprise n gǔgàn qǐyè 骨干企业

key link N zhōngxīn huánjié 中心环节

keyboard (of computer) N jiànpán 键盘

KFC N Kěndéjī 肯德基

kg, kilogram N gōngjīn 公斤

KGB N Kègébó 克格勃

khaki N 1 kǎjí huáng 卡其黄 2 kǎqíbù 卡其布

kick scooter N huábǎnchē 滑板车

kickback, rake-off N huíkòu 回扣

kid N 1 xiǎo háizi 小孩子 2 xiǎo shānyáng 小山羊

kidnap, to V bǎngjià 绑架

kidney N shèn 肾

kidney beans N dāodòu 刀豆

kidney transplant N huànshèn 换肾

kill, murder, to V shā 杀

kiln N yáo 窑

kilobyte, KB N qiān zìjié 千字节

kilogram N gōngjīn 公斤

kilometer N gōnglǐ 公里

kimono N héfú 和服

kin N jiārén/qīnshǔ 家人 / 亲属

kind, good (of persons) ADJ réncí 仁慈

kind, type N zhǒnglèi 种类

kindergarten N yòu'éryuán 幼儿园

kindness N shànliáng/réncí 善良 / 仁慈

king N guówáng 国王

kingdom N wángguó 王国

kiosk N xiǎo shāngtíng 小商亭

kiss N wěn 吻

kiss, to V qīnzuǐ 亲嘴

kit N chéngtào bāo 工具包

kitchen N chúfáng 厨房

kite N fēngzheng 风筝

kiwi fruit N míhóutáo (qíyìguǒ) 猕猴桃 (奇异果)

knapsack N bēibāo 背包

knead, to V róu/róu niē 揉 / 揉捏

knee N xīgài 膝盖

kneel, to V guì 跪

knife N dāozi 刀子

knight N 1 (British) (Yīngguó) juéshì 爵士 2 (ancient times) qíshì 骑士

knit, to V biānzhī/ zhēnzhī 编结 / 针织

knob N bǎshǒu/ménbǎ 把手 / 门把

knock, to V qiāomén 敲门

knocker salesman N shàngmén tuīxiāoyuán 上门推销员

knot, to V dǎjié/dáchéng jié 打结 / 打成结

know, be acquainted with, to rènshi 认识

know, be informed, to V zhīdao 知道

knowledge N zhīshi 知识

knowledge capital N zhīshi zīběn 知识资本

knowledge economy N zhīshi jīngjì 知识经济

Knowledge is power IDIOM zhīshí jiù shì lìliàng 知识就是力量

knuckle N zhǐjié 指节

koala bear N (Àozhōu) shùdàixióng (澳洲) 树袋熊

Koran N Kělánjīng 可兰经

Korea, North N Cháoxiǎn 朝鲜

Korea, South N Hánguó 韩国

Korean (in general) ADJ Hánguóde/Cháoxiǎnde 韩国的 / 朝鲜的

Korean (language) N Hánwén/Hányǔ/Cháoxiǎnyǔ 韩文 / 韩语 / 朝鲜语

Korean (North) N Cháoxiǎnrén 朝鲜人

Korean (South) N Hánguórén 韩国人

kowtow, to v kētóu 磕头

Kremlin N Kèlǐmǔlínggōng 克里姆林宫

kungfu N gōngfū 功夫

Kuomintang N Guómíndǎng 国民党

Kyoto protocol, the N Jīngdū yìdìng shū 京都议定书

L

La Niña phenomenon N Lā nínà xiànxiàng 拉尼娜现象

label N biāojì 标记

labor N 1 láodòng 劳动 2 (*childbirth*) fēnmiǎn 分娩

labor contractor N bāogōng tóu 包工头

labor dispute N láodòng zhēngyì 劳动争议

laboratory N shíyànshì 实验室

laborer N láodòng zhě 劳动者

lace N 1 wǎngyǎn zhīwù 网眼织物 2 xiédài 鞋带

lacking ADJ quēshǎo/bùzú 缺少 / 不足

lacquerware N qīqì 漆器

lad N nánhái/xiǎohuǒzi 男孩 / 小伙子

ladder N tīzi 梯子

ladies' room N nǚcèsuǒ 女厕所

ladle, dipper N chángbǐngsháo 长柄勺

lady N nǚshì 女士

ladyboy, transvestite N rényāo 人妖

lag, fall behind, to v luòhòu 落后

lagoon N huánjiāo hú/xièhú 环礁湖 / 泻湖

laid-off workers N xiàgǎng zhígōng 下岗职工

lake N hú 湖

lamb, mutton N yángròu 羊肉

lame ADJ bǒde 跛的

laminate, to v céngyābǎn 层压板

lamp N dēng 灯

land N dì 地

land, to (plane) v zhuólù 着陆

landing N dēnglù/zhuólù 登陆 / 着陆

landlady, landlord N nǚ/nan fángdōng 女/男房东

landslide N shānbēng 山崩

lane, alley N xiàng 巷

lane (of a highway) N chēdào 车道

language N yǔyán 语言

Laos N Lǎowō/Liáoguó 老挝/寮国

Laotian (in general) ADJ Lǎowōde/Liáoguóde 老挝的/寮国的

Laotian (people) N Lǎowōrén/Liáoguórén 老挝人/寮国人

lap N 1 (part of body) tuǐ/xī 腿/膝 2 (swimming) yìquān 一圈

lapse N 1 shīwù 失误 2 shíjiān de liúshì 时间的流逝

laptop (notebook) computer N biànxiéshì diànnǎo/bǐjìběn diànnǎo 便携式电脑/笔记本电脑

large ADJ dà 大

large and comprehensive ADJ dà ér quán 大而全

laryngitis N hóuyán 喉炎

laser N jīguāng 激光

laser printer N jīguāng dǎyìnjī 激光打印机

laser surgery N jīguāng shǒushù 激光手术

lash, strike at, to V biāndǎ 鞭打

last (endure), to V chíxù 持续

last (final) ADJ zuìhòu 最后

last night N zuówǎn 昨晚

last week N shàng xīngqī 上星期

last year N qùnián 去年

latch N ménshuān/chuāng shuān 门闩/窗闩

late ADJ chídào 迟到

late at night ADV shēnyè 深夜

late night light-supper N xiāoyè 宵夜

later ADJ, ADV guò yīhuǐr 过一会儿

lately ADV zuìjìn 最近

latest N zuìhòu de/zuìxīn de 最后的/最新的

latitude N wěidù 纬度

latter N hòuzhě 后者

laugh, to V xiào 笑

laugh at, to V qǔxiào 取笑

launch, to V 1 (rocket, missile) fāshè 发射 2 (currency, book) fāxíng 发行

laundry N 1 xǐyīfáng 洗衣房 2 yào xǐ de yīfu 要洗的衣服

lava N yánjiāng 岩浆

lavatory, toilet, WC N cèsuǒ/xǐshǒujiān 厕所/洗手间

law enforcer N zhífǎ rényuán 执法人员

law of conservation of mass N zhìliàng shǒuhéng dìnglǜ 质量守恒定律

law of the jungle N ruòròu qiángshí rùnzé 弱肉强食法则

lawyer N lǜshī 律师

lax ADJ sōngxiède 松懈的

laxative N xièyào 泻药

laws, legislation N fǎlù 法律

lay off redundant staff, to v cáijiǎn rǒngyuán 裁减冗员

lay one's card on the table, to v tǎnpái 摊牌

lay the table, to v bǎi zhuōzi 摆桌子

layer N céng 层

layperson N 1 ménwàihàn 门外汉 2 pǔtōng xìntú普通信徒

lazy ADJ lǎnduò 懒惰

lazy Susan N cānzhuō zhuànpán 餐桌转盘

lead N qiānbǐ(xīn) 铅笔（芯）

lead (to be a leader), to v lǐngdǎo 领导

lead (tour guide) N dǎoyóu 导游

leaded petrol N hánqiān qìyóu 含铅汽油

leader N lǐngdǎorén 领导人

leading industries in the national economy N guómín jīngjì zhīzhù chǎnyè 国民经济支柱产业

leaf N yèzi 叶子

leaflet N chuándān 传单

leak, to v lòushuǐ 漏水

leakage N 1 xièlòu/xièlòu 泄漏／泄露 2 shènchū 渗出

lean, to v kào 靠

lean ADJ shòu 瘦

leap N tiàoyuè 跳跃

learn, to v xué/xuéxí 学／学习

learning N zhīshì/xuéwèn 知识／学问

lease, to v 1 chūzū 出租 2 zūyòng 租用

leash N shéngzi 绳子

least (smallest amount) ADJ zuìshǎo 最少

least: at least ADV zhìshǎo 至少

least developed countries N zuìbùfā dá guójiā 最不发达国家

leather N pígé 皮革

leave (train/bus), to v kāichē 开车

leave, depart, to v líkāi 离开

leave behind by accident, to v lāxià 拉下

leave behind for safekeeping, to v liúcún 留存

leave behind on purpose, to v liúxià 留下

leave behind with someone, deposit, to v cúnfàng 存放

lecture N jiǎngzuò 讲座

lecture theater N jiētī jiàoshì 阶梯教室

lecturer (at university) N jiǎngshī 讲师

left, remaining ADJ shèngxiàde 剩下的

left-hand side ADJ zuǒbiān 左边

left-wing (politics) ADJ zuǒqīng 左倾

leg N tuǐ 腿

legacy N yíchǎn/yízèngcáiwù 遗产／遗赠财物

L

legal ADJ héfǎ 合法

legal representative N fǎrén dàibiǎo 法人代表

legal tender N fǎdìng huòbì 法定货币

legend N chuánshuō 传说

leggings N bǎngtuǐ 绑腿

legible ADJ kěyǐ rèndúde 可以认读的

legitimate ADJ 1 héfǎde 合法的 2 zhèngdàngde 正当的

leisure N xiūxián 休闲

lemon, citrus N níngméng 柠檬

lemonade N níngméngshuǐ 柠檬水

lemongrass N xiāngmáo 香茅

lend, to V jiè qián

length N cháng/chángdù 长／长度

lenient ADJ kuāndà de 宽大的

leper N máfēngbìngrén 麻风病人

lesbian N nǚ tóngxìngliànzhě 女同性恋者

less (smaller amount) ADV gèngshǎode 更少的

less, minus V jiǎnqù 减去

lessen, reduce, to V jiǎnshǎo 减少

lesson N kè 课

lest CONJ yǐmiǎn 以免

let, allow, to V ràng 让

Let bygones be bygones IDIOM jì-wǎng-bú-jiù 既往不咎

let's (suggestion) ... ba ... 吧

let someone know, to V gàosu 告诉

letter N xìn 信

letter of admission N lùqǔ tōngzhīshū 录取通知书

lettuce N shēngcài 生菜

leukemia N báixuèbìng 白血病

level, degree N chéngdù 程度

level, even, flat ADJ píng 平

level, height N gāodù 高度

level, standard N biāozhǔn 标准

levy N zhēngkuǎn 征款

liability of fault N guòshī zérèn 过失责任

liaise, to V liánluò 联络

liar N shuōhuǎng de rén 说谎的人

library N túshūguǎn 图书馆

license (for driving) N jiàshǐ zhízhào 驾驶执照

license, permit N zhízhào 执照

lick, to V tiǎn 舔

lid N gàizi 盖子

lie, tell a falsehood, to V shuōhuǎng/ sāhuǎng 说谎／撒谎

lie down, to V tǎngxià 躺下

life N shēnghuó/shēngmìng 生活／生命

life begins at forty PHR sìshí bùhuò 四十不惑

life insurance N rénshòu bǎoxiǎn 人寿保险

lifeboat N jiùshēngtǐng 救生艇

lifeguard N jiùshēngyuán 救生员

life-long tenure N zhōngshēn zhíwùzhì 终身职务制

lifestyle N shēnghuó fāngshì 生活方式

lifetime N yíbèizi 一辈子

lift (ride in car) V ràng mǒurén dāchē 让某人搭车

lift, raise, to V tígāo 提高

light (bright) ADJ liàng 亮

light (lamp) N dēng 灯

light (not heavy) ADJ qīng 轻

light rail train N qīng guǐ lièchē 轻轨列车

light rail transport N qīngguǐ 轻轨

light water reactor (LWR) N qīngshuǐ fǎnyìngduī 轻水反应堆

lighter N dǎhuǒjī 打火机

lighthouse N dēngtǎ 灯塔

lighting N zhàomíng 照明

lightning N shǎndiàn 闪电

likable ADJ ràng rén xǐ'àide 让人喜爱的

like, as PREP hǎoxiàng 好象

like, be pleased by V xǐhuan 喜欢

likely ADJ hěn kěnéngde 很可能的

likewise ADV tóngyàngde 同样的

liking N xǐhuan 喜欢／喜好

limb N zhītǐ/sìzhī 肢体／四肢

lime, citrus N suānjú 酸桔

limit, to V xiànzhì 限制

limited liability company N gǔfèn yǒuxiàn gōngsī 股份有限公司

limousine N háohuá jiàochē 豪华轿车

limp, to V yì liú yì guǎi dì zǒu 一瘸一拐地走

line (mark) N jièxiàn 界线

line (queue) N páiduì 排队

line up, to V páichéng yīxiàn/páiduì 排成一线／排队

linguistics N yǔyánxué 语言学

link, connect, to V liánjiē/yǒuguān 连接／与 ... 有关

lion N shīzi 狮子

lip N zuǐchún 嘴唇

lip-synch V jiǎchàng 假唱

lips N zuǐchún 嘴唇

liquid N yètǐ 液体

liquidate, to V biànxiàn 变现

liquidation company N qīngsuàn gōngsī 清算公司

liquor, alcohol N jiǔ 酒

list N míngdān/mùlù 名单／目录

listed companies N shàngshì gōngsī 上市公司

listen, to V tīng 听

listing of a company N qǐyè shàngshì 企业上市

listless ADJ wújīng dǎcǎi de 无精打采的

liter N gōngshēng 公升

literary federation (of China) N wénlián 文联

literate ADJ shízì de/néng dú huì xiě de 识字的／能读会写的

literature N wénxué 文学

Lithium N lǐ 锂

litigation N sùsòng 诉讼

litter, refuse N lājī 垃圾

litter, to V luànrēng lājī 乱扔垃圾

little (not much) ADJ, ADV yìdiǎnr 一点儿

little (small) ADJ xiǎo 小

live (be alive) ADJ huózhe/shēnghuó 活着／生活

live (stay in a place), to v zhù te 住

live broadcast N xiànchǎng zhíbō/zhíbō 现场直播／直播

live on labor social allowance, to v chī láobǎo 吃劳保

livelihood N shēngjì 生计

liver N gān 肝

livestock N shēngchù/jiàchù 牲畜／家畜

living standard N shēnghuó shuǐpíng 生活水平

lizard N xīyì 蜥蜴

load N (yī chē) huòwù 〔一车〕货物

load up, to v zhuānghuò 装货

loan N jièkuǎn/dàikuǎn 借款／贷款 2 jièchū wù v 借出物

loan shark N fàng gāolìdàizhě 放高利贷者

lob (sports), to v fànggāoqiú 放高球

lobster N lóngxiā 龙虾

local ADJ běndì de/dāngdìde 本地的／当地的

local area network (LAN) N júyùwǎng 局域网

local calls (telephone) N shìhuà 市话

localization N běntǔhuà 本土化

located, to be v wèiyú 位于

location N wèizhì 位置

lock N suǒ 锁

lock, to v suǒshàng 锁上

locked ADJ suǒzhù guì 锁住

locker N chǔwù guì 储物柜

lodge, small hotel N xiǎo lǚguǎn/kèzhàn 小旅馆／客栈

logic N luóji 逻辑

logistics, distribution (business) N wùliú 物流

lonely ADJ gūdú/jìmò 孤独／寂寞

long (size) ADJ cháng 长

long (time) ADJ jiǔ 久

long-distance running N chángpǎo 长跑

long-term government bonds N chángqí guózhài 长期国债

longing, to be v kěwàng 渴望

look! EXCLAM nǐ kàn 你看

look, seem, appear, to v kànshàngqù 看上去

look after, to v kānguǎn 看管

look at, see, to v kàn 看

look for, to v zhǎo 找

look like, to v xiàng 象

look out! EXCLAM zhùyì 注意

look up (find in book), to v chá kàn 查看

looks, appearance N yàngzi/wàimào 样子／外貌

loop N 1 xúnhuán 循环 2 quān/huán 圈／环

loose (not in packet) ADJ sǎnzhuāngde 散装的

loose (clothes) ADJ kuānsōng de 宽松的

loose (wobbly) ADJ sōngdòngde 松动的

lose, be defeated, to V shū 输

lose, mislay, to V diūshī 丢

lose money, to V shūqián 输钱

loss N 1 sàngshī 丧失 2 sǔnshī 损失

lost (can't find way) ADJ mílù 迷路

lost (missing) ADJ shīzōng 失踪了

lost property N shīwù zhāolǐngchù 失物招领处

lot PRON, ADJ hěn duō/xǔduō 很多/许多

lots of ADJ xǔduō 许多

lottery N cǎipiào 彩票

lottery industry N bócǎiyè 博彩业

loud ADJ dàshēng 大声

lousy ADJ zāotòulede 糟透了

love N àiqíng 爱情

love, to V ài 爱

love, care for, to V àihù 爱护

love triangle N sānjiǎo liàn'ài 三角恋爱

lovely ADJ kě'ài 可爱

lover N qíngrén 情人

low ADJ dī 低

low-altitude flying N dīkōng fēixíng 低空飞行

low-cost ADJ dījià 低价

low-cost housing N dījià zhùfáng/jīngjìfáng 经济房/低价住房

low-graded product N cūjiāgōng chǎnpǐn 粗加工产品

low-keyed ADJ dīdiào 低调

loyalty N zhōngchéng/zhōngxīn 忠诚/忠心

lozenge N tángdìng 糖锭

luck N yùnqì 运气

lucky ADJ xìngyùnde/jíxiángde 幸运的/吉祥的

luggage N xínglǐ 行李

lullaby N yáolánqǔ 摇篮曲

lumber N mùcái 木材

lump N 1 kuài 块 2 zhǒng kuài 肿块

lunar ADJ 1 yuède 月的 2 nónglì 农历

lunar module N dēng yuècāng 登月舱

lunch, midday meal N wǔfàn 午饭

lunch, to eat V chī wǔfàn 吃午饭

lunch box N héfàn/biàndāng 盒饭/便当

lungs N fèi 肺

lure, seduce, to V yǐnyòu/yòuhuò 引诱/诱惑

luxurious ADJ háohuáde 豪华的

luxury N shēchǐ/háohuá 奢侈/豪华

lychee N lìzhī 荔枝

lyric N shūqíngshī 抒情诗

M

macaroni N tōngxīnfěn 通心粉

Macau N Àomén 澳门

Macau Special Administration Region (MSAR), the N Àomén tèbié xíngzhèngqū 澳门特别行政区

machine, machinery N jīxiè 机械

mad ADJ fāfēng 发疯

mad cow disease N fēngniúbìng 疯牛病

madam (term of address) N fūrén/tàitai 夫人／太太

madman N fēngzi 疯子

Madrid N Mǎdélǐ 马德里

Mafia-style organizations N hēi shèhuì 黑社会

magazine N zázhì 杂志

magician N móshùshī 魔术师

magistrate N fǎguān 法官

magnet N cítiě 磁铁

magnetic card telephone N cíkǎ diànhuà 磁卡电话

magnifying glass N fàng dàjìng 放大镜

magnitude (of an earthquake) N zhènjí 震级

mahjong N májiàng 麻将

maiden voyage (airline) N chǔnǚ háng 处女航

maiden voyage (of an aircraft or ship) N shǒuháng 首航

maiden work, first publication N

mail, to V jì 寄

mail, post N xìn 信

mailing list N 1 (postal) yóujì míngdān 邮寄名单 2 (computer) yóujiàn lièbiǎo 邮件列表

maim, to V shǐ cánfèi 使残废

main, most important ADJ zhǔyào 主要

mainland China N nèidì 内地

mainly ADV zhǔyàode 主要地

mainstay industry N zhīzhùchǎnyè 支柱产业

mainstream ADJ zhǔliú 主流

maintain, to V bǎoyǎng/wéixiū 保养／维修

major, important ADJ zhòngyàode 重要的

major cases (legal) N dà'àn yàoàn 大案要案

majority N duōshù 多数

make, to V zuò/zhìzào 做／制造

make a big fuss about nothing, to V dà-jīng-xiǎo-guài 大惊小怪

make a big fuss about something, to V dàzuò wénzhāng 大做文章

make a big markdown, to V dàchù xiě 大出血

make a good start, to V kāimén hóng 开门红

make a phone call, call on the telephone, to V dǎ diànhuà 打电话

make arrangements, to v cāobàn 操办

Make hay while the sun shines IDIOM mò shī liángjī 莫失良机

make love, to v zuò'ài 做爱

make public, to v bàoguāng 曝光

make something out of nothing, to v wú zhōng shēng yǒu 无中生有

make trouble for sb, to v chuān xiǎoxié 穿小鞋

make up, invent, to v xūgòu/biānzào 虚构/编造

makeup, cosmetics N huàzhuāngpǐn 化妆品

Malaysia N Mǎláixīyà 马来西亚

Malaysian (in general) ADJ Mǎláixīyàde 马来西亚的

Malaysian (people) N Mǎláixīyàrén 马来西亚人

male ADJ nánxìng 男性

malicious ADJ èyìde/èdúde 恶意的/恶毒的

malignant ADJ èxìng de 恶性的

mall, shopping center N gòuwù zhōngxīn 购物中心

malnutrition N yíngyǎng bùliáng 营养不良

malpractice N wánhū zhíshǒu 玩忽职守

mama, mommy N māma 妈妈

mammogram N rǔfáng X guāng zhàopiàn 乳房X光照片

Mammonism (the love of money) N xiàng qiánkàn 向钱看

man N nánrén 男人

man-hour N gōngshí 工时

man-made ADJ réngōngde/rénzàode 人工的/人造的

manage, succeed, to v guǎnlǐ 管理

management N guǎnlǐ 管理

manager N jīnglǐ 经理

Mandarin (language) N Pǔtōnghuà/Guóyǔ/Huáyǔ 普通话/国语/华语

mango N mángguǒ 芒果

mangrove N hóngshùlín 红树林

manicure N xiū zhǐjiǎ 修指甲

mankind N rénlèi 人类

manned satellite N zàirén wèixīng 载人卫星

manners N lǐmào 礼貌

manpower N láodònglì/rénlì 劳动力/人力

manual ADJ tǐlìde/shǒugōngde 体力的/手工的

manual, guidebook N shǐyòng shǒucè 使用手册

manufacture, to v zhìzào 制造

manure N fènféi 粪肥

many, much ADJ, ADV hěnduō 很多

map N dìtú 地图

marathon N mǎlāsōng sàipǎo 马拉松赛跑

marble pillar (Chinese) N huábiǎo 华表

march, to v xíngjìn/xíngjūn 行进/行军

March N Sānyuè 三月

margarine N rénzào huángyóu 人造黄油

marijuana N dàmá 大麻

marina N yóutǐng tíngbó gǎng 游艇停泊港

marinate, to V jìn zài tiáowèi jiàng lǐ 浸在调味酱里

marine ADJ hǎiyùn de 海运的

marital ADJ hūnyīn de 婚姻的

mark N 1 (school) fēnshù 分数
2 (scar) hénjì/wūbān 痕迹／污斑
3 (pointer) jìhào 记号

markdown sales N dà jiǎnjià 大减价

market N shìchǎng 市场

market saturation N shìchǎng bǎohé 市场饱和

market share N shìchǎng zhànyǒulǜ 市场占有率

marketing N shìchǎng yíngxiāoxué 市场营销学

marketization N shìchǎnghuà 市场化

marriage N hūnyīn 婚姻

marriage agency, dating agency N hūnjièsuǒ 婚介所

married ADJ yǐhūn 已婚

marry, get married, to V jiéhūn 结婚

Mars N huǒxīng 火星

martial arts novel N wǔxiá xiǎoshuō 武侠小说

martyr N xùndàozhě 殉道者

marvelous ADJ liǎobuqǐde/jíhǎode 了不起的／极好的

mascot N jíxiángwù 吉祥物

masculism N nánquán zhǔyì 男权主义

mash, to V dǎolàn 捣烂

mask N miànjù 面具

mass N dàliàng/dàpī 大量／大批

mass media N dàzhòng chuánméi 大众传媒

massacre, slaughter, to V túshā 屠杀

massage, to V ànmó 按摩

master, expert N gāoshǒu 高手

masterpiece N míngzuò/jiézuò 名作／杰作

mat N dìxí/xiǎodiànzi 地席／小垫子

match, game N bǐsài 比赛

matches N huǒchái 火柴

material, ingredient N cáiliào 材料

maternity leave N chǎnjià 产假

math, mathematics N shùxué 数学

matriarch N nǚ jiācháng/nǚ zúzhǎng 女家长／女族长

matriarchal society N mǔxì shèhuì 母系社会

matter, issue N shìqíng 事情

mattress N chuángdiàn 床垫

mature ADJ chéngshúde 成熟的

maximum ADJ zuìdàde/zuìduōde 最大的／最多的

May N Wǔyuè 五月

may V kěnéng 可能

May all your wishes come true
EXCLAM xīnxiǎng shìchéng 心
想事成

**May money and treasures be
plentiful!** GR zhāocái jìnbǎo 招
财进宝

**May you be prosperous! (Lunar
New Year greeting)** GR gōngxǐ
fācái 恭喜发财

Mayan civilization N Mǎyǎ
wénhuà 玛雅文化

maybe ADV yěxǔ/dàgài 也许 / 大概

Mazda N Mǎzìdá 马自达

McDonald's N Màidāngláo 麦当劳

me PRON wǒ 我

meal N cān 餐

mean (cruel) ADJ kèbóde 刻薄的

mean, to (intend) V yòngyì 用意

mean, to (word) V biǎoshì ...
yìsi 表示 ... 意思

meaning N yìsi 意思

meaningful ADJ yǒu yìyìde 有
意义的

means N shǒuduàn/fāngfǎ 手段 /
方法

meanwhile ADV tóngshí 同时

measles N mázhěn 麻疹

measure N 1 cuòshī 措施
2 liángjù/liángqì 量具 / 量器

measure, to V liáng 量

measure up, to V fúhé biāozhǔn
符合标准

measurements N chǐcùn/dàxiǎo
尺寸 / 大小

meat N ròu 肉

meatball N ròuwán 肉丸

mechanic N qìchē xiūlǐ gōng/jīxiè
gōng 汽车修理工 / 机械工

medal N jiǎngpái 奖牌

media N chuánméi 传媒

media tycoon N chuánméi
dàhēng 传媒大亨

medical ADJ yīliáo de 医疗的

medical insurance N yīliáo
bǎoxiǎn 医疗保险

medication N yàowù 药物

medicinal granules N chōngjì
冲剂

medicine N yào 药

medium ADJ zhōngděngde/
zhōnghàode 中等的 / 中号的

meek, gentle ADJ wēnshùn de/
róuhé de 温顺的 / 柔和的

meet, to V jiànmiàn 见面

meeting N huìyì/qiàtánhuì 会议 /
洽谈会

megabyte, MB N zhàozìjié 兆字节

megastore N chāo dàxíng
shāngdiàn 超大型商店

melon N guā 瓜

member N chéngyuán 成员

membership N huìyuán zīgé 会
员资格

memoirs N huíyìlù 回忆录

memorial ADJ dàoniàn de 悼念的

memories N huíyì 回忆

memory N jìyì(lì) 记忆（力）

Mencius N Mèngzǐ 孟子

mend, to V xiūbǔ 修补

menopause N gēngniánqī 更年期

menstruate, to V lái yuèjīng 来月经

mental toughness N xīnlǐ sùzhì 心理素质

mention, to V tídào 提到

mentor N dǎoshī 导师

menu N càidān 菜单

merchandise N shāngpǐn/huòwù 商品／货物

merchant N pīfāshāng/shāngrén 批发商／商人

mercy N réncí/kuānshù 仁慈／宽恕

merely ADV jǐnjǐn 仅仅

megabyte, MGB N zhào zìjié 兆字节

merit student N sānhào xuéshēng 三好学生

mermaid N měirényú 美人鱼

merry ADJ kuàilè de 快乐的

mess, in a ADJ luàn-qī bā-zāo 乱七八糟

message N liúyán/biàntiáo 留言／便条

metal N jīnshǔ 金属

metaphysics N xíngérshàngxué 形而上学

meteor shower N liúxīngyǔ 流星雨

method N fāngfǎ 方法

meter N (yī) mǐ/gōngchǐ (一)米／公尺

meter (in taxi) N jìchéngqì 计程器

metropolis N dàchéngshì 大城市

Mexico N Mòxīgē 墨西哥

Mickey Mouse N Mǐlǎoshǔ 米老鼠

microchip N wēijīngpiàn 微晶片

microscopic ADJ wēixiǎode 微小的

Microsoft Corporation N Wēiruǎn gōngsī 微软公司

microwave N wēibōlú 微波炉

midday N zhōngwǔ 中午

middle, center ADJ, N zhōngjiān 中间

middle: be in the middle of doing sth ADJ dāngzhōng 当中

Middle East peace process, the N Zhōngdōng hépíng jìnchéng 中东和平进程

midnight N wǔyè 午夜

might, could V kěnéng 可能

migraine N piàntóutòng 偏头痛

migrant laborer N míngōng 民工

migration N yíjū/qiānyí 移居／迁移

mild ADJ 1 (not cold) wēnnuǎnde 温暖的 2 (not severe) wēnróude 温柔的

mild (not spicy) ADJ wèidànde 味淡的

military aircraft N jūnyòng fēijī 军用飞机

milk N niúnǎi 牛奶

Milky Way N Yínhé 银河

millennium N qiānnián 千年

millennium baby N qiānxǐ yīngér 千禧婴儿

millennium bug N qiānniánchóng 千年虫

millet N xiǎomǐ 小米

millimeter N háomǐ 毫米

million N bǎiwàn 百万

millionaire N bǎiwàn fùwēng 百万富翁

mind, brain N nǎozi 脑子

mind, be displeased, to V jièyì 介意

mind relief (tablets) N dìngxīnwán 定心丸

mine PRON wǒde 我的

mine N méikuàng 煤矿

mineral water N kuàngquánshuǐ 矿泉水

mingled with hope and fear ADJ xǐ-yōu-cān-bàn 喜忧参半

mini ADJ wēixíngde 微型的

minibus N xiǎobā 小巴

mini-nuke N xiǎoxíng héwǔqì 小型核武器

mini-skirt N chāoduǎnqún 超短裙

minimum N zuìxiǎo/zuìshǎo 最小／最少

minimum wage N zuìdī gōngzī 最低工资

minister N 1 (government) bùzhǎng 部长 2 (Christian) mùshī 牧师

minor (not important) ADJ cìyào de 次要的

minority N shǎoshù 少数

minus ADJ jiǎn 减

minute N fēn (zhōng) 分 (钟)

miracle N qíjì 奇迹

mirror N jìngzi 镜子

misappropriate, to V nuóyòng/dàoyòng 挪用／盗用

miscarriage N liúchǎn 流产

miscellaneous expenses N záfèi 杂费

mischief N tiáo pí dǎo luàn 调皮捣乱

misconduct N xíngwéi bùduān 行为不端

miserable ADJ bēicǎn de 悲惨的

misfortune N búxìng 不幸

Misfortune may be an actual blessing IDIOM sài wēng shī mǎ yān zhī fēi fú 塞翁失马焉知非福

misinterpret, to V wùjiě 误解

misrepresent, to V xūwěi de miáoshù 虚伪的描述

Miss N xiǎojiě 小姐

miss (bus, flight), to V méi gǎnshàng 没赶上

miss (loved one), to V xiǎngniàn 想念

miss, lose an opportunity, to V cuòguò 错过

missing (absent) ADJ quēdiàode 缺掉的

missing (lost person) ADJ

shīzōngle 失踪了

missile launching site N dǎo dàn fāshèchǎng 导弹发射场

missionary N chuánjiàoshì 传教士

misspell, to V pīn cuò 拼错

mist N bówù 薄雾

mistake N cuòwù 错误

mistaken ADJ nòngcuò/wùjiě 弄错 / 误解

mistrust N, V bú xìnrèn 不信任

mistress of a married man N èrnǎi 二奶

misty poetry N ménglóngshī 朦胧诗

misunderstanding N wùhuì 误会

misuse V, N 1 yòngcuò 用错 2 lànyòng 滥用

mix, to V hùnhé 混合

mixed ADJ hùnhéde 混合的

moan, to V bàoyuàn 抱怨

mobile library N liúdòng túshūguǎn 流动图书馆

mobile phone N shǒutí/yídòng diànhuà 手提 / 移动电话

mobile phone (without a service provider) N luǒjī 裸机

mock, jeer, to V cháoxiào/ cháonòng 嘲笑 / 嘲弄

mock test N mónǐ cèshì 模拟测试

model community N wénmíng jiēdào 文明街道

modem N tiáozhì tiáojiēqì 调制 调解器

modern ADJ xiàndàide 现代的

modest, simple ADJ qiānxū/ pǔshíde 谦虚 / 朴实的

moist ADJ shīrùnde/cháoshīde 湿 润的 / 潮湿的

mold, pattern, die N mújù/móshì 模具 / 模式

mold, mildew N méijūn 霉菌

mom, mommy N māma/māmī 妈 妈 / 妈咪

moment (in a moment) N děng yīxià 等一下

moment (instant) N piànkè 片刻

monarchy N jūnzhǔzhèngtǐ 君主政体

Monday N Xīngqíyī/Lǐbàiyī 星期一 / 礼拜一

money, cash N xiànkuǎn/qián 现款 / 钱

money laundering N xǐqián 洗钱

monitor (of computer) N xiǎnshìqì 显示器

monk N héshang/xiūdào shì 和尚 / 修道士

monkey N hóuzi 猴子

monoculture N dānyī zhòngzhí 单一种植

monopolize, to V dúzhàn 独占

monsoon N yǔjì 雨季

monster N jùdà de guàiwu/móguǐ 怪物 / 魔鬼

month N yuè 月

monument N jìniànbēi 纪念碑

mood N qíngxù 情绪, xīnqíng 心情

moon N yuèliang 月亮

moonwalk N tàikōngbù 太空步

moral values N dàodé jiàzhíguān 道德价值观

more ADJ gèngduōde/bǐjiào duōde 更多的／比较多的

more (comparative) ADJ duō yīdiǎnr 多一点儿

more of (things) ADJ gèngduōde 更多的

more or less ADV huò duō huò shǎo 或多或少

moreover ADV érqiě 而且

morgue, mortuary N tíng shī fáng/tàipíngjiān 停尸房／太平间

Mormon Church N Móménjiào 摩门教

morning N zǎoshang 早上

morning exercise N chénliàn 晨练

morning market N zǎoshì 早市

morning meal, breakfast N zǎofàn 早饭

mortality rate N sǐwánglǜ 死亡率

mortgage a house, to V ànjiē gòufáng 按揭购房

mortgage loan N ànjiē dàikuǎn 按揭贷款

Moscow N Mòsīkē 莫斯科

mosque N Qīngzhēnsì 清真寺

mosquito N wénzi 蚊子

most (superlative) ADJ zuì 最

most (the most of) ADJ zuìduō 最多

most favored nation N zuìhuìguó 最惠国

mostly ADV dà bùfèn 大部分

motorway, expressway N gāosù gōnglù 高速公路

moth N é 蛾

mother N māma/mǔqin 妈妈／母亲

Mother's Day N Mǔqinjié 母亲节

mother-in-law (husband's mother) N pópo 婆婆

mother-in-law (wife's mother) N yuèmǔ 岳母

motive, objective, purpose N dòngjī/yuányīn 动机／原因

motor, engine N fādòngjī 发动机

motor vehicle N qìchē 汽车

motorcycle N mótuōchē 摩托车

Mount Qomolangma; Mount Everest N Zhūmùlǎngmǎfēng 珠穆朗玛峰

mountain N shān 山

mounted police N qíjǐng 骑警

mourn, to V āidào 哀悼

mouse (animal) N xiǎolǎoshǔ 小老鼠

mouse (computer) N shǔbiāo 鼠标

mouse potato N diànnǎomí 电脑迷

moustache N xiǎohúzi 小胡子

mouth N zuǐ 嘴

move, to V 1 yídòng 移动 2 qiānyí/bānjiā 迁移／搬家

move house, to V bānjiā 搬家

move from one place to

another, to v bān 搬

movement, motion N dòngzuò/xíngdòng 动作／行动

movie N diànyǐng 电影

movie house, cinema, theater N diànyǐngyuàn 电影院

Mr ABBREV xiānsheng 先生

Mrs ABBREV tàitai 太太

MSG N wèijīng 味精

much, many ADJ duō 多

mucus N niányè 粘液

mud N ní 泥

mudslide N níshíliú 泥石流

multi-polarization N duōjíhuà 多极化

multimedia N duōméitǐ 多媒体

multinational peace-keeping force N duōguó wéihé hépíng bùduì 多国维和平部队

multiply, to v 1 chéng 乘 2 zēngjiā 增加

multipolar world N duōjí shìjiè 多极世界

mummy (wrapped up corpse) N gānshī/mùnǎiyī 干尸／木乃伊

mumps N sāixiànyán 腮腺炎

municipal engineering N shìzhèng gōngchéng 市政工程

municipality directly under the central government N zhíxiáshì 直辖市

murder N móushā 谋杀

muscle N jīròu 肌肉

museum N bówùguǎn 博物馆

mushrooms N mógu 蘑菇

music N yīnyuè 音乐

music fans N gēmí 歌迷

music TV N yīnyuè diànshì 音乐电视

musical N yīnyuè xǐjù 音乐喜剧

musical instrument N yuèqì 乐器

Muslim N Qīngzhēn/Mùsīlín/Huíjiào 清真／穆斯林／回教

must MODAL v bìxū 必须

mute, dumb ADJ yǎbade 哑巴的

mutton N yángròu 羊肉

mutual deception and rivalry ("dog-eat-dog" mentality) IDIOM ěr-yú-wǒ-zhà 尔虞我诈

my, mine PRON wǒde 我的

myopia N jìnshì 近视

mysterious ADJ shénmìde 神秘的

myth N shénhuà 神话

N

nab, to v zhuāhuò 抓获

nagging N ài láodao 爱唠叨

nail (finger, toe) N zhǐjia 指甲

nail (spike) N dīngzi 钉子

naïve ADJ tiānzhēnde/yòuzhìde 天真的／幼稚的

naked ADJ luǒtǐde 裸体的

name N míngzi/xìngmíng 名字／姓名

named, called, to be v míng jiào 名叫

nanometer, nano- N nàmǐ 纳米

nap N báitiān de xiǎoshuì 白天的小睡

napkin N cānjīnzhǐ 餐巾纸

narcotics squad N jìdúduì 缉毒队

narrate, to v xùshù/jiǎngshù 叙述/讲述

narrative N gùshi/xùshì 故事/叙事

narrow ADJ xiázhǎi 狭窄

narrow victory N xiǎnshèng 险胜

nasal ADJ bíde 鼻的

NASDAQ N Nàsīdákè 纳斯达克

nation, country N guójiā 国家

nation state N mínzú guójiā 民族国家

national, citizen N guómín/gōngmín 国民／公民

national ADJ mínzúde 民族的

national day N guóqìng 国庆

National People's Congress (NPC) N quánguó rénmín dàibiǎo dàhuì 全国人民代表大会

National Proficiency Test of Putonghua N guójiā pǔtōnghuà shuǐpíng kǎoshì 国家普通话水平考试

national team N guójiāduì 国家队

national treasure N guóbǎo 国宝

nationality N guójí 国籍

nationwide ADJ quánguó fànwéide 全国范围的

native N 1 běnguó rén 本国人

2 tǔshēng de dòng/zhíwù 土生的动／植物

NATO (North Atlantic Treaty Organization) N běiyuē 北约

natural ADJ zìránde 自然的

natural reserve N zìrán bǎohùqū 自然保护区

natural resource protection zone N zìrán zīyuán bǎohùqū 自然资源保护区

natural rights N tiānfù rénquán 天赋人权

nature N zìránjiè 自然界

naughty ADJ wánpíde 顽皮的

nausea N ǒutù gǎn 呕吐感

navigation N hángxíng 航行

navy N hǎijūn 海军

near ADJ jìnde/bùyuǎnde 近的／不远的

nearby, around ADV fùjìn 附近

nearby, close to ADJ jìn/kàojìn 近／靠近

nearly ADV jīhū 几乎

neat, orderly ADJ zhěngjiéde 整洁的

necessary ADJ bìxū 必需

necessity N 1 bìyàopǐn 必要品

2 bìyàoxìng 必要性

neck N bózi 脖子

necklace N xiàngliàn 项链

necktie N lǐngdài 领带

need N xūyào 需要

need, to v bìxū 必需

needle N zhēn 针

needless ADJ bùbìyàode 不必要的

negative ADJ xiāojíde/fǒudìnde 消极的 / 否定的

negative population growth N rénkǒu fùzēngzhǎng 人口负增长

neglect, to v hūlüè 忽略

negligence N shūhu dàyì 疏忽大意

negligible ADJ kě hūshìde/wēi bùzú dàode 可忽视的 / 微不足道的

negotiate, to v tánpàn 谈判

neighbor N línjū 邻居

neighborhood committee N jūwěihuì 居委会

neither PRON liǎngzhě dōu bù 两者都不

neither ... nor CONJ jì bù ... yòu bù 既不 ... 又不

Neolithic Age, the N xīn shíqì shídài 新石器时代

nephew (paternal) N zhí'ér/zhízì 侄儿 / 侄子

nephew (maternal) N wàishēng 外甥

nepotism N qúndǎi guānxì/qúndǎifēng 裙带关系 / 裙带风

nerve N shénjìng 神经

nest N niǎocháo 鸟巢

net N wǎng 网

net profit N jìnglìrùn 净利润

netball N cǎwǎngqiú 擦网球

netizen N wǎngmín 网民

network N guānxiwǎng/wǎngluò 关系网 / 网络

network administrator N wǎngluò guǎnlǐyuán 网络管理员

neutral ADJ zhōnglì de 中立的

neutral power N zhōngliguó 中立国

neutron N zhōngzǐ 中子

never ADV cónglái méiyǒu 从来没有

never mind! EXCLAM méiguānxi 没关系

nevertheless ADV rán'ér 然而

new ADJ xīn/xìnde 新的

new concepts N chuàngyì 创意

new favorite N xīnchǒng 新宠

new rich; upstart N bàofāhù 暴发户

New Year's film/movie N hèsuìpiàn 贺岁片

New Zealand N Xīnxīlán 新西兰

New Zealander N Xīnxīlánrén 新西兰人

newlyweds N xīnhūn fūfù 新婚夫妇

news N xīnwén/xiāoxi 新闻 / 消息

news flash N kuàixùn 快讯

newsletter N jiǎnxùn 简讯

newspaper N bàozhǐ 报纸

next (in line, sequence) ADJ xià yī ge 下一个

next to PREP pángbiān 旁边

next week N xiàxīngqī 下星期

next year N míngnián 明年

nibble, to v kěn/yìdiǎn yìdiǎn de chī 啃 / 一点一点地吃

nice ADJ hǎo 好

nickname N chuòhào/wàihào 绰号 / 外号

niece (maternal) N wàishēngnǚ 外甥女

niece (paternal) N zhínǚ 侄女

night N yè 夜

nightclothes, nightdress N shuìyī 睡衣

nightly ADJ měi yè de 每夜的

nightmare N èmèng 恶梦

Nikkei Index N Rìjīng zhǐshù 日经指数

nine NUM jiǔ 九

nineteen NUM shíjiǔ 十九

ninety NUM jiǔshí 九十

nip, to V 1 (bite) kěnyǎo 啃咬 2 (break off) qiāduàn 掐断

nirvana N nièpán 涅槃

no, not (with nouns) ADV méiyǒu 没有

no, not (with verbs and adjectives) ADV búshì 不是

no one PRON méiyǒu rén 没有人

Noah's Ark N Nuòyàfāng zhōu 诺亚方舟

Nobel Prize N Nuòbèiěr jiǎng 诺贝尔奖

nobody PRON xiǎorénwù 小人物

nocturnal ADJ yèjiān de 夜间的

nod, to V diǎntóu 点头

noise N cáozáshēng/zàoyīn 嘈杂声 / 噪音

noisy ADJ cáozáde 嘈杂的

nominate, to V tímíng 提名

non-performing loan N bùliáng dàikuǎn 不良贷款

non-refundable ADJ bùkě tuìkuǎnde 不可退款的

non-renewable resources N bùkě zài shēngzīyuán 不可再生资源

none PRON yí ge yě méiyǒu 一个也没有

nonetheless ADV jīnguǎn rúcǐ / rán'ér 尽管如此 / 然而

nonsense N fèihuà 废话

Nonsense! INTERJ húshuō 胡说

noodles N miàntiáo 面条

noon N zhōngwǔ 中午

nor CONJ yěbù 也不

normal, normally ADJ, ADV tōngchángde/zhèngchángde 通常 / 正常地

north N, ADJ běibiān 北边

north-east N, ADJ dōngběi 东北

north-west N, ADJ xīběi 西北

nose N bízi 鼻子

nostalgia N sīxiāng 思乡

nostril N bíkǒng 鼻孔

nosy, nosey ADJ ài dǎtīng biérén yǐnsī de 爱打听别人隐私的

not ADV bù 不

not able to understand (by hearing) tīngbùdǒng 听不懂

not able to understand (by reading) kànbùdǒng 看不懂

not only ... but also CONJ búdàn ... érqiě 不但 ... 而且

not yet ADV hái méi 还没
note, paper money (currency) N chāopiào 钞票
note (written) N biàntiáo 便条
note, to V zhǐchū/zhùyì 指出 / 注意
note down, to V jìxiàlái 记下来
notebook N bǐjìběn 笔记本
nothing PRON méiyǒu shénme 没有什么
notice N tōngzhī 通知
notice, to V zhùyì 注意
notorious ADJ chòumíng yuǎn yáng de 臭名远扬的
novel N xiǎoshuō 小说
November N Shíyīyuè 十一月
now ADV xiànzài 现在
nowadays N dāngjīn 当今
nowhere ADV nǎr dōu bú zài 哪儿都不在
nozzle N pēnzuǐ 喷嘴
nuclear arsenal N héjūn huǒkù 核军火库
nuclear energy N hénéng 核能
nuclear explosion N hébàozhà 核爆炸
nuclear reactor N héfǎnyìngduī 核反应堆
nuclear submarine N héqiántǐng 核潜艇
nuclear warhead N hédàntóu 核弹头
nuclear weapon N héwǔqì 核武器

nucleus N 1 (*reactor*) hézǐ 核子 2 (*cell organism*) xìbāohé 细胞核
nude ADJ luǒtǐde 裸体的
numb ADJ mámùde 麻木的
number N hàomǎ/shùzì 号码 / 数字
number plate N chēpái 车牌
nurse N hùshi/báiyī tiānshǐ 护士 / 白衣天使
nursery N 1 (*children*) tuō'érsuǒ 托儿所 2 (*plants*) miáochuáng 苗床
nursing room N bǔrǔshì 哺乳室
nurture, to V péiyù/péiyǎng 培育 / 培养
nutrition N yíngyǎng 营养
nylon N nílóng 尼龙

O

o'clock N diǎn (zhōng) (点) 钟
oar, paddle N jiāng 桨
oasis N lǜzhōu 绿洲
oath N shìyán 誓言
obedience N fúcóng 服从
obedient ADJ fúcóngde 服从的
obesity N féipàng zhēng 肥胖症
obey, to V fúcóng 服从
object, protest, to V fǎnduì 反对
object, thing N dōngxi/wùtǐ 东西 / 物体
objection N fǎnduì/yànwù 反对 / 厌恶
objective, aim N mùbiāo/mùdì 目标 / 目的

obligation N yìwù/zhízé 义务 / 职责

obscene ADJ yínhuìde/xiàliú de 淫
秽的 / 下流的

observation N guānchá 观察

obsolete ADJ guòshíde 过时的

obstinate ADJ gùzhíde/wángùde
固执的 / 顽固的

obstruction N zǔ'ài 阻碍

obstruction of justice N zǔ'ài sīfǎ
阻碍司法

obtain, to V huòdé/qǔdé 获得 /
取得

obvious ADJ míngxiǎnde 明显的

occasion N chǎnghé/shíkè 场合 /
时刻

occasionally ADV ǒurránde 偶然地

occupation N zhíyè 职业

occur, to V fāshēng 发生

ocean N hǎiyáng 海洋

October N Shíyuè 十月

odd ADJ 1 (peculiar) gǔguàide 古
怪的 2 (occasional) ǒu'ěrde 偶
尔的

odor, bad smell N chòuqì 臭气

of, from PREP shǔyú ... de 属
于 ...的

of course ADV dāngrán 当然

off (gone bad) ADJ huàile 坏了

off (turned off) ADV guānle 关了

off: to turn something off
guānshàng 关上

off season N dànjì 淡季

offend, to V dézuì/chùfàn 得
罪 / 触犯

offense N 1 wéifǎ xíngwéi/fànfǎ
违法行为 / 犯法 2 shānghài
gǎnqíng 伤害感情

offer, suggest, to V jiànyì 建议

offer (supply), to V tígōng 提供

office N bàn'gōngshì 办公室

officer N 1 jūnguān 军官 2 jǐng-
guān 警官 3 gāojí zhíyuán 高
级职员

official, formal ADJ zhèngshìde
正式的

officials (government) N
guānyuán 官员

offline ADJ xiàwǎng 下网

offset, to V dǐmiǎn 抵免

offspring, child N háizi 孩子

often ADV jīngcháng 经常

oil N yóu 油

ointment N yóugāo/ruǎngāo 油
膏 / 软膏

okay EXCLAM xíng 行

old (of persons) ADJ lǎo 老

old (of things) ADJ jiù 旧

olden times, in ADV gǔ shíhou
古时候

older brother N gēge 哥哥

older sister N jiějie 姐姐

Olympic Committee N Àowěihuì
奥委会

Olympic spirit N Àolínpǐkè
jīngshén 奥林匹克精神

Olympics N Àolínpǐkè Yùndònghuì/
Àoyùnhuì 奥林匹克运动会 /
奥运会

omelette N jiāndànjuǎn 煎蛋卷

on (of dates) PREP zài/yú 在 / 于

on, turned on ADV kāile 开了

on, at PREP zài … shàng 在 … 上

on: to turn something on kāi 开

on bail N bǎoshi 保释

on fire zháohuǒ 着火

on foot ADV zǒulù 走路

on the way ADV kuàidàole 快到了

on the whole ADV zǒngtǐ lái kàn 整体来看

on time ADV zhǔnshí 准时

On your marks! EXCLAM gè jiù gè wèi 各就各位

on-the-job training N gǎngwèi péixùn 岗位培训

once ADV yǐ cì 一次

once I ADV 1 yǐ cì 一次 2 céngjīng 曾经 II CONJ yǐ/yídàn 一 / 一旦

one N yī 一

One man's meat is another man's poison IDIOM zhòngkǒu nántiáo 众口难调

one-size-fits-all ADJ jūnmǎ 均码

one-way charge (fees) N dānxiàng shōufèi 单向收费

one-way ticket N dānchéngpiào 单程票

one who, the one which … yàng de rén? ... 样的人?

onion N yángcōng 洋葱

online ADJ zàixiàn 在线

online bookstore N zàixiàn shūdiàn 在线书店

online publishing N wǎngluò chūbǎn 网络出版

online trading platform N wǎngshàng jiāoyì píngtái 网上交易平台

only ADV zhǐyǒu 只有

only child N dúshēng zǐnǚ 独生子女

onward ADV, ADJ xiàngqiánde 向前地 / 的

opaque ADJ bùtòumíngde 不透明的

open ADJ kāi 开

open, to V dǎkāi 打开

open car, convertible N chǎngpénchē 敞蓬车

open-door policy N ménhù kāifàng zhèngcè 门户开放政策

opening N 1 kāizhāng 开张 2 kāiyè 开业 3 kòngquē 空缺 4 kǒng/dòng 孔/洞

opening ceremony N kāimùshì 开幕式

opening speech N kāimùcí/kāitǐ bàogào 开幕词 / 开题报告

opera N gējù 歌剧

operating system (computer) N cāozuò xìtǒng 操作系统

operation N 1 shǒushù 手术 2 yùnzhuǎn 运转

opinion N yìjiàn 意见

opponent N duìshǒu 对手

opportunists N biànsèlóng 变色龙

opportunity, chance N jīhuì 机会

oppose, to v fǎnduì 反对

opposed, in opposition ADJ duìlide 对立的

opposite (contrary) ADJ xiāngfǎn 相反

opposite (facing) ADJ duìmiàn 对面

opt, to v xuǎnzé 选择

optical communication N guāngtōngxùn 光通讯

optical valley N guānggǔ 光谷

optional ADJ fēiqiángzhìde 非强制的

or CONJ huòzhě 或者

oracle bone inscriptions N jiǎgǔwén 甲骨文

oral communication N kǒutóude/kǒuqiāngde 口头的／口腔的

oral defense (thesis) N lùnwén dábiàn 论文答辩

orange, citrus N júzi 桔子

orange (color) N chéngsè 橙色

orchard N guǒyuán 果园

orchestra N guǎnxián yuèduì 管弦乐队

order, command N mìnglìng 命令

order, command, to v mìnglìng 命令

order (placed for food), to v diǎncài 点菜

order (placed for goods), to v dìnggòu 订购

order, sequence N cìxù 次序

order something, to v yùdìng/xià dìngdān 预订／下订单

orderly, organized ADJ yǒu zhìxùde 有秩序地

organ N 1 (body part) qìguān 器官 2 (musical instrument) fēngqín 风琴

organic vegetable N wú gōnghài shūcài 无公害蔬菜

organize, arrange, to v ānpái 安排

organizing committee N zǔwěihuì 组委会

origin N qǐyuán 起源

origin of species N wùzhǒng qǐyuán 物种起源

original ADJ zuìchūde 最初的

originate, come from, to v láiyuán (yú) 来源于

ornament N zhuāngshìpǐn 装饰品

orphan N gū'ér 孤儿

Oscar Award N Àosīkǎ 奥斯卡

ostrich policy N tuóniǎo zhèngcè 鸵鸟政策

other ADJ, PRON biéde/qítā 别的／其他

other (alternative) ADJ lìngwài 另外

ought to v yīnggāi 应该

our (excludes the one addressed) PRON, PL wǒmen 我们

our (includes the one addressed) PRON, PL zánmen 咱们

out PREP zài ... wài 在 ... 外

out of stock ADJ tuōxiāo 脱销

outbreak N bàofā/tūfā 爆发 / 突发

outcome, result N jiéguǒ 结果

outer space N wàicéng kōngjiān 外层空间

outline N 1 tígāng 提纲 2 wàixíng 外形

outpatient N ménzhěn bìngrén 门诊病人

output N chūchǎnliàng 出产量

outside N wàimiàn 外面

outside of PREP zài ... wàimiàn 在 ... 外面

outsourcing N jiāng gōngzuò wàibāo 将工作外包

outstanding (unresolved) question N xuánér wèijué de wèntí 悬而未决的问题

oval (shape) ADJ tuǒyuánxíngde 椭圆形的

ovation N rèliè de gǔzhǎng 热烈的鼓掌

oven N kǎolú 烤炉

over, finished ADJ wánle 完了

over: to turn over ADV fān'guòlái 翻过来

over there ADV nàbiān 那边

overall renewal of the membership of an organization N dàhuànxiě 大换血

overall situation, the N dà huánjìng 大环境

over-anxious for success ADJ jíyú qiúchéng 急于求成

overcast, cloudy ADJ duōyún/yīntiān 阴天 / 多云

overcome, to V kèfú 克服

overcome poverty and achieve prosperity, to V tuōpín zhìfù 脱贫致富

overcrowded ADJ tài yōngjǐ/rén tài duō 太拥挤 / 人太多

overdue ADJ 1 (loans, books) guòqī bùhuánde 过期不还的 2 (payments) guòqī bùfù de 过期不付的 3 (schoolwork) guòqī bùjiāode 过期不交的

overgraze, to V chāozài guòmù 超载过牧

overhear, to V wúyìzhōng tīngdào 无意中听到

overloaded operation N chāofùhè yùnzhuǎn 超负荷运转

overlook, to V hūshì/hūlüè 忽视 / 忽略

overpopulation N rénkǒu guòshèng 人口过剩

overseas ADJ hǎiwài 海外

overseas Chinese N qiáobāo 侨胞

overseas demand N wài xū 外需

oversleep, to V shuìguòtóu 睡过头

overstaffed ADJ rénfúyúshì 人浮于事

overstaffing in organizations N jīgòu yōngzhǒng 机构臃肿

overstocked products N chǎnpǐn jīyā 产品积压

overtime N 1 (*work*) jiābān shíjiān 加班时间 2 (*games*) jiā shí 加时

overturned ADJ dǎfān 打翻

overwhelming ADJ 1 yādǎoxìng 压倒的 2 bùkě kàngjùde 不可抗拒的

owe, to v qiàn 欠

owing to, because PREP yóuyú 由于

own, to v yōngyǒu 拥有

own, on one's ADJ dúlìde 独立的

own, personal ADJ zìjǐde 自己的

owner N wùzhǔ/yèzhǔ 物主 / 业主

ox N gōngniú 公牛

oxygen N yǎngqì 氧气

oyster N háo 蚝

ozone N chòuyǎngcéng 臭氧层

ozone layer, hole in the ozone N chòuyǎngcéng kōngdòng 臭氧层空洞

P

pace N 1 (*speed*) sùdù 速度 2 (*step*) bùfá 步伐

Pacific Fleet (US) N tàipíngyáng jiànduì 太平洋舰队

Pacific Rim N huántàipíngyáng dìqū 环太平洋地区

pack, to v bāozhuāng/shōushí 包装 / 收拾

package N bāoguǒ 包裹

packet N xiǎobāo/xiǎodài 小包 / 小袋

paddy, rice paddy N shuǐdào tián 水稻田

padlock N guàsuǒ 挂锁

page N yè 页

paid ADJ yǐ fùkuǎn 已付款

paid holidays N dàixīn jiàqī 带薪假期

pain N tòng 痛

painful ADJ tòng 痛

painkiller N zhǐtòngyào 止痛药

paint N yóuqī 油漆

paint, to (a painting) v huàhuàr 画画儿

paint, to (house) v yóuqī 油漆

painting N huàr/huìhuà 画儿 / 绘画

pair of, a N yī shuāng 一双

pajamas N shuìyī 睡衣

pal, buddy N hǎo péngyou 好朋友

palace N gōngdiàn 宫殿

pale ADJ cāngbái de 苍白的

pamper, indulge, to v jiāoyǎng/zòngróng 娇养 / 纵容

pan (for cooking) N guō 锅

panda N xióngmāo 熊猫

panic N jīnghuāng/jīngkǒng 惊慌 / 惊恐

panic buying N qiǎnggòu 抢购

panorama N quánjǐng 全景

panties N jǐnshēn duǎnchènkù 紧身短衬裤

pants N kùzi 裤子

paparazzi N gǒuzǎiduì 狗仔队

paper N zhǐ 纸

paperwork N wénshū gōngzuò 文书工作

parachute N jiàngluò sǎn 降落伞

parade N yóuxíng duìwǔ 游行队伍

Paralympics Games, the N cán'àohuì 残奥会

paralysis N tānhuàn 瘫痪

paralytic N tānhuànzhě 瘫痪者

parcel N bāoguǒ 包裹

parched ADJ gānhànde/gānkūde 干旱的 / 干枯的

pardon me? what did you say? shénme? 什么?

parents N fùmǔ 父母

park N gōngyuán 公园

park, to (car) V tíngchē 停车

parliament N guóhuì 国会

parole N, V jiàshì 假释

parrot N yīngwǔ 鹦鹉

part (not whole) N bùfen 部分

part (of machine) N língjiàn 零件

participate, to V cānjiā 参加

particularly, especially ADV yóuqíshì 尤其是

particulars, details N xìjié/xiángqíng 细节 / 详情

partition N 1 (wall) géqiáng 隔墙 2 (divider) fēnliè 分裂

partly ADV bùfen 部分

partner (in business) N héhuǒrén 合伙人

partner (spouse) N bànlǚ/huǒbàn 伴侣 / 伙伴

party (event) N jùhuì 聚会

party (political) N zhèngdǎng 政党

pass, go past, to V jīngguò 经过

pass, to (exam) V jígé 及格

pass N 1 (permit) tōngxíng zhèng 通行证 2 (exam) jígé 及格

pass the ball, to V tī píqiú 踢皮球

pass the buck, to V tuīwěi 推诿

passage N 1 (traffic) tōngdào 通道 2 (music/reading material) yí duàn 一段

passenger N chéngkè 乘客

passenger transport around the Chinese Lunar New Year N chūnyùn 春运

passive radar N wúyuán léidá 无源雷达

passive smoking; second-hand smoking N bèidòng xīyān 被动吸烟

passport N hùzhào 护照

password N kǒulìng/tōngxíng zì 口令 / 通行字

past, former ADJ guòqùde 过去的

past: go past ADV yuèguò 越过

past is past, the PHR wǎng shì rú fēng 往事如风

pastime N xiāoqiǎn 消遣

pastor, Christian minister N mùshī 牧师

pastry, cake N dàn'gāo 蛋糕

pasture N mùchǎng 牧场

patent medicine N chéngyào 成药

patented product N zhuānlì chǎnpǐn 专利产品

patient, calm ADJ nàixīn 耐心

patient (doctor's) N bìngrén 病人

patriarch N nán jiāzhǎng/zúzhǎng 男家长 / 族长

patriotism N àiguó zhǔyǐ 爱国主义

patron N 1 *(sponsor)* zīzhùrén 资助人 2 *(customer)* gùkè 顾客

pattern, design N shìyàng 式样

patterned ADJ fǎngzàode 仿造的

pause N zàntíng 暂停

pavement, sidewalk N 1 lùmiàn 路面 2 rénxíngdào 人行道

pay, to V fùqián 付钱

pay a New Year call, to V bàinián 拜年

pay attention, to liúyì/zhùyì 留意 / 注意

pay-cut N gōngzī xuējiǎn 工资削减

payroll tax N gōngzī shuì 工资税

payment N zhīfù 支付

PDA N zhǎngshàng diànnǎo 掌上电脑

peace N hépíng 和平

Peace all year round! GR suìsuì píng'ān 岁岁平安

Peace is the best option yǐhé wéi guì 以和为贵

peaceful ADJ hépíngde 和平的

peach N táozi 桃子

peak, summit N shāndǐng/dǐngfēng 山顶 / 顶峰

peak hours N gāofēng 高峰

peanut N huāshēngmǐ 花生米

pear N lí 梨

pearl N zhēnzhū 珍珠

peas N wāndòu 豌豆

peculiar, odd, weird ADJ guàiyìde/bùzhèngchángde 怪异的 / 不正常的

peddler N hútòng chuànzǐ 胡同串子

pedestrian overpass N bùxíng tiānqiáo 步行天桥

pedestrian street N bùxíngjiē 步行街

pediatrician N érkēyīshēng 儿科医生

peek, peep, to V tōukàn 偷看

peel, to V bāopí 剥皮

Peking Opera N jīngjù 京剧

pen N gāngbǐ 钢笔

penalty kick N diǎnqiú 点球

pencil N qiānbǐ 铅笔

penis N yīnjīng 阴茎

people N rén 人

people afflicted by a natural disaster N shòuzāi qúnzhòng 受灾群众

people living in absolute poverty N chìpín rénkǒu 赤贫人口

people of Chinese origin N yánhuáng zǐsūn 炎黄子孙

people-based management N rénmínghuà guǎnlǐ 人性化管理

pepper (black) N hēi hújiāo 黑胡椒

pepper (chilli) N làjiāo 辣椒

Pepsi N bǎishìkělè 百事可乐

per-capita housing N rénjūn zhùfáng 人均住房

percent ADJ, ADV bǎifēn zhī ... 百分之 ...

percentage N bǎifēnbǐ 百分比

perfect ADJ wánměi de 完美的

performance (show) N yǎnchū 演出

perfume N xiāngshuǐ 香水

perhaps ADV yěxǔ 也许

perhaps, probably ADV kěnéng 可能

period (end of a sentence) N jùhào 句号

period (menstrual) N yuèjīngqī 月经期

period (of time) N shíqí 时期

periodic employment N jiēduànxìng jiùyè 阶段性就业

permanent ADJ yǒngjiǔde 永久的

permanent envoy N chángzhù shǐjié 常驻使节

permanent international tribunal N chángshè guójì fǎtíng 常设国际法庭

permanent representative N chángzhù dàibiǎo 常驻代表

permanent representative to the United Nations permit N xǔkězhèng 许可证

permission N xǔkě/zhǔnxǔ 许可／准许

permit, to allow, to V yǔnxǔ/zhǔnxǔ 允许／准许

persistent vegetative state N zhíwùzhuàngtài 植物状态

person N rén 人

person in charge, authority N quánwēi 权威

personal ADJ gèrén de/sīrén de 个人的／私人的

personal attack N rén shēn gōng jī 人身攻击

personal income tax N gèrén suǒdé shuì 个人所得税

personality N xìnggé 性格

perspire, to V chūhàn 出汗

persuade, convince, to V shuōfú/quànfú 说服／劝服

pest N hàichóng 害虫

pesticide residue N nóngyào cánliúwù 农药残留物

pet (animal) N chǒngwù 宠物

pet clinic N chǒngwù yīyuàn 宠物医院

pet craze N chǒngwùrè 宠物热

pet food N chǒngwù shípǐn 宠物食品

pet shop N chǒngwùdiàn 宠物店

petrol N qìyóu 汽油

petrol station N jiāyóuzhàn 加油站

Ph.D. candidate N bóshìshēng 博士生

Ph.D. supervisor N bódǎo 博导

pharmacy, drugstore N yàodiàn 药店

philanthropist N císhànjiā 慈善家

Philippines N Fēilǜbīn 菲律宾

phobia N kǒngjù 恐惧

photo album N xiězhēnjí 写真集

photocopy N fùyìnjiàn 复印件

photocopy, to v fùyìn 复印

photograph N zhàopiàn 照片

photograph, to v zhàoxiàng 照相

physical constitution N shēntǐ sùzhì 身体素质

physician N nèikēyīshēng 内科医生

pick, choose, to v tiāoxuǎn 挑选

pick up, to (someone) v jiē 接

pick up, lift, to (something) v jiǎnqǐ 捡起

pickpocket N páshǒu/xiǎotōu 扒手 / 小偷

pickpocket, to v tōu qiánbāo 偷钱包

picnic N yěcān 野餐

picture N huàr 画儿

piece, item N jiàn/kuài 件 / 块

piece, portion, section N suìpiàn 碎片

pie N xiànbǐng 馅饼

pierce, penetrate, to v cìchuān 刺穿

pig N zhū 猪

pillow N zhěntou 枕头

pills N yàowán/yàopiàn 药丸 / 药片

pilot project N shìdiǎn gōngchéng/shìdiǎn xiàngmù 试点工程 / 试点项目

PIN (personal identity number) N gèrén mìmǎ 个人密码

pin N dàtóuzhēn 大头针

pineapple N bōluó 菠萝

ping-pong, table tennis N (game) pīngpāngqiú 乒乓球

pink ADJ fěnhóngsè 粉红色

pink-collar N fěnlǐng 粉领

pirated (copy illegally) ADJ dàobǎn 盗版

pitcher, jug N dà shuǐguàn 大水罐

pitcher (baseball) N tóushǒu 投手

pity, N, v kělián 可怜

pity: what a pity! EXCLAM kěxī 可惜

pizza N bǐsà bǐng 比萨饼

place N dìfang 地方

place, put, to v fàng 放

plain (level ground) N píngyuán 平原

plain (not fancy) ADJ pǔsù 朴素

plan N jìhuà 计划

plan, to v dǎsuàn 打算, guīhuà 规划

plane N 1 fēijī 飞机 2 (flat land) píngmiàn 平面

planet N xíngxīng 行星

planned economy N jìhuà jīngjì 计划经济

planning, arrangements N ānpái 安排

plant N zhíwù 植物

plant, to v zhòng 种

plant community N zhíwù qúnluò 植物群落

plantation N zhòngzhíyè 种植业

plasma TV N děnglízǐ diànshì 等离子电视

plastic N sùliào 塑料

plate N pánzi 盘子

platform ticket N zhàntái piào 站台票

platinum N báijīn 白金

platinum record N báijīn chàngpiàn 白金唱片

play, to V wánr 玩儿

play around, to V zhuīqiú xiǎngshòu 追求享受

play mah-jong, to V dǎ májiàng 打麻将

play one's trump card, to V dǎchū wángpái 打出王牌

player of the national football N teamguójiǎo 国脚

playground N cāochǎng/ yóuxìchǎng 操场 / 游戏场

plead, to V biànhù/kěnqiú 辩护 / 恳求

pleasant ADJ lìng rén yúkuàide 令人愉快的

please (request for help) qǐng qǐng 请 请

pleased ADJ gāoxìng/mǎnyì 高兴 / 满意

pledge N shìyán/bǎozhèng 誓言 / 保证

plenary meeting N quántǐ huìyì 全体会议

plug (bath) N sāizi 塞子

plug (electric) N chātóu 插头

plum N lǐzi 李子

plumber N shuǐnuǎngōng 水暖工

pluralistic ADJ duōyuánhuà 多元化

pluralistic society N duōyuán shèhuì 多元社会

plus PREP jiāshàng 加上

pocket N kǒudài 口袋

point (in time) N shíkè 时刻

point, dot N jiānduān 尖端

point out, to V zhǐchū 指出

poison N dúyào 毒药

poisonous ADJ yǒudúde 有毒的

pole N gǎn/gān 杆 / 竿

police N gōng'ānjú/jǐngchájú 公安局 / 警察局

police officer N jǐngchá 警察

polish, to V cāliang 擦亮

politburo N zhèngzhìjú 政治局

polite ADJ yǒu lǐmào 有礼貌

political persecution N zhèngzhì pòhài 政治迫害

political restructuring N zhèngzhì tǐzhì gǎigé 政治体制改革

politics N zhèngzhì 政治

poll tax N réntóushuì 人头税

pollution N wūrǎn 污染

pollution index N wūrǎn zhǐshù 污染指数

pool N chí/shuǐ chí 池 / 水池

poor (not rich) ADJ qióng 穷

poor-selling goods N zhìxiāo shāngpǐn 滞销商品

pop art N bōpǔ yìshù 波普艺术

pop culture N bōpǔ wénhuà 波普文化

popular ADJ liúxíng 流行

popularity N rénqì 人气

population N rénkǒu 人口

pork N zhūròu 猪肉

port N hǎigǎng 海港

portion, serving N yī fèn 一份

position N 1 wèizhì 位置
2 dìwèi 地位

possess, to V zhànyǒu 占有

possessions N suǒyǒu 所有

possible ADJ kěnéng 可能

possibly ADV kěnéngde 可能的

post, column N zhù 柱

post, mail, to V jì 寄

post-doctoral N bóshì hòu 博士后

post office N yóujú 邮局

postcard N míngxìnpiàn 明信片

poster N hǎibào/zhāotiē 海报 / 招贴

postpone, to V yánqī 延期

postponed, delayed ADJ tuīchí 推迟

pot N hú 壶

potato N tǔdòu/mǎlíngshǔ 土豆 / 马铃薯

poultry N jiāqín 家禽

pour, to V dào 倒

poverty relief N fúpín 扶贫

powder N fěnmò 粉末

power N liliang 力量

power, authority N quánlì 权力

power shot (soccer) N jìngshè 劲射

Powerball (lottery) N qiánglìqiú 强力球

powerful ADJ qiángdàde 强大的

practice, v liànxí 练习

praise N zànyáng 赞扬

praise, to V biǎoyáng 表扬

prawn N xiā 虾

pray, to V qídǎo 祈祷

prayer N qídǎo 祈祷

precaution N yùfáng 预防

precedent N xiānlì/pànlì 先例 / 判例

preconceived idea ADJ xiānrù wéi zhǔ 先入为主

predict, forecast, to V yùyán/yùcè 预言 / 预测

prefer, to V xǐ'ài 喜爱

pregnant ADJ huáiyùn 怀孕

pre-job training N jiùyè qián péixùn 就业前培训

prejudice, bias N piānjiàn 偏见

premarital sex N hūnqián xìngxíngwéi 婚前性行为

premiere N (movie) shǒuyìng 首映, (show/performance) shǒuyǎn 首演

preparatory committee N chóubèi wěiyuánhuì 筹备委员会

prepare, make ready, to V zhǔnbèi 准备

prepare for the worst, to V zuò zuìhuài de dǎsuàn 做最坏的打算

prepared, ready ADJ zhǔnbèihǎole 准备好了

preschool N yòu'éryuán 幼儿园

prescription N yàofāng 药方

present (here) ADJ xiànzài 现在

present (gift) N lǐwù 礼物

present, to v jǐyǔ/zéngyǔ 给予／赠与

present moment, at the ADJ mùqiánde 目前的

presenter; host N sīyí/zhǔchírén 司仪／主持人

presently, nowadays ADV xiànzài 现在

preservative N fángfǔjì 防腐剂

preserved, cured ADJ bèi jiāgōng chǔlǐ 被加工处理

president N zǒngtǒng 总统

press, journalism N xīnwénjiè 新闻界

press, to v yā 压

press box N jìzhěxí 记者席

press conference N jìzhěhuì 记者会

pressure N yālì 压力

pretend, to v jiǎzhuāng 假装

pretty (of places, things) ADJ měilì/měihǎo 美丽／美好

pretty (of women) ADJ qiào/piàoliang 俏／漂亮

pretty, very ADV xiāngdāng 相当

prevent, to v zǔzhǐ 阻止

previously ADV yǐqián/xiānqián 以前／先前

price, cost N jiàqián/jiàgé 价钱／价格

Price Bureau N wùjiàjú 物价局

price hike N tíjià 提价

price/performance ratio N xìngjià bǐ 性价比

priceless ADJ wújiàde 无价的

pride N zìháo/jiāo'ào 自豪／骄傲

priest N shénfù/mùshī 神父／牧师

prime minister N zǒnglǐ 总理

prime time N huángjīn shíduàn 黄金时段

Prince Charming N báimǎ wángzǐ 白马王子

principal N xiàozhǎng 校长

principle N yuánzé 原则

print, to (from computer) v dǎyìn 打印

priority N 1 yōuxiān(quán) 优先（权）2 zuìzhòngyào de shì 最重要的事

prison N jiānyù 监狱

prisoner of war (POW) N zhànfú 战俘

private ADJ sīréndé 私人的

private (secret) coffer N xiǎo jīnkù 小金库

private capital mínjiān zīběn 民间资本

private economy N gètǐ jīngjì 个体经济

private enterprise N sīqǐ/sīrén qǐyè 私企／私人企业

private investor N sànhù 散户

privately owned enterprise N sīyíng qǐyè 私营企业

privilege N tèquán 特权

prize N jiǎng/jiǎngpǐn/jiǎngjīn 奖 / 奖品 / 奖金

probably ADV dàgài 大概

problem N wèntí 问题

process N guòchéng 过程

produce, to V shēngchǎn 生产

product N chǎnpǐn/zhìpǐn 产品 / 制品

profession N zhíyè 职业

professional dedication N jìngyè jīngshén 敬业精神

professional manager N zhíyè jīnglǐrén 职业经理人

professional talent N zhuānmén réncái 专门人才

professional title N zhíchēng 职称

profit N lìrùn 利润

profit at others' expense, to V zhàn piányi 占便宜

profit-before-everything ADJ wéilì shìtú 唯利是图

profiteer N dǎoyé 倒爷

profiteering N dǎomǎi dǎomài/bàolì 倒买倒卖 / 暴利

program, broadcast N guǎngbō 广播

program, schedule N jiémù 节目

programming (computer) N biānchéng 编程

project N xiàngmù 项目

projector N huàndēngjī/diànyǐng fàngyìngjī 幻灯机 / 电影放映机

prolonged political stability N chángzhì jiǔān 长治久安

promise, to V dāying 答应

promotion (sale) N cùxiāo 促销

pronounce, to V fāyīn 发音

proof N zhèngjù 证据

proper ADJ shìdàngde/qiàdàngde 适当的 / 恰当的

property N cáichǎn 财产

property exhibition N fángzhǎn 房展

property management N wùyè guǎnlǐ 物业管理

property management company N wùyè gōngsī 物业公司

property owner N yèzhǔ 业主

property tax N cáichǎnshuì 财产税

proposal N 1 (*suggestion*) tíyì 提议 2 (*marriage*) qiúhūn 求婚

propose a toast, to V jǔbēi 举杯

prospects N qiánjǐng 前景

prostitute N sānpéi/jìnǚ 三陪 / 妓女

protective duty/tariff N bǎohù guānshuì 保护关税

protective umbrella N bǎohùsǎn 保护伞

protection N bǎohù 保护

protest, to V kàngyì 抗议

proud ADJ jiāo'ào 骄傲

prove, to V zhèngmíng 证明

provincial capital N shěnghuì 省会

provisions N liángshi/shíwù 粮食/食物

provoke, arouse, to v jīnù/jīqǐ 激怒/激起

proxy server (Internet) N dàilǐ fúwùqì 代理服务器

prune N xīméigān 西梅干

pseudonym N bǐmíng 笔名

pub N jiǔbā 酒吧

public ADJ gōnggòng 公共

public holidays N gōngxiū/gōngzhòng jiàqī 公休/公众假期

public institution N shìyè dānwèi 事业单位

public price hearings N jiàgé tīngzhènghuì 价格听证会

public relations (PR) N gōngguān 公关

public reserve funds N gōngjījīn 公积金

public toilet N gōngcè 公厕

public welfare activities N gōngyì huódòng 公益活动

publish, to v chūbǎn 出版

pull, to v lā 拉

pulse N màibó 脉搏

pump N bèng 泵

pumpkin N nánguā 南瓜

punch machine N dǎkǎjī 打卡机

punching bag N chūqìtǒng 出气筒

punctual ADJ zhǔnshí 准时

pupil N xuésheng 学生

puppy love N zǎoliàn 早恋

purchase, buy, to v gòumǎi 购买

purchasing power N gòumǎilì 购买力

pure ADJ chúnde 纯的

purified water N chúnjìngshuǐ 纯净水

purple ADJ zǐsè 紫色

purpose N mùdì 目的

purse (for money) N qiánbāo 钱包

pursue, to v zhuīqiú 追求

push, to v tuī 推

pushcart N shǒutuīchē 手推车

put, place, to v fàng fàng 放

put a label on, to v kòumàozi 扣帽子

put money in the bank, deposit, to v cúnkuǎn 存款

put off, delay, to v tuīchí 推迟

put on, to (clothes) v chuān 穿

put together, assemble, to v zhuāngpèi/zǔzhuāng 装配/组装

puzzle, riddle N mítí 谜题

puzzled ADJ shòu míhuò 受迷惑

pyjamas N shuìyī 睡衣

pyramid N jīnzìtǎ 金字塔

pyramid sales; multi-level marketing (MLM) N chuánxiāo 传销

Q

Qi Gong (martial) N qìgōng 气功

Qingming Festival (Chinese All Souls Day) N Qīngmíngjié 清明节

quadruple, to v fānliǎngfān 翻两番

quail N ānchún 鹌鹑

quake, tremble, to V chàndǒu 颤抖

qualification N zīgé 资格

quality of population N rénkǒu suzhì 人口素质

quarantine N gélí jiǎnyì 隔离检疫

quark N kuākè 夸克

quarry N 1 cǎishíchǎng 采石场 2 lièwù 猎物

quarter N sìfēnzhīyī 四分之一

quash, suppress, to V zhènyā 镇压

quay N mǎtou 码头

queasy ADJ ěxīnde/xiǎng ǒutù 恶心的/想呕吐

queen N nǚwáng 女王

queer, eccentric ADJ qíguài de 奇怪的

query N yíwèn/wèntí 疑问/问题

question N wèntí 问题

questionnaire N diàonchá wènjuàn 调查问卷

queue, line up, to V páiduì 排队

quick ADJ kuài 快

quickly ADV hěnkuàide 很快地

quiet N ānjìng 安静

quill N yǔmáo guǎn 羽毛管

quilt N bèizi 被子

quit, to V 1 (activity) fàngqì 放弃 2 (habit) tíngzhǐ 停止

quite (fairly) ADV xiāngdāng 相当

quite (very) ADV díquè 的确

quiz N xiǎo cèyàn 小测验

Quran, Koran N Kělánjīng 可兰经

R

race N 1 (contest) bǐsài 比赛 2 (ethnic) zhǒngzú 种族

racquet N qiúpāi 球拍

radar N léidá 雷达

radiation N fúshè 辐射

radio N shōuyīnjī 收音机

radioactive ADJ fàngshèxìng 放射性

radioactive waste N fàngshèxìng fèiliào 放射性废料

radiology N fàngshè yīxué 放射医学

rage N dà nù/fènnù 大怒/愤怒

rail: by rail N zuò huǒchē 坐火车

railroad, railway N tiělù 铁路

rain N yǔ 雨

rain, to V xiàyǔ 下雨

rainbow N cǎihóng 彩虹

raincoat N yǔyī 雨衣

rainforest N yǔlín 雨林

raise, lift, to V tígāo 提高

raise, to (children) V fǔyǎng 抚养

raise fund, to V chóuzī 筹资

RAM (computer) N nèicún 内存

Ramadan (Muslim fasting month) N zhāiyuè 斋月

rank, station in life N dìwèi 地位

ranking N jíbié 级别

rape N, V qiángjiān 强奸

rapid response force N kuàisù fǎnyìng bùduì 快速反应部队

rare (scarce) ADJ xīyǒude 稀有的

rare (uncooked) ADJ bànshúde 半熟的

rare or endangered species N zhēnxī bīnwēi zhíwù 珍稀濒危植物

rarely, seldom ADV nándé/ǒu'ěr 难得／偶尔

rat N hàozi/lǎoshǔ 耗子／老鼠

rate, tariff N jiàgé/shuìzé 价格／税则

rate of exchange N duìhuànlǜ 兑换率

rather, fairly ADV bǐjiào 比较

rather than ADV nìngkě 宁可

raw, uncooked, rare ADJ shēngde 生的

ray N guāngxiàn 光线

reach, get to, to V dádào 达到

reach a new level, to V toshàngxīn táijiē 上新台阶

react to, to V qǐ fǎnyìng 起反应

reaction, response N fǎnyìng 反应

read, to V kànshū 看书

read-only-memory (ROM) N zhǐdú cúnchǔqì 只读存储器

ready ADJ zhǔnbèihǎole 准备好了

ready, to get ADV zhǔnbèi 准备

ready, to make zhǔnbèihǎo 准备好

real economy N shítǐ jīngjì 实体经济

real estate N fángdìchǎn 房地产

real estate management N fángguǎn 房管

realize, be aware of, to V yìshídào 意识到

really (in fact) ADV shíjì 实际

really, very ADV fēicháng 非常

really? EXCLAM zhēnde ma? 真的吗？

rear, tail N hòumiàn 后面

rear projection (TV) N bèitóu 背投

reason N yuányīn/qínglǐ 原因／情理

reasonable (price) ADJ gōngdào 公道

reasonable (sensible) ADJ héqínghélǐde 合情合理的

rebate N tuìkuǎn/huíkòu 退款／回扣

rebel N fǎnpàn 反叛

reboot, to V chóngxīn qǐdòng 重新启动

recall, to V1 xiǎngqǐ/huíyì 想起／回忆 2 (goods) shōuhuí 收回

receipt N shōujù 收据

receive, to V shōudào 收到

receive salary from the government V chī huángliáng 吃皇粮

recession N jīngjì shuāituì 经济衰退

recharge batteries, to V chōngdiàn 充电

rechargeable (phone) card N chōngzhíkǎ 充值卡

recipe N shípǔ 食谱

reclaim land from marshes, to v wéikěn zàotián 围垦造田

recognize, to v rènde 认得

recommend, to v tuījiàn 推荐

reconsider, think over, to v chóngxīn kǎolǜ 重新考虑

record n 1 jìlù 记录 2 chàngpiàn 唱片

recover (cured), to v kāngfù 康复

recreation n xiāoqiǎn/yúlè 消遣/娱乐

recycled paper n zàishēngzhǐ 再生纸

rectangle n chángfāngxíng 长方形

red n, adj hóngsè (de) 红色（的）

red chip stocks n hóngchóugǔ 红筹股

Red Cross, the n hóngshí zìhuì 红十字会

red paper containing money as a gift, bribe n hóngbāo 红包

red tides (in the ocean) n chìcháo 赤潮

reduce, to v jiàngjià 降价

reduce interest (finance) v jiàngxī 降息

reduction n jiǎnshǎo 减少

re-employment n zàijiùyè 再就业

re-employment service center n zàijiùyè fúwù zhōngxīn 再就业服务中心

reflect, to v fǎnyìng 反映

refreshment, drink n yǐnliào 饮料

refrigerator n bīngxiāng 冰箱

refuse, to v jùjué 拒绝

refuse, trash, rubbish n fèiwù/lājī 废物/垃圾

regarding, about adv yǒuguān 有关

regent n, adj shèzhèng 摄政

region n dìqū 地区

regional autonomy of ethnic minorities n mínzú qūyù zìzhì 民族区域自治

regional disparity n dìqū chāiyì 地区差异

regional protectionism n dìfāng bǎohù zhǔyì 地方保护主义

register, to v guàhào 挂号

registered post n guàhàoxìn 挂号信

regret, to v yíhàn/hòuhuǐ 遗憾/后悔

regrettably adv lìng rén yíhànde 令人遗憾的

regular, normal adj dìngqí/zhèngcháng 定期/正常

regular customer n huítóukè 回头客

rehearsal n páiliàn 排练

reigning world champion n wèimiǎn shìjiè guànjūn 卫冕世界冠军

reimburse, to v fùhuán/chánghuán 付还/偿还

reincarnation n zhuǎnshì 转世

relapse, to v fùfā/gùtàifùméng 复发/故态复萌

relatively well-off family N xiǎokāng zhī jiā 小康之家

relatives, family N qīnqi 亲戚

relax, to v fàngsōng 放松

release, to v shìfàng 释放

relief N 1 jiětuō 解脱 2 jiùjì 救济

religion N zōngjiào 宗教

remainder, leftover ADJ shèngxiàde 剩下的

remains (historical) N gǔjì 古迹

remarriage N zàihūn 再婚

remedy N 1 bǔjiù bànfǎ 补救办法 2 yàowù/zhìliáo 药物 / 治疗

remember, to v jìde 记得

remind, to v tíxǐng 提醒

reminiscences N huíyì 回忆

remittance N huìkuǎn 汇款

remorse N huǐhèn 悔恨

remote ADJ 1 yáoyuǎnde 遥远的 2 lěngdànde 冷淡的

remove, to v 1 nádiao 拿掉 2 páichú 排除

renewable ADJ kě zàishēngde 可再生的

renounce, to v pāoqì/fàngqì 抛弃 / 放弃

renovation N zhuāngxiū 装修

rent, to v zū 租

reorder, to v 1 chóngxīn dìnggòu 重新订购 2 chóngxīn ānpái 重新安排

reorganize, reform, to v gǎizǔ/gǎibiān 改组 / 改编

repair, to v xiū/xiūlǐ 修 / 修理

repay, to v 1 fùhuán/chánghuán 付还 / 偿还 2 bàodá 报答

repeat, to v 1 chóngfù 重复 2 chóngbō 重播

repeated offender N guànfàn 惯犯

repentance N chànhuǐ/àohuǐ 忏悔 / 懊悔

repellent N chúchóngjì 除虫剂

replace, to v dàitì 代替

replicate, to v fùzhì/zhòngzuò 复制 / 重做

reply, response N dáfù 答复

reply, to (in speech) v huídá 回答

reply, to (in writing) v fùxìn/dáfù 复信 / 答复

report N bàogào 报告

report, to v huìbào 汇报

report only the good but not the bad, to N bàoxǐ bù bàoyōu 报喜不报忧

reporter N jìzhě 记者

represent v 1 (take sb's place) dàibiǎo 代表 2 (symbolize) xiàngzhēng 象征

representative N dàibiǎo 代表

reprimand N, v qiǎnzé/chìzé 谴责 / 斥责

reprint N chóngyìn shū 重印书

republic N gònghéguó 共和国

request, to (formally) v yāoqiú 要求

request, to (informally) v qǐngqiú 请求

requirement N 1 tiáojiàn 条件
2 yāoqiú 要求 3 xūyàopǐn 需要品

reroute, to v gǎibiàn lùxiàn 改
变路线

rescue, to v qiǎngjiù 抢救

rescue worker N jiùyuán rényuán
救援人员

research N yánjiū 研究

research, to v diàochá/yánjiū 调
查／研究

resemble, to v xiàng/lèisì yú 象／
类似于

resentment N yuànhèn/fènmèn
怨恨／愤懑

reservation N 1 bǎoliú 保留
2 (tickets, room, etc) yùdìng 预定

reserve (for animals) N bǎoliúdì
保留地

reserve, to (ask for in advance)
v yùdìng 预订

reserve funds N bèiyòng zījīn/
chǔbèi jījīn 备用资金／储备基金

residence community N zhùzhái
xiǎoqū 住宅小区

resident, inhabitant N jūmín 居民

resident correspondent N
chángzhù jìzhě 常驻记者

residue, remainder N shèngyú
(wù) 剩余（物）

resign, quit work, to v cízhí 辞职

resist, to v 1 (endure) rěnzhù/
dǐngzhù 忍住／顶住 2 (defy)
dǐkàng 抵抗

resolution N 1 (decision) juéyì 决

议 2 (determination) juédìng/
juéxīn 决定／决心 3 (settlement)
jiějué bànfǎ 解决办法

resolve, to (a problem) v jiějué
解决

resort N dùjià dì 度假地

resort, means N shǒuduàn 手段

resounding ADJ jí xiǎngliàngde
极响亮的

resource N 1 zīyuán 资源 2 zīliào
资料

respect N zūnzhòng 尊重

respect, to v zūnjìng 尊敬

respirator N réngōng hūxīqì 人
工呼吸器

respite N chuǎnxī jīhuì 喘息机会

respond, react, to v fǎnyìng 反应

response, reaction v dáfù 答复

responsibility, duty N zérèn 责任

responsible, to be ADJ fùzé 负责

responsive ADJ 1 fǎnyìng kuàide
反应快的 2 xiǎngyìngde 响应的

rest, remainder ADJ shèngyúde
剩余的

rest, relax, to v xiūxi 休息

restaurant N fànguǎn 饭馆

restless ADJ zuòwò búníngde 坐
卧不宁的

restore, to v 1 huīfù 恢复 2 xiūfù
修复

restrict, limit, to v xiànzhì 限制

restriction N xiànzhì 限制

restrain, to v yìzhì 抑制

restroom N xǐshǒujiān 洗手间

result N jiéguǒ/xiàoguǒ 结果 / 效果

resulting from, as a result ADV jiéguǒ 结果

resurface, reappear, to V chóngxīn chūxiàn 重新出现

resume, to V huīfù 恢复

résumé, CV N gèrén jiǎnlì 个 人简历

resume secular life, to V huánsú 还俗

resuscitation N qiǎngjiù/fùsū 抢 救 / 复苏

retail N língshòu 零售

retaliate, to V dǎjī bàofù 打击报复

retarded ADJ ruòzhì de 弱智的

retch, puke, to V èxīn/zuǒ'ǒu 恶 心 / 作呕

reticent ADJ chénmòde/bù ài shuōhuàde 沉默的 / 不爱说话的

retired ADJ tuìxiū 退休

retirement home N jìnglǎoyuàn 敬老院

retirement pension N tuìxiūjīn 退休金

retreat, to V₁ chètuì 撤退 2 wǎng-hòu tuì 往后退

retribution N bàoyìng 报应

return, go back, to V huíqù 回去

return, give back, to V guīhuán 归还

return home, to V huíjiā 回家

return ticket N láihuípiào/wǎngfǎn jīpiào 来回票 / 往返机票

reunion N tuánjù 团聚

revaluation (currency) tōnghuò shēngzhí 通货升值

revalue, to V chóngxīn gūjià 重 新估价

reveal, make known, to V jiēshì/tòulù 揭示 / 透露

reveal, make visible, to V zhǎnshì 展现

revenge N bàochóu/fùchóu 报仇 / 复仇

revenue tax; fiscal levy N cáizhèng shuìshōu 财政税收

reverence N zūnjìng/chóngjìng 尊敬 / 崇敬

reverse, back up, to V shǐ dǎotuì 使倒退

reversed, backwards ADJ fǎnxiàngde 反向的

review, to V₁ (evaluate) fùchá/jiǎnchá 复查 / 检查 2 (revise) fùxí gōngkè 复习功课 3 (write a review) pínglùn 评论

revolution N gémìng 革命

reward N bàochou/jiǎnglì 报酬 / 奖励

rewind, to V dǎo huí 倒回

rework, to V gǎibiān 改编

rheumatism N fēngshībìng 风湿病

rhinoceros, rhino N xīniú 犀牛

rhythm and blues (R&B) N jiézòu bùlǔsī 节奏布鲁斯

rib N lèigǔ 肋骨

ribbon N sīdài 丝带

ribbon cutting ceremony, to cut the ribbon N, v jiǎncǎi 剪彩

rice (cooked) N mǐfàn 米饭

rice (plant) N dàozi 稻子

rice (uncooked grains) N dàmǐ 大米

rice fields N dàotián 稻田

rich ADJ fùyùde 富裕的

rich man, tycoon N dàkuǎn 大款

rid: get rid of v jiěchú/bǎituō 解除／摆脱

ride (in car), to v zuòchē 坐车

ride (bicycle), to v qí zìxíngchē 骑自行车

ride (horse), to v qímǎ 骑马

ride (motorcycle), to v qí mótuōchē 骑摩托车

ride (transport), to v chéngchē 乘车

ridiculous ADJ kěxiàode/huāngtángde 可笑的／荒唐的

rifle N qiāng/bùqiāng 枪／步枪

right, correct ADJ zhèngquè 正确

right now ADV lìkè/mǎshàng 立刻／马上

right of silence N chénmòquán 沉默权

right-hand side N yòubiàn 右边

righteousness N zhèngyì 正义

rights N quánlì 权利

rigorous ADJ yángéde 严格的

rind N guǒpí 果皮

ring (jewelry) N jièzhǐ 戒指

ring (bell), to v ànlíng 按铃

ring (on the telephone), to v dǎ diànhuà 打电话

rink N liūbīngchǎng 溜冰场

Rio de Janeiro N lǐyuērè'nèilú 里约热内卢

rip, tear, to v sīliè 撕裂

rip off, to v zǎi rén 宰人

rip off customers, to v zǎi kè 宰客

rip open, to v sīkāi 撕开

ripe ADJ shúde/shóude 熟的

ripples N wēibō 微波

rise, ascend, to v shàngshēng 上升

rise, increase, to v zēngjiā 增加

rising star, rookie (sports) N xīnxiù 新秀

risk N fēngxiǎn 风险

risk prevention mechanism N fēngxiǎn fángfàn jīzhì 风险防范机制

ritual N 1 lǐyí 礼仪 2 guànlì 惯例

rival N duìshǒu 对手

river N hé 河

riverbank N hé'àn 河岸

roach, cockroach N zhāngláng 蟑螂

road N lù 路

roadblock N lùzhàng 路障

road show N lùyǎn 路演

roam, wander about, to v xiánguàng 闲逛

roar v, N hǒujiào/páoxiào 吼叫／咆哮

roast, grill, to v kǎo 烤

roasted, grilled, toasted ADJ hōngkǎo 烘烤

rob Peter to pay Paul IDIOM chāi dōngqiáng bǔ xīqiáng 拆东墙补西墙

robbery N qiǎngjié 抢劫

robot N jīqì rén 机器人

rock N shítou 石头

rock, shake, to v yáodòng/zhèndòng 摇动／震动

rocket N huǒjiàn 火箭

rocking horse N yáodòng mùmǎ 摇动木马

rodent N nièchǐ dòngwù 啮齿动物

role N juésè 角色

roll, to v 1 gǔn/gǔndòng 滚／滚动 2 zhuǎndòng 转动 3 juǎnqǐ 卷起

roll book N diǎnmíng cè 点名册

roller coaster N guòshānchē 过山车

romantic ADJ làngmàn de 浪漫的

roof N wūdǐng 屋顶

roof garden N wūdǐng huāyuán 屋顶花园

rookie, green hand N càiniǎo 菜鸟

room (in hotel) N fángjiān 房间

room (in house) N wū 屋

room, space N kōngjiān 空间

roommate N shì yǒu 室友

root (of plant) N gēn 根

rope N shéngzi 绳子

rosary N niànzhū 念珠

rose N méiguīhuā 玫瑰花

roster N zhíqínbiǎo 值勤表

rotation N 1 xuánzhuǎn 选转 2 lúnhuàn 轮换

rotten ADJ fǔlànde 腐烂的

rouge N yānzhī 胭脂

rough (not gentle) ADJ cūlǔde 粗鲁的

roughly, approximately ADV cūlǔede 粗略的

roulette N lúnpándǔ 轮盘赌

round (shape) ADJ yuánxíngde 圆形的

round, around PREP huánrào 环绕

round-trip ADJ wǎngfǎn de 往返的

route N lùxiàn 路线

routine ADJ guànlì de/lìxíng de 惯例的／例行的

row, to v huá/huáchuán 划／划船

row, quarrel N, v chǎojià 吵架

rub, to v cā/móca 擦／摩擦

rubber (eraser) N xiàngpícā 橡皮擦

rubber (material) N xiàngjiāo 橡胶

ruby N hóngbǎoshí 红宝石

rude ADJ wúlǐde 无礼的

rug N xiǎo dìtǎn 小地毯

rugby N gǎnlǎnqiú 橄榄球

ruin one's reputation, to v zá páizi/huǐdiào yī gè rén de míngyù 砸牌子／毁掉一个人的名誉

ruined, destroyed ADJ cuīhuǐ 摧毁

rules N guīju 规矩

rumor N yáochuán/yáoyán 谣传/谣言

run, to V pǎo 跑

run away, to V táopǎo 逃跑

run-up N zhùpǎo 助跑

runaway N líjiā chūzǒu de rén 离家出走的人

runway N jīchǎng de pǎodào 机场的跑道

rural area, country N xiāngxià 乡下

rural and small town enterprises N xiāngzhèn qǐyè 乡镇企业

rust N tiěxiù 铁锈

S

sack N yìng zhǐdài/cū yīdài 硬纸袋/粗衣袋

sack, to V jiěgù/kāichú 解雇/开除

sacred ADJ shénshèngde 神圣的

sacrifice N jìpǐn 祭品

sacrifice, to V xīshēng 牺牲

sacrifice sth minor to save sth major, to IDIOM diū-jū-bǎo-shuài 丢车保帅

sad ADJ nánguò 难过

saddle N 1 mǎ'ān 马鞍 2 chēzuò 车座

safari N yěwài guān shòu lǚxíng 野外观兽旅行

safe ADJ ānquán 安全

safe period N ānquánqī 安全期

Safe trip wherever you go!

chūrù píng'ān 出入平安

safety N ānquán 安全

sail, to V hángxíng/kāichuán 航行/开船

sailor N shuǐshǒu/hǎiyuán 水手/海员

saint N shèngrén 圣人

salaried group; those who are paid wages N gōngxīn jiēcéng 工薪阶层

salary N gōngzī/xīnshuǐ 工资/薪水

sale (reduced prices) N dà jiànmài 大贱卖

sale, for ADJ chūshòu 出售

sales assistant N shòuhuòyuán 售货员

sales commission N tíchéng 提成

sales tax N xiāofèishuì 消费税

salt N yán 盐

salty ADJ xián 咸

salty biscuit, cracker N xián bǐnggān 咸饼干

salute N jìnglǐ 敬礼

same ADJ yíyàng 一样

sample N yàngběn 样本

sanction, to V zhìcái 制裁

sand N shāzi 沙子

sandals N liángxié 凉鞋

sandstorm N shāchénbào 沙尘暴

Santa Claus N Shèngdàn Lǎorén 圣诞老人

SARS (Severe Acute Respiratory Syndrome) N fēidiǎn 非典

satellite navigation N wèixīng dǎoháng 卫星导航

satellite TV N wèixīng diànshì 卫星电视

satellite town N wèixīngchéng 卫星城

satisfied ADJ mǎnyìde 满意的

satisfy, to V mǎnzú 满足

Saturday N Xīngqīliù 星期六

sauce N 1 tiáowèizhī 调味汁 2 (chilli) làjiāojiàng 辣椒酱

sauna N sāngná(yù) 桑拿(浴)

save, keep, to V cún 存

savings for purchases N chǔbì dàigòu 储币待购

say, to V shuō 说

say goodbye, to V dàobié 道别

say hello, to V dǎi wènhào 代问好

say sorry, to V dàoqiàn 道歉

say thank you, to V dàoxiè 道谢

scales N chèng/tiānpíng 秤/天平

scanner N sǎomiáo zhuāngzhì 扫描装置

scar N shāngbā/bēhén 伤疤/疤痕

scarce ADJ bùzúde/quēfáde 不足的/缺乏的

scare, fright N jīngxià/kǒnghuāng 惊吓/恐慌

scared ADJ hàipà 害怕

scenery N zìrán fēngjǐng 自然风景

schedule N shíkèbiǎo/rìchéngbiǎo 时刻表/日程表

scholarship N jiǎngxuéjīn 奖学金

school N xuéxiào 学校

school motto N xiàoxùn 校训

schoolchild N zhōng/xiǎoxuéshēng 中/小学生

science N kēxué 科学

science fiction N kēhuàn 科幻

scissors N jiǎndāo 剪刀

score N 1 (exam) fēnshù 分数 2 (games) bǐfén/défēn 比分/得分 3 (music) yuèpǔ 乐谱

Scotland N Sūgélán 苏格兰

Scots N Sūgélánrén 苏格兰人

Scottish (in general) ADJ Sūgélánde 苏格兰的

scout N tóngzǐjūn 童子军

scratch, to V 1 sāo 搔 2 huá huáshāng 抓/划伤

scream, to V jiānjiào/jiàohǎn 尖叫/叫喊

screen (of computer) N píngmù 屏幕

screwdriver N qǐzi/luósīdāo 起子/螺丝刀

scrub, to V cǎxǐ 擦洗

sculpt, to V diāo/kè/sù 雕/刻/塑

sculpture N diāosù 雕塑

sea N hǎi 海

seafood N hǎixiān 海鲜

seal N hǎibào 海豹

seal, to V fēngbì/mìfēng 封闭/密封

seam N xiànfèng 线缝

seamless network N wú fèng wǎngluò 无缝网络

search for, to V xúnzhǎo 寻找

search engine N sōusuǒ yǐnqíng 搜索引擎

season N jìjié 季节

seat N zuòwèi 座位

second (in sequence) ADJ dì'èr 第二

second (instant) N miǎo 秒

second-hand goods N èrshǒu shāngpǐn 二手商品

second-hand house N èrshǒufáng 二手房

second-hand smoking N èrshǒuyān 二手烟

secondary industry N dì-èr chǎnyè 第二产业

section N bùfen/duàn 部分 / 段 2 bùmén 部门

secret N mìmì 秘密

secret, to keep a V bǎomì 保密

secretary N mìshū 秘书

secure, safe ADJ ānquán 安全

securities trader N quànshāng 券商

security N 1 ānquán 安全 2 bǎozhàng 保障

Security Council N ānlǐhuì 安理会

security door N fángdàomén 防盗门

see, to V kànjiàn 看见

see you later! EXCLAM huítóu jiàn 回头见

seed N zhǒngzi 种子

Seeing is believing IDIOM bǎiwén bùrú yījiàn 百闻不如一见

seek, to V zhǎo/zhuīqiú 找 / 追求

seek truth from facts, to V shí shì qiú shì 实事求是

seem, to V sìhū 似乎

seismic zone N zhènqū 震区

seize, to V zhuāzhù 抓住

seize the opportunity, to V zhuāzhù jīyù 抓住机遇

seldom ADV hěnshǎo 很少

select, to V tiāoxuǎn 挑选

self N zìjǐ 自己

self-deception N āQ jīngshén 阿Q精神

self-governance; self-governing N, ADJ zìzhì 自治

selfish ADJ zìsī de 自私的

self-protection N zìwǒ bǎohù 自我保护

self-respect, self-esteem N zìzūn 自尊

self-run, self-operated ADJ zìyíng 自营

self-service ADJ zìzhù 自助

self-service ticketing N wúrén shòupiào 无人售票

self-sufficient ADJ zìzú 自足

self-sufficient economy N zìzú jīngjì 自足经济

sell, to V mài 卖

sell-off N chǔlǐ cúnhuò 处理存货

seller's market màifāng shìchǎng

卖方市场 selling point N fúwù tèsè
服务特色

semi-literate N, ADJ bànwénmáng
半文盲

semifinals N bànjuésài 半决赛

seminar N yántǎohuì 研讨会

Senate, the N cānyìyuàn 参议院

senator N cānyìyuán 参议员

send, to V sòng 送

senior N niánzhǎngzhě/qiánbèi 年长者 / 前辈

sensationalize, to V shānqíng 煽情

sense N 1 gǎnjué 感觉 2 lǐjiě 理解

sensible ADJ héqínglǐde/míngzhì 合情理的 / 明智

sentence N jùzi 句子

separate ADJ fēnlíde 分离的

separate, to V fēnkāi 分开

September N Jiǔyuè 九月

sequel N xùjí 续集

sequence, order N cìxù 次序

serfdom N nóngnúzhì 农奴制

serial N diànshì liánxùjù 电视连续剧

series N xìliè 系列

serious (not funny) ADJ yánsù 严肃

serious, severe ADJ yánzhòng 严重

servant N yòngrén 佣人

serve, to V wèi ... fúwù 为 ... 服务

server N fúwù qì 服务器

service N fúwù 服务

service industry N fúwù hángyè
服务行业

service sector N dì-sān chǎnyè
第三产业

serving, portion N yī fèn shíwù
一份食物

sesame oil N máyóu 麻油

sesame seeds N zhīmá 芝麻

set N tào 套

set a good example, to V zuò hǎo bǎngyàng 做好榜样

set the tone, to V dìngdiàozi 定调子

settle disputes and bring about peace, to V xīshì níngrén 息事宁人

settlement N 1 jiézhàng/chánghuán 结账 / 偿还 2 dìngjū 定居 3 xiéyì 协议

settling-in allowance N ānjiāfèi
安家费

seven NUM qī 七

seventeen NUM shíqī 十七

seventy NUM qīshí 七十

sever, to V qièduàn/duànjué
切断 / 断绝

several PRON, ADJ jǐ 几

severe ADJ yánlì 严厉

sew, to V féng 缝

sewage treatment N wūshuǐ chǔlǐ
污水处理

sex, gender N xìngbié 性别

sex, sexual activity N xìng
xíngwéi 性行为

sexual discrimination N xìngbié qíshì 性别歧视

sexual harassment N xìngsāorǎo 性骚扰

shack N péngliáo 棚寮

shade N yīnliángchù 阴凉处

shadow N yǐngzi 影子

shadow play N píyǐngxì 皮影戏

shake, to V yáo 摇

shake something, to V yáohuàng 摇晃

shall, will V jiāngyào 将要

shallow ADJ qiǎn 浅

shame, disgrace N xiūchǐ 羞耻

shame: what a shame! N, EXCLAM zhēn diūliǎn! 真丢脸

shampoo N xǐfàjì 洗发剂

Shanghai N Shànghǎi 上海

Shangri-La N shìwài táoyuán 世外桃源; Xiānggélǐlā 香格里拉

shape N xíngzhuàng 形状

shape, to form V xíngchéng 形成

share capital N gǔběn 股本

shareholding system; joint-stock system N gǔfènzhì 股份制

sharing costs N chéngběn fèntān 成本分摊

shark N shāyú 鲨鱼

sharp ADJ jiānruì 尖锐

shatter, break, to V nònghuài 弄坏

shattered, broken ADJ dǎpò 打破

shave, to V guā húzi 刮胡子

shawl N pījiān dà wéijīn 披肩大围巾

she, her PRON tā 她

shed N gōngjùfáng/kùfáng 工具房 / 库房

sheet (for bed) N chuángdān 床单

sheet (of paper) N zhǐzhāng 纸张

sheep N yáng 羊

shelf (storage) life N bǎozhìqí 保质期

shift N 1 (change) zhuǎnbiàn 转变 2 (work roster) bān bān 班

shin N lèibùxiǎotuǐ 肋部 / 小腿

shine, to V shǎnyào/zhàoshè 闪耀 / 照射

Shinkansen, bullet train N xīn'gànxiàn 新干线

Shinto N Shéndào 神道

shiny ADJ fāliàng 发亮

ship N chuán 船

shipping service company N chuánwù gōngsī 船务公司

shirt N chènshān 衬衫

shit N shǐ 屎

shiver, to V fādǒu 发抖

shock N 1 zhènjīng 震惊 2 zhèndòng 震动

shoes N xié 鞋

shoot, to (with a gun) V kāiqiāng 开枪

shop, go shopping, to V gòuwù/mǎi dōngxi 购物 / 买东西

shop, store N shāngdiàn 商店

shopkeeper N diànzhǔ 店主

shoplifting N shāngdiàn huòwù páqiè 商店货物扒窃

shore N hǎi'àn/húpàn 海岸／湖畔

short, concise ADJ duǎn 短

short (not tall) ADJ ǎi 矮

short time, a moment N duǎnzàn 短暂

short in size ADJ duànmǎ 断码

shorthanded ADJ rénshǒu bùgòude 人手不够的

shortlist, to V rùwéi míngdān 入围名单

shorts (short trousers) N duǎnkù 短裤

shorts (underpants) N duǎnnèikù/hànkù 短内裤／汗裤

short-sighted ADJ jìnshì de 近视的

should V yīnggāi 应该

shoulder N jiānbǎng 肩膀

shout, to V hūhǎn 呼喊

show, live performance N biǎoyǎn 表演

show, to V gěi … kàn … 给 … 看 …

show off, to V chū fēngtou 出风头

show special preference, to V qíngyǒudúzhōng 情有独钟

shower (for washing) N línyù 淋浴

shower (of rain) N zhènyǔ 阵雨

shower, to take a V xǐ ge línyù 洗个淋浴

shrimp, prawn N xiǎoxiā 小虾

shrink, to V suō/suōxiǎo 缩／缩小

shut ADJ guānbì 关闭

shut, to V guānshàng 关上

shuttle bus N bānchē 班车

shuttle diplomacy N chuānsuō wàijiāo 穿梭外交

shy ADJ hàixiū de 害羞的

sibling N xiōngdìjiěmèi 兄弟姐妹

sick, ill ADJ bìngle 病了

sick, to be (vomit) ADJ ǒutù 呕吐

side N pángbiān 旁边

sidelights N cèjī 侧记

sigh, to V tànqì/tànxī 叹气／叹息

sightseeing N guān'guāng 观光

sightseeing lift N guān'guāng diàntī 观光电梯

sign, road N lùbiāo 路标

sign, symbol N biāojì 标记

sign, to V qiānmíng 签名

signal N xìnhào 信号

signature N qiānmíng 签名

signature dishes N zhāopáicài 招牌菜

signboard N zhāopái 招牌

signing ceremony N qiānyuē yíshì 签约仪式

silent ADJ chénmòde 沉默的

Silicon Valley N guīgǔ 硅谷

silk N sīchóu 丝绸

silly ADJ yúchǔnde/shǎde 愚蠢的／傻的

silver N, ADJ yín 银

similar ADJ xiāngsìde 相似的

similar product N tónglèi chǎnpǐn 同类产品

simple, easy ADJ róngyì 容易

simple, uncomplicated ADJ jiǎndān 简单

simultaneous interpretation N tóngshēng chuányì 同声传译

sin N zuì/zuìniè 罪／罪孽

since PREP, CONJ zìcóng 自从

sincere ADJ zhēnchéngde 真诚的

sing, to V chànggē 唱歌

Singapore N Xīnjiāpō 新加坡

Singaporean (in general) ADJ Xīnjiāpōde 新加坡的

Singaporean (people) N Xīnjiāpōrén 新加坡人

single (only one) ADJ dānyī 单一

single (not married) N dānshēn 单身

single market N tǒngyī shìchǎng 统一市场

single mother N dānshēn mǔqīn 单身母亲

single product economy N dānyī jīngjì 单一经济

single-parent family N dānqīng jiātíng 单亲家庭

sink, to V xiàchén 下沉

sink N xǐdí chí 洗涤池

sip, to V xiǎokǒu hē/chuòyǐn 小口喝／啜饮

sir (term of address) N xiānsheng 先生

sister (older) N jiějie 姐姐

sister (younger) N mèimei 妹妹

sister-in-law (wife of husband's older brother) N sǎozi 嫂子

sister-in-law (wife of husband's younger brother) N dìxí/dìmèi 弟媳／弟妹

sister-in-law (wife of one's older/younger brother) N jiùsǎo 舅嫂

sister-in-law (wife's older sister) N yíjiě 姨姐

sister-in-law (wife's sister) N yízi 姨子

sister-in-law (wife's younger sister) N yímèi 姨妹

sit down, to V zuòxiàlái 坐下来

sit for postgraduate entrance exams, to V kǎoyán 考研

sit idle, to V zuòshì bù guǎn 坐视不管

sit on the fence, to IDIOM cǎiqǔ qíqiáng tàidù 采取骑墙态度

site N dìfang/dìdiǎn 地方／地点

situated, to be ADV wèiyú 位于

situation, how things are V qíngkuàng 情况

six NUM liù 六

sixteen NUM shíliù 十六

sixty NUM liùshí 六十

size N dàxiǎo 大小

size up the situation, to V shěnshí duóshí 审时度势

skateboard N huábǎn 滑板

skeleton N gǔjià/gǔgé 骨架／骨骼

sketch N sùmiáo/sùxiě 素描／速写

sketchy ADJ cūlüè de 粗略的

skewer N chuànròuqiān 串肉扦

skid, to v dǎhuá 打滑

skillful ADJ shúliànde 熟练的

skin N pífū 皮肤

skirt N qúnzi 裙子

skive on the job, dawdle along, to v móyánggōng 磨洋工

sky N tiānkōng 天空

slack ADJ 1 qīngdànde 清淡的 2 sōngde 松的

slam, to v 1 shǐjìn guānmén 使劲关门 2 pēng de diūxià 砰地丢下

slap, to v yòngbāzhǎng/jiěrguāng 一巴掌／记耳光

sled N xuěqiāo 雪橇

sleep, to v shuìjiào 睡觉

sleepless city, ever-bright city N búyèchéng 不夜城

sleepy ADJ kùn 困

sleeve N yīxiù 衣袖

slender ADJ miáotiáode 苗条的

slice, piece N piàn 片

slice, to v qiēpiàn/gē 切片／割

slide, to v 1 huá 滑 2 xiàhuá/xiàjiàng 下滑／下降

slight ADJ shǎoxǔ/xiēwēi 少许／些微

slightly, bit ADV yīdiǎnr/shāowēi 一点儿／稍微

slim ADJ xìchángde 细长的

slippers N tuōxié 拖鞋

slippery ADJ huáde/guānghuáde 滑的／光滑的

slogan N biāoyǔ/kǒuhào 标语／口号

slope N shānpō 山坡

slow ADV mànmande 慢慢地

slowly ADV mànmande 慢慢地

sluggish in working ADJ tuōlā zuòfēng 拖拉作风

sluggish market N shìchǎng pīruǎn 市场疲软

slump, to v 1 bàodiē/jíjù xiàjiàng 暴跌／急剧下降 2 tūrán dǎoxià 突然倒下

sly ADJ jiǎohuá de 狡猾的

small ADJ xiǎo 小

smart ADJ cōngmíng 聪明

smartphone N zhìnéng shǒujī 智能手机

smash (a ball), to v dàlì kòushā 大力扣杀

smell, bad odor N chòuwèi 臭味

smell, to v wén 闻

smile, to v xiào 笑

smoke N yān 烟

smoke (tobacco), to v chōuyān 抽烟

smooth (of surfaces) ADJ pínghuáde 平滑的

smooth (unproblematic) ADJ shùnlì 顺利

SMS, Short Message Service N duǎnxìn (fúwù) 短信（服务）

smuggle (illegal goods), to v zǒusī 走私

smuggled goods N shuǐhuò 水货

snack N diǎnxīn 点心

snag N xiǎo gùzhàng 小故障

snake N shé 蛇

snakehead (criminal) N shétóu 蛇头

snapped (of bones, etc.), broken ADJ zhéduànle 折断了

sneeze N pēntì 喷嚏

sneeze, to v dǎ pēntì 打喷嚏

snitch, telltale N dǎxiǎo bàogào de rén 打小报告的人

snow N xuě 雪

snow, to v xiàxuě 下雪

Snow White N Báixuě gōngzhǔ 白雪公主

snowpeas N hélándòu 荷兰豆

so (degree) ADV zhème/nàme 这么/那么

so, therefore CONJ suǒyǐ 所以

so that CONJ yǐzhì 以致

soak, to v jìn/jìnpào 浸/浸泡

soap N féizào 肥皂

sober ADJ qīngxǐng de 清醒的

soccer N zúqiú 足球

soccer fraud N jiǎqiú 假球

soccer team N zúqiúduì 足球队

social ADJ shèjiāo de 社交的

social network N shèjiāowǎng 社交网

social security system N shèhuì bǎozhàng zhìdù 社会保障制度

social welfare lotteries N shèhuì fúlì cǎipiào 社会福利彩票

socket (electric) N chāzuò 插座

socks N wàzi 袜子

sofa, couch N shāfā 沙发

soft ADJ ruǎn 软

soft drink N qìshuǐ 汽水

soft landing (economics) N ruǎnzhuólù 软着陆

soft news N ruǎnxīnwén 软新闻

software (computer) N ruǎnjiàn 软件

soil acidification N tǔdìsuānhuà 土地酸化

soil erosion N shuǐtǔ liúshī 水土流失

soil-less cultivation N wútǔ zāipéi 无土栽培

solar ADJ tàiyáng de 太阳的

sold ADJ màidiào 卖掉

sold out N màiwán 卖完

soldier N shìbīng 士兵

sole, only ADJ zhǐshì/wéiyī 只是/唯一

solicitor N fǎwùguān 法务官

solid ADJ gùtǐde 固体的

Solidarity is strength IDIOM tuánjié jiù shì lìliàng 团结就是力量

solo concert N gèrén yǎnchànghuì 个人演唱会

solution N 1 (method) jiějué 解决 2 (key to questions) dá'àn 解答/答案 3 (liquid) róngyè/róngjiě 溶液/溶解

solve, to (a problem) v jiějué 解决

solvency N chángfù nénglì 偿付能力

some PRON, ADJ yīxiē/jǐge 一些 / 几个

somebody, someone PRON yǒurén 有人

something PRON shénme 什么

sometimes ADV yǒushí 有时

somewhere ADV shénme dìfang / mǒuchù 什么地方 / 某处

son N érzi 儿子

son-in-law N nǚxu 女婿

song N gē 歌

soon ADV bùjiǔ 不久

Sooner or later, the truth will out IDIOM zhǐ bāobúzhù huǒ 纸包不住火

sore, painful ADJ tòng/suāntòng 痛 / 酸痛

sorrow N bēi'āi 悲哀

sorry, to feel regretful ADJ hòuhuǐ 后悔

sorry! EXCLAM duìbuqǐ/bàoqiàn 对不起 / 抱歉

sort, type N zhǒnglèi 种类

sort out, deal with, to V jiějué 解决

SOS N jǐnjí qiújiù xìnhào 紧急求救信号

sound ADJ 1 jiànquán de 健全的 2 hélǐde 合理的

sound, noise N shēngyīn 声音

soup (clear) N qīngtāng 清汤

soup (spicy stew) N tāng / chóutāng 汤 / 稠汤

sour ADJ suān 酸

source N chūchù/láiyuán 出处 / 来源

south N, ADJ nánbian 南边

South Korea N Hánguó 韩国

southeast N, ADJ dōngnán 东南

southwest N, ADJ xī'nán 西南

souvenir N jìniànpǐn 纪念品

soy, soya N huángdòu 黄豆

soy sauce (salty) N xián jiàngyóu 咸酱油

soy sauce (sweet) N tián jiàngyóu 甜酱油

spa N kuàngquán liáoyǎngdì 矿泉疗养地

space N kōngjiān/dìfang 空间 / 地方

space station N kōngjiān zhàn 空间站

space trash N tàikōng lājī 太空垃圾

spacecraft N hángtiān fēijī 航天飞机

spacious ADJ kuānchang 宽敞

spanking N dǎ pigu 打屁股

spare parts N líng pèijiàn/bèijiàn 零配件 / 备件

speak, to V jiǎng/shuō 讲 / 说

speak frankly, to V dǎkāi tiānchuāng shuō liànghuà 打开天窗说亮话

Speak of the devil and he does appear IDIOM shuō cáocāo cáocāo dào 说曹操曹操到

speak the plain truth, to V shíhuà shíshuō 实话实说

special ADJ tèbié 特别

special administrative region (SAR) N tèbié xíngzhèngqū 特别行政区

special coverage N zhuāntí bàodào 专题报道

special state allowance N guójiā jítèshǔjīn tiē 国家级特殊津贴

species N zhǒng/wùzhǒng 种 / 物种

spectacles, eye-glasses N yǎnjìng 眼镜

speculate in foreign exchange, to V chǎohuì 炒汇

speech N jiǎnghuà 讲话

speech, to make a V yǎnjiǎng 演讲

speed N sùdù 速度

spell, to V yòng zìmǔ pīnxiě 用字母拼写

spend, to V huāqián 花钱

spices N xiāngliào 香料

spicy ADJ jiā xiāngliàode/xīnglàde 加香料的 / 辛辣的

spider N zhīzhū 蜘蛛

spinach N bōcài 菠菜

spine N jǐliánggǔ 脊梁骨

spiral ADJ luóxuánxíngde 螺旋形的

spirits, hard liquor N lièjiǔ 烈酒

splash, to V jiàn/pō 溅 / 泼

split up, divide, to V fēnkāi 分开

spoiled, broken, does not work ADJ huàile 坏了

spoiled (of children) ADJ chǒnghuàide 宠坏的

spoiled (of food) ADJ biànwèide 变味的

spokesperson N hóushé 喉舌

sponge N hǎimián 海棉

sponsorship N 1 zànzhù 赞助 2 chàngyì 倡议

spontaneous ADJ zìfā 自发

spoon N sháozi 勺子

sports N yùndòng 运动

sports drink N yùndòng yǐnliào 运动饮料

sports lotteries N tǐyù cǎipiào 体育彩票

spot check N chōujiǎn 抽检

spotted (pattern) ADJ yǒu bāndiǎnde 有斑点的

spouse N pèi'ǒu 配偶

sprain N niǔshāng 扭伤

spray N pēnwùqì 喷雾器

spread, to V 1 tú 涂 2 chuánkāi/chuánbō 传开 / 传播 3 pūkāi/tānkāi 铺开 / 摊开

spring (metal part) N tánhuáng 弹簧

spring (water) N kuàngquánshuǐ 矿泉水

spring (season) N chūntiān 春天

spy N jiàndié/mìtàn 间谍 / 密探

square (shape) N zhèngfāngxíng 正方形

square, town square N guǎngchǎng 广场

squeeze, to V jǐ/jǐyā 挤 / 挤压

squid N yóuyú 鱿鱼

stab, to v cìshāng/tǒng 刺伤 / 捅

stabilize prices, to v wěndìng wùjià 稳定物价

stable ADJ wěndìng de 稳定的

stable N mǎjiù 马厩

stadium N tǐyùchǎng/yùndòngchǎng 体育场 / 运动场

staff N gōngzuò rényuán 工作人员

stain N wūdiǎn 污点

stairs N lóutī 楼梯

stale ADJ bù xīnxiande 不新鲜的

stall (of vendor) N tānzi 摊子

stall (car), to v xīhuǒ 熄火

stamp (ink), to v gàizhāng 盖章

stamp (postage) N yóupiào 邮票

stand, to v zhàn 站

stand up to v miànduì 面对

standard N biāozhǔn/shuǐzhǔn 标准 / 水准

standing committee N chángwěihuì 常委会

standing-room-only ticket N zhànpiào 站票

staple, main crop N zhǔshí 主食

star N xīngxīng 星星

Star Wars N xīngqiú dàzhàn 星球大战

stare, to v dīngzhe kàn/zhùshì 盯着看 / 注视

start, beginning N kāishǐ 开始 qǐdòng 起动

start (machine), to v qǐdòng 起动

start a solo run, to v dāndāo fùhuì 单刀赴会

start from scratch, to v cónglíng kāishǐ 从零开始

starting blocks (sports) N qǐpǎoqì 起跑器

starting lineup (sports) N shǒufā zhènróng 首发阵容

starve, to v shǐ ji'è 使饥饿

state N 1 (situation) zhuàngtài/qíngkuàng 状态 / 情况 2 (part of country) zhōu/bāng 州 / 邦

state-controlled company N guójiā kònggǔ gōngsī 国家控股公司

state-operated commerce N guānshāng 官商

state-owned shares N guóyǒugǔ 国有股

station N 1 zhàn/chēzhàn 站 / 车站 2 diànshìtái/píndào 电视台 / 频道

stationery N wénjù 文具

statue N diāoxiàng 雕像

status, condition N zhuàngtài/qíngkuàng 状态 / 情况

stay, remain, to v liúxià 留下

stay idle, to v chī xiánfàn 吃闲饭

stay out of trouble, to v bùrě shìfēi 不惹是非

stay overnight, to v liúsù/guòyè 留宿 / 过夜

steak N niúròupái 牛肉排

steal, to v tōu 偷

steam N zhēngqì 蒸汽

steamed ADJ zhēngde 蒸的

steel N gāngtiě 钢铁

steep ADJ dǒu/dǒuqiàode 陡／陡峭的

steer, to v jiàshǐ 驾驶

stem cell N gànxìbāo 干细胞

step N bù 步

step by step ADJ xúnxù jiànjìn 循序渐进

steps, stairs N táijiē 台阶

stern ADJ yánlìde/kēkède 严厉的／苛刻的

stew in one's own juice PHR zìzuò zìshòu 自作自受

stick, pole N gùn 棍

stick out, to v tūchū 突出

stick to, to v jiānchí 坚持

sticky ADJ niánxìngde 粘性的

sticky rice N nuòmǐ 糯米

stiff ADJ yìngde 硬的

still, even now ADV réngrán 仍然

still, quiet ADJ píngjìngde 平静的

sting N dīng/cì 叮／刺

stingy ADJ lìnsè 吝啬

stink, to v fāchòu 发臭

stitch, to v féng/fénghé 缝／缝合

stockholder N gǔmín 股民

stomach, belly N dùzi 肚子

stone N shítou 石头

stool N dèngzi 凳子

stoop, to v wānyāo/fǔshēn 弯腰／俯身

stop (bus, train) N zhàn 站

stop, to cease v tíng 停

stop, halt, to v tíngzhǐ 停止

stop by, pay a visit, to v shùnlù bàifǎng 顺路拜访

stop it! EXCLAM bié zài zhèyàng 别再这样

storage and transport N chǔyùn 储运

storage capacity N cúnchǔ nénglì 存储能力

store, shop N shāngdiàn 商店

store, to v chǔcáng 储藏

storm N fēngbào 风暴

story (of a building) N céng/lóu 层／楼

story (tale) N gùshì 故事

stout ADJ zhuàngshí 壮实

stove, cooker N lúzi 炉子

straight (not crooked) ADJ zhíde 直的

straight ahead ADV yīzhí zǒu 一直走

strain N 1 lālì/zhānglì 拉力／张力 2 yālì/jiāolǜ 压力／焦虑

strait N hǎixiá 海峡

strange ADJ qíguài 奇怪

stranger N mòshēngrén 陌生人

strategic partnership N zhànlüè huǒbàn guānxì 战略伙伴关系

strawberry N cǎoméi 草莓

stray, to v 1 (be lost) mílù 迷路 2 (digress) piānlí huàtí 偏离话题

stream N xiǎo hé/xīliú 小河／溪流

street N jiē 街

strength N lìliang 力量

stressful ADJ hěn jǐnzhāngde/ yālì hěn dàde 很紧张的／压力很大的

stretch, to v 1 lāchǎng 拉长 2 shēnzhǎn/miányán 伸展／绵延 3 shēn lǎnyāo 伸懒腰

strict ADJ yán'gé 严格

stride N dàbù/kuòbù 大步／阔步

strike, hit, to v 1 dǎjī 打击

strike, beat, to v qiāodǎ 敲打

strike, to go on v bàgōng 罢工

strike (baseball) N hǎoqiú 好球

strike a balance (accounting), to v chōngzhàng 冲帐

strike first to gain an advantage; catch the ball before the bound IDIOM xiān xiàshǒu wéi qiáng 先下手为强

Strike while the iron is hot IDIOM chèn-rè-dǎ-tiě 趁热打铁

string N shéngzi 绳子

strip, to v tuō 脱

strip N yìtiáo 一条

striped ADJ yǒutiáowénde 有条纹的

strive for a relatively comfortable life, to v bēnxiǎokāng 奔小康

stroke N 1 (heart attack) zhòng-fēng/xuèguǎn pòliè 中风／血管破裂 2 (games) jīqiú 击球 3 (writing) yì bǐ 一笔 4 (clock) yì xiǎng 一响

stroke, to v 1 jīqiú 击球 2 (caress) qīngqīng fǔmō 轻轻抚摸

stroll N, v sànbù 散步

strong ADJ qiángzhuàng 强壮

struggle N fèndòu 奋斗

stubborn, determined ADJ wángù/jiānjué 顽固／坚决

stuck, won't move ADJ xiànzhù 陷住

student N xuésheng 学生

student loan N dàixuéjīn 贷学金

studio apartment N dān jiān gōngyù 单间公寓

study abroad at one's own expense, to v zìfèi liúxué 自费留学

study, learn, to v xué/xuéxí 学／学习

stuffy ADJ kōngqì bù liútōngde/mènde 空气不流通的／闷的

stumble, to v 1 (trip over) bànjiǎo 绊脚 2 (fall) bānjiǎo 绊跤

stun, to v 1 shǐ... dàchīyìjīng 使... 大吃一惊 2 shǐ zhījué 使... 失去知觉

stunt N gāonándù dòngzuò 高难度动作

stuntman N tèjì yǎnyuán 特技演员

stupid ADJ bèn/chǔn 笨／蠢

style N fēnggé 风格

subcommittee N xiǎozǔ 小组

subcontinent N cìdàlù 次大陆

subdivision N fēnzhī 分支

subject N 1 (school subject) kè/kēmù 课／科目 2 (topic) tímù/

zhǔtí 题目 / 主题 3 (grammar) zhǔyǔ 主语

submarine N qiánshuǐtǐng 潜水艇

subscriber N dìnghù 订户

subsistence allowances for laid- off workers N xiàgǎng zhígōng jīběn shēnghuófèi 下岗职工基本生活费

Subway (food) N sàibǎiwèi 赛百味

subway station N dìtiězhàn 地铁站

succeed, to v jìchéng / chénggōng 继承 / 成功

success N chénggōng 成功

such CONJ zhèyàng/rúcǐ 这样 / 如此

such as, for example PRON lìrú 例如

suck, to v xī 吸

suddenly ADV tūrán 突然

suffer, to v shòu tòngkǔ 受痛苦

suffering N tòngkǔ 痛苦

sufficient ADJ zúgòu de 足够的

sugar N táng 糖

sugar-coated bullets (sth used as a sweetener/carrot) N tángyī pàodàn 糖衣炮弹

sugarcane N gānzhè 甘蔗

suggest, to v jiànyì 建议

suggestion N jiànyì 建议

suit, business N yī tào xīfú 一套西服

suitable, fitting ADJ héshìde 合适的

suitcase N xiāngzi 箱子

summer N xiàtiān 夏天

summer solstice N xiàzhì 夏至

summit, peak N shāndǐng 山顶

summit (forum) N gāofēng lùntán 高峰论坛

summon, call v zhàojiàn / chuánxùn 召见 / 传讯

sun N tàiyáng 太阳

sunbath N tàiyángyù 太阳浴

sunbathe, to v mù rìguāngyù 沐日光浴

Sunday N Xīngqītiān/rì, Lǐbài'tiān 星期天 / 日、礼拜天

sunk cost N chénmò chéngběn 沉没成本

sunlight N yángguāng 阳光

sunny ADJ qínglǎng 晴朗

sunrise N rìchū 日出

sunrise industry N zhāoyáng chǎnyè 朝阳产业

sunscreen lotion N fángshàiyóu 防晒油

sunset N rìluò 日落

sunset industry N xīyáng chǎnyè 夕阳产业

superb ADJ hǎo jíle 好极了

superconducting elements N chāodǎo yuánsù 超导元素

superficial ADJ biǎomiàn shàngde 表面上的

superior consciousness N chāoqián yìshí 超前意识

supermarket N chāojí shìchǎng 超级市场

chāoshì 超级市场 / 超市

supervisor N guǎnlǐrén 管理人 2 jiāndū 监督

supplement N bǔchōng/zēngbǔ 补充 / 增补

suppose, to V jiǎdìng 假定

sure ADJ, ADV kěndìng/quèdìng 肯定 / 确定

surf, to V chōnglàng 冲浪

surf the Internet, to V shàngwǎng/wǎngshàng chōnglàng 上网 / 网上冲浪

surface N biǎomiàn 表面

surface mail N hǎi-lù yóujì 海陆邮寄

surfboard N chōnglàngbǎn 冲浪板

surfboat N chōnglàngtǐng 冲浪艇

surfing N chōnglàng 冲浪

surname N xìng 姓

surprised ADJ jīngqí 惊奇

surprising ADJ shǐ rén jīngqí de 使人惊奇的

surrogate mother N dàiyùn mǔqīn 代孕母亲

surroundings N huánjìng 环境

surveillance aircraft N zhēnchá fēijī 侦察飞机

survival of the fittest N shìzhě shēngcún 适者生存

survival rate N chénghuólǜ 成活率

survive, to V huóxiàlái 活下来

Sushi N shòusī 寿司

suspect, to V huáiyí 怀疑

suspense N xuánniàn 悬念

suspicion N yíxīn 疑心

sustainable development N kěchíxù fāzhǎn 可持续发展

swab N miánhuāqiú/yàoqiān 棉花球 / 药签

swallow, to V tūn 吞

swan N tiān'é 天鹅

swear, to V zǔzhòu 诅咒 2 bǎozhèng 保证

sweat N hàn 汗

sweat, to V chūhàn 出汗

swell, to V 1 zhǒng/hóngzhǒng 肿 / 红肿 2 shàngzhǎng 上涨

swell ADJ bàng jíle 棒极了

sweep, to V sǎo 扫

sweet (taste) ADJ tián 甜

sweet, dessert N tiánshí 甜食

sweet and sour N tángcù/ suāntián 糖醋 / 酸甜

sweet biscuit, cookie N xiǎotiánbǐng 小甜饼

sweetcorn N yùmǐ 玉米

sweets, candy N tángguǒ 糖果

swim, to V yóuyǒng 游泳

swimming costume N yóuyǒngyī 游泳衣

swimming pool N yóuyǒngchí 游泳池

swindler, conman N zhàpiànfàn/ piànzi 诈骗犯 / 骗子

swing, to V yáobǎi 摇摆

swipe, to V 1 (hit out) měngjī 猛击 2 (steal) tōuqiè 偷窃 3 (a card) shuā 刷

switch N kāiguān 开关

switch, change, to V zhuǎn 转

switch on, turn on, to V kāi 开

Switzerland N Ruìshì 瑞士

swoop N, V xiàngxià měngchōng 向下猛冲

sworn brothers N bàibǎ xiōngdì 拜把兄弟

sworn friend N tiěgēmen 铁哥们

symbol N xiàngzhēng/biāozhì 象征 / 标志

sympathy N tóngqíng 同情

symptom N 1 zhēngzhuàng 症状 2 zhēngzhào 征兆

synchronized swimming N huāyàng yóuyǒng 花样游泳

syndrome N zōnghézhēng 综合症

synthetic ADJ héchéngde 合成的

system N xìtǒng 系统

T

24/7 (service, etc.) N quántiānhòu 全天候

T-shirt N hànshān 汗衫

table N zhuōzi 桌子

tablecloth N zhuōbù 桌布

tablemat N diànzi 垫子

table tennis N pīngpāngqiú 乒乓球

tablet PC N píngbǎn diànnǎo 平板电脑

tablets N yàopiàn 药片

tabloid N xiǎobào 小报

taboo N jìnjì 禁忌

tackle, manage, to V 1 jiějué 解决 2 chǔlǐ/duìfu 处理 / 对付

tactful ADJ jīzhì de/détǐ de 机智的 / 得体的

Taekwondo N táiquándào 跆拳道

tag, label N biāoqiān 标签

tag-along; flatterer N gēnpichóng 跟屁虫

tail N wěiba 尾巴

tailor N cáiféng 裁缝

taint, to V 1 shǐ zhānwū de/shǐ zhuìluòde 使沾污 / 使坠落的 2 shǐ fǔbài 使腐败

Taipei N Táiběi 台北

Taiwan N Táiwān 台湾

take, remove, to V názǒu 拿走

take a bath, to V xǐzǎo 洗澡

take care of, to V zhàoguàn 照管

take off, to (clothes) V tuō 脱

take small losses for the sake of big gains IDIOM chī xiǎokuī zhàn dàbiàn yì 吃小亏占大便宜

take-home pay N shí fā gōngzī 实发工资

take-out; takeaway N wàimài 外卖

take-out restaurant N wàimài diàn 外卖店

tale, story N gùshì 故事

talent N tiāncái 天才

talented female scholar N cáinǚ 才女

talk, to V tánhuà 谈话

talk about, to v tánlùn 谈论

talk over with, consult, to v gēn … shāngliang 跟 … 商量

talk show n tuōkǒuxiù 脱口秀

tall adj gāo 高

tame v xùnfúde 驯服的

tan adj shàihēi de 晒黑的

tangerine n júzi/hóngjú 橘子 / 红橘

tank n 1 (container) shuǐxiāng 水箱 2 (army vehicle) tǎnkè chē 坦克车

tank-top n diàodàishān 吊带衫

Taoism n Dàojiào 道教

tap n 1 (water) lóngtóu 龙头 2 (on window) qīng qiāo shēng 轻敲声

tap, to v qīngdǎ/qīngqiāo 轻打 / 轻敲

tape, adhesive n jiāodàizhǐ 胶带纸

tape recording n lùyīn 录音

target of public criticism n zhòngshǐ zhī dì 众矢之的

tariff barrier n guānshuì bìlěi 关税壁垒

tariff quota n guānshuì pèié 关税配额

tarnish, to v diànwū 玷污

task n rènwu/zhíwù 任务 / 职务

taste n wèidào 味道

taste, sample, to v cháng 尝

taste (salty, spicy), to v chángwèi 尝味

tasty adj hǎochī 好吃

tatters n pòlàn yīfu 破烂衣服

tattoo n wénshēn/cìqīng 纹身 / 刺青

taut adj lājǐn de/bēngjǐn de 拉紧的 / 绷紧的

tax n shuì/shuìshōu 税 / 税收

tax accountant n shuìwùshī 税务师

tax evasion n tōu shuì lòushuì 偷税漏税

taxpayer n nàshuìrén 纳税人

taxi n chūzūchē 出租车

taximeter n jìjiàqì 计价器

tea n chá 茶

tea party n cháhuàhuì 茶话会

tea with milk n nǎichá 奶茶

teach, to v jiāo 教

teacher n jiàoshī/lǎoshī 教师 / 老师

teahouse n cháshì 茶室

teak n yóumù 柚木

team n duì 队

team spirit n tuánduì jīngshén 团队精神

teamwork n tuánduì xiézuò 团队协作

tear, rip, to v sīkāi 撕开

tear n 1 (from eyes) yǎnlèi 眼泪 2 (rip in clothes) pòdòng 破洞

tear gas n cuīlèidàn 催泪弹

tease, to v xìnòng/tiáokǎn 戏弄 / 调侃

technician n jìshù gōngrén 技术工人

technology N jìshù/kējì 技术 / 科技

technology transfer N jìshù zhuǎnràng 技术转让

teddy bear N wánjù xióng 玩具熊

teenager N qīngshàonián 青少年

teens N qīng shàonián shíqī 青少年时期

teeth N yá 牙

telecommunications N diànxìn 电信

telecommunications cable N tōngxìn guānglǎn 通信光缆

telephone N diànhuà 电话

telephone, dial, to V bō diànhuà 拨电话

telephone number N diànhuà hàomǎ 电话号码

telescope N wàngyuǎnjìng 望远镜

television N diànshì 电视

tell a story, to V jiǎng 讲

tell, let know, to V gàosu 告诉

temp N 1 (person) línshí gùyuán 临时雇员 2 (work) línshí gōngzuò 临时工作

temper N píqi 脾气

temperature (body) N tǐwēn 体温

temperature (heat) N wēndù 温度

tempest N bàofēngyǔ 暴风雨

temple (Chinese) N sìyuàn/miào 寺院 / 庙

temporary ADJ zànshí 暂时

temporary transfer N jièdiào 借调

tempt (someone with something), to V diàowèikǒu 吊胃口

ten NUM shí 十

ten million NUM qiānwàn 千万

ten thousand NUM wàn 万

tendon N jīn 筋

tennis N wǎngqiú 网球

tenor N nán gāoyīn 男高音

tens of, multiples of ten NUM jǐ shí 几十

terminal N 1 (transport) qìchē zǒngzhàn 汽车总站 2 (computer) zhōngduān 终端

terminal server N zhōngduān fúwùqì 终端服务器

terra-cotta warriors and horses N bīngmǎyǒng 兵马俑

terrible ADJ kěpà 可怕

territorial waters N lǐnghǎi 领海

terrorist mastermind N kǒngbù dàhēng 恐怖大亨

tertiary industry N dì-sān chǎnyè/sānchǎn 第三产业 / 三产

test N shíyàn 试验

test, to V cèyàn 测验

Test of English as a Foreign Language (TOEFL) N tuōfú kǎoshì 托福考试

test-tube baby N shìguǎn yīng'ér 试管婴儿

testicles N gāowán 睾丸

textbook N kèběn/jiàokēshū 课本/教科书

Thai (in general) ADJ Tàiguóde 泰国的

Thai (language) N Tàiyǔ 泰语

Thai (people) N Tàiguórén 泰国人

Thailand N Tàiguó 泰国

than CONJ bǐ 比

thank, to V gǎnxiè 感谢

thank you PHR xièxie 谢谢

that CONJ (linking word)

that, those PRON nà/nàxiē 那/那些

the ART zhè/nà 这/那

theater (drama) N jùyuàn 剧院

their, theirs PRON, PL tāmende 他们的

then CONJ ránhòu 然后

therapeutic massage N bǎojiàn ànmó 保健按摩

there ADV nàbiān/nàli/nàr 那边/那里/那儿

there is, there are V yǒu 有

There's no smoke without fire IDIOM wúfēng bùqǐ làng 无风不起浪

therefore CONJ yīncǐ 因此

thermal pollution N rèwūrǎn 热污染

thermonuclear warhead N rèhédàntóu 热核弹头

they, them PRON, PL tāmen 他们

thick (of liquids) ADJ nóng 浓

thick (of things) ADJ hòu 厚

thief N zéi 贼

thigh N dàtuǐ 大腿

thin (of liquids) ADJ xī 稀

thin (of persons) ADJ shòu 瘦

thing N dōngxi/shìwù 东西/事物

think, have an opinion, to V rènwéi 认为

think, ponder, to V xiǎng/kǎolǜ 想/考虑

think over, consider, to V kǎolǜ 考虑

think tank N zhìnángtuán 智囊团

third (1/3) NUM sānfēn zhī yī 三分之一

third (in a series) ORD NUM dìsān 第三

thirsty ADJ kě 渴

thirty NUM sānshí 三十

this, these PRON zhè/zhèxiē 这/这些

thorn N 1 cì 刺 2 jīng jí 荆棘

thorough, complete ADJ chèdǐ 彻底

though PREP suīrán 虽然

thoughts N xiǎngfa/sīxiǎng 想法/思想

thousand NUM qiān 千

thread N xiàn 线

threaten, to V kǒnghè 恐吓

three NUM sān 三

Three Gorges Dam Project N sānxiá gōngchéng 三峡工程

three successive championships N sānlián guàn 三连冠

three-character classic (book) N sānzìjīng 三字经

three-dimensional animation N sānwéi dònghuàpiān 三维动画片

three-dimensional movie N sānwéi diànyǐng 三维电影

throat N hóulóng 喉咙

throne N wángwèi/huángwèi 王位/皇位

through, past PREP, ADV tōngguò 通过

through ticket N tōngpiào 通票

throughout ADV, PREP dàochù 到处

throw, to V rēng 扔

throw away, throw out, to V rēngdiào 扔掉

throw in, to V dāsōng 搭送

thunder N dǎléi 打雷

Thursday N Xīngqīsì 星期四

thus, so CONJ zhèyàng/yúshì 这样/于是

Tibet N Xīzàng 西藏

Tibetan Plateau N Qīngzàng gāoyuán 青藏高原

ticket N piào 票

tidal power station N cháoxī diànzhàn 潮汐电站

tidy ADJ zhěngjié 整洁

tidy up, to V shōushí 收拾

tie, necktie N lǐngdài 领带

tie, to V jì 系

tie-in sale N dāshòu 搭售

tiger N lǎohǔ 老虎

tight ADJ jǐn 紧

tight, close together ADJ kàojǐn 靠紧

time N shíjiān 时间

time: from time to time N yǒushí 有时

Time and tide wait for no man IDIOM shí bù wǒ dài 时不我待

time-honored brand N lǎozìhào 老字号

times (multiplying) ADJ chéng 乘

timetable N shíkèbiǎo 时刻表

tiny ADJ jíxiǎode 极小的

tip (end) N jiānduān 尖端

tip, gratuity N xiǎofèi 小费

tired, sleepy ADJ kùn 困

tired, worn out ADJ lèi 累

title (of book, film) N biāotí 标题

title (of person) N tóuxián 头衔

to, toward (a person) PREP xiàng/ duì 向/对

to, toward (a place) PREP wǎng/ cháo 往/朝

today N jīntiān 今天

toe N jiǎozhǐtóu 脚趾

tofu N dòufu 豆腐

together ADV yīqǐ 一起

toilet N cèsuǒ/xǐshǒujiān 厕所/洗手间

tomato N xīhóngshì 西红柿

tomboy N jiǎxiǎozi 假小子

tomorrow N míngtiān 明天

tongue N shétou 舌头

tonight N jīnwǎn 今晚

too (also) ADV yě 也

too (excessive) ADV tài 太

too much ADV tài duō/guòfèn 太多/过分

tool N gōngjù 工具

tooth N yá 牙

toothbrush N yáshuā 牙刷

toothpaste N yágāo 牙膏

top N dǐng 顶

top seed (player) N tóuhào zhǒngzi xuǎnshǒu 头号种子选手

top up cell phone, to V shǒujī chōngzhí 手机充值

topic N tímù 题目

topless guy N bǎngyé 膀爷

torch, flashlight N shǒudiàntǒng 手电筒

total N, ADJ yīgòng 一共

touch, to V mō/chù 摸／触

touchscreen N chùmōpíng 触摸屏

tough ADJ 1 jiānrènde 坚韧的 2 jiānqiángde 坚强的 3 jiānnánde 艰难的

tour bus N guānguāng bāshì 观光巴士

tourist N lǚyóuzhě/yóukè 旅游者／游客

toward (people/place) PREP xiàng 向

towel N máojīn 毛巾

tower N tǎ 塔

town N shìzhèn 市镇

townscape N chéngshì jǐngguān 城市景观

toxic ADJ yǒudúde 有毒的

toy N wánjù 玩具

trace, to V 1 gēnzōng 跟踪 2 zhuīxún ... de gēnyuán 追寻 ... 的根源

trace N 1 zōngjì 踪迹 2 wēiliàng 微量

track and field N tiánjìng 田径

trade N màoyì 贸易

trade, exchange, to V jiāoyì 交易

trade barriers N màoyì bìlěi 贸易壁垒

trade deficit N màoyì nìchā 贸易逆差

trade sanction N màoyì zhìcái 贸易制裁

trade surplus N màoyì shùnchā 贸易顺差

tradition, custom N xísú/chuántǒng 习俗／传统

traditional ADJ chuántǒngde 传统的

traditional Chinese medicine (TCM) N zhōngyào 中药

traditional culture N chuántǒng wénhuà 传统文化

traffic N jiāotōng 交通

traffic jam N jiāotōng dǔsè 交通堵塞

traffic police N jiāojǐng 交警

trafficking N fēifǎ mǎimài 非法买卖

tragedy N cǎnjù 惨剧

train N huǒchē 火车

train for specific posts, to v dìngxiàng péixùn 定向培训

train station N huǒchēzhàn 火车站

training N xùnliàn 训练

trample, to v jiàntà/cǎi huài 践踏／踩坏

trampoline N bèngchuáng 蹦床

tranquil ADJ níngjìngde/píngjìngde 宁静的／平静的

transfer, to v 1 zhuǎnxué 转学 2 diàodòng 调动

transfer N diàodòng 调动

transfer to civilian work (from military), to v zhuǎnyè 专业

transformer N biànyāqì 变压器

transfusion N (blood) shūxuè 输血

transition economy N zhuǎnguǐ jīngjì 转轨经济

translate, to v fānyì/bǐyì 翻译／笔译

transmit, to v 1 (broadcast) bōsòng 播送 2 (message) chuánbō 传播 3 (diseases) chuánrǎn 传染

transparency N tòumíngdù 透明度

transport, to v yùnshū/yùnsòng 运输／运送

transsexual N biànxìngrén 变性人

trap N xiànjǐng 陷阱

trapeze N gāokōng qiūqiān 高空秋千

trash, rubbish, garbage N lājī/fèiwù 垃圾／废物

trauma N 1 tòngkǔ jīnglì 痛苦经历 2 chuāngshāng 创伤

travel, to v lǚxíng 旅行

traveler N lǚyóuzhě/lǚkè 旅游者／旅客

trawler N tuōwǎng yúlún 拖网渔轮

tray N tuōpán 托盘

tread, to v 1 cǎi /tà 踩／踏 2 cǎisuì 踩碎

treadmill N tàbù jī 踏步机

treason N pànguózuì/tōngdízuì 叛国罪／通敌罪

treasure N zhēnbǎo/bǎozàng 珍宝／宝藏

treasury bonds N guókùquàn 国库券

treat (something special) N lèshì 乐事

treat, behave towards, to v duìdài 对待

treat (medically), to v zhìliáo 治疗

tree N shù 树

trek N chángtú báshè 长途跋涉

tremble, to v fādǒu/chàndǒu 发抖／颤抖

tremor N 1 zhèndòng 震动 2 fādǒu 发抖

trend N qūxiàng/qūshì 趋向／趋势

trespass, to v fēifǎ jìnrù 非法进入

trial period (work) N shìyòngqī 试用期

triangle N sānjiǎoxíng 三角形

tribe N bùluò 部落

trick N 1 juéqiào 诀窍 2 huāzhāo 花招

trim, to V xiūjiǎn 修剪

trip, journey N lǚxíng/lǚchéng 旅行 / 旅程

triumph, victory, success N shènglì/chénggōng 胜利 / 成功

trivial ADJ wēi bùzú dàodào/bùzhí yìtíde 微不足道的 / 不值一提的

Trojan horse (legend) N tèluòyī mùmǎ 特洛伊木马

troops N bùduì 部队

tropical rainforest N rèdài yǔlín 热带雨林

tropical storm N rèdài fēngbào 热带风暴

tropics, the N rèdài 热带

trouble N máfan 麻烦

troublesome ADJ fánnǎode/ máfande 烦恼的 / 麻烦的

trough N dígǔi 低谷

troupe N gēwǔtuán/jùtuán 歌舞团 / 剧团

trousers N kùzi 裤子

trout N zūnyú 鳟鱼

truant ADJ táoxué de 逃学的

truck N kǎchē 卡车

true ADJ zhēnde 真的

truly ADV zhēnchéngde 真诚的

trumpet N lǎba 喇叭

trunk N 1 (tree) shùgàn 树干 2 (elephant's) bízi 鼻子 3 (case) dà xiāngzi 大箱子

trunks, swimming trunks N nánshì yóuyǒngkù 男式游泳裤

trust, to V xìnrèn 信任

truth, goodness and beauty N zhēnshànměi 真善美

try, to V shì 试

try on, to (clothes) V shìchuān 试穿

try to curry favor with, to V lā guānxì 拉关系

try to help but causing more trouble in the process, to V bāngdàománg 帮倒忙

tub N 1 (for showers) yùgāng/ zǎopén 浴缸 / 澡盆 2 (for margarine) pén 盆

tube-shaped apartment (low-income apartment w/out ensuite) N tǒngzi lóu 筒子楼

tuck, to V sāijìn 塞进

Tuesday N Xīngqī'èr 星期二

tug-of-war N báhé 拔河

tumble, to V 1 (fall) dǎoxià/diēdǎo 倒下 / 跌倒 2 (drastic slide) měngdiē 猛跌

tummy, belly N dùzi 肚子

tumor N zhǒngliú 肿瘤

tuna N jīnqiāngyú 金枪鱼

tune N qǔdiào 曲调

tune, to V 1 (sounds) tiáoyīn 调音 2 (radio channels) tiáozhěng

U

píndào 调整频道 3 *(machines)* tiáozhěngpín 调整

tunnel N suìdào/dìdào 隧道 / 地道

turf N 1 dìpán 地盘 2 cǎopí 草皮

turkey N huǒjī 火鸡

turn a deaf ear to something
IDIOM dàngzuò ěrbiān fēng 当作耳边风

turn around, to V zhuǎn 转

turn off, to V guānshàng 关上

turn on, to V kāi 开

turn the table, to V niǔzhuǎn júmiàn/fǎnbài wéishèng 扭转局面 / 反败为胜

turnip N báiluóbo 白萝卜

turtle (land) N wūguī 乌龟

turtle (sea) N hǎiguī 海龟

tusk N xiàngyá 象牙

tutor N sīrén jiàoshī/jiātíng jiàoshī 私人教师 / 家庭教师

TV N diànshì 电视

TV home shopping N diànshì zhíxiāo 电视直销

TV series N liánxùjù 连续剧

twelve NUM shí'èr 十二

twenty NUM èrshí 二十

twice ADV liǎng cì 两次

twinkle, to V shǎnshuò/shǎnyào 闪烁 / 闪耀

twins N shuāngbāotāi 双胞胎

twist V 1 *(movement)* niǔ/nǐng 扭 / 拧 2 *(bottle)* zhuàndòng 转动

Twitter N Tuītè 推特

two (measure) NUM liǎng 两

two (numeral) NUM èr 二

two-way charge system N shuāngxiàng shōufèi 双向收费

tycoon N jùtóu/dàhēng 巨头 / 大亨

type, sort N zhǒnglèi 种类

type, to V dǎzì 打字

typhoid fever N shānghánbìng 伤寒病

typhoon N táifēng 台风

typical ADJ diǎnxíngde 典型的

tyrant N bàojūn 暴君

U

ubiquitous ADJ dàochù dōu shìde 到处都是的

UFO N bùmíng fēixíngwù 不明飞行物

ugly ADJ nánkàn/chǒu 难看 / 丑

ulterior ADJ yǐnmì/yǒu bié yòngxīnde 隐秘 / 有别用心的

ultimate ADJ zuìzhōng de 最终的

ultimatum N zuìhòu tōngdié 最后通牒

ultrashort wave N chāoduǎnbō 超短波

ultraviolet rays ADJ zǐ wàixiàn 紫外线

umbrella N sǎn 伞

umpire N cáipàn 裁判

U.N., United Nations N Liánhéguó 联合国

unabated ADJ bǎojiānbùjiǎnde 不减退的

unable ADJ bù néng 不能

unacceptable ADJ bùnéng róngrěnde/bùkě jiēshòude 不能容忍的 / 不可接受的

unanimous ADJ yīzhìde/quántǐde 一致的 / 全体的

unauthorized ADJ wèijīng pīzhǔn de 未经批准的

unavailable ADJ débùdàode/mǎibudàode 得不到的 / 买不到的

unaware ADJ wèi chájué dàode 未察觉到的

unbearable ADJ bùkě róngrěnde 不可容忍的

uncanny ADJ shénmìde 神秘的

uncle (father's older brother) N bófù/bóbo 伯父 / 伯伯

uncle (father's younger brother) N shūfù/shūshu 叔父 / 叔叔

uncle (husband of father's sister) N gūzhàng 姑丈

uncle (husband of mother's sister) N yífu 姨夫

uncle (mother's brother) N jiùfù/jiùjiu 舅父 / 舅舅

unconditional ADJ wútiáojiàn de 无条件的

unconventional ADJ fēi chángguīde 非常规的

uncountable ADJ bùkě shǔde 不可数的

uncouth ADJ cūlǔde 粗鲁的

uncover, to V fāxiàn/jiēkāi 发现 / 揭开

uncut ADJ wèi jiǎnjiéde/wèi shānjiéde 未剪辑的 / 未删节的

under PREP, ADV zài ... dǐxià 在 ... 底下

under construction ADJ zàijiàn 在建

underage ADJ wèichéngniánde 未成年的

undercover ADJ ànzhōng jìnxíngde/mìmìde 暗中进行的 / 秘密的

undergo, to V jīngguò 经过

undergraduate N dàxuéshēng 大学生

underhanded activity N māonìér 猫腻儿

underline, to V zài ... xià huàxiàn 在 ... 下划线

undermine the foundation of sth, to V wā qiángjiǎo 挖墙脚

underneath PREP, ADV zài ... xiàmiàn 在 ... 下面

undernourished ADJ yíngyǎng bùliáng de 营养不良的

underpants N nèikù 内裤

underprivileged ADJ pínkùnde/xiàcéng shèhuìde 贫困的 / 下层社会的

undershirt N nèiyī 内衣

understand, to V dǒng/míngbai 懂 / 明白

understand (by hearing), to v tīngdǒng/tīngmíngbai 听懂 / 听明白

understand (by reading), to v kàndǒng/kànmíngbai 看懂 / 看明白

understanding N 1 lǐjiě 理解 2 tǐliàng/liàngjiě 体谅 / 谅解

understanding ADJ néng tǐliàng biérénde 能体谅别人的

understudy N yùbèi yǎnyuán/tìshēn 预备演员 / 替身

undertaker N sāngzàng chéngbànrén 丧葬承办人

underwater missile N shuǐxià dǎodàn 水下导弹

underwear N nèiyī 内衣

undisguised ADJ gōngkāide/bù yǎnshìde 公开的 / 不掩饰的

undisturbed ADJ bùshòu gānraode 不受干扰的

undivided ADJ bù fēnkāide/zhuānxīnde 不分开的 / 专心的

undo, to v jiěkāi/dǎkāi 解开 / 打开

undressed, to get v tuō yīfu 脱衣服

undue ADJ bù yīngyǒude/guòfènde 不应有的 / 过分的

unearth, to v 1 wājué 挖掘 2 pīlù 披露

uneasy ADJ yōulǜ bù'ānde 忧虑不安的

uneducated person N dà lǎocū 大老粗

unemployed ADJ shīyè 失业

unemployment compensation N shīyèjīn 失业金

unequal, unfair ADJ bùpíngděngde 不平等的

unerring ADJ búhuì chūcuòde 不会出错的

unethical ADJ bú dàodéde 不道德的

unexpected ADJ méi xiǎngdàode/yìwàide 没想到的 / 意外的

unfair ADJ bù gōngpíngde/bù gōngzhèngde 不公平的 / 不公正的

unfasten, untie, to v jiěkāi 解开

unfavorable comments N èpíng 恶评

unfit ADJ 1 bù shìhéde 不适合的 2 shēntǐ bùhǎode 身体不好的

unfortunately ADV yíhànde 遗憾地

unhappy ADJ bù gāoxìng 不高兴

unilateralism N dānbiān zhǔyì 单边主义

uninstall, to v (computer) xièzài 卸载

uninsured ADJ wú bǎoxiǎnde 无保险的

union N gōnghuì 工会

united front N tǒngyī zhànxiàn 统一战线

United Kingdom N Yīngguó 英国

United States N Měiguó 美国

universal ADJ pǔbiànde/quántǐde 普遍的 / 全体的

U

universe N yǔzhòu 宇宙

university N dàxué 大学

university entrance examination N gāokǎo 高考

unleaded petrol N hánqiān qìyóu 含铅汽油

unless CONJ chúfēi 除非

unlike I PREP búxiàng 不像 II ADJ bù yíyàngde 不一样的

unload, to V 1 (*responsibility/burden*) tuīxiè/bǎituō 推卸 / 摆脱 2 (*goods/shares*) pāoshòu 抛售

unlock, to V jiěsuǒ 解锁

unlucky ADJ dǎoméide 倒霉的

unmistakable ADJ búhuì nòngcuòde 不会弄错的

unnecessary ADJ duōyúde 多余的

unoccupied ADJ kòngzhede 空着的

unpack, to V (*package*) dǎkāi 打开, (*clothes*) bǎ ... náchū lái 把 ... 拿出来

unpaid ADJ wèifùde 未付的

unplug, to V báxià diàyuánxiàn 拔下电源线

unqualified ADJ bù hégéde 不合格的

unrealistic ADJ bú xiànshíde 不现实的

unreasonable ADJ bù hélǐde / bù gōngpíngde 不合理的 / 不公平的

unrelated ADJ 1 bù xiāngguān-de 不相关的 2 méiyǒu qīnqi guānxide 没有亲戚关系的

unrequited love N ànliàn 暗恋

unrestrained gambling N háodǔ 豪赌

unripe ADJ wèichéngshúde 未成熟的

unruly ADJ rènxingde 任性的

unsettle, to V shǐ ... xīnxù búdìng 使 ... 心绪不定

unthinkable ADJ nányǐ zhìxìnde 难以置信的

untie, to V jiěkāi 解开

unused ADJ wèi yòngguode 未用过的

until CONJ zhídào 直到

up, upward PREP xiàngshàng 向上

upbeat ADJ lèguānde/kuàilède 乐观的 / 快乐的

update, to V gēngxīn 更新

uprightness, integrity N zhèngqì 正气

upset, unhappy ADJ fánmèn 烦闷

upside down ADJ diāndǎo 颠倒

upstairs N, ADV, ADJ lóushàng 楼上

upstream ADV xiàngshàng yóu 向上游

uptight ADJ jǐnzhāng 紧张

up-to-date ADJ zuìxīnde 最新的

urban ADJ chéngshìde 城市的

urban construction N chéngshì jiànshè 城市建设

urban landscaping chéngshì lǜhuà 城市绿化

urban planning N chéngshì guīhuà 城市规划

urban social security system N chéngzhèn shèhuì bǎozhàng tǐxì 城镇社会保障体系

urge, push for, to v cuīcù 催促

urgent ADJ jǐnjí 紧急

urinate, to v xiǎobiàn/jiě xiǎobiàn 小便 / 解小便

URL ABBREV N yīntèwǎngzhǐ 因特网址

US PRON, PL wǒmen 我们

us (includes the one addressed) PRON, PL zánmen 咱们

USB drive N shǎncúnpán 闪存盘

use, to v yòng 用

use doggy bags to take food home, to v dǎbāo 打包

used batteries N fèidiànchí 废电池

used to ADJ xíguàn 习惯

useful ADJ yǒuyòngde 有用的

useless ADJ wúyòngde 无用的

user N shǐyòngzhě/shǐyòngrén 使用者 / 使用人

username N shǐyòngrén xìngmíng 使用人姓名

usual ADJ wǎngcháng 往常

usually ADV tōngcháng 通常

utensil N yòngjù/qìmǐn 用具 / 器皿

uterus N zǐgōng 子宫

utopia N Wūtuōbāng 乌托邦

V

vacation N jiàqī 假期

vaccination N dǎ fángyìzhēn 打防疫针

vacuum packing N zhēnkōng bāozhuāng 真空包装

vagina N yīndào 阴道

vague ADJ hánhúde 含糊的

vain ADJ 1 báifèide/wú mùdide 白费的 / 无目的 2 xūróng 虚荣

Valentine's Day N qíngrénjié 情人节

valid ADJ yǒuxiào 有效

validate, to v yànzhèng 验证

valley N shāngǔ 山谷

valuable ADJ 1 fēicháng yǒu jiàzhíde 非常有价值的 2 zhēnguìde 珍贵的

valuables N guìzhòng wùpǐn 贵重物品

value, cost N jiàzhí 价值

value, to v zhòngshì 重视

value, to be worth the v zhíde 值得

value added tax (VAT) N zēngzhíshuì 增值税

values N jiàzhíguān 价值观

valve N fá/huómén 阀 / 活门

van N miànbāo chē 面包车

vanilla N xiāngcǎo 香草

vanish, to v xiāoshī/bùjiàn 消失 / 不见

vapor N zhēngqì 蒸汽

vaporize, to v zhēngfā 蒸发

variable ADJ duōbiànde 多变的

variety show N zōngyì jiémù 综艺节目

various ADJ bù tóngde/gèzhǒng gèyàngde 不同的 / 各种各样的

varnish N qīngqī/zhàoguāngqī 清漆 / 罩光漆

vase N huāpíng 花瓶

vast ADJ jùdà de 巨大的

VCR N lùxiàngjī 录像机

vegetable N shūcài 蔬菜

vegetarian ADJ chīsùde 吃素的

vehicle N chē 车

vehicle test N chējiǎn 车检

vehicular attendant N chéngwùyuán 乘务员

veil N miànshā 面纱

vein N jìngmài 静脉

vending machine N zìdòng shòuhuòjī 自动售货机

veneer N shìmiàn 饰面

vengeance N bàochóu/fùchóu 报仇 / 复仇

Venice N Wēi nísī 威尼斯

venison N lùròu 鹿肉

venom N dúyè 毒液

vent N tōng fēngkǒng 通风孔

vent, to v fāxiè/fā láosāo 发泄 / 发牢骚

ventilation N tōngfēng zhuāngzhi 通风装置

venture capital, VC N fēngxiǎn tóuzī 风险投资

venue N dìdiǎn/huìzhǐ 地点 / 会址

verdict N pànjué 判决

verify, check, to v jiǎnchá 检查

versatile ADJ duōmiànshǒude/ duōcái duōyìde 多面手的 / 多才多艺的

version N bǎn 版

versus PREP yǔ ... xiāngbǐ/yǔ ... xiāngduì 与 ... 相比 / 与 ... 相对

vertical ADJ chuízhíde 垂直的

vertical management N chuízhí guǎnlǐ 垂直管理

very, extremely ADV hěn 很

vest, undershirt N bèixīn 背心

vet, veterinarian N shòuyī 兽医

veto, to v fǒujué/fǎnduì 否决 / 反对

via PREP jīngyóu 经由

Viagra N wěigē 伟哥

vibe N gǎnjué 感觉

vibrate, to v shǐ ... chàndòng/ fánxiàng shǐ ... 颤动 / 反响

vicar, priest N mùshi 牧师

vice N fànzuì/huài xíguàn 犯罪 / 坏习惯

vicious circle N èxìng xúnhuán 恶性循环

victims of natural disaster N zāimín 灾民

victory N shènglì/yíng 胜利 / 赢

video N diànshì lùxiàng 电视录像

video cassette N lùxiàngdài 录象带

video conference N diànshì huìyì 电视会议

video games N diànzǐyóuxì 电子游戏

video-on-demand (VOD) N shìpín diǎnbō 视频点播

video recorder N lùxiàngjī 录象机

videotape, to V shèxiàng 摄像

vie , to V jìngzhēng 竞争

Vietnam N Yuènán 越南

Vietnamese (in general) ADJ Yuènánde 越南的

Vietnamese (language) N Yuènányǔ 越南语

Vietnamese (people) N Yuènánrén 越南人

view, look at, to V guānkàn 观看

view, panorama N fēngjǐng 风景

vigilance N jǐngtì/jǐngjiè 警惕/警戒

vigorous ADJ chōngmǎn huólì de 充满活力的

vile ADJ lìngrén tǎoyànde/bēiliède 令人讨厌的/卑劣的

village N cūnzhuāng 村庄

vine N pútao téng 葡萄藤

vinegar N cù 醋

vineyard N pútao yuán 葡萄园

violence N bàolì 暴力

violet N zǐsè 紫色

violin N xiǎotíqín 小提琴

VIP (Very Important Person) N guìbīn/dàrénwù 贵宾／大人物

virtual world N xūnǐ shìjiè 虚拟世界

virtue N 1 měidé 美德 2 yōudiǎn 优点

virus N bìngdú 病毒

visa N qiānzhèng 签证

visible ADJ néng kàndejiànde 能看得见的

vision N shìlì 视力

visit N cānguān 参观

visit, to pay a V fǎngwèn 访问

visitor N fāngkè/cānguānzhě 访客／参观者

visual ADJ shìjué de/shìlì de 视觉的／视力的

vitality N huólì 活力

vitamins N wéishēngsù/wéitāmìng 维生素／维他命

vivid ADJ 1 (details) shēngdòng 生动的 2 (colors) xiānyàn míngliàngde 鲜艳明亮的

vocabulary N cíhuì 词汇

vocal ADJ sǎngyīnde 嗓音的

vocational high school N zhígāo/zhíyè gāozhōng 职高／职业高中

vogue, trendy ADJ liúxíng de 流行的

voice N shēngyīn 声音

Voice of America (VOA) N Měiguó zhī yīn 美国之音

voicemail N diànhuà liúyán 电话留言

void ADJ wúxiàode 无效的

volatile ADJ dòngdàng bùdìngde 动荡不定的

volcano N huǒshān 火山

voltage N diànyā 电压
volume N róngliàng 容量
volunteer N yìgōng 义工
vomit, to V ǒutù 呕吐
vote, to V tóupiào 投票
vouch for somebody, to V dǎbǎo piào 打保票
voucher N dàijīnquàn/píngzhèng 代金券 / 凭证
vow N shìyán 誓言
vow, to V fāshì 发誓
voyage, trip N hángxíng 航行
vulgar ADJ dīsúde/cūsúde 低俗的 / 粗俗的

W

wad N yī dié 一叠
waffle N nǎidàn hōngbǐng 奶蛋烘饼
waft, to V piāodàng 飘荡
wag, to V yáo wěibā 摇尾巴
wage, pay N gōngzī 工资
wage arrears N tuōqiàn gōngzī 拖欠工资
wagon N kèhuò chē 客货车
wail, to V dàshēng kūjiào 大声哭叫
waist N yāo 腰
wait for, to V děng 等
wait to buy with cash in hand, to V chíbì dàigòu 持币待购
waiter, waitress N fúwùyuán 服务员
waiting for job/employment ADJ dàigǎng 待岗

waive, to V fàngqì/diūqì 放弃 / 丢弃
wake, to V xǐng/jiàoxǐng 醒 / 叫醒
wake someone up (awaken) V jiàoxǐng 叫醒
wake up (awake), to V xǐng-lái 醒来
Wales N Wēi'ěrshì 威尔士
walk, to V zǒu 走
walkie talkie N duìjiǎngjī 对讲机
walking distance N zǒudé dàode jùlí 走得到的距离
walking stick N guǎizhàng 拐杖
wall N qiáng 墙
wall paper N bìzhǐ 壁纸
wallet N qiánbāo/qiándài 钱包 / 钱袋
wallop, to V jīkuì 击溃
walnut N hétáo 核桃
waltz N huá'ěrzī 华尔兹
wand N zhǐhuībàng/quánzhàng 指挥棒 / 权杖
wander, to V yóudàng/mànyóu 游荡 / 漫游
want, to V yào 要
WAP (wireless application protocol) N wúxiàn yìngyòng xiéyì 无线应用协议
war N zhànzhēng 战争
war, to make V dǎzhàng 打仗
ward N 1 *(hospital)* bìngfáng 病房 2 *(child under guardianship)* shòu jiānhùrén 受监护人
wardrobe N dàyīguì 大衣柜

ware, merchandise, goods N shāngpǐn 商品

warehouse N huòzhàn/cāngkù 货栈 / 仓库

warm, warmth ADJ, N wēnnuǎnde 温暖的

warning N jǐnggào 警告

warranty N bǎoxiūdān/bǎozhèngshū 保修单 / 保证书

warrior N zhànshì 战士

wash, to V xǐ 洗

wash the dishes, to V xǐwǎn 洗碗

washing machine N xǐyījī 洗衣机

washroom N xǐshǒujiān/cèsuǒ 洗手间 / 厕所

wasp N huángfēng 黄蜂

waste, to V làngfèi 浪费

waste N 1 làngfèi 浪费 2 (*useless things*) fèiliào/lājī 废料 / 垃圾 3 (*deserted land*) huāngdì 荒地

watch (wristwatch) N biǎo 表

watch, to V kàn/guānkàn 看 / 观看

watch over, guard, to V kānguǎn 看管

watchdog N jiāndū bùmén 监督部门

water N shuǐ 水

water buffalo N shuǐniú 水牛

watercolor N 1 shuǐcǎihuà 水彩画 2 shuǐcǎi yánliào 水彩颜料

waterfall N pùbù 瀑布

watermelon N xīguā 西瓜

water-saving taps N jiéshuǐ lóngtóu 节水龙头

waterway N shuǐlù/hángdào 水路 / 航道

wave (in sea) N bōlàng 波浪

wave, to V zhāoshǒu 招手

waver, to V dòngyáo/yóuyù 动摇 / 犹豫

wax N là 蜡

way, method N fāngfǎ 方法

way: by way of N jīngyóu 经由

way in N jìnlù 进路

way out N chūlù 出路

wayward ADJ zǒu rù qílùde 走入歧路的

we PRON, PL wǒmen 我们

we (includes the one addressed) PRON, PL zánmen 咱们

weak ADJ ruò 弱

weakness N 1 xūruò 虚弱 2 ruòdiǎn 弱点

wealthy ADJ yǒuqián/fùyǒude 有钱 / 富有的

weapon N wǔqì 武器

weapon of mass destruction N dàguī mókuài shāngxìng wǔqì 大规模杀伤性武器

wear, to V chuān 穿

weary ADJ píjuànde 疲倦的

weather N tiānqì 天气

weave, to V biānzhī 编织

web N wǎng/wǎngzhàn 网 / 网站

web portal N ménhù wǎngzhàn 门户网站

webcam N wǎngluò shèxiàngjī 网络摄像机

web-footed ADJ yǒu pǔzúde 有蹼足的

website N wǎngzhàn 网站

WeChat N Wēixìn 微信

wedding N hūnlǐ 婚礼

wedding and funeral N hóngbái xǐshì 红白喜事

wedding photo N hūnshā shèyǐng 婚纱摄影

Wednesday N Xīngqīsān 星期三

weed N zácǎo 杂草

weed killer N chúcǎojì 除草剂

week N xīngqī 星期

weekday N gōngzuòrì 工作日

weekend N zhōumò 周末

weekly ADJ měi zhōu/měi ge xīngqī 每周 / 每个星期

weep, to V kūqì 哭泣

weigh, to V chēng 称

weight N zhòngliàng 重量

weight (body) N tǐzhòng 体重

weight, to gain V zēngjiā tǐzhòng 增加体重

weight, to lose V jiǎnféi 减肥

weird, odd ADJ guàiyìde/gǔguàide 怪异的 / 古怪的

welcome!, welcome, to EXCLAM, V huānyíng 欢迎

welfare N fúlì/fúzhī 福利 / 福祉

welfare lotteries N fúlì cǎipiào 福利彩票

well (for water) N jǐng 井

well (good) ADJ hǎo 好

well-behaved ADJ guījude 规矩的

well-being N gǎnjué liánghǎo/jiànkāng 感觉良好 / 健康

well-cooked, well-done ADJ zhǔdetòude 煮得透的

well done! EXCLAM zuòde hǎo 做得好

well-known ADJ zhùmíngde 著名的

well-mannered ADJ yǒu lǐmàode 有礼貌的

well-meaning ADJ běnyì liánghǎode 本意良好的

well off, wealthy ADJ fùyù/xiǎokāng 富裕 / 小康

Welsh (in general) ADJ Wēi'ěrshìde 威尔士的

Welsh (language) N Wēi'ěrshìyǔ 威尔士语

Welsh (people) N Wēi'ěrshìrén 威尔士人

welt N 1 zhǒngkuài 肿块 2 shānghén/biānhén 伤痕 / 鞭痕

west N, ADJ xībiān 西边

Westerner N Xīfāngrén 西方人

westernization N xīhuà 西化

wet ADJ shīde 湿的

whack, to V měngjī 猛击, zhòngchuāng 重创

whale N jīngyú 鲸鱼

what PRON shénme 什么

what for wèishénme 为什么

what kind nǎ yī zhǒng 哪一种

what time shénme shíhòu 什么时候

whatever PRON 1 rènhé ... de shìwù/suíbiàn shénme 任何的事物 / 随便什么 2 wúlùn rúhé 无论如何

wheat N xiǎomài 小麦

wheel N lúnzi 轮子

wheelchair N lúnyǐ 轮椅

when ADV, CONJ shénme shíhou/héshí/jǐshí 什么时候 / 何时 / 几时

when, at the time ADV ... de shíhou ... 的时候

When in Rome do as the Romans IDIOM rù xiāng suí sú 入乡随俗

whenever CONJ, ADV wúlùn héshí 无论何时

where ADV, CONJ zài nǎli/nǎr 在哪里 / 哪儿

Where there is a will, there is a way IDIOM shìshàng wú nánshì zhǐ yào kěn pāndēng 世上无难事只要肯攀登

Where there is life, there is hope IDIOM liú dé qīngshān zài búpà méi cháishāo 留得青山在不怕没柴烧

where to qù nǎli/nǎr 去哪里 / 哪儿

whereabouts N qùxiàng/xiàluò 去向 / 下落

whether CONJ shìbushì ... /háishì ... 是不是 ... / 还是 ...

which PRON nǎ (ge) 哪（个）

whichever ADJ, PRON búlùn nǎge / búlùn nǎli 不论哪个 / 不论哪里

while, during CONJ zài ... qījiān 在 ... 期间

whim N yìshí de xìngzhì 一时的兴致

whine, to V āijiào/kūkū títi 哀叫 / 哭哭啼啼

whip N biānzi 鞭子

whip, to V biāndǎ 鞭打

whirlpool N xuánwō 漩涡

whisker N māo de xūzhì 猫的胡须

whisper N 1 ěryǔ/qiāoqiāo huà 耳语 / 悄悄话 2 shāshāshēng 沙沙声

white N báisè 白色

white-collar N báilíng 白领

whiz kid N shéntóng 神童

WHO (World Health Organization) N Shìjiè Wèishēng Zǔzhī 世界卫生组织

who PRON shéi/shuí 谁

whole, all of N, ADJ quánbù 全部

whole, complete ADJ quánbù 全部

whole (to be complete) N zhěng ge 整个

wholesaler N pīfāshāng 批发商

whom PRON shéi/shuí 谁

why? EXCLAM wèishénme 为什么

wick N làzhú xīn 蜡烛芯

wicked ADJ xié'ède 邪恶的

wide ADJ kuān 宽

wide area network (WAN) N guǎngyùwǎng 广域网

widescreen (of a TV, projector,

etc) N quánjǐng diànyǐng 全景电影

Wifi N wúxiàn shàngwǎng 无线上网

widow N guǎfù 寡妇

widowed ADJ sàngfū/sàngqī 丧夫 / 丧妻

widower N guānfū 鳏夫

width N kuāndù 宽度

wife N qīzi 妻子

wig N jiǎfà 假发

wiggle, to V niǔdòng/bǎidòng 扭动 / 摆动

wild ADJ yěshēngde 野生的

wildcat strikes N zìfā bàgōng 自发罢工

wilderness N huāngyuán 荒原

will, testament N yízhǔ 遗嘱

will, shall V jiāngyào 将要

willing ADJ yuànyì 愿意

willow N liǔshù 柳树

wily old bird N lǎoyóutiáo 老油条

win, to V yíng 赢

win the championship, to V duóbiāo/duóguàn 夺标 / 夺冠

win-win situation N shuāngyíng júmiàn 双赢局面

wince, to V zhòu méitou 皱眉头

wind, breeze N fēng 风

wind, to V 1 chánrào 缠绕 2 gěi … shàng fātiáo 给 … 上发条 3 qūzhé 曲折

windmill N fēngchē 风车

window N 1 (for paying, buying tickets) chuāngkǒu 窗口 2 (in house) chuānghu 窗户

windshield N dǎngfēng bōli 挡风玻璃

wine N pútaojiǔ 葡萄酒

wing N chìbǎng 翅膀

wink, to V 1 zhǎyǎn 眨眼 2 shǎnshuò 闪烁

winner N huòshèngzhě 获胜者

winter N dōngtiān 冬天

wipe, to V kāi/cāchú 揩 / 擦除

wire N jīnshǔxiàn 金属线

wire-pulling; backstage manipulations N mùhòu cāozòng 幕后操纵

wisdom N zhìhuì 智慧

wise ADJ cōngmíng/míngzhì 聪明 / 明智

wish, to V xīwàng 希望

wit N 1 fēngqù 风趣 2 jīzhì 机智

with PREP gēn 跟

wither, to V gānkū 干枯

within reason ADV zài qínglǐ zhī nèi 在情理之内

without ADV, PREP méiyǒu 没有

witness N zhèngrén 证人

witness, to V qīnyǎn mùdǔ 亲眼目睹

wobbly ADJ chàndòng de 颤动的

woman N nǚrén 女人

womb N zǐgōng 子宫

wonder N jīngqí 惊奇

wonderful ADJ 1 jí hǎode/jí miàode 极好的 / 极妙的 2 jīngcǎi de 精彩的

wood N mùtou 木头

wooden ADJ mùzhìde 木制的

wool N máoxiàn/yángmáo 毛线 / 羊毛

word N cí 词

work N gōngzuò 工作

work, to V zuò 做

work, function, to V qǐ zuòyòng 起作用

work as seasonal labor, to V dǎ yóujī 打游击

work for others, to V dǎgōng 打工

work overnight, to V kāiyèchē 开夜车

work overseas N, V jìngwài jiùyè 境外就业

work overtime, to V jiābān 加班

work permit N shànggǎng zhèng 上岗证

work while studying, to V qíngōng jiǎnxué 勤工俭学

workaholic N gōngzuòkuáng 工作狂

working couples N huāngzhígōng 双职工

workmanship N gōngyì/shǒuyì 工艺 / 手艺

workplace N gōngzuòcháng suǒ 工作场所

worksheet N gōngzuò dān 工作单

workstation N gōngzuò qū 工作区

world N shìjiè 世界

World of Warcraft (game) N

móshòu shìjiè 魔兽世界

World War II N èrzhàn 二战

World Wide Web (www) N wànwéi wǎng 万维网

worldly possessions N shēnwài zhī wù 身外之物

worm N 1 rúchóng 蠕虫 2 jìshēngchóng 寄生虫

worn out, tired ADJ lèi 累

worn out (clothes, machine) ADJ chénjiù 陈旧

worry, to V dānxīn 担心

worse ADJ, ADV gènghuàide/ gèngchàde 更坏的 / 更差的

worship, to V chóngbài 崇拜

worship and blind faith in things foreign N chóngyáng mèiwài 崇洋媚外

worst ADJ, ADV zuìhuàide/zuìchàde 最坏的 / 最差的

worth, to be ADJ zhíde 值得

worthless ADJ méiyǒu jiàzhíde/ méiyòngde 没有价值的 / 没用的

worthwhile ADJ zhíde/hésuànde 值得 / 合算的

wound N shāngkǒu 伤口

wow! EXCLAM wā/yā 哇 / 呀

wrap, to V bāo 包

wrapper N bāozhuāng 包装

wreath N huāquān 花圈

wreck, smash, to V huǐhuài/ huǐdiào 毁坏 / 毁掉

wriggle, to V niǔdòng shēntǐ 扭动身体

Y

wrist N shǒuwàn 手腕

write, to v xiě 写

write letters, correspond, to v tōngxìn 通信

writer N zuòjiā 作家

writings, composition N zuòwén/xiězuò 作文 / 写作

written proposal N chàngyìshū 倡议书

wrong, false ADJ búzhèngquède 不正确的

wrong, mistaken ADJ cuòde 错的

wrong (morally) ADJ búdàodéde 不道德的

wrongdoing N búdàng xíngwéi/fēifǎ xíngwéi 不当行为 / 非法行为

WTO, World Trade Organization N Shìjiè Màoyì Zǔzhī 世界贸易组织

X

X-chromosome N X rǎnsètǐ X 染色体

xenophobia N duì wàiguórén, wàiguówù yǒu shēnshēn de wèijù hè zēngwù 对外国人、外国物有深深的畏惧和憎恶

xerox, photocopy, to v fùyìn/yǐngyìn 复印 / 影印

X-game N jíxián yùndòng 极限运动

X-mas N Shèngdànjié 圣诞节

x-ray N X shèxiàn/X guāng/X

guāng jiǎnchá X射线 / X 光 / X 光检查

xylophone N mùqín 木琴

Y

yacht N yóutǐng 游艇

yachting N fānchuán bǐsài 帆船比赛

Yahoo N Yǎhǔ 雅虎

yam N shānyao 山药

yank, to v měnglā 猛拉

Yangtze River Delta, the N Chángjiāng sānjiǎozhōu 长江三角洲

yap, to v luàn jiào/kuángfèi 乱叫 / 狂吠

yard N yuànzi 院子

yard N mǎ mǎ (= 三英尺 / 91.4厘米)

yarn N 1 gùshi 故事 2 shāxiàn 纱线

Yasukuni Shrine N Jìngguó shénshè 靖国神社

yawn, to v dǎ hēqiàn 打呵欠

Y-chromosome N Y rǎnsètǐ Y染色体

year N nián 年

yearly ADJ měi niánde/niándùde 每年的 / 年度的

yearning, longing N huáiniàn 怀念

years old ADJ suì 岁

yell, to v jiàohǎn 叫喊

yellow N huángsè 黄色

yelp, to v jiānjiào/hǎnjiào 尖叫 / 喊叫

yen N Rìyuán 日元

yen, strong interest N kěwàng/ yǐn 渴望 / 瘾

yes ADV shìde 是的

yesterday N zuótiān 昨天

yet: not yet ADV, CONJ shàngwèi / hái méiyǒu 尚未 / 还没有

yew N zǐshānshù 紫衫树

yield, to V 1 (produce) chǎnshēng/ chūchǎn 产生 / 出产 2 (submit) qūcóng/fúcóng 屈从 / 服从

Yippee! INTERJ Hǎowā! Miào! 好 哇! 妙!

yodel N yuèdéér chàngfǎ 岳得 尔唱法

yoga N yújiā 瑜伽

yogurt N suānnǎi 酸奶

yoke N è 轭

yokel N xiāngxiàlǎo 乡下佬

yolk N dànhuáng 蛋黄

you PRON nǐ 你

you PRON, PL nǐmen 你们

you (polite) PRON nín 您

you're welcome! EXCLAM bú kèqi 不客气

young ADJ niánqīng 年轻

young and talented ADJ qīngnián cáijùn 青年才俊

young person, child N xiǎohái 小孩

younger brother N dìdi 弟弟

younger sister N mèimei 妹妹

your, yours ADJ, PRON nǐ de/nǐmen de 你的 / 你们的

youth (state of being young) N niánqīng shídài 年轻时代

youth (young person) N qīngnián 青年

yo-yo N lāxiàn pán 拉线盘

yuppie N yāpíshì 雅皮士

yurt (Mongolian) N měnggǔbāo 蒙古包

Z

zap, to V 1 gōngjī 攻击 2 (computer) chuánsòng 传送

zeal N rèqíng 热情

zebra N bānmǎ 斑马

zebra crossing N bānmǎxiàn 斑 马线

Zen N Chán 禅

zenith N jídiǎn 极点

zero N líng 零

zero hour N juézhàn shíkè 决战时刻

zero-sum game N línghé bóyì 零 和博弈

zest N rèxīn 热心

zip, fastener N lāliàn 拉链

zip code N yóuzhèng biānhào 邮 政编号

zigzag, to V qūzhé xíngjìn 曲折行进

zodiac N huángdào shí'èr gōng tú 黄道十二宫图

zone N qūyù 区域

zoo N dòngwùyuán 动物园

zoom lens N kěbiàn jiāojù jìngtóu 可变焦距镜头

zucchini N xī húlu 西葫芦